Jens Bjørneboe

Jonas

Jens Bjørneboe, einer der bedeutendsten und eigenwilligsten Schriftsteller Norwegens nach 1945, wurde 1920 in Kristiansand geboren. Nach einer wechselvollen Schulzeit – den rebellischen Schüler hält es auf keinem Gymnasium lange – studiert er zunächst Malerei. 1943 flieht er vor den Deutschen nach Stockholm, wo er in anthroposophischen Kreisen verkehrt. Zurück in Norwegen, tritt er zunächst mit Lyrik und Reiseberichten hervor. 1951 bis 1957 ist er Werklehrer, dann Klassenlehrer an der Rudolf-Steiner-Schule in Oslo. In dieser Zeit entsteht sein Roman *Jonas*. Durch sein Engagement für die Schule und die gleichzeitige intensive schriftstellerische Tätigkeit überbelastet, von Depressionen gequält, nimmt er Zuflucht zum Alkohol und muß seine Arbeit an der Schule aufgeben. In den Romanen der Folgejahre greift er ein brisantes Thema ums andere auf – er ist seinen Landsleuten ein unbequemer Zeitgenosse. Nach mehreren vergeblichen Versuchen, vom Alkohol loszukommen, immer häufiger in depressiven Zuständen, nahm sich Jens Bjørneboe 1976 das Leben. Im Merlin Verlag liegen u.a. seine Romane *Ehe der Hahn kräht, Der Augenblick der Freiheit* und *Haie* vor sowie eine von Fredrik Wandrup verfaßte Biographie des Autors.

Jens Bjørneboe

Jonas

Roman

Verlag Freies Geistesleben

Aus dem Norwegischen von Elisabeth Ihle

Die Übersetzung erschien 1958 unter dem Titel «Jonas und das Fräulein» im Ewalt Skulima Verlag, Heidelberg. Wiederveröffentlichung mit freundlicher Genehmigung des Verlages. Der Roman liegt hier erstmals in vollständiger Übersetzung vor. Ergänzungen der Roman-Übersetzung, Übertragung des Aufsatzes «När jeg skrev Jonas» sowie Anmerkungen von Taja Gut.

ISBN 3-7725-1813-3

Sonderausgabe. 1. Auflage 2001

Verlag Freies Geistesleben
Landhausstraße 82, 70190 Stuttgart
Internet: www.geistesleben.com

Die norwegische Originalausgabe erschien 1955 bei H. Aschehoug, Oslo.
Umschlag: Walter Schneider, unter Verwendung des Bildes «Das Kind» von Odilon Redon, Musée des Beaux-Arts, Dijon
Druck: Clausen & Bosse, Leck

Inhalt

Vorwort

Auf den Seiten 141 – 142 steht eine Geschichte, die eine /7/
Parallele zu Margarita Woloschins Besuch bei Tolstoi ist, von ihr selbst in ihrem herrlichen Erinnerungsbuch «Die grüne Schlange» erzählt. Ich schrieb die Geschichte nieder, bevor «Die grüne Schlange» erschienen war und bevor ich wußte, daß sie erscheinen würde. Sie ist aus dem Gedächtnis und ziemlich umgedichtet wiedergegeben, so wie ich mich entsann und zu entsinnen wünschte, daß Frau Woloschin sie in ihrem Vortrag vor mehreren Jahren erzählt habe.
Wenn sie hier veröffentlicht wird, so geschieht es mit Erlaubnis der Verfasserin und eben weil sie sich beim Einarbeiten in meinen Roman verändert hat.

Oslo im Mai 1955 *Jens Bjørneboe*

Erster Teil

In der Wildnis

Wenn du dich in der Wildnis verirrt hattest und kehrst zurück zu den Wohnungen der Menschen, so unterscheidest du nicht mehr zwischen Hellenen und Barbaren, sondern fühlst, wie verwandt und vertraut der Mensch dem Menschen ist.

Aristoteles

Kapitel 1

Was sie von Jonas in der Zeitung schrieben, war nur dies: /11/

> *Achtjähriger seit vier Tagen vermißt.*
>
> Der achtjährige Jonas Andreassen, wohnhaft Trondheimsveien, wird als vermißt gemeldet. Er wurde am Dienstag zum letztenmal gesehen. Er hat dunkelblondes Haar, ein ovales Gesicht und blaue Augen. Der Vermißte ist groß für sein Alter, aber etwas schmächtig.
>
> Als er das Elternhaus verließ, war er ohne Mantel und Mütze. Er trug graue Knickerbokkers und einen dicken, blauen Pullover. Er hatte eine lange Kette «Hühnerringe» bei sich. Es wird angenommen, daß er in Richtung des Hafens gegangen ist.

Wie man sieht, war es nicht viel, was sie schrieben. Wollte man genauer sein, so hätte man sagen müssen: Jonas war ziemlich blaß. Er hatte die weiße, etwas feuchte Haut, die Stadtkinder oft haben. Er hatte kalte Hände und sprach ganz hinten im Munde, beinahe im Hals. Er war stets gut gekleidet, trug nette, saubere und etwas ländliche Konfektionskleidung.

Aber das Wichtigste an ihm war doch der vergrämte Gesichtsausdruck; etwas, das ihm um Augen und Mund saß und das man nicht selten bei Kindern sieht. Es sieht aus, als habe man ihnen etwas genommen und als sei das erlittene Unrecht in ihren Gesichtern sitzen geblieben. Um die Zeit, da Jonas verschwand, muß dieser Ausdruck sehr stark ausgeprägt gewesen sein.

Doch mit dem Blick selbst war alles in Ordnung. Jonas sah meist zu Boden, wenn er mit Erwachsenen zusammen war. Hob er den Blick, so sahen ganz gesunde achtjährige Augen auf, luftig und fern. Es begann damit, daß Jonas in die Schule kam wie andere Kinder – und daß mit diesem Augenblick der Ernst in sein Leben trat. Und dieser Ernst hielt an.

/12/ Am Abend vor dem ersten Schultag lag er vor dem Einschlafen lange wach. Der Rücken tat ihm weh, das Kreuz schmerzte von den vielen Gedanken, die auf einmal in ihm waren. Den ganzen Tag hatte er sich gesehen, so wie er in der kommenden Zeit sein würde, mit blauem Ranzen, auf dem Schulweg. Und jedesmal, wenn er sich selbst so sah, kitzelte es leise im Rücken, bis er die Augen schloß und das Kitzeln noch stärker fühlte und das Bild noch klarer sah. Dann fühlte er das Kitzeln auch im Halse, bis das Bild plötzlich zu einem ganz anderen wurde. Er sah sich selbst inmitten der Klasse, in die er gehen sollte, und alles dort war fremd: fremde Kinder, fremde Erwachsene, fremde Häuser und Räume, ein fremder Schulhof, groß wie ein Meer – und er wußte, in all diesem kam es nur auf eins an: Er durfte nicht davonlaufen. Es bestand kein Übergang zu diesem neuen Bild. Es war nur da, unerwartet – und jedesmal so jäh, so rasch und so unerwartet, daß er es wie einen harten Schlag im Kreuz fühlte: Plötzlich saß ihm dieser Gedanke im Rücken – so daß es weh tat und sein Herz klopfte. Er ballte die Hände und wußte, in der ganzen Welt kam es nur auf das eine an: Er durfte nicht davonlaufen! Den ganzen Tag hatte er diese beiden Dinge gesehen: sich selbst mit dem Ranzen – den *guten* Gedanken – und dann den *anderen,* der kam wie ein Faustschlag. Es war nicht zu verwundern, daß ihm der Rücken weh tat, als er am Abend schlafen ging. Und die Mutter stand über ihm, viermal so groß wie er selbst und rot bis hinauf an die Ellbogen. Sie hatte ihm die Schuhbänder aufgeknüpft, weil er so lange auf dem Stuhl sitzen geblieben war, ohne sich zu rühren, und weil das mit den Schuhbändern immer so eine Sache war. Aber vor allem, weil er in sich einiges von dem Gefährlichen gesehen hatte, das von morgen ab geschehen konnte. Gleichzeitig hatte er auch das sonderbare Hundebild gesehen, das an der anderen

Wand über dem Bett der Eltern hing, aber es war nur quer durch ihn hindurchgegangen, ohne daß er es richtig sah. Es war nur da. Soweit Jonas sich erinnern konnte, war es das erste Mal, daß er sich schlafen legte, ohne das Bild mit dem /13/ weißen Hund und dem Jungen davor richtig anzusehen. Aber das kam, weil die Bilder in ihm so stark waren und weil er nicht wußte, was er tun sollte, wenn jemand ihn über den großen Platz jagen würde, der hinter dem Tor nach der Schule zu lag. Und wenn sie ihn nun den anderen Weg jagten, immer weiter und weiter über die schwarze Ebene aus Asphalt! Was sollte er dann tun?

Er fühlte, daß es jetzt an noch einer anderen Stelle weh tat, in der Nase und zwischen den Augen. Irgend etwas dort drängte, aber es lief ihm nichts warm über die Wangen. Er hatte vorhin die Mutter gefragt, ob alle zur Schule müßten, wenn sie sieben Jahre alt seien. Und sie hatte das Bügeleisen in der Stube hingestellt und war in die Küche hinausgegangen und hatte ihm aus zwei Scheiben ein Butterbrot mit einer Menge Streuzucker dazwischen gemacht. Das solle er haben, wenn er im Bett liege, hatte sie gesagt, während sie sich niederbeugte und ihm die Schuhbänder aufknüpfte. Und er wünschte sich, daß noch mehr Schuhbänder daseien, bei denen sie ihm hätte helfen können. Aber die rote Farbe ihrer Hände und Arme war auch eine Hilfe. Als er vom Stuhl aufstand, fühlte er, wie steif sein Rücken war, wie weh er ihm tat, von nichts als den Gedanken. Er reckte sich. Sein Kopf reichte bis an die große Schürzentasche auf ihrer Hüfte. Als sie wieder hinausging, bekam er ein paar schwierige Knöpfe auf und zog die Hose aus. Dann stand er eine Weile mit nackten Füßen auf den Dielen und fühlte, wie kühl und gut das in den Beinen war. Er legte sich im Hemd hin, mußte aber noch einmal aufstehen, um das Butterbrot zu holen.

Als er sich wieder hingelegt hatte, steckte er die eine Hand unter das Hemd und fühlte seine Rippen an, wie es seine Gewohnheit war, und in der anderen hielt er das Butterbrot. Es rieselte etwas Zucker hervor, der kitzelte ihn am Hals.

Das war schön. Aber der Hals war zum Schlucken noch etwas zu steif, deshalb mußte Jonas erst lange kauen. Nach und nach sammelte sich um seinen Mund ein kleiner Kranz
/14/ von Margarine und Zucker. Er aß nichts lieber als das. Und er zog die Hand von der Brust hervor und sammelte alles auf seinem Handrücken.

Aus der Stube hörte er das regelmäßige Stoßen des Bügeleisens, jedesmal wenn die Mutter es niedersetzte. Jonas wußte genau, was für Hemden sie bügelte, und er hatte die Schale mit der Stärke darin gern, die Stärke sah aus wie eine Mischung aus Milch und Wasser. Diese Hemden gehörten nicht dem Vater.

Er kaute den letzten Bissen Brot und leckte den Handrücken und die Fingerspitzen gründlich ab. Dann schloß er die Augen. Zuerst lag er da und hörte. Er hörte die spannenden und etwas gefährlichen Laute der Straße draußen, die Stimme irgendeines größeren Jungen, sommerlich hell und schmetternd im dämmernden Augustabend – den harten, jähen Lärm der Straßenbahn, steigend und sinkend. Und jemand lachte, erwachsen und voller Geheimnisse. Seltsam scharf hörte er den Laut der Schritte auf der trockenen, klaren Straße. Und diese Schritte – oder war es etwas anderes? – weckten einen Hund, irgendeinen Hund, einen fremden Hund, weit fort. Alle diese Laute rieselten in Jonas hinein und erfüllten ihn. Dann hörte er das vertraute und gute Stampfen des Vaters, der nach Hause kam. Jetzt rauschte es in den Röhren, während er sich in der Küche wusch. Eine Weile hörte Jonas die Eltern. Nur ein paarmal waren die Gedanken an das Morgen in seine Welt der Laute eingebrochen. Es war, als seien diese Gedanken jetzt abgenutzt, sie hatten nicht mehr besonders viel Kraft. Die Wärme im Bett und alle die gewohnten Geräusche waren zu stark, und der Ranzen und der Schulhof waren nicht mehr ganz wirklich.

Jonas war jetzt in dem Zustand, der Stimmen, Straßenlärm, Türen- und Fensterschlagen verschwinden ließ. Unter den geschlossenen Augenlidern, durch Kissen und Bett und

Fußboden hindurch sah er den großen, leuchtenden Ring. Er erinnerte etwas an die Sonne, wenn Jonas an Wintermorgen in der Küche stand und sie aufgehen sah, aber er war dunkler und – wie merkwürdig – auch leuchtender. Denn diese Farben und dieses Licht und dieses Dunkel waren anders als alles, was er am Tage vor Augen sah, auch wenn das eine manchmal etwas in das andere überging. Und aus der Mitte des dunklen, leuchtenden Ringes kamen ständig neue Ringe hervor, die stiegen und wuchsen und sich weiteten und leuchteten. Jonas lag mit dem Gesicht auf dem Kopfkissen und fühlte, daß sein Körper und das Bett schwebten. Und die Ringe waren winzig, winzig klein und viel größer als alles andere auf der Welt. Und er war in ihnen drin und außen und um sie herum. Und er umfaßte sie und ging in sie hinein, denn jetzt war er leicht wie Luft und stieg und sank mit den Ringen. Er war ein winzig kleiner, riesengroßer Luftmensch, ein Siebenjähriger, so groß wie der ganze Himmel, wenn er dunkel ist und voller Sterne. Er war größer als die Stadt und schwebte über der Stadt. Er reichte von dem einen blauen Bergrücken bis zu dem anderen gegenüber und noch weit über den Fjord hin.

Dann war alles verschwunden bis auf den einen großen Ring, den er nicht sehen konnte, weil er so groß war und dabei gleichsam ein wenig hinter ihm. Mitten in dem Ring war ein Punkt, den er auch nicht richtig sehen konnte, weil etwas Nebel um ihn herum war. Aber dieser winzig, winzig kleine Punkt, der hatte den ganzen Ring in sich; denn das Allergrößte, das war auch zugleich das Allerkleinste. Und der Punkt war furchtbar groß, und Jonas schwebte jetzt gerade in ihn hinein. Er flog in einem langen und blitzschnellen, gleitenden Bogen, näher und näher diesem Allergrößten und Allerkleinsten. Dann hielt er an und glitt wieder zurück, und der Schwebeflug begann aufs neue. Zwei-, dreimal geschah das, bevor Jonas durch die kleine Öffnung, die der Punkt enthielt, hindurchkommen konnte. Aber als er in ihn hineinglitt, war er wieder riesengroß, so ungeheuer

groß wie das gewaltige Tal, in dem Onkel Andreas wohnte, weit oben auf dem Lande. Die Öffnung weitete sich mit einemmal. Ja, eigentlich schon etwas, bevor er darin war. Als
/16/ er hindurch war, wurde alles still, ganz still, und eine Weile würde nun nichts geschehen.

Jonas war nicht ängstlich, er war diese Reise gewohnt. Er fühlte sich am ganzen Körper warm und weich und glücklich. Er bestand noch immer aus Luft. Und er wußte, was geschehen würde, jetzt, nachdem er durch die Öffnung gekommen war. Wenn er still lag, ohne an etwas zu denken, nur dalag und schaute, dann würden seine Bilder kommen – ganz deutlich und jäh und immer etwas anderes, als er erwartet hatte. Diese Bilder, nach denen er sich manchmal schon am frühen Nachmittag sehnte.

Er hatte sie immer gesehen, solange er zurückdenken konnte. Aber damit sie kamen, mußte er auf zweierlei achten: Er durfte an nichts denken, und er durfte nicht einschlafen. Und darin hatte er Übung; er konnte in sich so still sein wie ein Teich, ohne in den Schlaf hinüberzugleiten.

Wenn er eine Weile so gelegen hatte, kam das erste Bild. Ehe er selbst es wußte, war es schon da, plötzlich, überraschend und ohne daß er darüber bestimmen konnte. Oft sah er viele Männer, Pferde, Hunde und Häuser. Die Männer liefen hin und her, blitzschnell und geschäftig, und so deutlich und klar waren ihre Gesichtszüge zu erkennen, daß er sie noch lange, den ganzen Vormittag darauf, vor sich sehen konnte. Einmal löschten die Männer ein großes Feuer mit einer Masse dunkelroter Flammen, die aus einem schwarzen Hause kamen. Die Männer waren so klein und tüchtig.

Er schwebte etwas über ihnen und sah ihnen zu. Und ihm wurde davon weich und warm wie Eiderdaunen. Einmal sah er einen nackten Mann, der geschlagen wurde und dem es sehr schlimm erging. Da öffnete er die Augen, weil er nichts mehr sehen wollte. Aber sonst war es so, daß er nach zwei oder drei friedlichen Bildern in eine schwarze und warme

Welle hinüberglitt, die ihn davontrug. Ein leiser Laut entfuhr ihm, er drehte sich im Bett halb um, er krümmte die Zehen, und nach und nach stahl sich der Zeigefinger in den Mund. Der Körper entspannte sich langsam. Der Atem wurde regelmäßig und hörbar, und die Nacht war ein großer Bruder, der Jonas geholt hatte.

Jonas schlief.

Und dieser Abend war wie alle anderen. Jonas hatte es gern, wenn die Tage einander glichen. So fühlte er sich am wohlsten.

Zuerst waren alle farbigen Ringe da. Dann die Reise durch die Ringe. Dann die Bilder. Und endlich spürte er fern, daß der Zeigefinger im Munde war und ihm den beruhigenden, etwas säuerlichen Geschmack seines eigenen Körpers gab. Fern hörte er die Laute, die von den Eltern aus der Küche kamen. Und noch einiges glitt schwach durch ihn hin: ein wenig Wind, ein Stern und ein Küken auf einem Weg. Dann nur noch der ganz leise Hauch seines eigenen Atems.

Und dann merkte er gar nichts mehr.

In der Küche saßen zwei Menschen. Und auf dem Wachstuch zwischen ihnen lag noch etwas verschütteter Streuzucker von Jonas' Abendessen.

Der Mann war in der Mitte der Fünfziger, kräftig und fröhlich. Seine Hände waren groß und viereckig, mit einer verblaßten Tätowierung auf dem linken Handrücken. Er saß in Hemdsärmeln da, mit breiten, hellen Hosenträgern und ohne Kragen. Die Frau war etwas über vierzig, dick, dunkelhaarig. Beide waren nicht mehr ganz jung gewesen, als sie einander geheiratet hatten.

Die Lampe über dem geblümten Wachstuch war ohne Schirm und warf ein grelles Licht über die kleine Küche. Die Frau hatte den ganzen Tag gearbeitet. Das Bügeln der Hemden für die Wäscherei hatte sie zuletzt vorgenommen und nur unterbrochen, als der Mann kam. Hätte man sie gefragt, ob sie müde sei, so würde sie nicht gewußt haben, was sie antworten solle. Die dicken, roten Unterarme lagen vor ihr auf dem Tisch, als gehörten sie nicht mehr zu ihr.

Der Mann sah sie an, mit den hellen Augen, die sie so gut
/18/ kannte. Er wollte etwas sagen, hatte aber den Mund voll Essen. Er mußte erst noch ein wenig kauen. – Sie war mit etwas Fernem und Halbvergessenem beschäftigt, das sich wieder in ihr gerührt hatte. Ein Schulhof mit einer hohen Backsteinmauer im Hintergrund. Ein paar kichernde kleine Mädchen. Es war eine nebelhafte, eine unklare Erinnerung an etwas, das irgendwo in ihr weh tat. Sie wußte, daß sie für die Klasse, in die sie ging, zu groß gewesen war. Am genauesten entsann sie sich jetzt der Trinkfontäne. Sie war im Grunde das einzige, was ihr aus den acht Schuljahren vollkommen klar im Gedächtnis geblieben war, die kleine eiserne Stange mit der blanken Kapsel darauf. Und dann der Wasserstrahl. Auch auf einiges in den Korridoren besann sie sich. Auf die merkwürdige braune Farbe. Der Mann hatte fertiggekaut. Er antwortete ihr.

«Es ist doch nicht gesagt, daß Jonas das Lesen auch so schwerfällt.»

Daß sie damals nicht richtig lesen gelernt hatte, würde sie wohl vergessen haben wie alles andere –, wäre es nicht noch jetzt so gewesen: Auch heute brachte sie es kaum fertig, laut zu lesen, wenn jemand zuhörte. Sie schob es meist auf ihre schlechten Augen. Und dies war alles, dessen sie sich aus den Schulstunden in der langen, gefährlichen Zeit, die Kindheit hieß, entsann: Es ging nicht mit dem Lesen. Aber es tat wohl, den Mann anzusehen; jeder Blick sagte ihr, daß dies lange zurücklag. Sehr lange. Niemand lachte deswegen mehr über sie. Nur im Traume war sie das große, rote Mädchen, über das sie lachen durften. Aus diesem Traum erwachte sie stets.

Sie hätte gern allerlei darüber zu dem Mann gesagt, der ihr gegenübersaß. Aber sie wußte, daß es keinen Zweck hatte, es zu versuchen. Die Worte würden sich in ihr stauen und ihr nicht helfen. Sie konnte Arbeit aller Art tun. Und sie

arbeitete gerne hart. Sie wurde nicht müde. Aber das Abschlußexamen der Volksschule hatte sie nicht bestanden. «Nein», sagte sie, «mit Jonas geht es gewiß besser.» Dann machte sie sich im Schlafzimmer zu tun. Und der Mann saß /19/
lange allein. Er dachte daran, wie es ihr in den zweiunddreißig Jahren ergangen war, ehe er sie an jenem Abend traf.

Mit ihm selbst war es anders. Er nahm alles nicht so schwer. Er hatte zwei starke Fäuste – jedenfalls, bevor der Unfall geschah –, und er war um die Welt gesegelt. Das war viel, allein das. Das Leben hätte ihn härter anfassen können. Wenn er es sich recht überlegte, war er glimpflich davongekommen. Auch der Fall durch die Luke hätte schlimmere Folgen haben können; es passiert nicht jeden Tag, daß jemand auf einem Sechstausendtonner kopfüber in den Laderaum stürzt und am Leben bleibt. Sogar halbwegs arbeitsfähig war er schließlich wieder geworden, und nun saß er hier mit einer Zweizimmerwohnung, einer guten Frau und einem prächtigen kleinen Racker von Jungen. Doch! der Bankbote und frühere Bootsmann Andreassen war überzeugt, daß es mit Jonas gutgehen werde.

Eine Weile wirbelten bunte Erinnerungen durch ihn hin, ein Schwarm ungeordneter Gedanken, die nur ganz lose zusammenhingen. Viel Wind und Salzwasser war in diesen Erinnerungen, und sie stauten sich vor dem, was der große Wunsch und die Hoffnung des Mannes war: sich zum nächsten Sommer ein eigenes Boot für den Fluß unten beschaffen zu können. Bei Sigurdsens Werkstatt konnte er einen Liegeplatz dafür bekommen. Er zog die halbgerauchte Pfeife hervor und brannte sechs Streichhölzer ab, während er darüber nachdachte. Schwarz und krumm lagen sie auf dem Wachstuch. Als die Frau aus dem Schlafzimmer zurückkam, stand er auf. Er strich ihr mit der Außenseite seiner Finger über die Wange, so wie er es bei Jonas tat, wenn etwas mit ihm nicht in Ordnung war.

«Nimm's nicht so schwer, Anna. Es ist ja doch alles in allem nicht schlechtgegangen.»

Sie sah auf, um einen Blick der blauen Seemannsaugen zu erhaschen, aber alles war wie von Nebel verwischt. Das einzige, was sie von dem ganzen Mann sah, war ein großer, /20/ zerfließender, länglicher Farbfleck. Sie fuhr sich hastig mit der Schürze übers Gesicht.

«Hoffentlich hat er mehr Verstand als seine Mutter», schluchzte sie auf.

Dann stellte sie das Bügeleisen in der Stube wieder an, und der Mann folgte ihr. Er bewegte sich vorsichtig zwischen den Möbeln, die viel zu eng in dem kleinen Zimmer standen. Dann setzte er sich in den Korbstuhl am Fenster. Es war jetzt ganz dunkel draußen auf der Straße. Und eine Weile saß er und sah den tüchtigen roten Fingern zu, die mit der Stärkewäsche arbeiteten. Seit Jahr und Tag hatte sie nicht mehr über etwas geklagt. Er streckte den Arm aus und strich ihr über die Hand. Sie wandte den Kopf und sah ihn mit den dunklen Augen an. Sie waren braun wie Kastanien, aber noch dunkler.

Dann lächelte sie.

«Du bist gut, Anton», sagte sie.

Die Tür zu dem dunklen Raum, in dem der Junge lag und schlief, stand angelehnt.

Erst gegen elf Uhr war das letzte Hemd fertig.

Jonas' Vater erwachte zuerst. Achtundzwanzig Jahre auf See hatten ihn gewöhnt, mit wenig Schlaf auszukommen. Und er konnte schlafen, wann er wollte, ebensogut mitten am Tage wie in der Nacht. Und er war immer glücklich, wenn er aufwachte. Er pflegte morgens ein Gebrüll auszustoßen, ein lautes und gähnendes Glücksgebrüll, das unmittelbar aus seinen schweren, ausgeschlafenen Gliedern kam. Dieses Morgengebrüll tönte wie ein Weckruf durch die Wohnung. (Er hatte die Zimmer gern, sie waren klein und lagen in einer alten Mietskaserne. Deshalb wohnte man hier billig.) Aber heute, das begriff er, war es noch zu früh am Morgen, und es wäre unmenschlich gewesen, jetzt jemanden zu wecken. Deshalb versuchte er, den Schlaf noch etwas auszudehnen.

Und er blieb vor sich hindämmernd liegen. Er träumte allerlei so früh am Morgen, und das war ihm nicht unangenehm. /21/ Wieder sah er den Sonnenschein auf den Wogen glitzern, und er sah die riesigen Möwen, die das Schiff begleiteten – das Schreien der Möwen weckte ihn vollends, und eine Weile lag er da und hörte dem Zwitschern der Stadtvögel draußen vor dem Fenster zu. Der Traum hatte ihn an die erste Zeit, da er auf See war, erinnert. Damals, zu jener gesegneten Zeit, als ein Schiffsjunge noch achtzehn Stunden am Tage arbeitete und zwanzig Kronen im Monat dafür bekam. Er war fünfzehn Jahre alt, Schiffsjunge auf erster Fahrt, und hatte nebenbei die Arbeit in der Messe zu tun. Auch den Aufwasch erledigte er in der Messe, in einem Eimer Steamwasser, das er beim Koch holte. Und wenn die Mannschaft sich mittags zu Tisch setzte, so hatte er gedeckt. Eines Tages hatte er eben mittschiffs das Essen geholt, als einer der Matrosen sich ihm zuwandte und seinen Teller, mit der unteren Seite nach oben, hochhielt. Es war ein breitschultriger, unrasierter Mann mit großen Fäusten und blauem Pullover. Fredrikstad hieß er an Bord. «Junge!» sagte er scharf, «prima Teller, wa?»

Seine Stimme klang durchdringend und höhnisch. Dann zeichnete er eine Figur in das Fett auf der Unterseite des Tellers.

«Denkste, deine Mutter äße von so 'nem dreckigen Teller?»

Er begriff, was Fredrikstad meinte, und wurde rot vor Scham. Doch die Sache war die, daß der Schiffsjunge niemand gehabt hatte, der ihm hätte zeigen können, wie man ordentlich aufwäscht. Aber das konnte er doch jetzt nicht sagen. Er mußte eine Antwort finden, und da fiel ihm etwas ein, was er einmal gehört hatte, eine Redensart unter den Seeleuten. Verlegen und hilflos tastend wiederholte er sie, aber vor lauter Unsicherheit wurde seine Stimme plötzlich dummdreist und selbstsicher.

«Das 's nicht so wichtig auf See», stieß er hervor.

Er sah den Gesichtern an, daß er etwas Verkehrtes gesagt hatte. Nur Fredrikstad lächelte ihn an. «Komm her», rief er freundlich, «dann sag' ich dir was.» Der Schiffsjunge ging
/22/ zu ihm. Und ohne aufzustehen, schlug der Matrose ihm mit der geballten Faust ins Gesicht, halb auf den Backenknochen und halb auf den Kiefer. Ein glühender Nebel schoß dem Schiffsjungen hinter den Augen hoch, und er hörte, wie sein Kopf an die Wand hinter ihm schlug. Dann lag er auf dem Boden, und alles war weit fort.

Jemand faßte ihn unter den Armen und hob ihn auf. Er versuchte die Augen zu öffnen, aber die Gesichter am Tisch flossen zu einem widerlichen, brodelnden Brei zusammen. Nur eine Stimme hörte er ganz deutlich, dicht an seinem Ohr.

Mandal hieß ein anderer der Matrosen, er war über vierzig Jahre alt und stark wie ein Walroß. Er war etwas fromm und wunderlich. Jetzt sprach er zu Fredrikstad, und seine sanfte, etwas weibliche Stimme war kalt und ganz anders als sonst.

«Langsam, langsam», sagte er.

«Paß auf, der Bengel lernt schon noch ordentlich aufwaschen», entschuldigte sich Fredrikstad.

«Rührst du den Jungen noch einmal an», zischte Mandal, «dann schlag' ich dich, Gott verzeih mir die Sünde, zu Brei.»

Niemand sagte etwas. Dann sprach Mandal wieder:

«Jungmann, faß an, wir bringen 'n in die Koje.»

Aber ehe der Jungmann zuspringen konnte, hatte Mandal ihn schon allein aufgehoben. Eine Weile später lag er in der Koje. Er weinte, weil er nicht aufrecht stehen konnte. Und er weinte, weil er nicht aufwaschen konnte. Etwas weinte er auch von dem Schock und wegen der Schmerzen im Gesicht. Und noch mehrere Wochen hindurch tat ihm der Backenknochen weh. Noch lange.

Ob er etwas daraus gelernt hatte? Doch, aufwaschen lernte er. Er wurde geradezu ein Genie im Aufwaschen. Aber die Lehre war teuer bezahlt. Obwohl er außer dem Aufwaschen noch etwas gelernt hatte: Schiffsjungen nicht zu hart anzufassen, nachdem er selbst Matrose geworden war. Man konnte nie wissen, ob ihnen jemand gezeigt hatte, wie man aufwäscht.

Selbst heute, vierzig Jahre später, stand ihm noch etwas leise Schiefes im Gesicht. Der Faustschlag hatte ihm stärkeren Eindruck gemacht als der Fall in den Laderaum viele Jahre später, obwohl der ihm das Rückgrat brach und ihn beinah das Leben gekostet hätte.

Schon auf der ersten Fahrt hatte er gelernt, mit Luken umzugehen. Es war kein großes Schiff, ein Viertausendtonner, aber immerhin hatte er etliche Meter leere Luft unter sich, als er zum erstenmal auf einem der Eisenbalken stand, die über den Laderaum gelegt waren. Und er mußte doch hinuntersehen, um die Lukenbretter ordentlich auf ihren Platz zu bekommen. –

Draußen war jetzt heller Morgen. Trotzdem brüllte er nicht sein Morgengebrüll, als er die Füße auf den Boden setzte. Er stand auf und ging im Hemd über die Dielen. Er blieb einen Augenblick vor dem Bett stehen, in dem Jonas schlief.

So hatte er also jetzt einen Jungen. Einen kleinen Mann mit großem Kopf und rundem Bauch. Plötzlich fiel ihm ein, daß er zu dem ersten Schultag seines Sohnes aufgewacht war. «Kleiner Schlingel!» sagte er zärtlich. Dann ging der Bootsmann in die Küche und stellte den Kaffeekessel auf. Er betrachtete ihn genauer, schätzte einen Augenblick und goß etwas Wasser ab. So bekam er unter dem Deckel Platz für noch zwei große Eßlöffel braunen Kaffees. Der Teufel mochte sparen. Das Gas brannte fröhlich. Dann ging er wieder ins Schlafzimmer, und jetzt weckte er die Familie, daß die Fensterscheiben klirrten. Draußen war strahlendes Morgenwetter, und mit dröhnendem Baß sang er das Lied von Singapur.

Ein neuer Tag hatte für den Bootsmann Andreassen begonnen.

Oberlehrer Jochumsen stand auf der Haupttreppe und sah über den Schulhof hin. Aber er hörte nicht weniger als er sah. Er fühlte das Brausen, hörte, wie es stieg und sank,
/24/ unterschied einzelne Stimmen und erkannte einen Strom von Gesichtern wieder. Sie waren im Laufe der Sommerferien so merkwürdig groß geworden. Aber aus Gründen der Ordnung war es das beste, so zu tun, als sehe er sie nicht. Es stieg den Kindern zu Kopf, wenn man sie allzu genau wiedererkannte.

Er sah zum Himmel auf, und jetzt lauschte er nur. Auf die Laute aus Hunderten von Morgen, auf das Summen aus unzähligen Pausen. Er wußte, wenn er einmal in seinem Grabe lag, würde dies Summen ihm noch in den Ohren sein. Und das war nicht das Schlechteste. Er hatte es nie jemandem eingestanden, aber er hatte das Summen gern. Und im Sommer fehlte es ihm. Er hatte sich im Sommer danach gesehnt. Rundheraus gesagt: Um das Summen zu hören, stand er jetzt auf der Treppe. Und er fühlte sein Herz genau so hart und unruhig klopfen, wie es am selben Tage im vergangenen Jahr geklopft hatte und im Jahr davor und weit, weit zurück bis zu dem Tage, da er seine erste Klasse bekommen hatte. Es hämmerte und schlug, daß er es in den Ohren und in den Fingerspitzen fühlte. Er setzte den Kneifer auf und warf einen verstohlenen und strengen Blick über den Platz hin. Da standen Marit und Ellen, Björn, Lauritz und Ingemar, lange, schlaksige Schüler der siebenten Klasse. Sie fühlten seinen Blick und grüßten. Aber er ließ sich nicht einen Augenblick anmerken, daß er sie wiedererkannte. Er machte den Rücken gerade und zog die Augenbrauen zusammen. Wütend sah er über die Köpfe hin. Sie mußten doch, zum Donnerwetter, begreifen, daß er nicht auf der Treppe stand, um sie wiederzuerkennen, sondern um sie zu inspizieren. Für Ordnung zu sorgen, damit sie keinen Unfug machten. Selten hatte er das Herzklopfen so stark gefühlt wie dieses Jahr. Er putzte den Kneifer und atmete ein paarmal tief ein. Er schüttelte leicht den mächtigen grauen Kopf, setzte den Kneifer wieder auf und legte das Gesicht in wütende Falten. Er spähte nach den neuen Erstkläßlern aus. Jeden Herbst hatte man vergessen, wie klein sie waren, wie unglaublich winzig sie waren, diese Erstkläßler – sie reichten /25/ ihm bis zur Mitte des Oberschenkels. Jedes Jahr waren sie gleich überraschend und unwahrscheinlich klein. Und gleich todernst.

Er konnte die jüngeren Kollegen nicht verstehen, die drinnen im Lehrerzimmer saßen und den Stundenplan diskutierten, bis es läutete. Daß sie nicht herauskamen, um die Erstkläßler anzusehen, und daß sie nicht alle zusammen auf der Treppe standen, sondern das Zusammensein mit den Erwachsenen möglichst lange ausdehnten! Es hatte ihn etwas enttäuscht, damals, als er seine Stellung an der höheren Schule aufgab und statt dessen zur Volksschule kam. Vor bald vierzig Jahren. Und er hatte sich nicht ganz daran gewöhnen können. Er gewöhnte sich nie an etwas. Der ganze alte Mann war genau wie sein klapperndes altes Herz, das sich nicht an etwas so Selbstverständliches wie das Zurückkommen der Schulkinder nach den Sommerferien gewöhnen konnte.

Jetzt erblickte er im Gewimmel den ersten Neuling, ihm etwas übers Knie reichend, dunkelblond, mit rundem Bauch und sehr geradem Rücken. Er hatte den großen Kopf der Erstkläßler, und er war schrecklich ernst, er übertraf alle andern an Ernst. Aber in diesem Augenblick sprach jemand den Oberlehrer an. Es war Augusta aus 4 B. Und so stark wirkte die Disziplin, die der Zauber seines Berufs ihm gegeben hatte, daß er nicht lächelte. Er fragte nicht einmal nach ihren beiden älteren Brüdern, die schon von der Schule abgegangen waren – sondern beschloß, sich erst im Spätherbst nach ihnen zu erkundigen. Und er fragte auch nicht, wie es ihrem Vater gehe.

«Guten Tag, Herr Oberlehrer», hatte sie gesagt.

Der Oberlehrer fragte, wie sie heiße und in welche Klasse sie gehe.

«In 4 B», antwortete sie und fügte, bei jeder Silbe knicksend, hinzu, daß sie Augusta heiße. Und in diesem Augenblick läutete die große Glocke.

Schon am ersten Schultag, als Jonas nach Hause kam, fragte /26/ die Mutter ihn, was er gelernt habe. Jonas überlegte.

«Ich habe still sitzen gelernt», antwortete er.

Und dann kamen viele Tage, gute Tage, die einander glichen wie Perlen auf einer Schnur. Und das war recht so, denn Tage sollen einander gleichen. Es waren große Tage mit Nachmittagen unter hohem Himmel. Jonas machte neue Vorstöße in die Welt unter dieser mächtigen Kuppel. Er fand neue Straßen, neue Hofplätze und neue große Häuser, schwarze Häuser, graue Häuser und riesige, dunkelrote Backsteinhäuser. Er traf unbekannte Kinder und fremde Hunde. Aber vor allem war da die Schule. Gerade im Rücken, mit blauem Ranzen, die Finger gespreizt, wanderte er jeden Morgen die große Straße hinunter, die meilenweit quer durch die Stadt und hinaus aus der Stadt und hinaus aufs Land läuft und weit draußen zur Landstraße wird, mit staubigem Gras und Löwenzahn am Grabenrand. Diese große Straße war am Morgen ein Flußbett, durch welches statt des Wassers Schulkinder strömten. Etwas vor halb neun flossen sie aus allen möglichen Winkeln und Sträßchen hinein, glitten über die Kreuzungen hin, dort, wo das Flußbett größere Nebenflüsse aufnahm, die es schon geschafft hatten, ein paar Liter Schulkinder auf eigene Faust zu sammeln – von ganz weither, von der Grenze eines anderen Schulkreises, aber doch auf dieser Seite der Wasserscheide.

Jonas hatte diese Morgenwege zur Schule furchtbar gern. Er genoß sie in vollen Zügen. Und er kam nie zu spät, war immer mitten im Strom. Natürlich war es gefährlich. Es waren so viele Leute um ihn. Und die meisten anderen Kinder waren größer als er. Er konnte Hunden begegnen und noch Schlimmerem. Manche der größeren Jungen mochten die Erstkläßler nicht. Jedenfalls konnte Jonas es nicht anders verstehen, wenn er sah, was sie mit den Neuen anstellten. Je

näher er der Schule kam, desto dichter wurde der Strom der Kinder; bis er sich in einer Stromschnelle durch das enge Tor preßte, bis er sich im Brausen auf dem Schulhof auflöste, flossen immer neue Nebenflüsse in ihn hinein. Nur an einer /27/
Stelle geschah genau das Gegenteil. Der große Fluß schied einen Arm aus. Ein kleiner Kinderbach sickerte diesen anderen Weg. Was geschah mit denen, die den anderen Weg gingen? Lange blieb Jonas darüber im unklaren. Doch er fühlte, daß etwas mit ihnen nicht in Ordnung war. Es hatte etwas Verworfenes und Störrisches, daß sie einen anderen Weg gingen, plötzlich, an einer bestimmten Ecke. Sie gingen hinaus aus der Menschheit, aus der Welt. Sie sonderten sich ab. Sie zogen hinaus aus der Bruderschaft, aus der Gemeinschaft und der Schule. Etwas sonderbar Farbloses und Leeres stieg von denen auf, die den anderen Weg gingen. Sie rächten sich an den anderen, indem sie einen Hauch von Grauen und Einsamkeit ausdünsteten.

Sehr bald lernte Jonas, die Gesichter der Kinder, die den anderen Weg gingen, wiederzuerkennen, so daß er wußte, wer dorthin gehen werde, lange bevor sie an der Ecke ankamen. Die Gesichter erschienen ihm nämlich so sonderbar, zu groß und zu rund oder zu schief und zu dick. Bei einigen ging der Hals hinten gerade in die Mütze hinauf, und der Kopf saß schief, sie hatten Augen, die schräg nach oben gingen, und halboffene Münder. Diese waren am leichtesten wiederzuerkennen. Und Jonas betrachtete sie mit einer Angst, die ihm tief in der Brust saß. Kam er ihnen nahe, so liefen ihm eisige Schauer den Rücken hinunter.

Diese, die den anderen Weg gingen, bedeuteten viel für Jonas, weil einer von ihnen ganz in seiner Nähe, hinter dem Milchgeschäft, wohnte. Er sah mit seinen schrägen Augen freundlich aus und wollte gern mit ihm spielen. Jonas sah manchmal seine Hände an, sie waren so weich und so groß. Er hatte früher oft mit Lars gespielt, es ließ sich gut mit ihm spielen, obwohl er viel größer war. Aber jetzt, da Jonas wußte, daß er den anderen Weg ging, hörte das auf. Lars

verstand es nicht und lief ihm weiter nach. Immerhin hatte Jonas vor Lars nie solche Angst wie vor den anderen, die aus dem Schulfluß ausbrachen, aber es wurde nicht wieder so
/28/ wie früher zwischen ihnen.

Jonas dachte viel darüber nach.

Am meisten jedoch dachte er an die Stunden und an das Fräulein. Er fand, die Nase sei das Allerhübscheste an ihr, weil sie spitz und ein bißchen gebogen war. Vom Fräulein hatte er das ABC-Buch bekommen, und das ABC-Buch wurde Jonas' Bibel. Er hütete es wie einen Schatz. Abends, wenn er zu Bett gegangen war, mußte er manchmal wieder aufstehen und noch etwas darin buchstabieren. Doch schon nach drei Tagen wurde die Freude zu einem Kummer: Es kam ein brauner Fleck auf das ABC-Buch, und Jonas weinte auf den Fleck, so daß er noch größer wurde. Niemand wußte, wie der Fleck dorthin gekommen war. Und nie verschwand er wieder. Da träumte Jonas, das ganze ABC-Buch gehe entzwei, löse sich in zerfetzte Blätter auf. Aber am Morgen, als er es heil und ganz auf dem Stuhl liegen sah, lachte er. Und er sah sofort nach, ob nicht vielleicht auch der Fleck ein Traum gewesen sei, doch das war er nicht. Die Freude war also nicht ganz ungetrübt. Aber er war sich bewußt, daß es schlimmer hätte ausgehen können.

Etwas anderes war es, daß er nicht im ABC-Buch lesen konnte; aber er brachte es fertig, das zu verheimlichen, weil der Vater ihm half, die Aufgabe auswendig zu lernen. So kam Jonas eine Zeitlang zurecht, ohne es selbst richtig zu merken. Eigentlich las er die Buchstaben wohl, aber er las sie etwas anders als die anderen Kinder. Jonas sah Menschen und Tiere und Dinge in den Buchstaben. Alle zusammen hatten sie Ähnlichkeit mit irgend etwas. Einer glich einem Baum, und ein anderer glich einem Stuhl, einer von ihnen spreizte gewaltig die Beine und glich einem Postboten. Und wieder ein anderer glich einem gelben Hund, den er einmal gesehen hatte. Und der Hund hatte einen Jungen gebissen, und den Jungen hatte er später nachmittags gesehen. Und dort, wo der Junge wohnte, war ein dunkler Torweg, der tief in einen Hof hineinging, auf dem es mitten am Tage beinah dunkel war. Dieser Hof lag zwischen himmelhohen Mauerwänden, auf denen etwas grünes Moos wuchs. Ein paar /29/ Kehrichteimer standen dort drinnen und ein kleiner Schuppen aus schwarzem Holz. Und an den Wänden des Schuppens wuchsen zwei Aborte hoch, aus schwarzem und grünem Holz. Die Bretter dort waren immer etwas naß.

Jonas wußte nicht, was in dem Schuppen war, aber in die Aborte hatte er hineingesehen. Es war dunkel darin und roch scharf. Die Löcher waren kohlschwarz, und er wußte, daß unten darin viele Ratten hausten. Hin und wieder waren ein paar Ratten unterwegs und machten einen Spaziergang auf dem Hof, huschten umher und guckten sich mit ihren kohlschwarzen Stecknadelaugen um, verschwanden ein Weilchen in den Kehrichteimern und flitzten an der Wand entlang wieder davon, nach Haus in ihre Aborte. Für solch eine Ratte mußte der Abort sein wie ein großes Haus. Aber er selbst hätte nicht darin wohnen mögen. Auch nicht, wenn er eine Ratte gewesen wäre. Der Hof im Halbdunkel war mit Steinen gepflastert, mit hohen, runden Steinen, die Berge und Täler bildeten. Am tiefsten lagen sie in der Mitte, dort war beinahe eine Art Rinnstein. Und wenn Jonas über den Hofplatz hinsah und sich vorstellte, er sei ein großes Land, so spielte er gern in Gedanken, daß er selbst Gott sei, weil er so groß war, daß die Menschen, die klein genug waren, um in diesem Lande zu wohnen, ihn vielleicht gar nicht gesehen hätten. Zum mindesten hätten sie ihn für einen Fels oder so etwas gehalten. Wenn er Gott war, dann stand er ganz still und dachte darüber nach, daß er über dies Land bestimmen konnte. Aber im allgemeinen bestimmte er gar nichts. Es war ein ungemein stilles Spiel. In dem Hof lagen auch drei alte Autoverdecke. Dann traf er den Jungen, den der gelbe Hund gebissen hatte. Er sah ihn erstaunt an. Und sie spielten zusammen, bis es auf dem Hof ganz dunkel geworden war. Aber als Jonas aus dem Torweg kam, sah er, daß es auf der Straße draußen noch ganz hell war. Es war eine Helle, die er gern hatte, und die Häuser und die Welt standen schwarz und schwer vor dem leuchtenden Himmel. Sie /30/ könnten beinahe bersten, dachte er; so dunkel und hart sahen sie aus.

Dann ging er auf der schwarzen Straße nach Hause, und die Sonne stand nicht mehr am Himmel, aber der Himmel war selbst eine Art Sonne geworden. In der Ferne sah er den gelben Hund, deshalb mußte er einen Umweg um den Häuserblock machen. Während er so ging, dachte er an den Buchstaben. Eigentlich glich der gar nicht dem Hund, aber er erinnerte an sein Gesicht. Der gelbe Hund hatte nämlich ein so böses Gesicht. Aber das Fräulein las den Buchstaben anders. Jonas hatte lange darauf gewartet, daß sie anfangen würde, von dem Hund zu erzählen; doch das tat sie nicht. Deshalb studierte er die Maserung im Holz auf seinem Pult, und da er das Glück gehabt hatte, das älteste Pult von allen zu bekommen, fand er viele Bilder darauf, Bilder wie auf dem Fußboden zu Haus, dort wo die Farbe abgetreten war oder wo es vom Spülstein tropfte. Und nach und nach lernte er auch, ganz still zu sitzen, wobei er aus dem Fenster sah. Einmal sah er dort einen Vogel. Und die Neugier auf die Buchstaben, die er gefühlt hatte, fiel ganz langsam, tropfenweise von ihm ab.

Doch als Wichtigstes in der Schule lernte er, lange Spiele in sich zu spielen, lange, spannende Erzählungen von Pferden und Katzen und Schiffen. Das Summen der Klasse störte ihn nicht im geringsten, und wenn Fräulein nicht gerade mit ihm sprach, merkte er von der Stunde nichts, bis es zur Pause läutete.

Jonas war sehr glücklich, daß er zur Schule gehen durfte. Die Ruhe und die Ordnung gefielen ihm, die sauberen Korridore und die niedlichen Toiletten. Sie waren das Hübscheste auf der Welt. Zu Hause hatten sie wohl auch solch ein Rauscheklo, aber der Sitz saß schief und das Becken war alt und gelb, so daß es nicht ganz dasselbe war. Er liebte die

Schule. Er liebte den ernsten, großen Oberlehrer, er liebte das Fräulein. Und wenn er die auswendig gelernten Zeilen herunterleierte, dann glaubten sie und Jonas selbst, er könne lesen. Das Fräulein vergalt seine Liebe. Wenn sie den winzig /31/
kleinen Kerl aus der ersten Klasse mit dem geraden Rücken, dem großen Kopf und dem guten, offenen Blick sah, hatte sie mehr Lust, ihn auf den Schoß zu nehmen, als das ABC mit ihm zu pauken. Und diese Sympathie war die Ursache dafür, daß es lange dauerte, bis sie ihn durchschaute.

Der Höhepunkt der Woche war für Jonas trotz allem der Tag, an dem der Vater mit ihm auf dem Kai spazierenging. Auf solchen Wegen gingen sie Hand in Hand und führten lange Gespräche. Jonas fragte, und der Vater antwortete mit endlosen, ausführlichen Monologen über Schiffe und Häfen und die sieben Meere. Er sprach mit sich selbst, mit dem Wasser im Hafen, mit dem Winde und mit den Tauen, die die Schiffe am Kai festhielten. Beide waren sehr glücklich. Der Junge hörte genau zu, denn der Redestrom des Vaters war voll neuer Worte. Es waren Worte, saftig im Munde wie Birnen, seltsame, wogende Worte, Worte, die rochen wie der Kai, auf dem sie gingen: Singapur, Tampico und Archangelsk. Er kaute an diesen Worten und sagte sie dem Vater nach. Und sie schmeckten. Dann waren da noch zwei Worte, die ihm ganz besonders gefielen: Nordatlantik und Kettenkasten. Diese fünf Worte lernte er, und wenn er allein war, sang er sie nach einer kleinen Melodie. Die Melodie hatte er selbst gemacht. Er hatte es schrecklich gern, wenn der Vater von Stürmen erzählte und von allem möglichen, was unter dem Wasser war. Dort waren die Tintenfische, und Jonas sah sie in seinem Kopf genau vor sich. Sie waren ein Sack mit zwölf Armen daran, und er wußte, daß der Sack aus dicker Wergleinwand sein mußte, und die Arme, die waren wie die Arme des Vaters, wenn er die Hemdsärmel aufkrempelte. Wie hätte ein Sack mit zwölf Armen wohl sonst sein sollen? Am Hafen roch es anders als in der Stadt. Und während der Vater erzählte, ging Jonas neben ihm und verschwisterte

sich mit all diesen Gerüchen. Er roch sie, wenn er sich abends schlafen gelegt hatte, und er roch sie, wenn er in der Schule saß. Wenn er an seinem Pult saß und Schiff spielte,
/32/ spürte er die Gerüche in sich.

Und dann war da der Fluß, blank und ölig floß er langsam zwischen den kleinen Booten dahin. Die Bäume und die Häuser auf der anderen Seite standen im Wasser auf dem Kopf, sie bebten und zitterten. Und auf dem Heimweg gingen der Mann und der Junge am Fluß hinauf. Die Abende waren nicht anders als früher. War Jonas zu Bett gegangen, so glitt er hinüber in den warmen Strom alles dessen, was in ihm geschah, und oft begegnete ihm etwas von dem, was er am Tage gesehen hatte, aber es war anders geworden. Jeden Abend segelte er im Gleitflug über die Stadt hin, er war kleiner als eine Schneeflocke und größer als der ganze Fjord. Er war ein riesiges Luftwesen, das schwebend von einem Bergrücken zum anderen reichte, dann zog er sich blitzschnell zusammen und segelte durch den Ring nach innen, durch das Loch, das kleiner war als nichts. Ein paarmal traf er den gelben Hund, vor dem er erschrak, obwohl auch er sehr klein geworden war. Dann zog Jonas sich zurück und schwebte eine ganze Weile über seinem Bett. Dort schlief er ein, während er in der Luft hing. Schlimmer war es, wenn er den Kindern begegnete, die morgens den anderen Weg gingen. Sie gingen dahin, ein ernster Zug, und Jonas fragte sich, was sie getan haben mochten, daß sie so für sich allein gehen mußten. Am nächsten Tag traf er sie auf der Straße, auf dem Schulwege wieder. Schon lange vor der Ecke, die sie von den anderen trennte, wußte er, welche Kinder es waren. Er kannte sie an ihrer Art zu gehen, an den Rücken, den Köpfen, an den Gesichtern. Er wußte, daß sie den anderen Weg gingen, aber wohin führte dieser andere Weg? Er glaubte es ziemlich sicher zu wissen: Er führte aus der Welt hinaus. Und außerhalb der Welt war ein großes, schwarzes Haus, das inwendig nur ein Loch war und voll von dem Geruch der Aborte, die er in dem Hinterhof gesehen hatte.

Die Aborte mit den schwarzen Löchern waren ein Teil der
Strafe, und dazu kamen noch die Kleider, die sie dort trugen;
es waren Kleider, aus alten Kohlensäcken gemacht, die drau-
ßen im Regen gelegen hatten. Jonas wußte es ganz be- /33/
stimmt, und er hatte gehört, daß dieses schwarze Haus die
«Iddioten» hieß. In der Iddioten war es so, das war ihm ganz
klar, auch wenn niemand es ihm gesagt hatte. Sie mußten
den ganzen Tag in dem schwarzen Hause sein, und es war
stockdunkel darin. Jonas fühlte jedesmal, wenn er an sie
dachte, etwas Eiskaltes im Rücken, und die Haut um ihn zog
sich zusammen. Das einzige, was er nicht wußte, war, was
sie getan hatten, daß sie dorthin gekommen waren. Ob sie
vielleicht kleine Katzen gequält hatten oder so etwas?

Eigentlich machte es Spaß, die zu necken, die den anderen
Weg gingen. Sie waren so langsam in allem, was sie taten,
daß selbst ein Erstkläßler sich allerlei mit ihnen erlauben
konnte. Und oft genügte es nicht, etwas zu sagen, nein, man
mußte ein Stöckchen oder etwas von der Straße zu Hilfe
nehmen, um sie böse oder ängstlich machen zu können –
anders begriffen sie es nicht und standen nur da und lächel-
ten. Bis jemand etwas mit ihnen anstellte, etwas mit Pferde-
äpfeln oder Hundegeschäften. Manchmal war Jonas nicht
ganz sicher, ob es richtig war, so etwas zu tun. Und abends
kam es vor, daß er darüber nachdachte. Doch die Ecke über-
zeugte ihn, sie gingen ja den anderen Weg. Sie gingen so-
wieso dorthin. Aber warum? Warum waren sie so? Warum
mußten sie in die Iddioten gehen? Seine eigene Schule hatte
einen vornehmen und feierlichen Namen und blanke Klos.
Warum mußten sie in schwarze Aborte gehen mit Löchern
und Ratten darin? Was hatten sie getan? Als er endlich einen
der großen Jungen fragte, warum die anderen den anderen
Weg gingen, bekam er plötzlich die Antwort. Es war eine
klare Antwort, und Jonas wunderte sich, daß er nicht selbst
darauf gekommen war.

Sie könnten nicht lesen, sagte der große Junge, der einen
Fußball unter dem Arm trug. Er sah ihnen nach und zeigte

seine mächtigen Vorderzähne. Er hatte große Ohren und eine Pelzmütze. Ja, sie könnten nicht lesen. Und der Junge sah ihnen ernsthaft nach. Immer, sagte er, immer müßten
/34/ sie auf die Iddioten gehen. Jonas verstand das und war froh, daß er im ABC-Buch lesen konnte. Und während sonst das meiste von dem, was er an Worten hörte, durch ihn hindurchging, wie der Wind durch ein Zimmer mit offenen Fenstern weht, setzten diese Worte sich in ihm fest. Weil sie ihm vieles erklärten. Sie ließen sich nieder und wohnten in ihm. Dann zog er weiter mit dem Fluß, hinunter dem Schultor zu, mit der Stromschnelle in den großen Wirbel auf dem Schulhof hinein. Dort stand der Oberlehrer und sah über sie alle hin, hoch wie ein Turm und mit grauem Bart. Jonas ging dicht an ihm vorüber und grüßte untertänig. Sein Blick begegnete den grauen Augen hinter den Kneifergläsern. Doch das große Gesicht bewegte sich nicht, nur daß es etwas strenger wurde. Trotzdem fühlte Jonas, daß der Oberlehrer ihn ansah. Es kitzelte leicht im Rücken.

An anderen Tagen ging Jonas in der Stadt spazieren. Einen Weg ging er besonders gern, er führte zu zwei Geschäften, die er kannte. Das eine war ein Blumengeschäft, und das andere war ein Laden, in dem Vögel und Schildkröten verkauft wurden. Sie lagen nebeneinander in einer Straße mit Straßenbahnen und vielen Erwachsenen.

Als der Schnee gekommen war, ging er oft dorthin. Und er stand lange vor den Fenstern, den Ranzen auf dem Rücken. Hin und wieder trieb eine Schneeflocke zwischen der Scheibe und ihm dahin, zwischen seinen Augen und der dichten grünen Blättermasse. Unter dem Grün waren weiße Kieselsteine und fließendes Wasser. Die Pflanzenstengel waren weich und glatt, aber hier und da stand eine Blume, die Löcher in das nasse, saftige Blattwerk riß. Er hatte das Grün lieber als die Blumen, er hatte die Kiesel gern und das Wasser und den warmen Geruch von Dunst und Erde, der jedesmal, wenn die Tür geöffnet wurde, in den Winter hinausschlug. Er dachte oft, wie schön es sein müßte, ein viel

kleinerer Junge zu sein, als er jetzt war – nicht viel größer als seine Hand heute, und in dieser Größe zwischen all den Pflanzen in der Wärme und Feuchtigkeit wohnen, auf der fetten Erde gehen und auf einem der größten Blätter sitzen zu dürfen. Oder sich zwischen den Pflanzenstengeln hineinzustehlen, sich in langen Tunnels im Halbdunkel unter all dem Grün zu verstecken. Er dachte, wie groß die weißen Kieselsteine sein würden, wenn er selbst so klein wäre. Er würde in die Pflanzen hineinklettern, in die weichen und glatten Riesenpflanzen, und hin und wieder ein Weilchen auf einem Blatt sitzen. Dann würde er sich an den Stengel pressen und nur ganz, ganz klein sein. Er wollte immer dort wohnen, in einer freundlichen und grünen kleinen Spielwelt. Aber den Blumen würde er nicht zu nahe kommen. Einige der Pflanzen sahen aus wie ganz kleine Bäume. Die gefielen ihm gut.
In dem Fenster nebenan waren die Vögel. Außen an der Scheibe standen ein paar Buchstaben, aber die waren groß, und er verstand sie nicht. Die Vögel wohnten in Käfigen oder in großen Glaskästen. Er überlegte, ob die Vögel das Fliegen wohl so empfanden wie er nachts. Er wollte sehr gern ein Vogel sein. Nur fliegen oder nur ganz still sitzen und ein Vogel sein. Lange stand er da und betrachtete die Vögel, während sich der Schnee auf seiner Mütze und dem Jackenkragen sammelte und große Menschen in schwarzen Kleidern an ihm vorüber durch das Schneegestöber stapften. Es klirrte und lärmte und läutete in den Straßenbahnen. Die Ladentüren öffneten und schlossen sich. Dann ging er ein paar Schritte zur Seite und stand wieder vor dem Fenster mit all dem Grün. Am Abend dachte er an alles, was er gesehen hatte, bevor der Schlaf ihn in die Arme nahm und ihn erhob. So wurde er größer. Und so wurde es immer mehr Winter, und der Himmel wechselte die Farbe.
Die Jahreszeiten lösten einander ab und reiften in ihm. Es bestand kein großer Unterschied zwischen außen und innen, alles trieb durch ihn hin, eine endlose Reihe von Gutem

und Schlimmem – Straßenpflaster und Stein, dunkelrote
Häuser, große Straßen, Schnee und fremde Männer, eine
Zeitung, die auf der Straße lag, naß und durchscheinend,
/36/ aber am nächsten Tag am Bürgersteig festgefroren – da wa-
ren Straßenbahnen und Pferde, fremde Kinder und hin und
wieder ein fremder Hund. Viele Sonnenaufgänge im Frost-
rauch draußen vor dem Küchenfenster, rote, schwere Son-
nenaufgänge. Sie gingen in ihn hinein und blieben dort, und
die Zeit tat etwas mit ihm. Und so wie das Jahr sich drehte,
reifte er nach und nach mit den Jahreszeiten. Das Jahr erfaß-
te ihn und nahm ihn mit sich, verwandelte ihn aus einem
winzig kleinen Erstkläßler mit einer geballten Faust, so groß
wie eine Streichholzschachtel, in einen winzig kleinen
Schuljungen. Der Sommer trieb über ihn hin, ohne daß er
ihn von den anderen Jahreszeiten unterschied. Er wuchs sie-
ben Zentimeter und nahm zwei Kilo zu. Das veränderte ihn
sehr, und als der Herbst kam, war er ein blasser und
schmächtiger Zweitkläßler geworden, den Blick voller Luft
und Wind.

Kapitel 2

Lehrer Strange saß über den Eßzimmertisch gebeugt und /37/
rieb sich mit dem Handgelenk über die Nase. Er preßte die Nase nach der rechten Seite hinüber, bog sie beinah ganz an die Wange und ließ sie wieder los, so daß sie wie eine Feder an ihren Platz zurücksprang. Und noch einmal tat er das. Und jedesmal richtete sie sich wieder gerade. Es war nicht zu verstehen, wie sie es aushielt, so gebogen und so gedrückt zu werden. Der ganze Mann steckte in der Nase. Sie konnten ihn beugen, sie konnten ihn an die Wand drücken, ihn übergehen, ihn nicht beachten, andere vorlassen – er richtete sich wieder auf. Und eines Tages würde er Oberlehrer sein. Er preßte die Nase noch einmal an die rechte Wange, und während er das tat, zog sein Mund sich zusammen, nach innen, schloß sich, damit keins der Worte, die sich in ihm formten, auf *diesem* Wege entschlüpfen sollte. Nein, durch die Hand sollten sie, durch die rechte Hand, die Hand, mit der er sich nicht über die Nase rieb – durch das breite, knochige Handgelenk, durch die großen Finger mit den breiten Knöcheln, durch Zeigefinger und Daumen, hinunter durch den Federhalter, hinaus aus der Feder und hinein in die anonyme Schönschrift auf dem dünnen, liniierten Briefpapier. Lehrer Strange schrieb, und während er schrieb, rieb er sich wieder mit dem linken Handgelenk über die Nase, er zog den Mund zusammen, schob die Zunge gegen die Innenseite der Wange und beulte sie zu einem großen Zahngeschwür unter dem kräftigen Wangenknochen aus. Denn das Schreiben war schwierig. So vieles sollte mit in den Brief hinein. Viele Gedanken und viele Worte – und die große Bitterkeit, die sich Jahre hindurch in einem übergangenen Mann angesammelt hatte.

All das mußte geordnet, gesichtet, gesiebt werden – damit alles auf seinen rechten Platz kam.

Mit Kreide auf die Tafel zu schreiben war nicht schwierig.

«Das Laub ist grün» zu schreiben oder «Die Katze ist klein» – das war leicht. Aber dieses jetzt, das war schwierig, auch wenn er solche Briefe schon öfter geschrieben
/38/ hatte.

Er preßte die Nase noch einmal flach. Alle Schulkinder im Bezirk kannten diese Bewegung. Und er sah über den Tisch hin. Zog den Mund zusammen.

Vor ihm lagen Zeitungsausschnitte, über den ganzen Eßzimmertisch verstreut, umsichtig zurechtgelegt. Mehrere Jahre hindurch hatte er sie ausgeschnitten und gesammelt. Jetzt erntete er die Früchte der geduldigen Arbeit; er hatte ein übersichtlich geordnetes, ein mächtiges Material, alles mit Datum und Namen der Zeitungen versehen. Er war wie ein Bauer, der sein reifes, gelbes Korn unter Dach bringen soll. Aber er hatte keine große Scheuer, in die er hätte sammeln können; alles mußte auf den wenigen armseligen Seiten eines Briefes, auf wenigen Bogen billigen Briefpapiers untergebracht werden. Er durfte sein Gefühl nicht mit sich durchgehen lassen. Das eine Wort durfte nicht das andere holen, durfte nicht alles mit sich reißen und zu einem Fluß, zu einem wilden, schäumenden Strom werden, einem Strom, der alles zusammen hinausschrie – von ihm selbst, von den Enttäuschungen in all den langen Jahren. Nein, in Zaum und Zügel, unter Disziplin mußten sie gehalten werden, die Worte. In Ruhe, Ordnung und Würde, zwei und zwei sollten sie marschieren wie eine geordnete und gehorsame Klasse auf dem Weg zur Gymnastikstunde. Eine leise Erregung bebte durch ihn hin. Was er vorhatte, ging beinahe über seine Kräfte, so ergriff es ihn. Er hatte schon früher an andere in dieser Sache geschrieben, an Personen, die im öffentlichen Leben standen, Schulleute und Schriftsteller. Anonym, gewiß, aber er hatte ihnen rundheraus gesagt, was sie angerichtet hatten, wohin das alles führte!

Doch diesmal war es nicht ein Brief, der geschrieben werden sollte – es war *der* Brief. Und auf diesen wenigen Seiten mußte er alles zusammenfassen. Er rieb sich über die Nase und ließ den Blick über die Zeitungsausschnitte hingleiten. Bei einem hielt er an und las zuerst den Namen der Zeitung und das Datum, in Schönschrift mit roter Tinte ganz oben /39/ auf den unbedruckten Papierrand geschrieben. Dann glitt der Blick die Spalte hinunter.

Da stand zuerst die Überschrift:

«Elfjährige als Einbrecher.» Dann die Notiz selbst: «Drei Jungen im Alter von elf Jahren brachen in ein Geschäft für Sportartikel im Majorstu-Viertel ein. Dadurch, daß sie Planken aus dem Zaun nach dem Hof zu lösten, verschafften sie sich Zugang zu den Lagerräumen des Geschäfts. Glücklicherweise erzählte einer der Jungen …»

Der Blick glitt über den Tisch hin:

«Unsittlichkeit unter Vierzehnjährigen.» Er lief weiter: «Junge Autodiebe festgenommen.» Und weiter: «Zwei Zeitungskioske von Kindern im Volksschulalter erbrochen. Schokolade aus Kiosk auf Jar gestohlen.»

Er las weiter, von Zettel zu Zettel:

«Jungenbande treibt am Rande der Stadt ihr Unwesen. Jungenbande entlarvt. Dreizehnjähriges Mädchen führt Bande von Autodieben an. Kinder mißhandeln Tiere.» Das leise Beben ergriff ihn noch stärker. Alles, alles hatte er gesammelt. Nun lag es da, fertig zum Gebrauch:

«Schüler der fünften Klasse hängen Schulkameraden. Im letzten Augenblick konnte Erwachsener auf Paalstrand ein Unglück verhüten, das tragische Folgen hätte haben können. Drei Schüler der fünften Klasse …

Kriminalität Jugendlicher weist höhere Ziffern auf denn je. Leiter einer Jungenbande handelt mit pornographischen Blättern. Einbruch Minderjähriger …»

Mit einem Ruck riß er sich von der Lektüre los. Und er sammelte die Gedanken auf den Brief, auf die Worte, die sich so sträubten, die sich weigerten, geschrieben zu werden. Er war noch nicht über den Anfang hinaus. Nur ein paar Sätze standen da. Zuerst das Datum und dann Titel und Name des

Empfängers, geradezu und ohne alle Formalitäten. Dann gleich zur Sache:

/40/ Sie, der Sie Oberlehrer sind und ein bekannter Mann und durch Ihre Politik hochgekommen sind, Sie sind wohl des Glaubens, daß es niemanden gebe, der ein Auge auf Sie hält und der sieht, wohin es mit dieser freien Erziehung führt. Jedoch es gibt einen, der die Augen offengehalten hat und der alles bemerkt hat, auch die Banden, die am Stadtrande wüten, und dieser weiß auch, wer die Schuld hieran trägt. Was hier vor sich geht, ist die Frucht des fortgesetzten Geredes von der freien Erziehung und davon, daß die Kinder schreckhaft werden und Komplexe bekommen sollen, wenn sie zu ordentlichen Menschen erzogen werden, die Ehrfurcht und Achtung vor den Erwachsenen haben. Sie selbst sind es und noch ein paar andere hier im Lande, welche das Schulwesen und das, was Leute mit Verantwortungsgefühl aufbauten, zerstört haben. Jetzt jedoch soll es an den Tag. Sie dürfen nicht glauben, daß wir uns in alles finden. Sie dürfen auch nicht glauben, daß wir gar so wenige seien oder daß wir unsere Zeit vergeudet hätten. Die Verbrechen unserer Schulkinder sprechen eine deutliche Sprache. Die Kinder sind von denen, welche es besser hätten wissen sollen, in die Irre geführt worden. Jeden Tag liest man in den Zeitungen von Diebstählen und anderen Verbrechen der Schulkinder. Die moderne und freie Erziehung trägt die Schuld an diesen Freveltaten. Der dieses schreibt, ist seit zweiunddreißig Jahren Lehrer, und er weiß aus Erfahrung, daß es stimmt. Und derjenige, an den dieser Brief gerichtet ist, hat mehr Schuld als alle anderen, weil er ein bekannter Mann ist und kein unbekannter wie ich. Sie werden sehen, wohin dieses führt, zu Kinderverbrechen und Verderbtheit aller Arten. Aber jetzt soll die Wahrheit an den Tag …

Er sah auf, weil es an der Tür klopfte. Und er wartete eine Weile, bevor er «Herein!» sagte. Sein Sohn Eigil stand in der

Tür, gerade und mit niedergeschlagenem Blick. Ein rothaariger, dünner Zwölfjähriger.

«Habe ich nicht gesagt, daß ich nicht gestört werden will!» sagte der Vater. /41/

Der Junge stand so stramm wie möglich. Der dünne Hals und die großen Zähne waren das einzige Schiefe an ihm.

«Ja, aber es ist wegen Fräulein Bö», antwortete er. «Sie steht draußen.»

«Fräulein Bö!» Der Vater richtete sich halb auf und setzte sich bestürzt wieder. Er rieb die Nase zur Seite. Dann legte er die langen Arme über den Tisch und fegte die Zeitungsausschnitte zusammen. Ohne sie zu ordnen, stopfte er sie in einen riesigen gelben, zerknitterten Umschlag. Dann wandte er sich dem Sohn zu.

«Was will sie?» sagte er vorwurfsvoll. «Habe ich nicht genug an meiner vielen Nachmittagsarbeit?»

«Steh nicht da und halt Maulaffen feil!» fügte er ordnungshalber hinzu. «Hast du nicht gefragt, worum es sich handelt?»

Während er sprach, hatte er mit großer Behendigkeit einen Stoß Aufsatzhefte aus der Tasche gehoben, die an das Tischbein gelehnt stand. Es waren Aufsätze der siebenten Klasse. Er öffnete eins der Hefte und legte es vor sich hin. Die anderen ließ er mit einem klatschenden Geräusch auf den Tisch fallen.

«Sie will mit dir sprechen, Papa.»

Der Lehrer ließ den Schreibblock mit dem angefangenen Brief in die Tasche gleiten. Als er antwortete, hatte er den Rotstift schon in der Hand. «Dann mußt du sie hereinbitten.»

Er war jetzt ganz ruhig und gefaßt. Der Junge schoß hinaus wie ein Pfeil.

Lehrer Strange erhob sich nicht, als seine jüngere Kollegin eintrat. Er sah nur schräg von dem Aufsatzheft auf und korrigierte noch etwas, bevor er zu ihr sprach. Dann bat er

sie, Platz zu nehmen, und sie setzte sich an den Tisch, ihm gegenüber, bescheiden, nur auf eine Hälfte des Stuhlsitzes, die Knie fest zusammengepreßt. Sie war sich durchaus klar
/42/ darüber, daß sie ihn in seiner mühevollen Arbeit an den Aufsätzen störte, und Lehrer Strange ließ sie fühlen, daß sie ihn nicht in einem Augenblick des Müßiggangs antraf.

Sie warf einen Blick auf die Aufsatzhefte und stellte ehrfürchtig fest, daß es die Hefte der siebenten Klasse waren. Sie selbst war Anfängerin und unterrichtete nur in den unteren Klassen. Aber einmal – in einigen Jahren – würde auch sie mit den großen Kindern zu tun bekommen, mit schwierigen Kommafehlern in Aufsätzen, die zehn bis zwölf Seiten lang waren, mit Stößen von dreißig Aufsatzheften, die alle zusammen Aufsätze von zehn Seiten enthielten. Und dann die Kinder selbst, Jungen im Stimmwechsel, die oft größer sein würden als sie! Wieder fühlte sie die Angst vor dem, was kommen mußte, wenn sie nicht ihr Leben lang in den Klassen der Kleinen hängenbleiben wollte. Sie wußte, daß die Klassen der Halbwüchsigen einen Lehrer oft ganz durcheinanderbringen konnten, noch neulich hatte sie in der Zeitung gelesen, daß eine siebente Klasse in Schweden so etwas fertiggebracht hatte.

Fräulein Bö sah zu Lehrer Strange auf. Und er fühlte sich dem Besuch gegenüber, der ihn unterbrochen hatte, plötzlich milder gestimmt. Sah er recht, oder irrte er sich, wenn er zu bemerken glaubte, daß die Augen der Kollegin von tiefem Respekt erfüllt waren? Er irrte sich nicht.

«Die langen Aufsätze müssen doch arg viel Arbeit machen!» sagte sie nur.

«Ja», antwortete er, «sie brauchen ihre Zeit. Und dann sind sie so voller Fehler. Aber das Schlimmste ist, daß die Kinder kein Stilgefühl haben; sie schreiben unnatürlich, weil sie glauben, das sei vornehmer. Sie haben dänische Bücher gelesen oder Bücher in alter Rechtschreibung. Sie fühlen eben nicht norwegisch, die Kinder.» Er saß eine Zeitlang still da. Dann wiederholte er: «Nein, sie fühlen nicht norwegisch.»

«Ja, schon in den unteren Klassen fängt das an», sagte die Lehrerin; sie hatte das Empfinden, daß sie jetzt ein Wort mitreden durfte. «Sie schreiben ‹havde› und ‹siger› und viele solche alten Formen. Sie verwenden auch Wörter, die sie /43/ gar nicht verstehen.»

Eine Weile sprachen sie von den großen Schwierigkeiten der Lehrer, die Kinder dahin zu bringen, daß sie natürlich schrieben, auf die Art, die der Staat als natürlich festgelegt hatte. Es war wirklich nicht leicht, die Spuren einer jahrhundertealten Sprachkultur zu verwischen.

«Das Schwierigste ist vielleicht doch, den Kindern den Unterschied zwischen ‹å› und ‹og› beizubringen», sagte er schließlich.

«Und ob!» antwortete sie; «da scheint es mir früher fast einfacher gewesen zu sein, als die Infinitivkonjunktion noch ‹at› war.»

Zum erstenmal während des Gespräches sah er sie mißbilligend an.

«Nein!» sagte er energisch. Er wußte nämlich, woran sie dachte: daß viele Lehrer den Kindern die richtige Verwendung von ‹å› dadurch beibrachten, daß sie die Schüler innerlich ‹at› sagen hießen, wenn sie im Zweifel waren. Es war leichter, ‹at› und ‹og› nach dem Gehör zu unterscheiden als ‹å› und ‹og›. Daß aber dieses reaktionäre und volksfremde Wort ‹at› im verborgenen weiterleben sollte, als wäre es trotz allem die richtige, die eigentliche Infinitivkonjunktion, das kränkte ihn. Und zwar aus einem doppelten Grund. Erstens war das Wort volksfremd, dänisch-schwedisch und unnorwegisch und zudem vor über vierzig Jahren gesetzlich abgeschafft worden, lange bevor eines der jetzigen Schulkinder geplant gewesen war. Und daß jetzt ein Menschenalter später geborene Kinder, die dieses Wort niemals hörten und kaum je sahen, daß diese Kinder mit solch einer heimlichen, unsichtbaren Infinitivkonjunktion in sich geboren wurden, das erschien ihm obstinat und widernatürlich. Und daß dieses Wort als Norm gelten sollte, bloß weil die Leute damit zur Welt kamen und es als Klang im Ohr vernahmen, das akzeptierte er nicht.

Und zweitens: Die Sprache war nach den Regeln zu lernen /44/ und zu schreiben, nicht nach dem Gehör. Bitteschön, die Kinder hatten ihre Vokabelhefte, und daran mußten sie sich halten. Alles andere führte bloß zu Chaos und Verbrechen.

«Nein», sagte er, «wenn da ‹å› steht, dann haben sie sich daran zu halten. Wenn man hier etwas ändern will, so muß man für ‹å› und ‹og‹ dieselbe Schreibweise einführen – aber es wird wohl noch einige Jahre dauern, bis wir soweit sind. Damit würde dieser Fehler jedoch verschwinden.» Bei der Vorstellung, so viel Natur in die Vokabelhefte einzubringen, atmete sie erleichtert auf.

«Aber Sie sind doch gewiß nicht hergekommen, um unsere Rechtschreibung zu diskutieren», sagte er freundlich. «Wollten Sie nicht etwas Bestimmtes?»

«Ja», antwortete sie und sah zu Boden. «Die Sache ist die ...» Sie räusperte sich und sah sich in dem öden Raum nach einem helfenden Gegenstand um. Doch sie fand keinen.

«Die Sache ist die», setzte sie wieder an. Doch sie brachte es noch immer nicht fertig zu sagen, was die Sache war. Sie hatte nicht gedacht, daß es so mißlich sei, jemanden um Hilfe zu bitten. Und sie empfand es als fürchterliche Schande, daß sie mit ihren Nöten nicht allein fertig wurde.

«Haben Sie Schwierigkeiten in Ihrer Klasse?» kam er ihr zu Hilfe.

«Ja», sagte sie bedrückt. «In gewisser Hinsicht.»

«Die haben wir alle», half er stützend nach. Und für einen Augenblick war seiner Stimme wirkliche Hilfsbereitschaft anzuhören. «Nur heraus mit der Sprache!»

«Es handelt sich um einen Jungen der zweiten Klasse», sagte sie leise. «Er hat mich die ganze Zeit getäuscht. Er hat mich an der Nase herumgeführt.»

Der Lehrer sah sie gespannt an. Und sie sprach weiter. Nach und nach klang ihre Stimme natürlicher.

«Ich habe die ganze Zeit geglaubt, er könne lesen; aber er hat auswendig gelernt, was ich zu lesen aufgegeben hatte, es sah nur so aus, als könne er lesen.»

«Es ist schon vielen passiert, daß sie auf die Art angeführt wurden.» /45/

Aber das war kein Trost. Es hatte nichts Tröstliches, zu den Bedauernswerten zu gehören, die von Schulkindern der ersten und zweiten Klasse angeführt wurden. In den Parallelklassen konnten jetzt im Herbst alle Kinder lesen.

«Aber es ist so gemein!» sagte sie mit Nachdruck, «es ist so gemein! Da gehe ich her und glaube, daß meine ganze Klasse schon vergangenes Jahr lesen konnte – ich habe es noch vor ein paar Monaten zu Frau Bärum gesagt –, und plötzlich stellt sich heraus, daß er nur auswendig plappern kann, was die anderen richtig lesen. Das ist doch Lüge und Betrug!»

Lehrer Strange sah sie ernst an.

«Ja, Kinder sind weiß Gott keine Engel.»

«Nein, das sind sie wahrhaftig nicht!»

Fräulein Bö sah zu den Fenstern hinüber. Und in dem Blick lag ihre ganze erste Enttäuschung über die Kindesseele. Draußen wurde es dunkel, und sie fühlte, daß es auch in ihrem Innern dunkelte.

«Aber vielleicht habe ich nicht auf die richtige Art unterrichtet?» Sie sprach hastig und unsicher.

«Können die anderen in der Klasse lesen?»

«Ja, gewiß! Ich habe die ganze Klasse daraufhin geprüft, als ich den Jungen entlarvt hatte.»

«Dann haben Sie nichts falsch gemacht.»

«Aber ich verstehe nicht, wie er mich hat täuschen können! Ich muß ja geschlafen haben!» Sie sah verzweifelt aus.

«Oh, Kinder können so gerissen sein. Gerade solche minderwertigen, solche, die zu kurz gekommen sind, die sind oft die allerschlausten.»

«Aber er ist solch ein lieber Junge! Er ist sonst so artig und brav.»

Der Lehrer sah teilnehmend aus.

«Sie werden noch manche Enttäuschung erleben, Fräulein Bö. Aber lassen Sie sich auf keinen Fall mehr von dem kleinen Schuft täuschen!»

/46/ «Nein, ganz gewiß nicht!» Sie kniff den Mund zusammen. «Aber was soll ich tun? Er müßte wohl eine Klasse zurückversetzt werden, wenn er nicht folgen kann?»

«Ist er zu jung für die Klasse?»

«Nein, das Alter dafür hat er.»

«Ja, da müssen wir mit dem Zurückversetzen noch etwas warten. Und wenn Sie außerdem unter Kollegen davon gesprochen haben, daß alle Kinder in Ihrer Klasse jetzt lesen können, ist es wohl nicht gerade angenehm, plötzlich mit so etwas daherzukommen?»

«Nein, das ist es nicht!»

«An Ihrer Stelle würde ich in Zukunft das Lesen jeden Tag mit ihm üben. Jeden Tag und jedesmal eine lange Zeit. Das wirkt wie eine Art Druck auf ihn. Und die Klasse wird es leid, dazusitzen und ihm ständig zuzuhören. Auf die Weise wird der Druck stärker, wissen Sie. Und da wird er sich schon zusammennehmen!»

Fräulein Bö dankte ihm lange und aufrichtig, und er begleitete sie zur Tür, als sie ging.

«Kommen Sie nur wieder, wenn Sie weiteren Rat brauchen!» rief er ihr nach, als sie die Treppe hinunterging.

Wieder allein im Flur, rief er den Jungen: «Eigil!» Und augenblicklich war Eigil zur Stelle. Er stand da wie zuvor, den Blick gesenkt und den dünnen Körper in strammer Haltung wie zum Appell.

«Ja, Papa, was ist?»

Der Lehrer richtete sich zu voller Höhe auf. Er war ein sehr großer Mann. Er hatte es geschafft, Eigils zwei ältere Brüder zu ordentlichen Menschen zu erziehen. Das würde ihm auch mit diesem Sohn gelingen, denn er hatte ihn aufrichtig lieb.

Er äffte die dünne Stimme nach: «Was ist?» Und dann plötzlich mit kräftigem Lehrerorgan: «Du weißt schon, was ist!»

Der Junge wurde unruhig und verlagerte das Gewicht seines mageren Körpers vom einem Bein aufs andere. Er sah zu Boden. Aus der Küche hörte er, wie die Mutter sich mit den Kochtöpfen zu schaffen machte. Der Vater ließ ihn eine /47/ Weile so stehen. Dann trat er auf ihn zu und nahm ihn am Ohr, hob sein Gesicht hoch.

«Ich weiß nicht, was ist!» sagte Eigil im Fistelton und stellte krampfhaft die Füße anders. Sein Blick rettete sich hinunter, auf die Weste des Vaters. Sein ganzes Jungengesicht strahlte die Lüge aus, die er eben gesagt hatte.

Warum soll ausgerechnet *ich* einen lügnerischen Sohn haben?

Der Lehrer hörte die Worte in seinem Innern. Er kniff hart zu, den Nagel in den weichen Knorpel ganz oben am Ohr setzend.

«So?» sagte er leise. «So?»

«Gestern sind auf dem Jungenklosett zwei Scheiben zerbrochen. Wer ist das gewesen?»

Die Antwort kam hurtig und leise, beinahe flüsternd: «Bobbi aus der fünften Klasse.»

Der Griff im Ohr ließ nach, und Eigil schlich davon. Es war überstanden, und er wußte, der Vater würde jetzt ein paar Tage freundlicher zu ihm sein. Daß Bobbi der Sünder war, würde Lehrer Strange ganz besonders freuen.

Im Eßzimmer beugte Strange sich wieder über die Aufsatzhefte. Es war zu spät, um an dem Brief weiterzuschreiben, und die Mitteilung über Bobbi wie Fräulein Bös Besuch waren angenehme Ereignisse gewesen. Im Aufsatzheft fand er auf den ersten Blick einen Fehler, und hurtig und sicher korrigierte er ihn. Dann drehte er die Lampe an, denn es war dunkel im Zimmer geworden.

Lange saß er da, der übergangene Mann, und genoß die Freude, einen Anhänger gewonnen zu haben. Es tat ihm wohl, daß eine der jüngeren Kolleginnen es als natürlich empfunden hatte, zu ihm zu kommen und ihn um Rat und Hilfe zu bitten. Und wenn sie wiederkam, würde er ihr

helfen, den Jungen in eine Hilfsschule einzuweisen. Denn langweilig würde es ja unter allen Umständen für sie sein, einen solchen Schüler weiterhin mitzuschleppen. Die Erfah-
/48/ rung hatte gelehrt, daß Kinder dieser Art mit der Zeit eher schlechter als besser wurden.

Es war ein ungewöhnlich schöner Morgen im Oktober, als die Klasse 2C ins Schulzimmer stürzte und sich an ihre Plätze herankämpfte. Es waren lauter Jungen. Achtundzwanzig kleine Männer, ähnlich den ganz jungen Füllen der gelben Fjordpferde im Westen Norwegens. Weizengelbe Haarschöpfe sträubten sich über hohen, erschrockenen Stimmen, über frivolem Gekicher der Leichtfüße in der Klasse und über entrüsteten Klagerufen aller, die gegen Türrahmen gepufft oder an Pulte gedrängt wurden oder denen man draußen im Korridor die Mütze vom Kopf riß.

Fräulein Bös allmorgendliche Aufgabe bestand darin, zwischen den Aktiven und den Unterliegenden Frieden zu stiften. Im allgemeinen war das in wenigen Minuten getan; aber heute brauchte es länger Zeit, weil der kleine, dünne Finn – er hielt im Lesen den Schnelligkeits-Rekord – von Birger geknufft worden war, an die Wand geknufft, und dann hatte Birger mit den Lippen Finns Ohrläppchen erwischt und daran gesogen. Die Entrüstung der Klasse war grenzenlos, fast alle hatten das Attentat im Flur mit angesehen; sie hoben die Hand und wollten das Verbrechen bezeugen. Das Opfer selbst schien am wenigsten betroffen, nett und gerade saß es an seinem Pult, ohne den Mund aufzutun. Doch die Zeugen waren sich einig, Birger hatte so kräftig an Finns Ohr gesogen, daß es ganz rot geworden war.

Der Verbrecher war ein runder und kräftiger Junge, er machte nicht den geringsten Versuch, sich zu verteidigen. Er saß da, die Arme über der hohen, breiten Brust gekreuzt, lächelte holdselig und hob die Augen gen Himmel. Die Klasse schnaubte vor Wut über dies zynische Benehmen.

«Aber Birger!» sagte das Fräulein betrübt, «wie *konntest* du? Der arme Finn!»

Birger antwortete mit lauter Stimme. Er hatte ein breites und kräftiges Organ, eine Jungenstimme mit Metall im Klang. «Ich dachte, das Ohr wäre aus Marzipan. Es sah so lecker aus, daß ich's nicht lassen konnte!»
Sechsundzwanzig Augenpaare plus diejenigen des Fräuleins richteten sich blitzschnell auf Finns Ohr. Und tatsächlich, der beleidigte Körperteil hatte auffallende Ähnlichkeit mit der weißen und hellroten Vorderseite der Marzipanschinken, die zu Weihnachten in den Schaufenstern der Konditoreien ausliegen. Beifälliges Murmeln lief durch die Bankreihen hin. Trotzdem forderte das Volk die Bestrafung des Schuldigen, der sich ruhig, noch immer die Arme über der Brust gekreuzt, an seinen gewohnten Strafplatz in der Ecke begab. Fräulein Bö jedoch mußte sich erst einen Augenblick dem Fenster zuwenden, bevor die Klasse den Morgengesang anstimmen konnte. Immerhin vergingen nur wenige Sekunden, bis neunundzwanzig morgenfrische Stimmen sich in den tiefgefühlten Worten vereinten:

«So nimm denn meine Hände
und führe mich
bis an mein selig Ende
und ewiglich.»

Nur die Hälfte der Klasse sang «und ewiglich», der Rest sang «doch weiter nicht». Aber so etwas hörte das Fräulein nicht; übrigens war sie auch während des Singens sehr ernst geworden. Sie hatte etwas Bestimmtes im Sinn, einen wirklich pädagogischen Plan.
«Lesebücher aufschlagen!» kommandierte sie. Und alle gehorchten automatisch, bis auf Birger, der in der Ecke stand und nicht mitmachen durfte. Rachedürstend wackelte er mit dem Hinterteil, um die Klasse zum Lachen zu bringen und so auf ihrer Wanderung dem Wissen und der Erleuchtung entgegen zu stören. Doch der Versuch fiel kläglich ins Wasser. Mit eifrigen, dünnen Fingern kramten alle die Lesebücher hervor, und die Gewandtesten schlugen sofort die

richtige Seite auf. Für die anderen brauchte es allerlei an
Beratung. Einigen mußte das Fräulein helfen. Lesen war das
Lustigste in der Schule, und alle hoben die Hand und hoff-
/50/ ten, zuerst an die Reihe zu kommen. Trotzdem wurde die
Stunde eine Enttäuschung – in den fünfunddreißig Minu-
ten, die übrig waren, ließ das Fräulein ununterbrochen im-
mer denselben Schüler lesen. Das war eine Ungerechtigkeit
sondergleichen; niemand anders durfte lesen.

Und am ärgsten war es, wenn man bedachte, *wer* mit all dieser Gnade überschüttet wurde. Ein ziemlich großer und schlanker Junge mit einem etwas nervösen Zucken über der Nasenwurzel und dunkelblondem, kurzgeschnittenem Haar. Jonas, der eben erst beim Mogeln erwischt worden war, der zum Entsetzen der ganzen Klasse das Fräulein getäuscht und angeführt hatte und sie hatte glauben lassen, er könne lesen, während er in Wirklichkeit die Aufgabe nur ganz mechanisch auswendig heruntergeleiert hatte.

Zuerst ließ sie ihn die ganze Aufgabe «lesen». Das schaffte er spielend, geschwind und auswendig, genau wie sonst. Die Klasse vergaß, daß es kein richtiges Lesen war, was er da vorbrachte, und fühlte eine ganze Weile nichts als Neid, weil er so lange fortfahren durfte. Doch dann ließ das Fräulein ihn weiterlesen, immer weiter – über das Pensum hinaus und hinein in einen Wald neuer, fürchterlicher Wörter, Wörter, die niemand ihm vorgelesen hatte, Wörter, die wie Dornensträucher waren, in denen er hängenblieb, die ihn an der Jacke und an den Hosen festhielten und ihm Beine und Hände zerkratzten. Nur langsam und unter Qualen gelang es ihm, sich weiterzuarbeiten, nur, indem er große Kleiderfetzen opferte und Zweige und ganze Äste von den Bäumen brach. Die Wörter wurden mißgestaltet und verkrüppelt, aber immerhin kam er ans Ziel.

Fräulein Bö atmete erleichtert auf; trotz allem war dies besser gewesen, als sie erwartet hatte. Sie bezweifelte nicht, daß er lesen lernen könne, wenn man ihn nur etwas hart anfaßte. Ihn nicht zur Ruhe kommen ließ.

Der Klasse jedoch imponierte dies keineswegs. Die Kinder stöhnten und jammerten leise über die vielen Wörter, in die Jonas sich verwickelte, über die kleinen Wörter, die er rückwärts las, und über alle Buchstaben, die er vertauschte. Hin /51/
und wieder lachten sie, besonders, wenn es etwas Leichtes war, womit er nicht fertig wurde – oder wenn er «nie» als «ein» las. Fräulein Bö, die sonst sehr genau war, was Störungen des Unterrichts anbetraf, rief sie nicht zur Ordnung. Einmal, weil irgendein Instinkt ihr sagte, daß die Kinder in dieser ungeheuerlichen, tödlich langweiligen Stunde, diesem Monstrum eines Unterrichtsversuchs, ihrem eingesperrten Tätigkeitsdrang Luft machen mußten, und dann auch, weil sie glaubte, der Hohn der Klasse könne Jonas anspornen.

Und als die Kinder entdeckten, daß sie über ihn stöhnen und lachen durften, gab es kein Halten mehr. Sie waren glücklich, ein Objekt gefunden zu haben, an dem ihr gequälter, unterdrückter Drang nach Bewegung und Geschehen sich rächen konnte. Die stillstehenden, ereignislosen Unterrichtsstunden hatten einen tiefen, unbewußten Haß in ihnen erzeugt, ein organisches Rachebedürfnis in Händen, Füßen und Herz – jetzt hatte all das plötzlich ein Ventil gefunden. Von dieser Stunde ab war Jonas' Stellung in der Klasse eine ganz andere geworden. Das Fräulein, Gott und alle höheren Mächte hatten ihn zum Abschaum und Paria der Erde auserwählt. Zu ihrem Erstaunen entdeckte Fräulein Bö, daß er im Lauf der Stunde nichts gelernt hatte, obwohl die ganze Klasse für ihn hatte leiden müssen, für ihn das Leid einer die Seele ausdörrenden Langeweile getragen hatte. Im Gegenteil, er las die letzten zehn Minuten noch schlechter, als er zu Anfang gelesen hatte. Zum Teil aus Müdigkeit, aber mehr noch aus purer Hilflosigkeit, aus Kummer und Verzweiflung über sich selbst.

Das Fräulein sah nur, daß die Farbe in seinem Gesicht sich gleichsam geteilt hatte, in Weiß um Mund und Nase und in einzelne kleine, sehr rote Flecken auf den Wangen. Es war

diesmal wohl etwas zu lange, dachte sie. Doch im selben Augenblick stellte sie fest, daß sie Birger vergessen hatte – er hatte beinah eine Dreiviertelstunde in der Ecke gestan-
/52/ den. Unfreiwillig hatte er diese langen vierzig Minuten die Scham der ganzen Klasse getragen über das, was in der Stunde geschehen war. Finster und haßerfüllt blickte er die Lehrerin an, als er hinausging – und wenn sie nicht irrte, so war die ganze Klasse irgendwie anders geworden, als die Stunde vorüber war. Gleichsam stiller als sonst. Sie fühlte es so, als sei etwas Fremdes und Kaltes hereingeweht, und das verwunderte sie und griff ihr ans Herz, denn die Kinder waren doch die ganze Zeit auf ihrer Seite gewesen.

Sie mußte an das denken, was Lehrer Strange gestern zu ihr gesagt hatte: «Sie werden noch manche Enttäuschung erleben, Fräulein Bö!» Die Worte sangen in ihr.

Verletzt und enttäuscht bahnte sie sich einen Weg durch die Kinderschar im Korridor. Sie reichten ihr jetzt bis zur Hüfte. Und als sie im Lehrerzimmer ankam, hatte sie das Gefühl, daß Birger nie wieder an Finns Ohr saugen werde, und irgendwie erschien ihr das als das Traurigste von allem.

Doch Lehrer Strange begrüßte sie mit einem freundlichen und wärmenden Lächeln.

Mit Jonas verhielt es sich so, daß er im Grunde ebenso überrascht war wie das Fräulein, als sie entdeckte, daß er nicht lesen konnte. Er hatte geglaubt, daß alles in der Schule so gutging, komme eben durch sein fleißiges Lesen. Er verstand überhaupt nicht, was er getan hatte; aber das Fräulein war böse gewesen und hatte gesagt, daß die ganze Klasse es hörte, er lüge und sei eine Schande für die Schule. Das nahm er nun nicht so schwer, aber zweifellos war das Fräulein betrübt – er konnte den Kummer bis in ihre feine Nasenspitze hinein sehen; sie war noch ein bißchen mehr gebogen als sonst – und die Ursache dieses Kummers war er. Dies, daß er dem Fräulein weh getan hatte, stak wie ein scharfes Messer in ihm.

Etwas ganz anderes war es, daß er jetzt begriff, daß er nicht lesen konnte. Und er wußte genau, was das einschloß. Er entsann sich jedes Wortes, das der große Junge mit der Pelzmütze und den großen Zähnen und Ohren von denen gesagt /53/
hatte, die auf die Iddioten gingen. Sie konnten nicht lesen. Und er entsann sich genau, wie der Junge mit der Pelzmütze den Kopf gedreht und ihnen nachgeblickt hatte. Seine braunen Sommersprossen und die blauen Augen hatten an jenem Morgen in der ersten Klasse so bekümmert ausgesehen.

Und den Herbst hindurch und zu Beginn des Winters, als Jonas im Lesen trainiert wurde, sah er sie oft, die den andern Weg gingen. Sie flossen ein Stück oberhalb der richtigen Schule aus dem Kinderstrom hinaus; Jonas kannte jetzt die meisten von ihnen. Und er wußte um ihr Geheimnis. Jonas hatte vor diesen Kindern solche Angst, daß es ihm kalt den Rücken hinunterlief, wenn er sie sah. Obwohl er wußte, daß sie freundlich waren. Bevor er in die Schule kam, war das ganz anders gewesen.

Er dachte daran, daß er vor ein paar Jahren einen von ihnen als Spielkameraden gehabt hatte, den großen, freundlichen Lars mit den schrägen Augen. Nein, er wollte nie wieder mit Lars zusammen sein – obwohl er vor ihm nicht solche Angst hatte wie vor den anderen.

Als Jonas die beiden letzten Male von denen geträumt hatte, die den anderen Weg gingen, war er mitten in dem traurigen Zug unterwegs zur Iddioten gewesen. Er wollte hinauslaufen aus dem Zug und sich vor all den warmen und weichen Händen retten, die ihn mit sich zogen. Doch da merkte er, daß er nicht laufen konnte, seine Füße staken fest wie in einem zähen, schwarzen Moor. Und tief im Traum dachte er, daß er jetzt einer von ihnen geworden sei, jetzt habe auch er schräge Füße, mit denen er nicht laufen könne. Und als er niedersah, waren seine Füße ganz weich, so daß er auf der Innenseite der Knöchel gehen mußte. Als er aufwachte, konnte er nicht mehr atmen und schrie so, daß die Eltern aufstehen und ihn aus dem Bett nehmen mußten.

Andere Male kamen die, die den anderen Weg gingen, ihm
/54/ nach und wollten ihn ins Wasser werfen. Da mußten die Eltern ihn auch aufnehmen und ihm den Rücken klopfen. Aber er konnte ihnen doch nicht erzählen, was er geträumt hatte.

Und in der Schule mühte Fräulein Bö sich weiter mit ihm. Sie achtete darauf, auch die anderen zu hören, und ließ Jonas selten länger als eine Viertelstunde oder zwanzig Minuten lesen. Dann hatte sie stets die ganze Klasse hinter sich. Die Zeit, in der Jonas' feuchte Finger beinahe die Blätter aus dem Lesebuch rissen, war für die ganze Klasse die festliche Stunde des Tages, der Höhepunkt. Alle lachten und heulten und jammerten, auch wenn er zwischendurch einmal ein Wort richtig las, was aber merkwürdigerweise immer seltener vorzukommen schien. Das Fräulein hatte wenig Lohn für ihre Mühe. Und sie ertappte sich bei dem Gedanken, womit sie wohl solch einen Schüler verdient habe. Es war klar, daß er der ganzen Klasse Zeit stahl. Alle mußten dafür bezahlen, ihn mit dabei zu haben.

Und Jonas selbst fühlte sich nicht besonders erleichtert, wenn die Lesestunde vorbei war. Er wußte, morgen ging es genauso weiter, und er lernte es, das heulende Gelächter auf Vorschuß zu nehmen. Nach einiger Zeit war diese Leseübung zur Unterhaltung der Klasse die Achse geworden, um die Jonas' ganzer Tag sich drehte. Deshalb kam zu den übrigen Träumen nachts noch ein neuer Traum, und der handelte von dem gelben Hund, der im Gesicht dem Buchstaben glich. Der Hund war schlimm und böse, aber trotzdem nicht so gefährlich wie die Kinder, die den anderen Weg gingen.

Als Jonas sie eines Tages wieder genau angesehen hatte, die den anderen Weg gingen, lief er nach Hause und untersuchte sich. Zuerst die Hände, aber seine Hände waren wie die der anderen Kinder in der Klasse, beinahe noch etwas dünner und magerer und ziemlich braun, weil er nachmittags immer

draußen war. Er versuchte, die Finger nach hinten zu biegen, aber sie waren steif und es tat weh; also mußten sie doch in Ordnung sein. Dann zog er Hose und Strümpfe und Schuhe
aus, doch seine Füße waren mager und hart, etwas schwärz- /55/
lich zwar, aber er lief flinker auf ihnen als die anderen in der Klasse. Auf den Knien war überhaupt kein Fleisch, und an der Rückseite traten zwei dünne Sehnen mit einer tiefen Grube dazwischen scharf hervor. Dann das Gesicht. Er betrachtete sich lange im Spiegel auf dem Flur. Er hatte nicht solche Augen wie viele, die den anderen Weg gingen. Seine Augen zogen sich nicht schräg nach oben. Aber die Haut war weiß und der Kopf ziemlich groß. Und Jonas war sich darüber klar: Steckten sie ihn erst in die Iddioten, dann würde sein Kopf wachsen und wachsen. Aber lieber wollte er sterben. Da war es viel, viel besser in der Schule, trotz des Lesens und Lachens.
Eines Tages, als Jonas gelesen hatte, stand Birger mitten in der Stunde auf. Er schob die Brust vor und hatte große, weiße Flecken im Gesicht.
«Ich finde, es ist gemein, so mit Jonas weiterzumachen, wenn er doch nicht lesen kann!» – Er sprach mit seiner breiten Stimme und seinen sehr deutlichen R und S. Die Worte kamen aus seinem Munde, als seien es keine Worte, sondern eine Art Ding, das man anfassen und fühlen könne. Es war, als sei ein Fremder, Erwachsener ins Zimmer gekommen.
Die Klasse hielt mit offenen Mündern den Atem an. Dem Fräulein schoß das Blut in die Wangen. Sie sah den Jungen an, und einen Augenblick stand ein Hauch unheimlicher und fürchterlicher Einsamkeit um ihn. Sie wußte, wer der Erwachsene war, der sich plötzlich im Raum befand, obwohl sie ihm nie begegnet war.
Birger hatte langes Haar, seitlich einen Scheitel und um seinen breiten Oberkörper eine Lederjacke.
Sein Vater war Arzt in diesem Stadtviertel und ein bekannter Heide, der mit dem Pfarrer und dem Vorstand des Bethauses in Fehde lag. Es ging dabei um diese *Mittel,* von

denen auch im Parlament die Rede gewesen war und die der Arzt nach Ost und West verteilte.

Er war ein bedeutender Spezialist, der für ausländische Blät-
/56/ ter schrieb, und auf dem Schild am Hauseingang stand: Prof.
Dr. med. Aber er blieb in diesem Viertel wohnen, weil wohl nur die Leute hier solche Krankheiten hatten, auf die er sich verstand.

Er war ein untersetzter, breiter Mann mit rundem Gesicht und sehr großen, braunen Augen.

Die Erziehung, die er seinem Sohn gab, war ebenso einfach wie merkwürdig. Sie bestand in drei Geboten. Für einen Schuljungen kam es auf dreierlei an:

Niemals petzen.

Niemals Angst davor haben, zu sagen, was man meint.

Wo etwas passiert, stets dem Schwächsten helfen.

Das war der ganze Katechismus.

Wenn der Arzt abends zu Hause war, betete er ein selbst geschaffenes Abendgebet mit dem Jungen. Es handelte von den drei Geboten.

Fräulein Bö sah den Arztsohn an.

«Ich finde es gemein!» sagte er noch einmal.

Sie brachte keine Antwort zustande. Nun sickerte es wieder in sie hinein, das lähmende Gefühl der Ohnmacht vor diesem kleinen Menschen der zweiten Klasse, der dort stand und auf Antwort wartete. Der Junge hatte eine Sicherheit und eine Selbstachtung, die sie nie erlangen würde.

Anstatt zu antworten, zeigte sie auf die Tür.

«Hier bestimme ich, was gemein ist und was nicht. Geh auf den Korridor, dann sprechen wir nachher weiter.»

Und Birger ging.

Sie ließ Jonas noch einige Zeilen weiterstolpern. Aber sie war nicht recht bei der Sache, weil sie dachte, daß sie es jetzt wohl mit dem Vater zu tun bekommen werde. Das verursachte ihr ein unbehagliches und ängstliches, unregelmäßiges Herzklopfen. Und die rote Farbe auf ihren Wangen hielt sich noch lange.

Doch Birger draußen im Korridor wußte, was das Fräulein nicht wußte: Sie hatte gar nichts zu fürchten. Er war sich klar über das, was der Vater sagen würde, wenn er ihm erzählte, was geschehen war. Das hast du gut gemacht, würde der Vater sagen – du bist ein tapferer Junge, Birger. Und wenn du nun auch deine Strafe auf dich nehmen kannst, ohne zu jammern, dann bist du noch tapferer. Deshalb stand Birger draußen vor der Tür, gerade wie ein Stock, die Arme über der Brust gekreuzt. Er überlegte, warum Jonas gar nicht lesen lernen konnte, und dachte, er könne ihm gut ein paar von seinen Taubenringen schenken. Das tat er auch, sobald Pause war.

Ziemlich verwirrt und verständnislos nahm Jonas die Ringe und befestigte sie an der Kette, die er schon besaß. Er band die Kette um den Leib und ließ das Stück, das übrig war, am Bein herunterhängen. Es reichte beinahe bis zur Erde.

Nach der Schule gingen sie zusammen in die Stadt, und Jonas zeigte Birger den Weg zu den beiden Schaufenstern, dem mit den Pflanzen und dem mit den Vögeln. Es war einige Wochen vor Weihnachten, es war jetzt vollends Winter geworden, mit scharfem Frost, aber ohne Schnee. Der Himmel war grau und schwer, die Häuser dunkel. Zusammen gingen sie die langen Straßen zurück in den Stadtteil, wo sie wohnten. Es dämmerte, und es war nach vier Uhr nachmittags. Sie gingen über Straßen auf rotes Licht zu, an geschäftigen Erwachsenen vorbei, liefen zwischen Autos hindurch und schlüpften vor Straßenbahnen her. An einer Haltestelle der Straßenbahn war eine große Wand aus klarem Glas aufgestellt, als Schutz vor dem Wind, der eiskalt den Markt hinunterstrich. Hier blieben sie stehen, und auf einem der Dächer sah Jonas einen kleinen Spatz. Er saß auf der Dachrinne und ruhte sich aus, dann schwang er sich hoch in die Luft und kam in großem Bogen herunter, auf sie zu. Er traf die Glasplatte mit einem so lauten und scharfen Schlag, daß es weh tat, es zu hören.

«Oh!» schrie Birger. Es war ein langes, lautes «Oh!» mit

sinkendem Ton. Er beugte sich hurtig nieder und nahm den Vogel in die Hände. Dann hob er ihn auf, die seltsame Wärme des Vogelkörpers fühlend. Es zuckte darin. Die Hand-
/58/ schuhe blieben auf dem Pflaster liegen. «Oh!» sagte er wieder. Er brachte nichts anderes hervor als dieses eine lange «Oh». Erst als er unter den Federn nachfühlte, merkte er, wie klein der Vogel war. Er hätte sagen können, er lebe noch, weil er so warm war und weil es gleichsam noch in ihm zappelte. Doch schon wurden die Zuckungen schwächer. Er war so mit dem Vogel beschäftigt, daß er die Laute, die von Jonas kamen, zuerst nicht wahrnahm. Aber dann sah er auf. Jonas stand da, beide Hände an die Wangen geballt und das Gesicht weiß wie Papier. Er wand sich wie im Krampf. Birger glaubte, Jonas sei krank geworden, weil er so etwas noch nie gesehen hatte. Er hielt den Vogel in der einen Hand und versuchte mit der anderen, Jonas zu helfen. Nach einer Weile kamen Jonas die Tränen, und bald darauf hörte er auf zu weinen.

«Weinst du um den Vogel?» fragte Birger. «Er lebt noch.» Und sie beugten sich über den Vogel. Doch der war still geworden. Und die Wärme des kleinen Körpers verebbte rasch. «Wir müssen ihn begraben», sagte Jonas und wischte sich die Nase mit dem Jackenärmel ab.

«Ja», antwortete Birger, «ich weiß einen Platz hier in der Nähe, wo Erde ist.»

Und zusammen machten sie sich auf, um ein Stück Erde ohne Pflastersteine oder Asphalt darauf zu finden. Birger trug den Vogel. Aber vor der großen Glasscheibe blieben zwei rote Wollhandschuhe liegen. Und sie krümmten sich, als seien noch Hände in ihnen.

Sie kamen an den Platz, doch die schwarze und rötliche Erde war gefroren und hart wie Zement. So gingen sie in den Park, aber auch die Erde unter dem welken Gras war zu hart; Jonas versuchte sie aufzukratzen, aber seine Finger bluteten bald.

«Wir müssen an den Fluß gehen», sagte er. «Mein Vater hat mir gesagt, wie sie die Leute auf See begraben.»

Und unter der Vaterland-Brücke fanden sie offenes Wasser oder doch ein Loch im Eis, das für einen Sperling groß genug war.

«Wir müssen die Mütze abnehmen!» sagte Jonas. «Das machen sie so.» Und Birger sprach in seinem Innern das Abendgebet, das er von seinem Vater gelernt hatte. Laut wollte er es nicht sagen, weil niemand anders es hören sollte.

Dann gingen sie zusammen nach Hause, sie gingen die Straßenbahnschienen entlang die große, große Straße hinauf. Und langsam legte das frühe Winterdunkel sich über sie.

Es glitzerte wunderlich in den blankgeschliffenen Schienen, und bis zum Sommer war es noch lange, lange hin.

Die Adventszeit hindurch verfolgte Fräulein Bö ihr Leseprogramm genau. Jeden Tag wurde Jonas der matten und wintermüden Klasse vorgeführt. Doch nichts half. Das wenige, was an Kenntnis der Buchstaben jemals in ihm gewesen war, erlosch von Tag zu Tag mehr. Die Leseübung artete allmählich zu einem wilden Ratespiel aus, zu sinnlosen Lauten. Und las er ein seltenes Mal ein Wort, so immer rückwärts.

Er weckte seine Eltern jetzt fast jede Nacht, sie mußten ihn aus dem Bett heben und ihm den Rücken klopfen, damit er wieder atmen konnte.

Endlich, eine Woche vor Weihnachten, kam der Schnee. Er war des Himmelsraumes müde und sank langsam wieder auf die Stadt herab, er legte sich auf Markt, Bürgersteig und Straßenbahnschienen und machte die Hausdächer freundlich und rund und mollig.

Da geschah endlich etwas mit Jonas. Er fing an, anders zu sprechen. Wenn er jetzt etwas sagte, dann klang es, als lese er. Und die Klasse lachte nicht mehr über ihn, sondern sah ihn mit großen Augen an. Er war kaum mehr zu verstehen.

«Der Junge ist ein Idiot», sagte das Fräulein zu Lehrer Strange.

«Wir müssen sehen, daß wir ihn in die Hilfsschule bekommen», antwortete er. «Sie reiben sich ja sonst ganz und gar auf.»

Aber sie bereute, was sie gesagt hatte, weil sie viel Mühe auf Jonas verwandt hatte und ihm aufrichtig zugetan war, soweit sich das im Rahmen der täglichen Pflichten er-
/60/ möglichen ließ.

Gleich nach Weihnachten bekam Oberlehrer Jochumsen einen anonymen Brief. Es war der vierte dieser Sorte, den er erhielt. Neu war nur, daß er von Hand geschrieben war, in einer Schönschrift, ebenso anonym wie der Brief. Die früheren waren doch wenigstens auf einer Maschine heruntergeklappert worden. Freilich, der Inhaber dieser Handschrift brauchte wirklich keine Schreibmaschine, um sich zu verbergen. Der Brief war in einer modernen Kanzleisprache geschrieben, mit künstlichen Wortgebilden für alle Wörter, die bei den Philologen im Verdacht standen, ausländischen Ursprungs zu sein. Eine Sprache, die nur Lehrer und loyale Staatsfunktionäre beherrschten.

Ruhig las er den Brief durch. Der teilte ihm mit, daß er und einige ihm Gleichgesinnte an dem Ungehorsam, der Roheit und den Verbrechen der Halbstarken am Frognerpark im besonderen und der Jugend im allgemeinen schuld seien. Der Inhalt der neun Seiten hätte in einem einzigen geschickt gebauten Satz Platz finden können. Insofern unterschied der Brief sich nicht von den drei vorhergegangenen. Er, der Oberlehrer, und noch einige andere hätten die freie Erziehung in Heim und Schule eingeführt, hieß es, und nun hätten sie vorzutreten und die Verantwortung auf sich zu nehmen. Der Brief war vielleicht noch etwas schäbiger als die anderen; doch das machte nicht viel aus. Der Oberlehrer rieb sich den Bart und wiegte ein wenig den großen Kopf. Dann legte er den Brief in die Schublade auf der rechten Seite.

Er fühlte ein starkes und anhaltendes Verlangen zu sterben. Und es war tröstlich zu denken, daß er alt genug war, um bald mit einer Erfüllung dieses Wunsches rechnen zu können. Es konnte unmöglich noch lange dauern, bis es aus war mit dem Narrenspiel. Wir haben den Krieg gegen die

Salamander verloren, dachte er, wir sind okkupiert. Die Salamander haben das Schulwesen besetzt. Arme Kinder!

Dann erhob er sich, zog den Wintermantel an, setzte die Pelzmütze auf und verließ das Amtszimmer, ohne das Licht auszudrehen.

Draußen auf dem Schulhof spürte er die harte, reine Winterluft im Gesicht. Das tat wohl. Es war etwas nach drei Uhr. Drüben am Tor stand ein kleiner Junge. Der Oberlehrer sah schon von weitem, daß es ein Schüler der zweiten Klasse war. Er war groß für sein Alter, hielt sich gerade und hatte einen ziemlich großen Kopf. Der Junge kam ihm bekannt vor. Als er bei ihm angelangt war, griff er ihm in den Nacken und kraute ihn zwischen den beiden dünnen Nackensehnen. Der Junge legte den Kopf hintenüber und lächelte, ein breites und verliebtes Lächeln.

«Warum haben wir nicht dich?» fragte er.

Der Oberlehrer nahm das Ohr des Jungen zwischen seine Fingerspitzen und rollte es hin und her. Er zog ihn mit ans Tor.

«Wir wollen dich haben!» sagte der Junge wieder. «Warum können wir nicht dich haben?»

«Weil ich so alt und so böse bin», sagte der Oberlehrer. Es war niemand in der Nähe, der sie hätte sehen können, und er brauchte jetzt Trost. Er griff dem Jungen durch die Mütze ins Haar.

«Ich bin so böse, daß Zweitkläßler sich im Ofen verstecken, wenn sie mich haben», sagte er. Und der Junge hielt ihn an der Hand und gluckste vor Lachen.

«Warum bist du nicht nach Haus gegangen, Jonas?» fragte der Oberlehrer plötzlich.

Er hatte die besondere Gabe, Vornamen behalten zu können.

«M-m-meine Mutter ist n-noch nicht da», antwortete der Junge.

«Dann darfst du ein Stück mit mir gehen.»

Und Jonas trabte glücklich neben ihm her. Merkwürdig, daß er stottert, dachte der Lehrer, das hat er doch früher nicht getan? Dann gingen sie Hand in Hand über die Straße. Und Oberlehrer Jochumsen überlegte, daß wahrscheinlich ein Lehrer seiner eigenen Schule den Brief geschrieben /62/ habe.

Während sie so durch die Straßen gingen, betrachtete er den Jungen aufmerksamer. Irgend etwas an ihm war nicht in Ordnung. Der Oberlehrer neigte den Kopf ein wenig vor und blinzelte auf ihn hinab, es war, als lausche er auf eine ferne und leise Stimme. Er sah ihn mit halboffenem Mund an, den Hals, den Kopf, die Beine und die Art, wie er ging. Er sah auf den Rücken, die Schultern, auf die Hände, und er sprach zu ihm, damit er zu ihm aufsah. Er gewahrte das Zucken um Augen und Nasenwurzel, den unablässig zehrenden Gram. Der Oberlehrer hatte im Lauf seiner vierzig Jahre in Klassenzimmern und Korridoren allzu viele zugrunde gerichtete Kinder gesehen, um nicht zu wissen, wie es hier stand.

Er fluchte in seinem Innern. Die verdammte Krähe! dachte er, ohne zu wissen, daß dies der Spitzname war, den die Kinder Fräulein Bö gegeben hatten.

«Der Teufel soll sie holen!» murmelte er.

Laut sagte er:

«Du, Herr Jonas! Kleiner Schurke. Was hältst du von einem Stück Torte? Schmeckt das ebenso schlecht wie eine Tracht Prügel, hm?» Sie waren vor einer der kleinen, grauen Konditoreien des Viertels stehengeblieben. Jonas war beinahe ohnmächtig vor Glück, er hing dem Oberlehrer am Arm und konnte nur noch lallen.

«Antworte doch, du Racker! Etwas Scheußlicheres kannst du dir wohl nicht vorstellen?»

«T-t-torte schmeckt s-so gut!» preßte Jonas hervor. Und Limonade bekam er auch.

Der Oberlehrer verwandte den Nachmittag und den Abend darauf, die Ilias durchzusehen, um den Faden darin zu fassen. Er hatte am folgenden Tage in der sechsten Klasse eine Geschichtsstunde zu geben, und da war es oft gut, etwas

Stoff bei der Hand zu haben, der nicht im Lehrbuch stand. Außerdem mochte er die von Salamandern geschriebenen Bücher nicht. Aber sein Triumph und seine Rache bestanden darin, daß er, als er beim neunten Gesang angekommen war, /63/
die Salamander total vergessen hatte.
Deshalb genehmigte er sich ein Glas Portwein zur Abendzigarre.

Ein paar Tage später ging Fräulein Bö zu ihrer älteren Kollegin Frau Bärum. Es war in der großen Pause.
«Ich habe mich vergangenes Jahr geirrt», sagte sie bitter, «als ich glaubte, alle Kinder in meiner Klasse könnten lesen. Einer der Jungen hat es fertiggebracht, mich zu täuschen. Er lernte einfach alles auswendig.»
«Was Sie nicht sagen!» Frau Bärum ließ beinahe die Aufsatzhefte auf den Tisch fallen. Sie war groß, füllig und hatte frische Farben.
«Aber inzwischen haben Sie ihm wohl beigebracht, daß so etwas nicht geht?»
Fräulein Bö sah sie lange an.
«Nein», sagte sie und sah zu Boden. «Ich glaube fast, er kann überhaupt nichts lernen.»
«Ja, dann gibt es nur eins!» Frau Bärums Stimme stieg in die Fistel hinauf:
«Da gibt es nur eins: In die Hilfsschule mit ihm! Hinein mit ihm! Ich sage nur dies: Hilfsschule.»
Sie sah aus dem Fenster und dachte nach.
«Mein Gott, er müßte doch schon seit einem Jahr lesen können! Wir sind jetzt in der zweiten Hälfte des Schuljahres! – Gott sei Dank! Nun geht es wieder dem Licht entgegen! Ja, im Winter ist mir gar nicht gut, Fräulein Bö!»
Sie legte den Kopf in den Nacken und sah fast leichtsinnig aus.
«Wundervoll zu wissen, daß die dunkelsten Tage vorüber sind. Mit jeder Woche, die vergeht, haben wir jetzt vierzig Minuten länger Tageslicht. Nicht wahr, Herr Bandow?»

Bandow, der auf diese Weise ins Gespräch gezogen wurde, hatte die ganze Zeit zugehört, ohne sich weiter zu äußern. Jedes Lehrerzimmer hat seinen Zyniker und Witzbold. /64/ Bandow war der Quell aller Geistesblitze, die in dieser Schule umliefen.

«Er wird nie lesen lernen», sagte er. «Er wird sich den glücklichen Scharen der Analphabeten anschließen. Ich sehe sie jeden Morgen auf ihrem Weg zur Schule, die ganze Bruderschaft. Sie sehen weiß Gott recht zufrieden aus. In die Hilfsschule mit ihm, Fräulein Bö! *Hinein!* Hören Sie auf den Rat eines erfahrenen Pädagogen: Einem Jungen, der in die zweite Klasse geht und noch nicht lesen gelernt hat, dem steht auf der Stirn geschrieben, wohin er gehört. Und um es rundheraus zu sagen: Alle die Gören, mit denen wir uns so *plagen,* gehören in die Iddioten. Nicht wahr, Frau Bärum? Als diese Kinder noch in ihrer Mutter Leib schliefen, hatte der Herrgott ihren bescheidenen Lebenslauf bereits abgesteckt. In die Hilfsschule mit ihm! – Wir könnten ohne weiteres aus jeder Klasse ein paar herauspicken, die geeignet sind, ihm Gesellschaft zu leisten.»

Fräulein Bö mochte Bandow nicht. Sie mochte nicht, daß er die Hilfsschule «Iddioten» nannte – wie die Kinder es taten –, und sie mochte nicht, daß ein Mann, der sogar selbst Religionsunterricht gab, in aller Öffentlichkeit so vom Herrgott sprach. Da war es doch fast richtiger, wie der Oberlehrer es machte, der sich weigerte, überhaupt Religionsunterricht zu geben. Aber trotzdem setzten die Worte sich in ihr fest, und am nächsten Tag rief sie Jonas nach der Stunde beiseite. Nur ein paar der anderen Kinder hörten es.

«Jonas!» sagte sie, «ich muß dir etwas Trauriges sagen.» Und es schnitt ihr ins Herz, weitersprechen zu müssen.

«Es ist sehr traurig, aber wenn du nicht bald lesen lernst, müssen wir dich in die Hilfsschule geben.» Da Jonas jedoch nicht wußte, was die Hilfsschule war, blieb er ruhig.

«Wo ist das denn?» fragte er. Einer der Kameraden erklärte es ihm:
«Das ist doch die Iddioten!»
Jonas hatte gewußt, daß dies kommen würde; trotzdem traf /65/
der Schlag ihn zu hart. Er warf sich über den Arm des Fräuleins und klammerte sich fest. Er brachte kein einziges richtiges Wort hervor, nur Laute, und der Speichel aus seinem Mund tropfte ihr auf den Ärmel. Sie schaffte es mit knapper Not, ihren Arm loszuwinden – und als sie sich durch die Schar preßte, die sich in der Tür gesammelt hatte, um zu sehen, woher das Geheul kam, fand sie zum erstenmal, daß Jonas ein richtig ekliger Junge sei.
Noch am selben Vormittag wußte die ganze Schule, daß Jonas auf die Iddioten solle. Und als er wieder zu sich kam, schämte er sich des Lärms, den er gemacht hatte.
Natürlich konnte er nicht ohne die Zustimmung des Oberlehrers in die Hilfsschule geschickt werden; aber erst eine Woche später fand Fräulein Bö den Mut, an die Tür von Jochumsens Amtszimmer zu klopfen.
«Herein!» polterte er.
Es war ein großes Zimmer, das im Halbdunkel lag, und hinter dem Schreibtisch am anderen Ende des Raumes sah sie den großen, weißen Kopf. An den Wänden hingen Gemälde, Bilder, die dem Oberlehrer selbst gehörten und die er mit hierher ins Amtszimmer gebracht hatte. Das bleiche Tageslicht schimmerte in seinem grauen Bart.
Er erhob sich und schob ihr einen Stuhl zu. Es fiel ihr auf, daß er schwerfällig ging und daß ihm die Kleider in der letzten Zeit zu weit geworden waren. Im Gegensatz zu den Kindern fürchteten ihn alle Lehrer. Wenn er mit irgend etwas nicht einverstanden war, hatte er eine merkwürdig höfliche und verständnislose Art, sie anzusehen. Er begriff plötzlich nicht, was sie meinten, und bat sie, sich genauer zu erklären. Wenn man dann erklärte, was man meinte, verloren die Worte plötzlich alle Bedeutung, sie wurden zu Sand im Munde, und die Diskussion fiel von

selbst in sich zusammen. Tat sie es nicht, so konnte er sehr grob werden.

Fräulein Bö sagte, was sie auf dem Herzen hatte, und schloß
/66/ damit, daß Jonas auf die Hilfsschule müsse.

Der Oberlehrer schob die Lippe vor und kaute an seinem Bart, während sie sprach.

«Was haben Sie mit ihm gemacht?» unterbrach er sie plötzlich.

«Gemacht?»

Sie wurde unruhig.

«Ja, Sie müssen doch wohl etwas getan haben.»

«Ja», sagte sie, «ja – ich habe mit ihm gelesen.»

«Gelesen?»

Er hob die Augenbrauen.

«Ich habe ihn jeden Tag lesen lassen.»

«Kann er denn lesen?»

«Nein, es ist, als wolle er überhaupt nicht lernen. Deshalb ...»

«Trotzdem haben Sie ihn lesen lassen?»

«Ja.»

«Wie oft?»

«Jeden Tag.»

«Hat das geholfen?»

«Nein, es hat – das heißt ...»

«Das heißt: nein?»

«Ja.»

«Vielleicht ist er im Gegenteil schlechter geworden?»

«Ja, stellen Sie sich vor – das ist er tatsächlich.»

«Stellen Sie sich vor!»

Sie wurde blutrot. Dies war schlimmer, als sie erwartet hatte.

Der Oberlehrer fuhr fort:

«Ist er Linkshänder?»

«Stellen Sie sich vor, darauf habe ich nicht geachtet.»

Eine lange Pause entstand.

«Wissen Sie, daß er stottert?» fragte der Oberlehrer.

«Nein. Was? Er stottert?»

«Ja, stellen Sie sich vor, er stottert! Und das ist Ihre Schuld!»

Sie fuhr auf ihrem Stuhl in die Höhe. Sie hatte gehört, daß der Oberlehrer grob sein könne; doch dies übertraf alles. /67/
Sie kniff den Mund zusammen.

«Das ist Ihre Schuld, habe ich gesagt. Was gedenken Sie zu tun?»

Sie fand keine Antwort.

«Was gedenken Sie zu tun?»

Wieder entstand eine lange Pause.

«Wenn ich mich recht entsinne, so kamen Sie mit einem Vorschlag her?»

«Was gedachten Sie also zu tun?»

Pause.

«Sie haben ihn dazu gebracht zu stottern, und jetzt wollen Sie, daß er in die Hilfsschule kommt. War es nicht so? Vielleicht erklären Sie sich etwas genauer? – Ich will Ihnen dabei helfen. Er ist Linkshänder. Wußten Sie nicht, daß linkshändige Kinder oft etwas langsamer sind als andere – in den ersten Jahren?»

«Nein.»

«Haben Sie das nicht im Lehrerseminar gelernt?»

«Nein.»

«Auch im pädagogischen Kursus nicht?»

«Nein.»

«Wie sind Sie auf den Gedanken mit der Hilfsschule gekommen?»

«Ich dachte, es sei am besten so.»

«Wissen Sie, was das bedeuten würde?»

«Nein.»

«Es würde bedeuten, daß Sie einem Menschen die Kindheit nähmen und sie durch einen Fleischwolf drehten.»

«Ja, aber es ist doch eine gute Schule.»

«Für Kinder, die dorthin gehören, ist sie gut. – Aber wissen Sie, was mit Jonas geschehen würde, wenn er in die Hilfsschule käme? Was würden die Leute von ihm sagen?»

«Ja, Leute, die keine sachliche Einstellung haben, würden wohl …»

«Ganz richtig. Das würden sie.»

/68/ «Aber auch Herr Strange und Frau Bärum und Herr Bandow meinten, die Hilfsschule wäre das beste für ihn.»

Die Salamander! durchzuckte es ihn. Da waren sie wieder!

«Natürlich!» sagte er laut. «Aber solange ich Oberlehrer an dieser Schule bin, bleibt er hier. Er bleibt hier – bei Ihnen. Und Sie sollen ihn in Ruhe lassen. Wissen Sie, was er braucht?«

«Nein.»

«Er braucht zwei Jahre auf dem Lande, um sich zu erholen. Zwei Jahre, ohne einen Buchstaben zu sehen! – In eine Hilfsschule kommt er nicht. Nicht, solange ich hier noch herumkriechen kann. – So furchtbar lange wird das wohl nicht mehr sein, aber ein Weilchen immerhin. Und der Junge bleibt so lange hier wie ich. Sie können die Sala… Herrn Strange von mir grüßen.» Er geleitete sie zur Tür.

Ich werde leben, aus purer Bosheit! dachte er ingrimmig. Er faßte sie am Arm, als er die Tür öffnete.

«Kopf hoch, Fräulein Bö!» sagte er.

Aber sie sah an ihm vorbei und kniff den Mund zusammen, als sie ging. Es war nicht zu verwundern, daß er im Lehrerzimmer so unbeliebt war. Er war ja auch nie dort. Soviel Verstand hatte er wenigstens noch.

Doch Fräulein Bö hatte einen Freund an Lehrer Strange, und noch am gleichen Abend suchte sie ihn privat auf.

Aber Oberlehrer Jochumsen rief seinen alten Freund und Bruder im Kampf, den ehemaligen Studienassessor, jetzigen Literaturkritiker Abraham Werner an. Er bat ihn zu kommen. Werner war ein paar Jahre jünger als Jochumsen.

Jochumsen weinte fast, als er das weiße, zerfurchte Gesicht des Freundes sah. Werners freches, zynisches Hohnlächeln erschien ihm einen Augenblick lang schöner als das Lächeln der Mona Lisa.

«Was ist los, alter Konfirmand?» sagte Werner. «Brauchst

du wieder einmal Trost? Wie war doch der Name, den du für sie hast?»
«Die Salamander», antwortete der Oberlehrer. «Sie heben die Köpfe. Sie sind überall. Bald haben sie alle Stützpunkte besetzt.» /69/
«Ja», sagte Werner, während er den Mantel ablegte.
«Wir weichen an allen Fronten. Wir weichen und weichen. Die Schule ist ein verlorener Posten. – Und wir haben keinen Nachwuchs.»
Zusammen gingen sie ins Wohnzimmer.
Werner kostete genießerisch den Portwein, der ihm vorgesetzt wurde. Und der Oberlehrer sah ihn an. Der Freund hatte immer eine abnorm lange Nase gehabt, sie war im Lauf der Jahre noch länger geworden. Die Haut war weiß und runzlig, nur unter den Augen war sie anders. Dort war sie braun – wie altes Packpapier. Mit der Zeit hatte sein Rücken sich gekrümmt. Die Hosen waren zu eng und zu kurz. Mit den hochgezogenen Schultern und der allzu langen Nase glich er einem bösen alten Storch.
Daß ein so häßlicher Mann so unbeschreiblich schön sein kann, dachte der Oberlehrer. Großer Gott! wie sie ihn damals im Studentenbund gefürchtet hatten!
«Weshalb haben wir keinen Nachwuchs?» sagte er laut.
Werner hatte die Antwort bereit:
«Weil alle, die heute zu uns kommen, zu der Sorte gehören, die sich zu jeder Mehrheitspartei schlägt. Sie hätten rechts gewählt, allesamt, wenn sie fünfzig Jahre früher gelebt hätten. Man kann heute nicht mehr Sozialist sein.»
«Du bist boshaft», sagte der Oberlehrer. «Wirklich, du bist der boshafteste Mensch, den ich kenne.»
Seine Stimme klang liebevoll und dankbar.
«Und Kommunist kann man auch nicht mehr sein. Alles haben sie verdorben.»
«Wohin gedenkst du also zu gehen?»
Werner antwortete mit dem Jochumsen so wohlbekannten, gefürchteten nasalen Ton in der Stimme:

«Es bleibt nichts anderes übrig, als zu Kreuze zu kriechen.»

«Du – du willst doch nicht etwa fromm werden?»

Der Oberlehrer sah ihn in tiefstem Entsetzen an. Er stellte
/70/ das Glas hin.

Werners Gesicht war plötzlich voll nervöser Zuckungen. Er setzte den Kneifer auf. Jetzt sprach er ganz durch die Nase, aggressiv wie in alten Tagen.

«Weiß der Teufel! Weiß der Teufel!»

«Du wirst bestimmt ein höchst eifriger Christ», sagte Jochumsen.

Werner trank sein Glas aus und wischte sich das Kinn.

«Christ vielleicht nicht gerade», antwortete er. «Aber es gibt viel Seltsames, das deine Schulweisheit … Na ja. Kennst du Meister Eckhart? Und Angelus Silesius?»

«Hör auf!» sagte der Oberlehrer.

«Die Seele nach dem Tode», fuhr Werner fort und schenkte sich ein neues Glas ein.

«Hör auf!» sagte der Alte. «Ich werde bald sterben. Und wenn du vom ewigen Leben redest, kriegst du nichts mehr zu trinken. Ich will nichts davon hören.»

«Du kommst sofort in den Himmel», antwortete Werner. «Weil du immer ein ehrlicher alter Konfirmand gewesen bist, der es nie übers Herz brachte, einem betrübten Freunde seinen letzten Tropfen Portwein zu verweigern.»

«Bedenke, daß Gott auf Herz und Nieren prüft! Und die Salamander schickt er in die Hölle – weil sie ihn zu einem der ihren machen wollen. Auf die Salamander!»

Der Oberlehrer hob das Glas. Das half.

«Sie haben keine Seele», sagte er, «ergo haben sie auch nicht teil am ewigen Leben.»

Sie tranken, und die dunkle, schwere Flüssigkeit machte ihm warm ums Herz. Dann lachte er.

«Ich bin gespannt, was Gott sagt, wenn er deine Nieren sieht! Sie müssen doch von dem vielen Trinken ganz verkohlt sein.»

«Gott steht auf unserer Seite», antwortete Werner. «Er setzt auf das verlierende Pferd. Weißt du das nicht? Du bist ein schlechter Theologe. Sonst fehlten ihm doch die moralischen Voraussetzungen für sein Amt.»

/71/

Ein paar Nächte später hatte Jonas einen seltsamen Traum. Der gelbe Hund war hinter ihm her, er jagte ihn am Abend durch die schwarzen Straßen und folgte ihm unmittelbar auf den Fersen das Treppenhaus hinauf. Weder Vater noch Mutter waren zu Hause, und Jonas flüchtete in sein Bett und zog die Decke über sich. Der Hund legte sich vor das Bett und knurrte. Wenn Jonas auf ihn hinunterblickte, sah er nur etwas von dem gelben Fell und die schwarze, halboffene Schnauze. Doch das Knurren hörte er die ganze Zeit. Die Decke über sich zu haben war nicht angenehm, weil sie nicht mehr mit Daunen gefüllt war, sondern mit spitzen, schweren Nägeln. Trotzdem mußte er sich darunter verstekken, weil sonst der gelbe Hund zu ihm hinaufgekommen wäre. Dann war er plötzlich in der Schule und unten auf der vornehmen blanken Toilette mit dem Schild «Knaben» davor. Er las das Wort ganz deutlich auf der Außenseite der Tür, und er wurde froh, denn jetzt, dachte er, könne er doch jedenfalls lesen. Dann stand er vor einem der weißen Porzellanbecken wie schon so oft, aber beim Wasserlassen war es, als werde etwas Warmes über ihn gegossen. Dieses Warme wurde immer mehr um seine Hüften und seinen Leib, und ganz langsam erwachte Jonas und begriff, was er getan hatte. Er zerrte sich die Hose des Schlafanzugs von den Beinen und ließ sie auf den Boden fallen. Eine Weile lag er da und fühlte sich trocken und kühl im Bett. Das Ganze war ihm so neu und so überraschend, daß es ihn nicht sonderlich bekümmerte. Außerdem wußte niemand davon. Und ohne daß er es merkte, glitt er wieder in den Schlaf hinüber.

Erst später, als dieses Nässen fast jede Nacht geschah, begriff Jonas, daß damit eine neue Schande und eine neue Qual über ihn gekommen waren. Trotzdem hatte er in allem Unglück das kleine Glück, daß niemand in der Schule es wußte.

Aber Jonas' Mutter hatte es nicht leicht mit der vielen Wäsche, die plötzlich gewaschen werden mußte. Laken und Schlafanzughosen fast jeden Tag. Und nach einiger Zeit
/72/ fragte sie eine der Nachbarsfrauen, was wohl dagegen zu tun sei, und die Nachbarsfrau, die selbst eine ganze Schar Kinder hatte, wußte Rat und sagte, sie dürfe Jonas nach sechs Uhr abends nichts mehr zu trinken geben und müsse ihn außerdem so spät wie möglich noch einmal aus dem Bett aufnehmen, am besten gegen zwölf. Und Jonas' Mutter hielt sich wach, bis ihr die Augen brannten, und jede Mitternacht nahm sie ihn aus dem Schlaf auf; doch Jonas merkte es kaum.

Das half, und das Bettnässen wurde seltener, oder Jonas wurde doch weniger naß, wenn es passierte.

Aber gerade weil die Nachbarin so viele Kinder hatte, hielt sie es nicht für eine Schande, und sie erwähnte es einer anderen Frau gegenüber, als einer ihrer Söhne daneben stand. Der Junge ging in die fünfte Klasse, zusammen mit Lehrer Stranges Eigil, und so kam es, daß die Klasse und die ganze Schule davon erfuhren. In der Klasse machte es nicht viel aus. Es blieb bei kleinen Foppereien, denn Jonas war doch einer der ihren – wenn sie auch wußten, daß er bald auf die Iddioten kommen sollte, und außerdem machte Birger dem Foppen ein Ende. Zu einer richtigen Freundschaft zwischen ihm und Jonas war es nicht gekommen – dazu waren sie zu verschieden, und Birgers Leben war soviel reicher und mannigfaltiger. Er begleitete Jonas wohl hin und wieder zu den Fenstern mit den Pflanzen und Vögeln, aber was Jonas' ganzes Paradies war, das konnte für Birger nicht mehr als ein Ding unter vielen anderen sein. Ging es jedoch um so etwas wie die Foppereien der Klasse, dann griff er ein, weil er sozusagen die Verantwortung für Jonas trug und weil er in der Klasse für Ordnung sorgen mußte. Und die Klasse richtete sich nach ihm.

Schlimmer war es mit den großen Jungen aus der fünften Klasse. Sie waren auf ein Spiel verfallen, das sie morgens

spielten, ehe die Schule begann. Sie lauerten Jonas auf dem
Schulweg auf, drei, vier Jungen, und während die anderen
ihn hielten, untersuchte Eigil ihn, ob er trocken sei. Wenn
nicht, sagten sie, müsse er erst nach Haus und sich umzie- /73/
hen, ehe er zur Schule kommen dürfe. Jonas verteidigte sich
wie ein wildes Tier, er knurrte und zischte, kratzte und biß;
doch das machte das Spiel nur amüsanter. Er zog stets den
kürzeren und kam zur Aufstellung im Schulhof mit ver-
schnupfter Nase, das Gesicht voller Tränen und Schleim und
großer Schmutzflecke von seinen Fingern. Das machte ihn
in den Augen des Fräuleins nur noch widerlicher.

Sonst erging es ihm jetzt in der Schule besser. Er brauchte nicht mehr so oft zu lesen und nur das, was er zu Hause auswendig gelernt hatte. Ohne Eigil und die Jungen aus der fünften Klasse würde er es wieder ganz gut gehabt haben. Doch so wie es jetzt war, wurde es ebenso schlimm wie zuvor.

Eines Tages jedoch kam es zu einer Unterbrechung. Fräulein Bö hatte mit Strange gesprochen, und sie hatten wieder mit Frau Bärum und Bandow konferiert. Gemeinsam fanden sie in der Sache mit Jonas einen Ausweg. Wollte der Oberlehrer nicht nachgeben, so mußte er wohl zugänglicher werden, wenn sie ihm eine Äußerung der Sachverständigen vorlegten, die in solchen Fragen entschieden.

Und in einer stillen Stunde, als Jonas in die Flecke auf seinem Pult vertieft dasaß, wurde er auf den Korridor geholt. Dort stand das Fräulein mit einer fremden Dame. Er begriff sofort, daß sie ihn in die Iddioten mitnehmen wollten, und weigerte sich mitzukommen. Er log und sagte, er habe Leibschmerzen, und schon begann ihm die Nase zu laufen. Trotzdem brachten sie ihn so weit, daß er mit ihnen ging. Bis sie zu einer fremden Schule kamen. Da schrie er und wollte nicht hinein. Und er langte nach einem der Torpfosten und klammerte sich fest. Doch die fremde Dame löste seinen Griff, Finger um Finger, und Fräulein Bö hielt ihn um die Brust. Als er losließ, baumelte ihm der Kopf auf die Brust

hinab, und er weinte nicht mehr; er schluchzte nur noch unregelmäßig und tief auf. Er ließ sich widerstandslos über den Schulhof führen. Dort waren keine Kinder. Sie nahmen
/74/ ihn mit die Treppe hinauf und brachten ihn in einen Raum, in dem noch zwei Damen saßen. Er sah ganz ruhig aus, aber er war halbtot vor Schreck. Jetzt wußte er, was geschehen würde. Sie würden etwas mit ihm machen, was seinen Kopf wachsen ließ, damit er aussah wie die Kinder, die in die Iddioten gingen. Er wurde beinahe ohnmächtig bei dem Gedanken, und die eine der Damen im Zimmer trug einen gelben Kittel. Sie würde es machen. Sie war sehr freundlich zu ihm.

Sie hatte einen Bleistift und Papier und schrieb eine Menge auf. Aber er hörte ihre Stimme kaum, als sie anfing, mit ihm zu sprechen. Sie fragte ihn nach furchtbar vielem, auf das er sich im Augenblick gerade nicht besinnen konnte, und sie gab ihm Dinge in die Hand, mit denen er spielen sollte. Aber alles stand vor Jonas wie in einem Nebel, und er machte sich aus keinem der Spiele etwas. Er wartete nur darauf, daß man ihn binden und daß die in dem gelben Kittel ihren Apparat hervorholen würde, um das mit ihm zu machen, wovon er wußte, daß sie es machen würde. Er merkte, daß die Erwachsenen Blicke wechselten, und glaubte jedesmal, dies sei das Zeichen, daß man ihn jetzt binden wolle. Nach einer Weile, die so lang war wie ein ganzer Tag, konnte er zu der alten Schule zurückgehen. Aber er ging statt dessen aus der Stadt hinaus, und erst spät nachmittags fand er den Weg nach Hause. Er wußte beinahe nicht mehr, wie er hieß und wo er wohnte.

Fast die ganze Nacht hindurch hielt sein Wimmern die Eltern wach. Und am nächsten Morgen ließ er sich von den Jungen untersuchen, als sei es ein ganz fremder Körper, den sie anfaßten. Er stand mit offenem Mund, an eine Hauswand gelehnt da, während es geschah. Er knöpfte nicht einmal nachher seine Hose zu. Es dauerte fast eine Woche, bis er wieder zu sich kam. Da ging ihm auf, daß nichts geschehen war. Jeden Tag sah er nach, ob sein Kopf gewachsen sei, vielleicht hatten sie doch etwas mit ihm gemacht, was er nicht gemerkt hatte. Aber alles blieb beim alten.

Und einige Tage später verteidigte er sich wieder mit seiner ganzen Kraft, als die Jungen der fünften Klasse sich näherten. Eine Zeitlang versuchte er, einen Umweg zu gehen; aber sie spürten ihn trotzdem auf, bevor er am Eingangstor der Schule angekommen war.

Um diese Zeit geschah etwas Neues in Jonas' Leben: Er bekam einen Freund. Dieser Freund war Bobbi aus der fünften Klasse.

Bobbi war zweifellos der schlimmste Junge der Schule und der einsamste Wolf des Stadtviertels. Lang und dünn, mit hellem Haar und bleichem, kantigem Gesicht schlich er in den Straßen umher, wirklich wie ein Wolf auf der Jagd. Immer im gleichen zerlumpten Pullover, den gleichen Kniehosen und einem Paar alter Damenstiefeletten. Bobbis Gesicht war sehr mager und für das Gesicht eines Elfjährigen viel zu ausgemeißelt; es umschloß eine Welt von unflätigem Wissen. Seine Finger waren dünn und hart wie Holzstäbchen, braun und schmutzig, die Handgelenke nackt und schmal. Die hohe, viereckige Stirn war voll feiner, scharfer Runzeln. Bobbi hatte eine Mutter, aber keinen Vater. Einen Vater hatte er nie gehabt.

In seinem weißen Gesicht standen zwei Augen, die nicht zu dem hellen Haar paßten, sie waren braun und allzu dunkel. Diese großen Eichhornaugen waren im Grunde das ganze Gesicht, sie und das kleine höhnische Grinsen.

Die Augen hatte ihm irgendein Gusti oder Heinz vererbt, der mit einem der letzten Truppentransporte an der Ostfront verschwunden war. Bobbis Mutter stand am Kai und winkte, aber ihre Augen konnten ihn unter all den anderen Uniformen nicht finden. Und als das Kind geboren wurde, bekam es den Namen eines der Freunde seines Vaters. Von Bobbis Vater hörte sie nie wieder etwas. Sie hatte auch an Bobbi genug.

Schon im ersten Friedenssommer, in dem Jahr, in dem er anfing zu laufen, erwies er sich als ein wahrer Satan in Kindesgestalt. Es war, als gebrauche er seine ganze Kraft dazu,
/76/ die Welt zu zwingen, sich der Tatsache seiner Existenz bewußt zu werden. Und das war ja genau das Gegenteil von dem, was seine Mutter wollte. Sie ging putzen und wollte, daß man sie mit ihrem Jungen in Frieden ließ. Aber es kam auch vor, daß er weinte, wenn er ganz besonders ungezogen gewesen war. Der Schulbesuch brachte nichts als Klagen mit sich, und er wäre längst von der Schule verwiesen worden, hätte nicht der Oberlehrer seine Hand über ihn gehalten. Dreiviertel des Unfugs, der in dieser Gegend verübt wurde, hatte Bobbi angestellt.

Jonas wurde Bobbis Freund, als er eines Tages von den Jungen der fünften Klasse besonders hart mißhandelt worden war. Der Bootsmann Andreassen hatte daheim in seinem Werkzeugkasten ein Taschenmesser mit beinernem Griff liegen. Dies Messer nahm Jonas am nächsten Tag mit zur Schule. Als er die Treppen hinunter war, holte er es unten im Flur hervor und öffnete es, obwohl er die Klinge nur mit knapper Not freibekam. Das große, offene Messer in der Tasche, machte er sich auf den Schulweg. Und als die Jungen aus der fünften Klasse ihn eingefangen hatten, zog er es hervor. Dabei stieß er ein langgezogenes wildes Geheul ohne Worte und ohne Sinn aus. Die Jungen kannten ihn gut genug, um zu wissen, daß er wirklich Widerstand leistete. Sie begriffen, daß er es ernst mit dem Messer meinte, und zogen sich zurück. Bobbi stand in einiger Entfernung und sah zu. Er legte den Kopf etwas auf die Seite und lächelte mit dem einen Mundwinkel. Im übrigen rührte er sich nicht, seine Hände steckten in den Hosentaschen. Nach einer Weile fing Jonas an zu weinen und warf das Messer weg. Es wurde ihm bewußt, daß er sich sehr schlimm aufgeführt hatte. Und in der Unterrichtsstunde weinte er weiter, aber jetzt, weil er des Vaters Messer verloren hatte. In der Pause trat ein dünner, fremder Junge in zerlumptem Pullover auf ihn zu.

«Hier ist dein Messer», sagte er. Er war fast einen Kopf größer als Jonas.

«Du kannst es ein Weilchen behalten», antwortete Jonas.

Und Bobbi behielt es den ganzen Vormittag. So wurden sie /77/ Freunde.

An den Nachmittagen trieben sie sich zusammen in der Stadt herum, stahlen Kleinigkeiten in Autowerkstätten und schlugen hin und wieder eine Scheibe oder einen Briefkasten ein. Einmal griffen sie einen kleinen Jungen auf, der noch nicht zur Schule ging, und verprügelten ihn so, daß ihm beinahe das Weinen verging. Jonas fand eigentlich nicht, daß so etwas Spaß mache, aber um Bobbis willen hielt er mit.

Um diese Zeit – es war im März – ging der Winter seinem Ende zu. Die Tage wurden länger und heller, aber er gab noch nicht nach. Aufs neue warf er sich mit zwanzig Kältegraden auf die Stadt. Es war ein harter Winter in jenem Jahr, ein riesengroßes Raubtier von einem Winter, mit blutrotem Himmel; immer wieder setzte der Frost ein, immer wieder schlug er die Pranken in seine Beute, die Menschen und die Stadt. Er ließ nicht locker; die Straßen gefroren zu Eisen, und der Himmel wurde zu Kupfer. Aus den Mündern und Nüstern der Pferde und Menschen stiegen große Dampfwolken auf. Wo die Hunde einander ihre Grüße hinterließen, an Laternenpfählen und Straßenecken, wurde die salzige Flüssigkeit zu gelben Eiszapfen. Und über den Hausdächern hing eine rote und kalte Sonne, ein fremder Stern, der Licht gab, doch keine Wärme.

Eine dieser eisernen Straßen herunter kam ein kleiner Junge gegangen. Er hielt sich gerade und trug einen Gürtel aus bunten Hühnerringen um den Leib. Auf der rechten Seite schleiften die Enden des Gürtels fast am Boden. Jonas hatte einen Entschluß gefaßt.

In den letzten Tagen waren die Jungen aus der fünften Klasse über ihn hergefallen wie noch nie zuvor. Die ganze Schule

wußte von seinem Bettnässen, und das Fräulein hatte wieder angefangen, wie früher mit ihm zu üben. Alle hatten gehört, daß er auf die Iddioten solle. Und Jonas war nicht
/78/ dumm genug, um nicht zu wissen, daß alles Unglück über ihn gekommen war, weil er nicht im ABC-Buch lesen konnte. An Straßenbahnen und Bussen und auf Schildern konnte er etwas lesen, aber nicht im Buch. Deshalb dachte er, er könne vielleicht etwas wiedergutmachen, wenn er sich selbst strafe. Und strafte er sich nur hart genug, so würden sich vielleicht einige der anderen Qualen geben. Er hatte eine Stopfnadel aus dem Nähkorb der Mutter genommen und sich damit ins Bein gestochen. Doch das tat zu weh. Er brachte es nicht fertig, richtig tief zu stechen. Statt dessen war er jetzt auf eine Strafe verfallen, von der er meinte, er könne sie wohl ertragen. Auf einem der Marktplätze gab es fließendes Wasser. Es war ein kleiner und alter Markt mit einem Wassertrog, aus dem die Pferde tranken. Unterhalb dieses Trogs floß das Wasser weiter.

Als Jonas auf dem Markt ankam, war er zuerst enttäuscht, das Wasser war nämlich verschwunden. Der Tag war so kalt, daß selbst das rasch fließende Wasser aus dem Steintrog zu wunderlichen Figuren und Schnörkeln gefroren war. Aber er sah bald, daß das Eis nur wie ein Panzer über dem Wasser lag. Es war nicht bis auf den Grund gefroren, und unter der Eisschicht floß noch immer einen Fuß tief freies und lebendiges Wasser. Mit einem viereckigen Pflasterstein, den die Arbeiter im Herbst hatten liegenlassen, schaffte Jonas es, das Eis zu zerschlagen, so daß ein Loch von fast einem Meter entstand. Dann sah er sich um. Der alte Markt war fast menschenleer, und die Menschen, die sich zeigten, hatten es eilig, über den offenen Platz wieder in den Schutz der engen Straßen zu kommen. Zwei Hunde machten sich an einem der steinernen Pfosten zu schaffen, wo man früher die Pferde angebunden hatte. Dahinter wiederum war ein altes Lastauto auf platten Reifen in die Knie gesunken. Das war alles. Das Lastauto sah Jonas mit blinden Scheinwerfern mißmutig zu. Hurtig und entschlossen stellte er zuerst das eine Bein und dann das andere in das offene Wasser. Es reichte ihm bis zur Mitte der Waden. So blieb er stehen. Einen Augenblick lang war das Wasser beinahe enttäuschend warm. Doch dann schlug die Kälte durch. Sie drang durch Stiefel, Strümpfe, Haut und Fleisch bis in die Knochen hinein. Hier erst fühlte er sie richtig. Und als er eine Weile so gestanden hatte, war es nicht mehr Kälte, was er fühlte, sondern nur etwas, was tief im Bein selbst schnitt und drückte. Er wußte, alles kam darauf an, daß er lange genug so stand. Sonst konnte von einer Strafe nicht die Rede sein. Als Jonas sich endlich wieder herausgearbeitet hatte, konnte er kaum mehr stehen. Seine Füße waren ihm ganz fremd geworden und wollten nicht mehr das, was er wollte. Rasch froren Strümpfe und Stiefel zu Eis. Dann stapfte er durch die Straßen davon, zu den Schaufenstern mit den Pflanzen und Vögeln. Hier stand er lange und schaute und schaute.

Erst gegen Mittag spürte er seine Füße wieder. Aber als er heimkam, fror ihn, und beim Mittagessen aß er fast nichts. Er legte sich in der Wohnstube aufs Sofa, und gleich darauf wurde alles um ihn weich und gut. Mutter und Vater gingen wie auf einem dicken, dicken Teppich, und er selbst schwebte die ganze Zeit über dem Sofa. Dann stieg er noch etwas höher und schwebte über der Stadt. Jetzt war er ganz frei und konnte schweben, wohin er wollte. Birger kam zu ihm und Bobbi auch. Und nach einer Weile war er mit dem Oberlehrer draußen auf dem Lande. Er schwebte vor Oberlehrer Jochumsens Gesicht, und es war doppelt so groß wie sonst. Sie pflückten zusammen wilde Rosen, und aus den Rosen holte der Oberlehrer Kuchen hervor. Jonas aß die Kuchen alle zusammen auf. Aber bisweilen mußte er wieder auf das Sofa hinunter, weil ihn fror. Dann stieg er aufs neue empor. Einmal erwachte er vollends, weil die Mutter ihn in sein Bett gelegt hatte und umzog. Die anderen Kleider waren klatschnaß geworden. Doch dann reiste Jonas wieder in das große Tal auf dem Lande, und dort schwebte er gerade in den

Ring hinein, in dem er lange nicht mehr gewesen war. Aus dem Ring flog er über den Fjord hinaus, und dort war plötzlich Sommer, und die See wimmelte von Booten mit großen, /80/ weißen Segeln. So blau war das Wasser noch nie gewesen, es strahlte und glitzerte, und Jonas hatte sein Lebtag nicht etwas so Blaues gesehen. Die Sonnenstrahlen schlangen sich wie lange, leichte Bänder zwischen Masten und Segeln hin, und die See bewegte sich in großen, ruhigen, guten Wogen. Etwas wie Töne stieg aus der See auf, und plötzlich waren alle Boote voller Menschen, die sangen. Der Gesang ging Jonas unmittelbar zu Herzen, er war das Herrlichste und Seltsamste, was er jemals gehört hatte. Dann wurde es wieder still, und nur die weißen Segel trieben über das Meer. Der ganze Himmel war Sonne.

Noch ein paarmal war Jonas unten im Bett. Und jedesmal, weil die Mutter die nassen Laken und Kleider auswechselte. Dann packte ihn das Fieber und trug ihn weit, weit fort, über alle Betten und Laken der Welt hinaus.

An diesem Nachmittag geschah noch zweierlei. Das erste war, daß Birger sich entschloß zu petzen. Er war sich bewußt, daß dies das Schlimmste und Erbärmlichste war, was er tun konnte, und daß er nachher kaum noch als Mensch gelten würde. Er war sich bewußt, daß er nie wieder derselbe Birger werden könne, der er gewesen war, und daß die kommenden Tage grau und ohne Freude für ihn sein würden. Er war sich bewußt, daß er nie wiedergutmachen könne, was er jetzt tun wollte, und daß er nie wieder froh werden würde.

Deshalb aß er nichts am Mittagstisch und stocherte nur in den Fleischklößen auf dem holländischen Teller herum. Die Mutter und der Vater sahen einander an.

«Was hast du, mein Junge?» sagte der Arzt.

Birger sah mit Tränen in den Augen auf.

«Ein paar von den Jungs sind so abscheulich», sagte er.

Der Vater hob die Augenbrauen.

«Du willst doch wohl nicht petzen?» fragte er.

Er hätte die Worte nicht auszusprechen brauchen. Der Junge kannte den Blick.
«Doch», antwortete er, «ich will petzen.»
Und plötzlich fielen Tränen auf die Fleischklöße. Sie blieben als kleine, klare Flecke in der schwarzen Sauce liegen. Doch Birger sah nichts mehr. Vor seinen Augen war alles zu großen, weißen Nebelflecken geworden. Zwei schmale Bäche flossen die Wangen entlang und sammelten sich unter seinem Kinn. Von dorther tropfte es.
Der Arzt wurde plötzlich unruhig.
«Was haben sie dir denn getan?»
Birger räusperte sich gewaltig. Er schluckte.
«*Mir* haben sie nichts getan», sagte er beinahe unhörbar. «Aber Jonas pißt ins Bett, und die ganze Schule weiß es, und die Jungs aus der fünften Klasse ziehen ihm jeden Morgen die Hosen herunter.»
Tatsächlich waren sie gerade an diesem Morgen wieder sehr grausam mit Jonas umgegangen.
«Gott im Himmel! Wie gut, daß du das sagst, mein Junge!» rief der Arzt. Er schob den Teller auf dem Tisch weit von sich. Dann stand er auf und holte zwei kleine Schnapsgläser, die er dicht nebeneinander auf den Tisch stellte. Er nahm eine Flasche aus dem großen, dunklen Schrank und schenkte die Gläser voll. Eins trug er vorsichtig zu seiner Frau hinüber, das andere nahm er selbst. Birger war überrascht über die Wendung, die das Gespräch genommen hatte, und erzählte jetzt beruhigt alles von Jonas und der fünften Klasse. Und langsam lösten sich der Klumpen in seinem Halse und das Schamgefühl auf. Er hatte Jonas ein paarmal mit nach Hause genommen, so daß die Eltern wußten, wer er war. Als Birger zu Ende erzählt hatte, aß er die kalten Fleischklöße mit Tränen und allem obendrauf. Es waren doch *seine* Tränen. Und sie schmeckten ganz gut. Noch am gleichen Abend ging der Arzt zu Jonas' Eltern, um mit ihnen zu sprechen. Er fand sie in Tränen aufgelöst und Jonas bewußtlos im Fieber liegend, mit einer doppelseitigen

Lungenentzündung. Und es war ein Glück für Jonas, daß er kam, weil seine Eltern noch keinen Arzt hatten auftreiben können.

/82/ Das dritte, was an diesem Nachmittag geschah, war, daß Oberlehrer Jochumsen nach dem Mittagessen in die Schule zurückging. Er hatte seine Post liegenlassen, ohne sie anzurühren, und ging jetzt, um sie durchzusehen. Aber er kam nur dazu, einen der Briefe zu lesen.

Der steckte in einem großen Umschlag mit dem Stempel «Dienstlich». Und der Oberlehrer schnitt den Umschlag mit dem Taschenmesser auf, das er gerade zur Hand hatte, um die Spitze der Nachmittagszigarre abzuschneiden. Eine Menge Papiere lagen in dem Umschlag. Der Oberlehrer setzte sich hin und zündete die Zigarre an, bevor er anfing zu lesen.

Es waren lose Papiere. Sie lagen in einem doppelten Foliobogen, der zusammengefaltet war wie ein Einband. Die Drucksachen waren ihm bekannt. Auf der ersten Seite stand in fettem Druck «Gesundheitskarte». Ganz oben links «Knaben» und auf der rechten Seite der Name der Schule, seiner Schule. Unter «Gesundheitskarte» auf der linken Seite stand der Name des Schülers, Geburtsjahr und -tag, Stellung des Vorgesetzten. Er wußte den Text auswendig. Plötzlich las er den Namen des Schülers: Jonas Andreassen, Geburtsjahr 1946, Geburtsdatum …

«Verflucht!» sagte er laut.

Jetzt wußte er, was hier Niederträchtiges auf ihn gewartet hatte und weshalb er die Post unbewußt bis nach dem Mittagessen hatte liegenlassen. Rasch überflog er die Seite:

«(Zutreffendes ist zu unterstreichen) Haltung des Obengenannten: normal für seine Größe. Bemerkungen zu bestimmten Organen … Infektionskrankheiten und andere Krankheiten. Größe …Überweisung an Arzt. Gesundheitsregeln den Eltern zugestellt. Andere Verhaltungsmaßregeln …»

Es klang wie ein Fehler beim Umbruch. Er knurrte leise.

Dann schlug er zur nächsten Seite um. Richtig! Da stand es:
«*Spätere Beobachtungen und Bemerkungen*:
Insonderheit für Schüler, die bei Anmeldung … Krankhei-
ten, die Seh- oder Hörfehler zur Folge haben … Krankmel- /83/
dungen der Eltern beigefügt …» Die Formel war bekannt.
Die Salamandersprache verursachte ihm stets Unbehagen. Heute wurde ihm übel. Dies hier kam unmittelbar aus dem Salamander-Hauptquartier! Die verdammte Krähe hatte also mit Bandow und Strange zusammen hinter seinem Rücken gehandelt. Ihm wurde schwindlig vor Wut. Und die Buchstaben (weiter unten auf der Seite) tanzten vor seinen Augen.
«Späteren Datums. Bleich, mager. Schlechter Appetit. Bleibt zurück.»
Er übersprang ein paar Linien, während er dachte: Leute, die so mit der Sprache umgehen, machen es mit Kindern genauso. Das ist ein inneres Gesetz.
Weiter hieß es:
«Osloprüfungen Intelligenzalter = 7 2/12 Intelligenzquotient = 86 (Lebensalter = 8 1/12)»
Intelligenzalter und Intelligenzquotient waren rot unterstrichen. Dabei stand ein ziemlich kurz zurückliegendes Datum.
Darunter: «Siehe anl. Kopie.»
Die Zigarre war ausgegangen. Er legte sie auf die Tischplatte. Dann griff er wieder in den Stoß. Das nächste war ein Brief.
«An den Herrn Oberlehrer an …schule.
Ad Jonas Andreassen, geb. 14.1.1946, Schüler der 2. Klasse.
Es ist zu bemerken, daß Obengenannter erst spät angefangen hat zu sprechen und noch jetzt schlecht spricht. Er kann nicht deutlich sprechen. Er ist unsicher und hilflos, hat Schwierigkeiten bei Wiedergabe des Gehörten. Es ist merkwürdig, daß er einen so hohen IQ hat.
Osloprüfungen (Datum) Intelligenzalter = 7 2/12 Intelligenzquotient = 86 (Lebensalter = 8 1/12)

Obengenannter ist schwach begabt und wird in der Normalschule zurückbleiben. Einweisung in Hilfsschule wird angeraten.»

/84/ Auch das nächste Blatt zeigte, wie das erste, ganz oben einen gesperrten Druck.

Meldung zur Aufnahme in Hilfsschule:

Sie versäumten keine Zeit, die Salamander! Er sah das Schema nicht durch, er kannte es allzugut. Aber er wandte das Blatt um und las auf der Rückseite ganz unten:

Anmerkung des Oberlehrers: Einverstanden, Obengenannten in eine Hilfsschule einzuweisen?

Dann zwei leere Linien und Platz für die Unterschrift. Hier war man also bei ihm angekommen! Nur ein ganz kleiner Namenszug? Er schrieb: *nein!*

Plötzlich ließ er seinem Zorn freien Lauf. Er legte die Papiere wieder zusammen und riß sie mit einem Ruck mittendurch. Darauf riß er jede der beiden Hälften noch einmal durch. Dann ließ er das Ganze langsam in den Papierkorb fallen und beugte sich tief über die Tischplatte. Gleich darauf richtete er sich wieder auf und schob die Brust vor. Das linderte den Schmerz im Herzen.

Dies war also das Ende. So ging es aus. Er konnte es wohl aufschieben. Sich weigern zu unterschreiben, die Papiere zerreißen. Doch sie würden wiederkommen. Sie würden immer dasein, sie würden das Schulwesen überschwemmen, so wie sie es stets getan hatten. Sie würden siegen. Denn sie hatten ein Argument, nein, zwei Argumente, die man allgemein verstand. Erstens waren sie die Mehrheit. Sie waren die meisten. Und zweitens hatten sie die durchschnittliche Punktsumme jeder Klasse. Die Punktsumme der Schule von jeder nach Abschluß der Prüfung entlassenen siebenten Klasse. Das war ihre ganze Lebensweisheit. Er hatte deswegen einst die höhere Schule verlassen. In der Volksschule mußte es doch möglich sein zu arbeiten! Er hatte ein Leben gebraucht, um zu lernen, daß auch hier in der Volksschule die höhere Schule im Wege stand, rückständig und stupid

mit ihrem Examensdruck, der sich weiter nach unten fortpflanzte und die Entwicklung der Schule hinderte, die eine Volksschule sein sollte – für das Volk, nicht nur für die materiell Armen, sondern auch für die Armen im Geiste. /85/
Er hatte nichts dagegen, daß man die Portemonnaies der Leute sozialisierte. Im Gegenteil, es hatte ihn in gewissem Sinne gefreut. Aber es machte ihn rasend, daß man die Gesinnungen nicht mehr sozialisierte. Dieser Zorn war für ihn ein Kreuz, das er Tag für Tag auf sich nehmen mußte. Diese neue Methode, Menschen nach dem Intelligenz-Quotienten zu beurteilen – er fand sie unritterlich. Es war gerade, als sehe man der Natur in die Karten. Es war Pfuscherei.
Und daß sie mit diesem Testen ständig über die Kinder herfielen! In die Personalpapiere sollte die Zahl, dann hatte man die Kinder klassifiziert! Während alle möglichen Lehrer – von einer gewissen Lehrerin gar nicht zu reden – ungetestet herumliefen.
Besonders dies, daß sie Jonas getestet hatten, regte ihn auf. Außerdem war die Zahl falsch. Es war das reine Lotteriespiel. Die Zahl war zu niedrig, obwohl sie im Verhältnis zu Jonas' augenblicklichen Leistungen zu hoch war. Der Oberlehrer hatte seine eigene Art, den Quotienten zu schätzen; er sah ihn am Gang, fühlte ihn am Händedruck, merkte ihn an einem kleinen Schatten beim Lächeln. Und Jonas' Quotient war gar nicht so schlecht. Jonas konnte eines Tages ganz plötzlich erwachen. Der Oberlehrer kannte Leute, die es recht weit gebracht hatten, ohne einen höheren Quotienten zu haben als Jonas – er hätte sogar einige Oberlehrer nennen können, wenn jemand ihn danach gefragt hätte. Aber das tat niemand.
Der verdammte Quotient saß ja nicht nur im Kopf. Er saß in der Brust und in den Händen und an noch so mancher anderen Stelle. Bei Schulkindern saß er zum Teil in den Füßen. Er selbst hatte furchtbar viel von der Sorte, die im Kopf sitzt, mitbekommen. Und deshalb konnte er es sich leisten, nicht vor dem goldenen Kalb in die Knie zu sinken. Solange er

Oberlehrer war, würde der Junge auf der Schule bleiben. Das eine wußte er mit Bestimmtheit.

Der Zorn schlug bebend in hohen Wogen in ihm empor. Er
/86/ stieg und sank mit ihnen. Einen Augenblick legte er sich wieder über den Schreibtisch, weil der Schwindel zu stark wurde. Ein solcher Zorn war eine Qual. Er fraß an ihm, nagte, schmerzte. Dies war nicht mehr die fröhliche, kampflustige Raserei seiner Jugendjahre. Sie fand keine Linderung mehr in einer Auslösung durch Worte oder ein Handeln. Der Zorn saß fest und zehrte an ihm. Wie Krebs in der Brust. Der Zorn tat weh in den Armen, den Beinen, im Magen, aber am allermeisten im Herzen. Angst begleitete ihn.

Und das letzte Licht des Nachmittags, der Glanz des goldenen Himmels über den schwarzen Firsten auf der anderen Seite der Straße, erfüllte das Amtszimmer. Die Schatten wurden tief und reich. Alles floß in Farben und Licht. Doch der Zorn ließ nicht nach. Der Oberlehrer schluchzte ein paarmal auf, so quälend war ihm der Schmerz im Herzen. Er umfaßte die große, schwarze Platte des Schreibtisches. Das Licht glitzerte in dem Tintenfaß aus geschliffenem Glas, es legte sich weich und mild auf das schwere Papiermesser, beides Geschenke früherer Schüler. Aber das half nichts. Nichts half. Die Angst wurde stärker. Sie erhob sich in ihm und wurde größer als er. Doch der Zorn hielt stand. Da legte er sich im Stuhl hintenüber; er wußte, daß etwas getan werden mußte. Er ertrug diesen Zorn nicht.

Es wurde dunkler im Raum. Der Schwindel machte den Oberlehrer schwach. Doch der Gedanke an die höhere Schule blieb, der Gedanke an diesen lächerlichen, stupiden Rest mittelalterlichen Zunftwesens. Daß sie nicht begreifen konnten, daß es auf etwas anderes ankam als auf Zahlen und Punktsummen!

Jetzt wußte er, was er tun mußte. Er mußte aufstehen. Er mußte hinaus aus dem Amtszimmer. Die Verzweiflung vieler Jahre sammelte sich hier um ihn. Dreißig Jahre der

Niederlage wohnten in diesem Raum. Jetzt kam sie herab von den Wänden, hervor aus den Winkeln. Sie erhob sich und kam auf ihn zu und wollte ihn ersticken. Sie wohnte in ihm, in diesem dumpfen, unabwendbaren Zorn. /87/

Und mit einem Ruck erhob er sich. Eine lange Locke des grauen Haares hing ihm in die Stirn. Jetzt wußte er, wohin er gehen wollte. Jetzt konnte ihm nur noch eins helfen.

Der Oberlehrer hatte in den letzten Jahren dafür gesorgt, daß die ersten Klassen in den Räumen dicht neben seinem Amtszimmer untergebracht worden waren. Auf diese Weise konnte er die Anfänger jeden Tag sehen, sooft ihn danach verlangte. Er hatte nie jemandem gesagt, warum er das so haben wollte. Doch die Sekretärin verstand es. Und jedes Jahr fand er einen anderen Vorwand, um die Anfänger als Nachbarn behalten zu können. Wenn er sie draußen im Korridor hörte, nahm er ein Schriftstück in die Hand und trug es vor sich her, stets mit todernstem Gesicht. Er sah wütend aus, wenn er an ihnen vorüberging. Doch sie ließen sich nicht täuschen. Sie umdrängten ihn, hielten seine Knie fest, griffen nach seiner Jacke, legten die Wangen an seine Handrücken. Und mit fünfzehn, zwanzig Kindern, die sich an ihn gehängt hatten, kämpfte er sich über den Flur. Hin und wieder ging auch ein Knopf drauf. Der Oberlehrer schalt die ganze Zeit, doch seine Hände und die Art, wie er die Kinder abwehrte, verrieten ihn. Es war hundertmal, vielleicht tausendmal geschehen: Sie durchschauten ihn. Jetzt ging er hinaus auf den leeren, dämmrigen Flur. Zwei winzig kleine Wintermäntel und eine Pelzmütze hingen noch da. Ein leerer Flur in einer Schule. Und ein alter Junggeselle. Er ging in das Klassenzimmer.

Es war hier ebenso leer, doch etwas heller als draußen im Flur. Es roch nach Seifenwasser und kleinen Kindern. Doch der Zorn verging nicht, und die Qual in der Brust war sehr groß. Da setzte er sich auf eine winzige Schulbank am Fenster. Die Knie bekam er nicht hinein; die Beine schräg nach außen gestreckt saß er da, groß und alt.

Während er so saß, ging langsam die Sonne unter. Das Licht wurde grauer. Die Tafel hinter dem Katheder wurde beinahe weiß. Ihm schwindelte immer mehr.

/88/ Da erhob er sich, und sich am Fensterrahmen festhaltend, sah er zu den Wolken über der schwarzen, rußigen Stadt empor. Dort oben waren die vertrauten Figuren, Schiffe, Türme, Vögel und Pferde – mit goldenen Rändern ringsherum. Es war ein flammendes Meer mit goldenen Booten darauf, sie trieben dahin, sie segelten, sie standen still. Alles war durchsichtig und golden, und durch alles hindurch ging ein großer Ton, ein Strom von Lauten, wie der Klang, der himmelhohe Bogen einer Oboe. Je länger er zu den Wolken emporsah, um so näher kamen sie. Jetzt standen sie dicht vor dem Fenster. Daß er das nicht früher gesehen hatte? Er brauchte ja nur die Hand auszustrecken, um sie anzurühren.

Er spürte nicht, daß er hintenüber in den Raum fiel.

Kapitel 3

Fräulein Bö, Frau Bärum, Lehrer Bandow und Oberlehrer /89/ Strange, alle hatten sie bei der Beisetzung den fremden Mann bemerkt. Er stand an der vom Friedhof abgewandten Tür des großen Krematoriums – und er tat nichts, was irgendwie auffiel. Aber trotzdem war es unmöglich, ihn zu übersehen. Er war sehr groß, hatte einen krummen Rücken und ein bleiches und großes Gesicht, das ungewöhnlich gefurcht und voller Runzeln war. Aus den weißen Hautfalten stach, wie ein riesiger melancholischer Schnabel, eine abnorm lange Nase, krumm, schwer und hängend, hervor. Das dunkle, feuchte Haar hing bis in die Stirn, vorn zu einer grotesken kurzen Locke geschnitten. Mit den langen, dünnen Hosenbeinen und den hochgezogenen Schultern glich er einem vom Winde zerzausten und zerrauften Storch, einem großen, mageren Vogel, verkommen und hilflos nach langem Flug in Regen und Sturm. Hin und wieder hob er den Kopf und sah sich um, blinzelnd und nervös, nahm den Kneifer ab und putzte ihn mit dem Taschentuch. Von den prominenten Personen, die zur Beisetzung gekommen waren, schien er die meisten zu kennen; er grüßte die ganze Zeit, kurz und geistesabwesend, ob es nun Leute von der Presse waren, Storting-Abgeordnete oder antiquierte Jugendkollegen des alten Oberlehrers, der eben den letzten, kleinen, einsamen Weg allen Fleisches gewandert war. Der Storch an der Eingangstür nickte fast allen zu, flüchtig und zerstreut, doch überlegen und mit großer Sicherheit. Von den Kollegen Bö, Bärum, Bandow und Strange hätte nur Bandow sagen können, wer der Fremde war. Bandow hatte kulturelle Interessen und las Literaturkritiken. Doch alle vier genierte es, daß der Mann an der Tür sie so oft und so unverhohlen anstarrte.

Denn das tat er. Abraham Werner teilte seine Aufmerksamkeit zwischen Oberlehrer Jochumsens früheren Kollegen und dem beinahe peinlich herrlichen Frühlingswetter draußen. Der Apriltag amüsierte sich die ganze Zeit damit, kleine, leichtsinnige Sonnenflecke hineinzuschicken und auf die /90/ beherrschte Trauer der Versammelten zu tupfen. Runde und längliche goldene Lichttropfen hüpften über schwarze Lehrerinnenhüte und ernste Lehrerwangen. Doch die kleinen leuchtenden Tropfen trugen nur dazu bei, das Halbdunkel in der Kapelle noch schwimmender und einem Aquarium ähnlicher zu machen.

Werner dachte nach.

Da war ein Wort, das ihm nicht einfallen wollte. Dort sitzen sie also, dachte er; aber wie, zum Teufel, hatte Jochum sie doch genannt? Amöben – oder Undinen? Nein. Und auch nicht Gnomen. Amöben war völlig ausgeschlossen. Ebenso Gnomen und Undinen. Aber es hatte mit all dem etwas zu tun. War es nicht eine Art Eidechsen aus den geheimen Wissenschaften des Mittelalters? Etwas, was mittendrin lag zwischen der festen und soliden Biologie und dem wunderlichen, flüchtigen Hexenküchen-Okkultismus irgendeines Faust-Laboratoriums? Gnomen und Undinen? Sie hausten dort – hinter der verschlossenen Tür zum Unterbewußtsein des Menschen. Die Amöben gehörten in eine spätere Mythologie. – Aber wo blieb das Wort?

Wieder sah er zu den Kollegen seines Freundes hinüber, mit einem wütenden, drohenden Blick, als wollte er sie zwingen, das Wort herauszurücken. Er entsann sich, daß es etwas mit wenigstens zwei A darin war. Werner gehörte überhaupt zu der unglücklichen Art Menschen, die sich im entscheidenden Augenblick nur der Vokale entsinnen statt des ganzen Wortes. Er tastete sich vorwärts; oft kam solch ein Wort ganz von selbst herangerollt, wenn man nur die erste Silbe erhaschte. Wie hießen sie also? Alligatoren? Arabesken? Marabus? Kara…? Kara…? War es vielleicht etwas mit Mala? Malaga? Bare…? Bara…? Nein. – Fala…Falada? Falada? Nein, Falada war ein Pferd bei Grimm. Und außerdem ein Autor. Richtig, ein Autor! Das Wort, das er suchte, hatte auch etwas mit

einem Autor zu tun, einem Tschechen. Plötzlich kam er auf
Čapek – nur einen Augenblick gestört durch Kafka. Aber als
er Čapek erwischt hatte, war der Weg kurz: «Aus dem Leben
der Insekten», «Krakatit», «Der Krieg mit den Salaman- /91/
dern». Da hatte er's! Salamander! Triumphierend sah er zu
der Bank hinüber, wo die Lehrer saßen. Jawohl! Die Salaman-
der, das war's! Die neue Menschenrasse. Stand nicht auch bei
Goethe etwas über die Salamander? Aber was? Und wo?
Etwas mit einem ewigen Krieg ...?

Mit einem Schock fiel ihm plötzlich ein, daß sein Freund auf dem Grunde der sonderbaren Blumenpyramide vor ihnen lag. Der alte Jochum. Er wischte den Kneifer ab und sah zu dem Sonnenschein auf, der draußen vor dem farbigen Glas der Scheibe tanzte und zitterte. Das Licht war ein großer Vogel, der in die Kapelle hinein wollte. Daß Jochum sich solch eine Jahreszeit und solch einen Tag ausgesucht hatte, war beinahe nicht zu ertragen! Werner war überzeugt, daß er selbst im November sterben werde. Jedenfalls hoffte er es. Aus Rücksicht auf seine Freunde soll man nicht im Frühling sterben.

Herrgott, Jochum! dachte er; die ganze alte Garde beginnt hinfällig zu werden. Dann durchfuhr es ihn plötzlich, daß Jochum vielleicht im Raume zugegen war, gleichsam über ihren Köpfen. Er sah hinauf. Aber er wurde nicht enttäuscht, denn wenn Jochum noch da war, so war er natürlich unsichtbar. Ja, mehr als unsichtbar. Er war eventuell als reines Bewußtsein zugegen – und da gab es also zwischen den Räumen keine Wände mehr. So daß er jetzt wußte, was alle dachten. Das war es wohl, was man Hölle nannte.

Eine Bewegung ging durch die Trauergemeinde.

Neben der Blumenpyramide stand ein großer, schwarzer Pfarrer. Und Werner durchzuckte der Gedanke, daß Jochum jedes Wort von der Rede des Pfarrers hören werde. Es lief ihm kalt den Rücken hinab. Es war, als könne man sich auf irgend etwas Fürchterliches von seiten Jochums, des alten Heiden, gefaßt machen. Jedoch er beruhigte sich. Wenn

Jochum hier war, so nur als reines Bewußtsein, ohne Ohren und vor allem ohne Zunge. Schlimmstenfalls würde er die Rede des Pfarrers mittelbar erfassen, er würde sie nur durch
/92/ die Gedanken aufnehmen, die sie in den Zuhörern weckte. Doch das war natürlich schlimm genug. Für Jochum reichte es. Er war ja immer mit Gedanken beschäftigt gewesen. Jochum hatte so gern gedacht, der intellektuelle alte Kater. Bücher und Bilder hatte er gern gehabt.

Und ganz langsam und qualvoll begann Werner zu weinen. Es tat unbeschreiblich weh in den Augen. Es war fürchterlich, daß Jochum jetzt vielleicht nicht mehr denken konnte. Denn wenn er auch ein Wirrkopf und oft ganz unlogisch gewesen war, das Denken an sich hatte ihm so viel bedeutet. Und das war es doch, worauf es ankam. Er empfand es als eine unbeschreibliche Schande, als etwas kosmisch Unmoralisches, daß Jochum vielleicht nicht mehr denken konnte. Plötzlich sah er sich mit Jochum weit in der Zeit zurück. Sie waren doch neugebackene Studenten gewesen, als sie einander zum erstenmal trafen – in einer der hellsten Sommernächte. O Jochum, Jochum, sagte er laut in seinem Innern; ich bin der einzige, der um dich weint! – Sie saßen in hellen, altmodischen Sommerkleidern in einem Restaurant in irgendeinem Park. Und sie sprachen von der herrlichen Zeit, die kommen würde, wenn der Klassenkampf siegreich zu Ende geführt worden war. Von dem großen Meer freiwerdender frischer Kräfte, das über die Welt hinschäumen würde, wenn die Fesseln der Arbeiter gesprengt waren. Von der neuen Renaissance, der neuen, freien proletarischen Kultur. Und was für ein Meer war dann gekommen! – Er warf haßerfüllt einen verstohlenen Blick zu der Bank hinüber. Die Salamander, Jochum!

Dann nahm er sich zusammen.

Er fühlte, daß er Jochum jetzt helfen mußte. In wenigen Augenblicken würde der Pfarrer anfangen. Und da gab es etwas, was ihm von allem am meisten Sorgen bereitete.

Vielleicht konnte er ein wenig helfen, wenn er einen bestimmten Punkt der Rede vorwegnahm. Er zog das Taschentuch hervor und trocknete sich das Gesicht. Dann räusperte er sich mehrmals. /93/

Jochum, sagte er innerlich, als der Hals freigeworden war, Jochum! Hörst du! – und die innere Stimme wurde streng. Wenn Jochum da war, so hörte er nun. Er fuhr fort:

Jochum! Das, was der Pfarrer jetzt gleich sagen wird, das sagt er, weil er es nicht besser weiß. Du bist seit hundert Jahren Pädagoge, und du weißt, daß man unterscheiden muß zwischen bösem Willen und schlechten Fähigkeiten. Jochum! *Wenn* dieser Pfarrer (ich sage *wenn*!), wenn dieser Pfarrer davon anfangen sollte … Es entstand eine Pause in ihm.

Wenn dieser Pfarrer davon anfangen sollte, von … von … der Schule zu reden, von deiner Arbeit für die Schule (und höchstwahrscheinlich wird er das tun. Ist auch nur recht und billig!), so mußt du bedenken, daß er davon nichts weiß, weil ihm niemand etwas erzählt hat. (Du selber hast ja nie mit dem Pfarrer reden wollen!) Wenn er nun von der Schule anfängt, so wird er sagen, du habest die Schule zu dem gemacht, was sie heute ist – du weißt, Fortschritt und dergleichen. Er weiß ja nicht, was *du* meinst. Jochum, ich weiß wohl von allem, von den Salamandern und Punktzahlen und all dem. Aber der Pfarrer weiß davon nichts. Hörst du, Jochum! Er glaubt, es sei alles in bester Ordnung und du seist zufrieden gewesen; darum wird er vielleicht sagen, daß die Schule deinen Namen in ständiger Erinnerung behalten werde und daß … daß … der neue Oberlehrer deine Arbeit weiterführen werde. Du weißt, dergleichen wie: Schulbesuch und Unterricht so zu gestalten, daß sie in Freiheit und Kameradschaft und Freude stattfinden. Und wenn er nun sagen sollte, daß durch die Schule, so wie sie heute dasteht, die Kinderseelen und dergleichen frei und gesund würden, daß sie nicht mehr auf den Schwächeren herumtrampelten und dergleichen und

daß die Lehrer heute Achtung hätten vor den Menschen in den Kindern und ihnen in der Klasse keine Nummern mehr gäben und dergleichen, so sagt er das, weil er es nicht
/94/ besser weiß. Es ist nicht seine Schuld, Jochum. Es sind die Fähigkeiten.

Hör zu, Jochum! Zu mir hast du ja gesagt, daß die Hälfte aller Kinder Schulwracks seien und daß der ganze Schulbetrieb dazu diene, die Kleinen auf das Ausfüllen von Formularen vorzubereiten, und daß die Salamander die Lehrbücher zu dem Zweck schrieben, die Kinder ganz und gar in die Mühle einzupassen. Also weiß ich das doch. Du hast ja oft zu mir gesagt, es habe eine neue Salamandermentalität Eingang in die Schule gefunden, neue Lehrer, richtige Kleinbürger und Streber, die einzig daran dächten, in ihren Klassen höchstmögliche Durchschnittswerte zu erzielen, die die Schulen für das Wichtigste hielten und in den Kindern bloß Sand sähen, der die herrliche Maschinerie zum Knarren bringe. Das hast du oft zu mir gesagt, Jochum.

Ich erinnere mich gut an etwas vom letzten, was du mir gesagt hast: «Wo sollen wir Lehrer hernehmen, Abraham? Wo sollen wir *Lehrer* hernehmen?» – Aber zum Pfarrer, der nun die Rede über dich halten wird, hast du nie so etwas gesagt; er wird darum vielleicht Dinge sagen, die dir nicht behagen.

Jochum! Statt allzu genau hinzuhören, denk besser daran, daß er dies aus gutem Willen tut. Vielleicht kannst du trotz allem etwas lernen von ihm. – Ich weiß, du wirst sagen, daß er dies keineswegs aus gutem Willen tut, sondern weil er dafür bezahlt wird. Werner räusperte sich lange und überlegte. Es war nicht leicht, darauf eine Antwort zu finden. Dann fiel ihm folgendes ein:

Aber so etwas ist doch bloß Schuljungenzynismus, Jochum. Nichts mehr für uns. – Und außerdem wird er nicht nur reden, sondern auch aus dem Evangelium lesen. Und das kann dir nur von Nutzen sein. Wieder gab es eine Pause. Dann schloß er, indem er entschieden mit dem Kopf nickte:

Ja, ich sage es geradeheraus, Jochum! Das kann dir nur von Nutzen sein.

Noch immer fing der Pfarrer mit seiner Rede nicht an. Und Werner sah zu den Salamanderbänken hinüber. Die jüngste /95/ der Lehrerinnen bewegte den Arm. Sie hatte eine dünne, spitze Nase, und an ihr Handgelenk fassend, sah sie nieder, beinahe, ohne das Gesicht zu senken. Sie warf einen verstohlenen Blick auf die Uhr.

Werner sah zu den Glasscheiben der Fenster auf. Draußen schien die Sonne. Es war ein strahlender Tag, und plötzlich fühlte er ein fast erstickendes Verlangen, hinauszugehen und die Knospen an den Bäumen zu betrachten. Wie war es eigentlich dieses Jahr mit dem Grün? Er mußte gestehen, daß er nicht wußte, ob die Bäume schon ausgeschlagen hatten. Er hatte nicht darauf geachtet.

Jochum hätte es gewußt.

Dann begann der Pfarrer. Die Rede wurde so, wie Werner gefürchtet hatte. Es gab keine Überraschung. Als der Sarg mit allen Blumen im Boden versunken war, bewegte die große Trauergemeinde sich langsam der Tür zu. Lehrer Bandow reckte den Hals und drehte seine untersetzte, kleine Person nach allen Richtungen. Er sah Abraham Werner nach. Er hätte den einstweilen als Oberlehrer eingesetzten Strange so gern auf ihn aufmerksam gemacht und ihm erzählt, wer der Mann sei. Vielleicht auch ihm zugenickt.

Doch Werner war längst gegangen.

Als sie, noch immer schweigend, in der Straßenbahn saßen, beugte Bandow sich plötzlich zu seinem zukünftigen Oberlehrer hinüber. Er hatte lange dagesessen und über etwas nachgedacht.

«Verzeihung!» sagte er, «aber nach dem, was Bobbi aus der fünften Klasse jetzt wieder angestellt hat, müssen wir ihn wohl fortschicken. Er muß in ein Heim.»

Oberlehrer Strange erwachte mit einem Ruck.

»Ja, selbstverständlich», sagte er freundlich, «solche Kinder schaden ja der ganzen Schule.»

Bandow lehnte sich wieder zurück. Er zog das Zigarettenetui hervor und richtete die Schleife an seinem Hals. Da waren noch ein paar Kinder, über die er vielleicht später mit
/96/ dem Oberlehrer sprechen konnte. Aber es war wohl das beste, noch einige Tage zu warten.

Jonas retteten die antibiotischen Präparate, mit denen er vollgestopft wurde, zweifellos das Leben. Die schweren Geschütze der Medizin drückten das Fieber herab, doch die nicht ausgetragene Lungenentzündung ging in seiner Brust gleichsam tiefgekühlt ihren Gang. Er lebte, aber nicht viel mehr als mit knapper Not. Und deshalb verging lange Zeit, bis er wieder so weit auf den Beinen war, daß er zur Schule gehen konnte. Er saß zu Hause herum wie eine im Winter starr gewordene Fliege, nicht krank, nicht gesund und auch nicht in der Rekonvaleszenz – dumpf im Kopf und matt im Körper.
Zu Hause erfuhr er, daß der Oberlehrer tot war. Er begriff nicht ganz, was das hieß; aber das Wort an sich hatte etwas so Schweres und Ernstes, daß er viele Tage lang darüber nachdachte. Er wußte nur, daß es etwas mit dem Himmel zu tun hatte und wahrscheinlich auch mit den Gleitflügen, die er abends vor dem Einschlafen über der Stadt unternahm. Der Unterschied war wohl nur, daß man viel höher flog. Offenbar bis ganz in den Himmel hinein.
Deshalb ging er in die Küche und fragte die Mutter. Es war Abend, und die Sonne wollte eben hinter den Bergen untergehen.
«Wie ist es im Himmel?» fragte Jonas.
Die Mutter stützte ihre dicken, roten Arme auf das Wachstuch der Küchenbank und sah aus dem Fenster. Das hatte sie sich selbst oft gefragt, und sie hatte ihre eigenen Gedanken darüber. Deshalb klang ihre Stimme etwas feierlich, als sie antwortete.
«Siehst du die roten Wolken, Jonas? Wenn du dir eine ganz große Stadt denkst, in der alle Häuser aus solchen Wolken gebaut sind, dann hast du den Himmel.»

Jonas freute sich, daß die Mutter Bescheid wußte, und er sah auch aus dem Fenster. Wie ein großer und weicher Vogel strich eine Erinnerung durch ihn hin. Er konnte beinahe das sanfte Rauschen der Federn hören. Aber plötzlich war sie /97/ wieder verschwunden. Nur das Rauschen blieb noch einen Augenblick.

«Ich habe es ganz vergessen», antwortete er traurig. «Ich habe vergessen, wie es im Himmel war.»

Jonas war so lange von der Schule fort, daß Fräulein Bö ihn auch fast vergessen hatte. Das einzige, was von ihm zurückgeblieben war, saß als ein schwacher Druck ganz unten in ihrem Gewissen, ein winzig kleines Gefühl, daß nicht alles in Ordnung sei. Doch solange er fort war, wurde die Plage nicht akut. Sie ließ die Tage ihren Gang gehen und freute sich, daß sie es jetzt leichter mit der Klasse hatte. Die Kinder hatten durch die Unruhe mit Jonas viel versäumt, und jetzt holten sie es mit frischem Willen und gutem Appetit nach. Mäuschenstill saßen tagtäglich siebenundzwanzig Rücken brav über Zahlen und Buchstaben gebeugt, fromm dem Verdorren ihrer Seele hingegeben, das sie allmählich erwachsen machen sollte. Der mißratene Jonas hatte ihnen allen einen Schock versetzt, der weit stärker wirkte als Schelte und Strafen.

Der einzige, der Fräulein Bö störte, war Birger. An anderer Leute Ohren sog er allerdings nicht mehr; aber er hatte jetzt etwas anderes, etwas Unsympathisches im Wesen, eine Art kalten und passiven Widerstandes. Deshalb erfaßte sie, fast ohne daß sie selbst es merkte, eine tiefe und stille Antipathie gegen Birger. Im übrigen war sie mit der Klasse zufrieden, und wenn es auch nicht gerade herzlich zuging, so doch zivilisiert und geordnet. Gröbere Formen der Strafe oder Schelte waren nicht erforderlich. Im allgemeinen ließen sich Ordnung und Disziplin durch ein paar Andeutungen darüber aufrechterhalten, wie es Kindern erging, die in den Stunden nicht richtig bei der Sache waren.

Eines Morgens im Mai geschah etwas, was lange nicht

vorgekommen war. Als sie eben durch das Tor in den Schulhof hineinging, wurde sie von einem der Jungen umarmt. Von hinten legten sich zwei Arme um ihre Hüften. Sie
/98/ drückten kräftig und lange zu, und sie ließen nicht los.

Nun hätte Fräulein Bö kein Mensch sein müssen, wenn sie diese Umarmung nicht als herrlich empfunden hätte – lang, kräftig und warm. Denn der Mensch braucht zwischendurch einmal eine Umarmung, ob nun von Kindern oder Erwachsenen. Und Fräulein Bö war ein Mensch. Allerdings einer, der von Berufs wegen und aus natürlicher Neigung eine Maske vor dem Gesicht zu tragen pflegte; doch ein Mensch war sie. Und deshalb schoß von den beiden Armen, die um ihre Hüften lagen, eine warme Glückswelle in ihr hoch. Ihr Gesicht wurde rosig und geradezu rund, und es war, als sei der ganze Frühlingsmorgen erfüllt von den schmutzigen Fäusten an ihren Mantelknöpfen. Der Tag und das Leben empfingen auf einmal all ihren Sinn und Inhalt von diesen Armen. Glücklich und kraftlos machte sie einen schwachen Versuch, sich von ihnen zu befreien. Doch sie hielten fest, und einen Augenblick lang versank sie in der großen Welle, die in ihr hochflutete.

Um so schrecklicher war die Enttäuschung, als die Hände losließen und sie sah, wer sie umarmt hatte.

Sie schob Jonas von sich und ging rasch quer über den Platz, den Mund zusammenkneifend, so daß ihre Lippen ganz schmal und scharf wurden. So erreichte sie die Treppe. Und im Lehrerzimmer stand Bandow, munter und morgenfrisch, rund und fröhlich, weil der Frühstückskaffee heute so gut geschmeckt hatte. Er spürte es noch im Mund.

«Welch ein Morgen, Fräulein Bö», sagte er. «Welch ein Morgen! Ja, die Schule wäre ein lieblicher Ort, hätten wir nur all die Hottentotten nicht!»

Ein zufriedenes leises Wiehern stieg aus dem hellen, großen Lehrerzimmer auf. Jetzt waren fast alle da, und die letzten falteten zerstreut die Morgenzeitungen zusammen. Natürlich ärgerte man sich oft über Bandow; aber er besaß zweifellos die Gabe, manchmal ganz überraschend in einer bestimmten Situation Worte für das zu finden, was alle fühlten. Wie zum Beispiel jetzt, in der letzten Minute der behaglichen Pause zwischen einem anstrengenden Famili- enleben und einem zähen Schultag, eben bevor es zur ersten Unterrichtsstunde läutete. Er machte etwas Schwerem und Unklarem Luft, das sie sonst bedrückt hätte. Doch für Fräulein Bö war dieser Augenblick höchst ungemütlich, weil Jonas' Erscheinen sie daran erinnert hatte, daß es jetzt dauern würde, ihn wieder loszuwerden. Seine Papiere waren nämlich irgendwie verschwunden, und sie war sich bewußt, daß sie etwas versäumt hatte, weil sie keine neuen Formulare hatte ausfüllen lassen, während er fort war. Ohne diese Nachlässigkeit hätte er sich in der Klasse gar nicht mehr zu zeigen brauchen.

Jonas seinerseits nahm es nicht so schwer, daß das Fräulein ihn im Schulhof abgewiesen hatte. Dafür war er viel zu glücklich darüber, wieder in der Schule zu sein. Und weil es Zeit brauchte, bis seine Papiere in Ordnung waren, zögerte sich die Übernahme in die Hilfsschule hin. Aber die Klasse machte große Augen, weil er wiedergekommen war, und Birger schenkte ihm zum Willkomm fast alle seine Hühnerringe. Jonas sah aus wie ein richtiger Prinz, wenn er sich die lange Kette bunter Ringe um den Leib gewickelt hatte.

Bobbi dagegen wurde einige Tage, nachdem Jonas zurückgekommen war, von der Schule fortgeschickt. Seine Schandtaten der letzten Zeit hatten den ohnehin vollen Becher zum Überlaufen gebracht.

Diese Ausweisung Bobbis war Stranges erste Aufgabe als Oberlehrer, und Bobbi war keineswegs das einzige, was er seinem Vorgänger nachräumen mußte. Tagtäglich entsetzte er sich aufs neue darüber, wie verantwortungslos Oberlehrer Jochumsen seine Schäflein gehütet hatte. Wenn man nur an diese Papiere des Jonas Andreassen in der zweiten Klasse dachte! Sie waren in Wirrwarr und Unordnung spurlos verschwunden. Und nun mußten neue beschafft werden.

Dies, weshalb Bobbis Becher überlief, war im Grunde eine lange Geschichte, und natürlich würde man ihn längst fortgeschickt haben, hätte nicht der vorige Oberlehrer seine /100/ Hand über ihn gehalten. Bobbi war der Urheber von neun Zehntel aller Untaten, die in der Gegend verübt wurden, er war ein einsamer Wolf, der mit allen, Erwachsenen wie Kindern, ständig in Fehde lag. Wo Fensterscheiben zerbrochen, Fahrrad- oder Autoreifen durchstochen, Benzintanks mit Sand oder Zucker gefüllt waren, wo Telefonkioske beschmutzt, Schokolade-Automaten aufgebrochen oder kleine Kinder in Sonntagskleidern in Pfützen gerollt waren – überall stand Bobbis schiefes, höhnisches Grinsen als Schatten im Hintergrund. Seine Verbrechen unterschieden sich übrigens von den restlichen zehn Prozent, die auf das Konto anderer gingen, dadurch, daß sie sich durch eine besondere Niedertracht, eine ganz spezielle Infamie auszeichneten, die an ihnen klebte wie eine Art geistigen Fingerabdrucks, Bobbis unsichtbare, aber unmißverständliche Signatur. Alle die Schandtaten trugen gleichsam Bobbis *Witterung*.

Bandow war vier schwere Jahre lang sein Klassenlehrer gewesen. Er wußte, daß Bobbis Vater während des Krieges mit der großen Flutwelle, die nach Rußland hinüberschlug, fortgespült worden und verschollen war, nicht einmal soviel wie einen ordentlichen Namen hinterlassend. Und obwohl Bobbis Abstammung ein gewisses nationales Unbehagen in Bandow weckte, so hatte er sich doch eine Zeitlang bemüht, Nachsicht mit Bobbi zu haben, und sogar versucht, seinen Klassenkameraden zu verbieten, ihn «Deutschenbalg» oder «Unteroffizier» oder «Gestapo» zu rufen, was er freilich auf die Dauer aufgeben mußte. Die Spottnamen hatten zu feste Wurzeln in der Wirklichkeit. Diese erste Zeit, in der er weiterhin auf Bobbis Seite zu bleiben versuchte, hatte übrigens seiner Lehrerweisheit schwerwiegende Beiträge geliefert. Der Junge war unzugänglich für jegliche Sympathie, und die allzu dunkelbraunen, unnorwegischen Augen hatten die Annäherungen des Lehrers nur mit Hohn und Mißtrauen beantwortet. Bei einem Siebenjährigen war dieser höhnische Blick naturwidrig und unheimlich. Und Bandow hatte Bobbi schon vor Weihnachten in der ersten Klasse loszuwerden versucht. Dieser Versuch war an Oberlehrer /101/ Jochumsen gescheitert, der sich genauso aufgeführt hatte, wie er es zu tun pflegte, wenn er mit etwas nicht einverstanden war. Und von dem Augenblick an, da der Oberlehrer angefangen hatte, sich in den Bart zu beißen, hatte das Gespräch eine sehr unangenehme Wendung genommen. Er hatte den großen, alten Kopf gehoben und Bandow gefragt, woher es komme, daß manche Kinder so ungezogen seien.

Zwei Jahre lang hatte Bandow versucht, Bobbi loszuwerden. Ohne Resultat. Dann gab er es auf. In drei weiteren Jahren fand er sich mit ihm ab. Doch nun war also der Augenblick gekommen. Erstens war Jochumsen tot, und zweitens hatte Bobbis letzte Untat das Lehrerzimmer in seinen Grundfesten erzittern lassen. Obwohl es dort in der letzten Zeit sonst viel netter geworden war. Man vermied jedes Gespräch über den Verstorbenen. Seit Oberlehrer Strange dessen Stelle übernommen hatte, war eine andere, eine demokratische Grundstimmung in das Lehrerzimmer und die ganze Schule eingezogen. Die einzelnen Lehrer und Lehrerinnen kamen mehr zu ihrem Recht. Ein Nein wurde in Stranges Mund nie gefunden. Und das war für manchen eine Überraschung. Alle wußten, daß Strange verdrossen und rechthaberisch sein konnte, so daß man damit rechnen mußte, einen schwierigen Chef in ihm zu bekommen. Doch im Gegenteil, er blühte als Oberlehrer geradezu auf. Das lange, schiefe Gesicht lächelte ständig, und er preßte die Nase viel seltener zur Seite als früher. Ein neuer Geist zog in die Schule ein, und man hatte wieder das Gefühl: Lehrer zu sein, das *war* etwas.

Das einzige, bei dem Strange sich einmischte, war die Sprache. Fremde, entlehnte oder übernommene Wörter auszurotten, das war es, was ihn am Leben der Schule am meisten interessierte. Er verwandte viele seiner Bürostunden darauf,

statt der verbannten Vokabeln wirklich norwegische Ersatzwörter auszutüfteln. In diesem einen Punkt war er lächelnd, aber unnachgiebig beharrlich. Es half nichts, ihm
/102/ zu sagen, daß die Kinder die Wörter nicht verständen. «Weshalb gehen sie zur Schule?» antwortete er. «Wenn nicht, um zu lernen?» Seine Schule sollte eine Musterschule sein. Und die Versäumnisse des früheren Oberlehrers waren, was die Regelung der Sprache anging, im Grunde nicht nur Versäumnisse, sondern Sabotage gewesen. Da sich keiner der Lehrer an der Schule etwas daraus machte, wie es der Sprache erging, wurde es ihnen leicht, Strange diese eine Unnachgiebigkeit zu verzeihen.

Doch gerade weil alles an der Schule so harmonisch und friedlich geworden war, schreckte Bobbis neue Untat die Gemüter so auf. Und der Lehrkörper beschloß wie ein Mann, sich seiner zu entledigen, so daß der Oberlehrer ihn in der Kartothek strich, als sei er ein deutsches Lehnwort.

Etwas über elf Jahre vorher hatte auch Bobbis Mutter versucht, sich seiner zu entledigen. Aber es ging nicht. Bobbi klammerte sich an sein bißchen Leben, geradeso, als habe er wirklich etwas auf dieser Erde auszurichten. Er war nicht loszuwerden. Er hielt alles aus und kam in einem Krankenhaus zur Welt wie die Kinder meist, gesund und frisch, nur ein wenig untergewichtig. Seine Mutter war längst entschlossen gewesen, ihn wegzugeben, doch nach der Geburt verlangte sie den zu sehen, der ihr vor und bei seinem Eintritt in die Welt so viel Schmerzen verursacht hatte. Und siehe da, Bobbi wies schon als Neugeborener Spuren einer Ähnlichkeit mit einem deutschen Soldaten ohne Nachnamen auf. Und die Mutter wurde plötzlich die Beute eines der unverständlichen und irrationalen Windstöße, die sich der Menschenseele in entscheidenden Augenblicken so leicht bemächtigen. Sie verzieh ihm auf der Stelle alles, was er schon getan hatte und was er in Zukunft noch tun würde, und lächelte der Schwester, die ihn ihr entgegenhielt, matt und glücklich zu. Und die Natur vergönnte ihr noch zwei

sanfte und schlaftrunkene Tage und Nächte in einem glück-
lichen und fernen Dämmerzustand, schwach von den
Schmerzen in ihrem zerrissenen Körper und in ihrem neun-
zehnjährigen Bewußtsein ganz erfüllt von dem Mysterium, /103/
das sie berührt hatte. Der Engel der Geburt hatte sie mit den
äußeren daunenleichten Federn der Flügelspitzen gestreift,
und zwei Tage und Nächte lang fühlte sie, daß Bobbi auf
dem Lande aufwachsen würde, umgeben von Lämmern und
Hasen und ganz nahe bei einem kleinen Bach, an dem Woll-
gras und Heidekraut und Preiselbeeren wuchsen. Dort wür-
de sie auch die ersten Erdbeeren für ihn suchen. Wenn sie
die Augen schloß, konnte sie den Bach fließen hören.

Acht Tage später nahm sie das Kind auf den Arm und ging.
Sie fuhr mit der Straßenbahn nach Haus in ihre kleine Kam-
mer. Und zwischen Hintertreppe und Mülleimern wurde
Bobbi groß. Hier bekam er sein Gesicht, bleich, eckig, mit
dem fast weißen Haar und den schwarzbraunen, allzu gro-
ßen, allzu dunklen Augen.

In den folgenden Jahren versuchte die Mutter sich in vielen
verschiedenen Berufen, sie stand in der Fabrik, sie putzte
Treppenflure und trug Zeitungen aus. Sie alterte rasch und
wurde beinahe ebenso mager und alt wie der Junge. Sie
schlug ihn oft, damit ein ordentlicher Mensch aus ihm wür-
de – und was er zu Haus nicht bekam, das holte er sich
draußen. Er verstand es meisterhaft, Schläge hinzunehmen
und zu ertragen. Und die Muskeln in seinem Gesicht wur-
den immer dünner. Am schlimmsten führte er sich Kindern
gegenüber auf. Bobbi haßte Kinder. Der Anblick von Kin-
dern mit Vater und Geschwistern und ordentlichen Jungen-
stiefeln machte ihn beinahe wahnsinnig. Stellte er jedoch
etwas mit ihnen an, so verprügelten ihn die Brüder oder die
Väter. Er war nicht kräftig und wurde oft von den Klassen-
kameraden oder anderen Gleichaltrigen geschlagen. Hin
und wieder bekam er auch Prügel von Mädchen. Sie foppten
ihn wegen der Damenstiefeletten, die er trug, und sie fopp-
ten ihn, weil er ein Deutscher war. Sie foppten ihn, weil er

den Namen seines Vaters nicht wußte, und das traf ihn am härtesten. Es gab andere, die keinen Vater mehr hatten; aber Bobbi hatte nie einen Vater gehabt. Um sich zu rächen,
/104/ machte er einen einsamen Streifzug durch die Gegend, füllte Karbid in einen Autokühler, schlug ein paar Straßenlaternen ein und hinterließ seine Visitenkarte in einem Telefonkiosk. Die Mutter schämte sich seiner, und er schämte sich der Mutter. Er steckte die mageren Finger in die Hosentaschen und zog durch die Straßen, den Kopf schief auf die Seite gelegt und im linken Mundwinkel ein ganz kleines Lächeln. Er bat nie ein Kind, mit ihm zu spielen. So ging das Leben seinen Gang.

Die Freundschaft mit Jonas war für ihn noch merkwürdiger als für Jonas. Doch dann wurde Jonas krank und blieb lange fort. Bobbi trieb sich wieder allein herum.

Als der Oberlehrer gestorben war, begriff Bobbi wohl, daß jetzt auch für ihn die Glocke geschlagen hatte. Aber wie alle Einsamen klammerte er sich an die Menschen. Er wollte nicht fort. Er wollte irgendwo am Rande bleiben und sehen, was die anderen taten, und zwischendurch einmal ein Signal aussenden, damit sie auch wußten, daß er da war. Damit sie ihn bemerkten.

Und eben ein solches Signal wurde für ihn der Anfang vom Ende. Der Anlaß ergab sich in einer Unterrichtsstunde bei Lehrer Bandow. Es war Ende April, kurz vor dem Ersten Mai, der als schulfreier Tag gefeiert werden sollte, und der Nationalfeiertag, der Siebzehnte Mai, stand auch vor der Tür. Bandow gab seiner Klasse eine Stunde in Geschichte.

Er sprach von der Flagge.

Und er erzählte, daß Norwegen über vierzig Jahre lang ein freies und selbständiges Land gewesen sei. Nur mit einer kurzen Unterbrechung vor einiger Zeit. So kam er auf die Besetzung des Landes durch die Deutschen zu sprechen und auf die Leiden, die sie für viele mit sich gebracht hatte. Es wurde sehr still in der Klasse.

Und Bandow sprach von dem, was die Lehrer wegen der

Deutschen durchzumachen hatten. Gewiß, er selbst gehörte nicht zu denen, die eingesperrt oder in Arbeitslager gebracht worden waren, aber einmal hatte es auch für ihn am seidenen Faden gehangen. Er hatte Büroklammern, das Zeichen des Zusammenhalts der Norweger gegen die Deutschen, im Knopfloch getragen, und ein Deutscher hatte sie ihm abgerissen, so daß ein kleines Loch im Rockaufschlag zurückgeblieben war. Bandow entsann sich gut seines heftigen Herzklopfens, als der Deutsche nach ihm gegriffen hatte. Er wußte, daß man Leute aus minderem Anlaß als diesem mit Koppeln und Gummiknüppeln verprügelt und zu Krüppeln geschlagen hatte.

Während Bandow erzählte, überlegte er. Welche der anderen Lehrer hatten in der Deutschenzeit wohl gesessen? Wen konnte er nennen? Strange konnte er nicht gebrauchen, der war rechtzeitig auf den väterlichen Hof gereist, um dort Schinken und Ziegenkäse zu essen, während er an der Anordnung der Wörterverzeichnisse arbeitete. Es gab damals in der Stadt unheimlich wenig zu essen, so daß man ihn gut verstehen konnte. Bandow überlegte weiter, er ging das ganze Lehrerzimmer durch. Merkwürdig, daß er dort niemanden fand, eigentlich sollte es doch nicht an Leuten fehlen, die von den Erziehungsmethoden der Besatzung gekostet hatten. Die meisten Kinder hatten Väter oder Verwandte, die dem ausgesetzt gewesen waren. In der Eile fiel ihm niemand anders ein als der alte Oberlehrer, und der war vielleicht gar nicht so ungeeignet, weil die Kinder ihn sehr gern gehabt hatten. Bandow erzählte, wie die Deutschen den Oberlehrer geholt hatten, obwohl er krank und alt war, ihn geschlagen und ins Gefängnis gesetzt, ja ihn sogar nach Deutschland gebracht hatten. Dort hatten sie ihn weiter mißhandelt und ihn halb verhungern lassen, und als der Oberlehrer nach dem Kriege zurückkam, war sein Haar weiß geworden. Die jetzt zur Schule gingen, hatten ihn nur als Weißhaarigen gekannt; doch vor jener Zeit war er dunkel gewesen.

Und Bandow erzählte weiter von der Besatzungszeit, von Hunger, Gefängnis und Tortur, und die Kinder lauschten mit großen Augen und halboffenen Mündern. Die meisten /106/ hatten wohl schon früher davon gehört, aber sie konnten nicht genug bekommen. Für sie waren es Sagen und Märchen aus grauer Vorzeit, bevor sie selbst geboren waren. Und was sie hörten, speicherte sich in den unterernährten Jungenseelen an Stelle wirklicher Märchen auf wie große, harte Klumpen von Haß. Immer und immer wieder schlugen, während Bandow erzählte, die Worte «die Deutschen» in sie ein. Alles, was an Antipathie in ihnen lebte, bekam Ziel und Sinn, Namen und Adresse. Das Mysterium des Bösen wurde der Klasse in einer Dreiviertelstunde klargelegt und geordnet. Alles Böse in der Welt hatte seinen Ursprung und seine Quelle in einem bestimmten Volk, einem bestimmten Wort. Einer bestimmten Rasse.

Zum Schluß kam Bandow auf die Flagge und den Siebzehnten Mai zurück. «Dies ist es, was ihr wissen sollt», sagte er, «wenn ihr unsere Flagge seht: daß die Deutschen wieder verjagt sind. Und deshalb ist die Flagge frei. Niemand wird mehr ungerecht bestraft. Und dies ist es, woran ihr am Siebzehnten Mai denken sollt: daß nie wieder Deutsche hierherkommen werden! Wir dulden sie nicht.»

Erst als er geendet hatte, wurde ihm mit einem kleinen Schock bewußt, was er getan hatte. Und vorsichtig schielte er zu Bobbi hinunter. Doch was er sah, beruhigte ihn. Bobbi war wie sonst. Er saß gerade da, die eine Augenbraue leicht gehoben und sein gewohntes höhnisches, schiefes Lächeln um den Mund. Was an dem Jungen so sehr auf die Nerven ging, war, daß er im Unterricht eigentlich nie direkt störte, er war nur nicht *zugegen*. Es ging gleichsam ein sonderbar kalter und klammer Nebel von Gleichgültigkeit von ihm aus. Als die Stunde zu Ende war, verschwand Bobbi wie ein geölter Blitz. Pfeilschnell und spurlos. Mit der überempfindlichen Witterung des Paria hatte er gespürt, daß es die Klasse nach Jagd verlangte. Und schon während der Unter-

richtsstunde hatte er seinen Fluchtplan gemacht. Er ließ Mütze und Jacke hängen und verschwand, bevor jemand die Verfolgung hatte aufnehmen können.
Erst am Spätnachmittag erwischten ihn drei, vier Jungen. /107/
Und sie verprügelten ihn gründlicher, als Bobbi guttat.
Am folgenden Tag passierte der Skandal.
Auf den Jungenklosetts fand der Pedell ein Paket. Es war eine zusammengerollte norwegische Flagge. Und als er sie entfaltete, bekam er zu sehen, was noch kein Pedell vor ihm geschaut. Die Schweinerei war unbeschreiblich, mit Toilettenpapier und allem. Er zog Bandow hinzu; nach dem Sünder zu fragen war überflüssig. Die Schandtat zeigte, ein bekanntes geflügeltes Wort illustrierend, nur zu deutlich Bobbis Signatur. Außerdem gestand er sofort.
Kurze Zeit darauf war Bobbi nicht mehr auf der Schule.
Dann war der Siebzehnte Mai, der Nationalfeiertag, herangekommen.
Mit seiner untrüglichen Witterung für Katastrophen fand Bobbi sich trotz des klar ausgesprochenen Verbots auf dem Schulhof ein. Er kam an, als Oberlehrer Strange oben auf der Treppe stand und vor dem überfüllten Schulhof die Festrede hielt. Kinder und Erwachsene waren in ihren besten Kleidern, dazu mit Schleifen, bis zu einem Meter lang, in den Nationalfarben geschmückt. Außerdem trugen alle Kinder Flaggen an dünnen, kleinen Stäbchen. Nur Bobbi war wie sonst, im zerlumpten Pullover und mit Damenstiefeletten.
Erwartungsvolle Stille lag über dem Platz, und man hörte die Stimme des Oberlehrers bis in die fernsten Winkel. Selbst auf den Jungenklosetts hätte man die Rede hören können. Und die Worte kamen langsam, eins nach dem anderen wurden sie mit langen Zwischenräumen und viel Salbung ausgerufen. Strange sprach von der Flagge, von Henrik Wergeland und von den Freiheitskämpfern.
Lehrer und Lehrerinnen waren gerührt. Hin und wieder gähnte eins der Kinder, laut und plötzlich, gleichsam von

innenher überrumpelt. Doch im großen und ganzen genügten die Erwartungen, die sie an den Rest des Tages stellten, um sie eine halbe Stunde lang auf dem Schulhof im Zaum
/108/ zu halten. Brause, Coca-Cola und Eis würden in Strömen die durstigen Kinderhälse hinabfließen.

Für Oberlehrer Strange war dies zweifellos der größte Tag seines Lebens. Es war, als habe sich jetzt alles für ihn gewendet. Nach langen, bitteren Jahren, in denen er übergangen und übersehen wurde, hielt er jetzt vor seiner eigenen Schule am Siebzehnten Mai die Festrede. Vor seinen eigenen Lehrern. Seinen eigenen Schulkindern. Dies war kein gewöhnlicher Siebzehnter Mai, dies war der eine, große, ohne Gegenstück in Vergangenheit oder Zukunft.

Trotzdem durchzuckte es ihn, als er Bobbis höhnisches Grinsen zwischen den geschmückten Kindern auftauchen sah. Jetzt würde also der Tropfen Wermut in den Becher der Freude fließen! Und ohne Übergang, ohne es selbst recht zu merken, verließ er Wergeland und die Freiheitskämpfer und ging zu den Jahren der Drangsal und zu den Deutschen über.

Eine schwache Unruhe verbreitete sich in Bobbis Klasse, als sie spürte, daß er anwesend war. Und endlich bemerkte auch Bandow ihn. Doch im Gegensatz zu Oberlehrer Strange vermittelte ihm der Anblick Bobbis keine fruchtbare rhetorische Assoziation. Er überlegte nur, wie er ihn loswerden könne. Aber er schaffte es nicht. Bobbi begleitete den Kinderzug durch die ganze Stadt, er hing ihm an wie eine Bremsfliege, bald an der Peripherie, in gewissem Abstand, bald mitten zwischen den Flaggen. Er *wollte* unter Menschen sein.

Erst als der Zug aufgelöst wurde, verzog er sich. Doch ungern und verfolgt von sechs, acht Jungen aus der fünften und sechsten Klasse. Unter ihnen Stranges Eigil. Eigil legte den roten Kopf auf dem dünnen Hals schräg. Sein Mund stand halb offen und zeigte die großen, schiefen Zähne. Er hielt eine ziemlich große Flagge an einer langen Stange mit vergoldeter Spitze in der Hand. Langsam ging er auf Bobbi

zu, der ihn überrascht ansah. Es wirkte wie eine Annäherung, als wenn zwei junge Hunde einander beschnüffeln wollen. Doch plötzlich drehte Eigil die Flagge in seiner Hand und bohrte Bobbi die Spitze zwischen die Rippen. Bobbi /109/
krümmte sich und fletschte vor Schmerz die Zähne.

«Der Deutsche!» schrie Eigil, und die Schar folgte ihm. Bobbi bekam die Spitze einer Flaggenstange in den Rücken und eine andere in den Schritt. Er schrie laut auf. Dann rannte er. Die anderen setzten ihm nach, und mehrere von ihnen liefen schneller als Bobbi oder ebenso schnell wie er. Bobbi nahm Kurs nach Osten. Erreichte er nur den Stadtteil, in dem er zu Hause war, so würde er schon irgendeinen Ort finden, wo er unterschlüpfen konnte. Aus guten Gründen kannte er das Viertel besser als jeder der anderen Jungen. Doch bis dahin war es noch weit.

Und die Schar war ihm dicht auf den Fersen. Straßauf und straßab, um Ecken, über Straßen, an Autos vorbei, durch Familien hindurch, die auf dem Spaziergang waren, mit seidenen Bändern in Rot, Blau und Weiß, vor Straßenbahnen her und über Märkte ging das Rennen. Sie warfen Kinderwagen um und liefen kleine Mädchen über den Haufen. Mütter schrien, und Väter fluchten ihnen nach. Polizisten drehten sich um, und Hunde sprangen zur Seite. Es galt, Bobbi ganz nahe zu kommen und dann mit der Flagge zuzustechen. Aus Leibeskräften stachen sie, in den Rücken, den Hals, das Gesicht. Und langsam kam in das Kriegsspiel ein stiller, ein unheimlicher Ernst. Bobbi lief um sein Leben, mit offenem Munde und keuchenden Lungen. Nach einer Weile waren die Verfolger so atemlos, daß keiner mehr Luft zum Schreien hatte. Sie sparten alle Kraft für den Lauf und die Stiche. Ein paar gaben die Jagd auf. Doch die meisten machten weiter. Weiter, weiter, die ganze Zeit nach Osten. Und niemand achtete richtig darauf, wie es zuging, daß Bobbi unter die Straßenbahn kam.

Bobbi war jetzt wie besessen vor Angst. Er floh nicht mehr vor einer Schar Jungen. Er lief um sein Leben, fort von den

Flaggen, den geballten Fäusten, den Gesichtern mit den offenen Mündern, fort von den Worten, die sie ihm nachkeuchten. Er floh vor einer ganzen Stadt, vor einem ganzen
/110/ Volk, vor der Mutter und vor einem unbekannten deutschen Soldaten, vor allen Kindern und Erwachsenen der ganzen Welt. Er war allein mit den schmerzenden Lungen, den Füßen und einem Herzen, das hinter den Rippen hämmerte.

Seit uralter Zeit hat das Judenvolk einmal im Jahr einen Widder ausgewählt, ihn vor die Stadt geschleppt und ihn gesteinigt. Er nahm die Sünden des Volkes mit sich in den Tod. Und so trug Bobbi die Schande, die Einsamkeit und Enttäuschung eines ganzen Volkes, als er um eine Ecke rannte, halb blind und taub, und sich in die Straße hinauswarf, um die andere Seite zu erreichen. Er war nahe daran, den Verfolgern zu entkommen, weil er härter und magerer war als sie; Straßenpflaster und Stadt, Bobbis Wald und Dschungel, hatten ihn besser trainiert. Er war zäher, und er hatte mehr Angst, und hätte die Flucht länger gedauert, so wäre er ihnen davongelaufen. Doch Bobbi erreichte die andere Seite nicht.

Als Eigil und die anderen herankamen, hatte die Straßenbahn angehalten, zwar etwas weiter oben in der Straße, aber sie hatte Bobbi mitgeschleppt, so daß ein langes Stück die Schienen hinauf die Spuren zu sehen waren. Und unter den Menschen, die an der Unglücksstelle zusammenliefen, war keiner, der auf eine Schar atemloser Jungen mit Schleifen und Flaggen achtete. Die Passagiere mußten ihren Weg zu Fuß fortsetzen, und der Straßenbahnfahrer mußte auf die Polizeiautos der Unfallkommission warten. Jedes Straßenunglück findet sein Publikum, und als Eigil seinen mageren Körper zwischen alle die erwachsenen Rücken gepreßt hatte, schwirrte die Luft von sachlichen Kommentaren. Die meisten trösteten den Straßenbahnfahrer und beteuerten seine Unschuld. Mehrere hatten genau gesehen, wie es zugegangen war. Der Junge kam angerannt wie ein Verrückter, sah weder nach rechts noch links und lief geradewegs in die Bahn hinein, von vorn direkt darauf zu.

Eigil bekam Bobbi nicht zu sehen. Aber statt seiner sah er /111/
eine herrenlose alte Damenstiefelette mit etwas darin. Als Eigil nach Hause kam, war beim Oberlehrer Gesellschaft. Ein paar ganz Fremde waren da und dann einige Kollegen von der Schule. Fräulein Bö und Bandow. Es war eine alkoholfreie Gesellschaft mit Limonade, Kaffee und Torte.

Der Vater sah den Jungen flüchtig, als er an der offenen Zimmertür vorbeikam.

«Eigil!» rief er. «Komm her, Junge!»

Eigil trat ein.

«Du sollst ein Stück Torte haben», sagte der Vater so laut, daß alle es hörten. Die Erwachsenen wandten sich Eigil zu, der mitten im Zimmer stehengeblieben war. Er sah geradeaus und war noch dünner als sonst.

«Er hat gewiß schon genug!» sagte Bandow. «Er kann nicht mehr, man sieht es ihm an.»

Und die Hypothese des Lehrers schien viel für sich zu haben: Eigil war blaß und sah aus, als sei ihm übel.

«Hast du zuviel Eis gegessen?» fragte Fräulein Bö. Doch der Vater hatte schon ein Stück Torte abgeschnitten und hielt es ihm auf dem Teller hin.

«Hier», sagte er, «iß!»

Eigil sah auf die Torte. Es war ein großes Stück mit einer Masse Schlagsahne darauf. Und einer Erdbeerfüllung darin. Er sah und sah sie an. Und plötzlich brach unter den Erwachsenen ein Sturm von Heiterkeit los. Alle wollten ihn überreden, es doch zu versuchen. Sie lachten und riefen durcheinander.

«Los, Eigil!»

«Du schaffst es schon!»

«Streng dich an. Ein großer Kerl wie du darf sich am Siebzehnten Mai nicht vor drei Uhr geschlagen geben! Hinunter mit der Torte!»

Eigils Blick hing starr an dem Teller mit der Torte. Er sah nichts anderes auf der ganzen Welt als die Sahne und die Erdbeerfüllung. Steif und schwindlig ging er einen Schritt
/112/ auf die Torte zu. Er hatte erwartet, die Eltern allein zu Hause zu finden.

Von weither hörte er das Rufen der Erwachsenen. «Er schafft es!»

«Los, los, Eigil!»

Und Bandow schlug eine Wette vor. Er sei bereit, zwei gegen eins zu setzen, daß Eigil das Stück Torte nehmen werde. Aber plötzlich blieb der Junge stehen. Er blickte auf, und jetzt hörte er die Stimmen der Erwachsenen deutlich. Sie wollten irgend etwas von ihm.

«Hurra für den Siebzehnten Mai!» sagte er mit schwacher Stimme.

«Bravo, Eigil!» sagte Bandow. «Und nun nimm das Stück!»

Doch Eigil sah die Torte nicht mehr. Seine Augen suchten die Mutter und fanden sie endlich am Fenster. Sie saß beinahe verdeckt von den anderen Erwachsenen. Mit einem Satz war er bei ihr und barg den roten Kopf in ihrem Schoß.

«Bobbi ist tot!» sagte er. Und dann war es aus. Eigil mußte sich mitten am Tage zu Bett legen. Die Erwachsenen erfuhren nur noch eben, daß die Kinder miteinander gespielt hätten, und da sei das Unglück geschehen.

Jonas hörte erst am nächsten Tage, was mit Bobbi passiert war. Denn da er selbst erst in die zweite Klasse ging, hatte man ihn wie die ihm Gleichaltrigen für zu klein gehalten, um mit im Siebzehnten-Mai-Zug zu gehen. Am achtzehnten jedoch wußten alle in der Schule, was geschehen war. Und Jonas ahnte auf seine Weise, daß Bobbis Schicksal der Startschuß für sein eigenes Unglück war. Denn genauso wie Bobbi es nicht fertiggebracht hatte, sich ordentlich aufzuführen, genauso brachte er es nicht fertig zu lesen. *Sie hatten etwas gemeinsam.*

Und richtig: Einige Tage später waren Jonas' Papiere aufs neue bereit. Und diesmal nahm sich ein geistig klarer Oberlehrer ihrer an, so daß sie nicht vertrödelt wurden. Einzig die kleine Rubrik für die Äußerung des Oberlehrers war noch auszufüllen. Das Ganze war natürlich im Grunde nur noch eine Formalität; trotzdem ging Strange auf einen /113/ Sprung in die Klasse hinunter, um Jonas lesen zu hören.

Mit Jonas' Lesen war es geradeso wie mit dem Bettnässen: Es stand herzlich schlecht damit. Daß Bobbi unter die Straßenbahn gekommen war, hatte die Sache nicht die Spur gebessert.

Jonas schlug das Buch auf. Doch darin sah es nicht aus wie sonst. Die Zeilen standen nicht still. Sie tanzten eine Art Schlangentanz vor seinen Augen. Und weit, weit fort hörte er die Stimme des Fräuleins. «Lies jetzt!» sagte sie, «oben auf Seite zweiundvierzig.»

Aus alter Gewohnheit hatte das Buch sich auf der richtigen Seite geöffnet. Aber über den Schlangentanz hin wälzte sich jetzt auch noch ein weißer Nebel. Und der Nebel legte sich über genau das Wort, das Jonas lesen sollte. Er schielte über den Rand des Buches hinweg und sah die lange, knochige Gestalt des Oberlehrers oben am Katheder stehen. An den großen Füßen trug er Gummischuhe. Er ging eigentlich immer in Gummischuhen, der Oberlehrer, ob es nun nasses oder trockenes Wetter war, ob er sich draußen aufhielt oder drinnen. Dann sprach Strange.

«Jetzt mußt du *läsen,* hörst du!» sagte er mit kräftiger Stimme.

Und diese Stimme fuhr Jonas unmittelbar in die Brust und ins Zwerchfell. Weil der Oberlehrer mit so starken R sprach, und er sagte nicht «lesen», sondern «läsen». So sprachen sie in der Stadt, aus der das Fräulein im Milchgeschäft kam. Und diese Ä und R nagten an Jonas' Zwerchfell.

Er sah wieder ins Buch. Aber da war der Nebelfleck und bewegte sich unbarmherzig mit seinem Blick hin und her. Wohin er sah, kam der Nebelwisch nachgesegelt. Jonas sah keinen einzigen Buchstaben, aber die Gummischuhe des Oberlehrers sah er deutlicher als irgend etwas anderes auf

der Welt. Jetzt stand Strange weiter vorn im Raum, mit braunen Schnürstiefeln in den schwarzen Gummischuhen und einer Wolljacke, die etwas unter seinen Manschetten
/114/ hervorguckte. Und wieder sagte er, Jonas solle lesen.

So versuchte Jonas, etwas über die ganze Seite auf einmal zu lesen. Daraus wurde nichts Rechtes, deshalb ging er dazu über, nur solche Worte zu lesen, von denen er wußte, daß sie dastehen mußten, «und» und «aber» und «er» und ähnliches. Und er fand selbst, daß es auf diese Art besser ging.

Die Tür schlug zu, und als er aufsah, war der Oberlehrer verschwunden. Zurück blieb das Fräulein am Katheder, erleichtert und mit rotem Kopf. Sie hatte tatsächlich ein wenig Angst gehabt, daß Jonas sie alle vielleicht damit überraschen würde, plötzlich besser zu lesen als sonst. Aber die Vorführung war mehr als überzeugend gewesen: Jonas hatte seine Rolle als Idiot bis zur Vollkommenheit ausgefüllt, und Fräulein Bö wußte, daß der Oberlehrer jetzt hinaufging, um sich in der letzten kleinen Rubrik auf dem Formular zu äußern.

Und in den wenigen Tagen, die Jonas noch auf der Schule blieben, war sie so freundlich zu ihm, wie sie nicht gewesen war, seit er in die erste Klasse ging. Sie war so freundlich, daß Jonas tatsächlich zu glauben begann, er habe die Prüfung trotz des Nebelflecks im Buch bestanden.

Dann bekamen seine Eltern einen mit der Maschine geschriebenen Brief des Oberlehrers. Er schrieb, er habe die Lösung gefunden, die für alle Teile die beste sein werde. Und er bat sie, am Freitag vormittag zu ihm in sein Amtszimmer zu kommen.

Der Bankbote Andreassen machte sich auf eine Stunde in der Bank frei, und er und seine Frau gingen zusammen zum Oberlehrer. Er trug seinen blauen Anzug und einen weißen Kragen und sie ein dunkles Kleid.

Leider verloren sie fast eine Stunde nur mit Warten, obwohl sie auf die Minute pünktlich gekommen waren.

«Ich schwitze so an den Händen, Andreassen», sagte sie, als

eine Weile vergangen war. «Und wir müssen ihm doch gewiß die Hand geben.»
Und der ehemalige Bootsmann gab ihr sein Taschentuch, damit sie die Hände damit trocken konnte. Die Sekretärin /115/ sah von ihrer Büroarbeit auf. Es war ein großes, kariertes Taschentuch. Frau Andreassen wäre gern auf der Toilette gewesen, bevor sie hineingingen. Aber aus Angst, daß der Oberlehrer kommen könne, während sie fort war, blieb sie sitzen. Es stellte sich jedoch heraus, daß sie reichlich Zeit dafür gehabt hätte. Und als sie endlich eingelassen wurden, war ihr der Leib geradezu eine Qual geworden. So war ihr nicht mehr zumute gewesen, seit sie vor vielen, vielen Jahren selbst zur Schule gegangen war. Die Scham über die verschwitzten Hände dagegen war überflüssig gewesen, der Oberlehrer gab ihnen nicht die Hand.
Er bat sie, Platz zu nehmen, und kam schnell zur Sache. Es werde das beste für alle Teile sein, und vor allem werde es für Jonas selbst das beste sein, sagte er, wenn Jonas in die Hilfsschule komme. Und nun hätten sie das Glück, ja das geradezu unglaubliche Glück gehabt, dort einen Platz für ihn zu bekommen.
«Ja, aber paßt Jonas denn dahin?» antwortete der Vater. Die Mutter sah in ihren Schoß.
«Ja», sagte der Oberlehrer und richtete sich im Stuhl auf. «Ihr Sohn paßt dorthin. Er kann ja nicht lesen. Sie verstehen – ganz zum Schluß des zweiten Schuljahres – und dann nicht lesen können! Das geht nicht!»
«Aber ist es nicht oft so, mit vielen Kindern, daß ihnen das Lesen schwer wird, und daß sie in den unteren Klassen langsam sind – und dann später, wenn sie größer sind, dann geht es vielleicht doch gut mit ihnen?» versuchte der Bootsmann.
«Hm – ja, hm!» sagte Strange gedehnt. «So etwas kann vorkommen, ja. Aber es ist nicht sicher. Es ist *nie sicher*. Er kann nicht lesen, sehen Sie.»
«Aber vielleicht wird es besser mit ihm?»
Der Oberlehrer sah sie an.

«Nein», sagte er. «Er kann nicht lesen. Ein Junge von neun Jahren.»
«Nein, nein», sagte der Vater.
/116/ Doch jetzt mischte die Mutter sich ein.
«Der Jonas paßt nicht dahin. Seine Augen sind nicht so. Jonas hat Augen wie die anderen Kinder.»
Die Männer sahen sie an, verwundert und verständnislos. Als sie merkte, daß sie nicht verstanden, was sie meinte, hob sie beide Hände und legte sie, rot und feucht, mit der Innenseite an ihre Schläfen. Sie preßte die Hände an den Kopf, straffte die Haut nach oben und nach hinten und hob das ganze dicke Gesicht aus seiner Stellung, aus dem gewohnten Ausdruck. Sie zog, bis die Augen schief und schmal wurden, sich mongoloid nach oben schrägten.
Der Bootsmann nickte.
«So 'ne Augen mein' ich», sagte sie. «Jonas hat nicht so 'ne Augen.»
«Nein», sagte Andreassen entschieden und wandte sich dem Oberlehrer zu. «Die hat er nicht.»
Strange kniff den Mund zusammen. Ihr Starrsinn ärgerte ihn. Er mußte also härter zufassen.
«Es sind nicht die Augen, auf die es hier ankommt. Sondern die Sache ist die, daß Ihr Sohn minderwertig ist. Er bleibt zurück. Er kann ja nicht lesen. Wie ich schon sagte, es ist das beste für ihn, wenn er auf die Hilfsschule kommt.»
«Nein», sagte die Mutter, «es ist das beste für ihn, wenn er hierbleibt.»
«Ihr Sohn ist schwach begabt. Er wird unter normalen Kindern immer zurückbleiben. Deshalb ist eine Schule für Schwachbegabte das richtige für ihn.»
«Ja, aber er hat doch nicht so 'ne Augen!»
Sie fing an zu weinen. Ihre Augen verschwanden beinahe in Wasser und Fleisch.
«Die hat er nicht!»
«Er wird es auf solch einer Schule besser haben.»
«Nein, das wird er nicht!»

Der Oberlehrer wurde unsicher. Er sah den Vater fragend an, bat ihn mit den Augen um Hilfe. Doch der Bootsmann sah ihm gerade ins Gesicht. Ungerührt. Er schämte sich nicht, daß seine Frau weinte.
«Darf er nicht wenigstens hier sein? Hier herumgehen?» bat sie. «Er tut ja nichts Schlechtes. Jonas tut nie etwas Schlechtes. Er könnte doch wenigstens hier sein, bei den anderen?»
Jetzt sah Strange eine Möglichkeit, sich durchzusetzen.
«Doch», antwortete er. «Er tut etwas Schlechtes. Er schadet den anderen in der Klasse. Sie können nicht das lernen, was sie lernen sollen. Er schadet der ganzen Klasse. Sie lernen schlechter, wenn er dabei ist, weil er sie aufhält.»
Das traf, er merkte es.
«Sie wollen doch nicht, daß Ihr Junge seinen Klassenkameraden schadet? So daß sie ein schlechteres Examen machen?»
Offenbar hatte er das Richtige getroffen. Sie schluchzte. Der Vater sah zu Boden.
Die Stimme des Oberlehrers wurde warm, als er fortfuhr:
«Später kommt das Abgangsexamen. Da bekommen alle Kinder Zeugnisse, und die Zeugnisse werden zu Punktsummen zusammengelegt. Wir legen für die ganze Schule zu Punktsummen zusammen. Das ergibt den Durchschnitt.»
Er sah sie an, ob sie ihn verstanden hätten.
«Gute Schulen bekommen hohe Punktsummen», erklärte er weiter. «Aber wo Kinder zurückbleiben, da ergeben sich niedrigere Punktsummen. Und Kinder wie Jonas, die reißen die Punktsumme für die ganze Schule herunter. Sie schaden der Klasse, und sie schaden der Schule.»
Niemand antwortete. Sie sahen zu Boden.
«Wollen Sie das?» sagte er. «Wollen Sie, daß Ihr Junge seinen Kameraden schadet?»
Er sah sie an. Beinahe herzlich.
«Wollen Sie, daß er die Punktsumme der Schule niederzieht?»
Sie antworteten nicht. Doch die Situation war klar. Sie

wollten nicht, daß ihr Junge anderen schade. So stand der Oberlehrer auf. Und jetzt reichte er ihnen die Hand.

Als sie die Hand nahmen, sahen sie noch immer zu Boden.
/118/ Daß Jonas tatsächlich jemandem schaden könnte, hatten sie nicht bedacht. Dann gingen sie nach Hause.

Das Schlimmste war, Jonas klarzumachen, daß er am folgenden Tage nicht zur Schule gehen dürfe, weil er schädlich sei. Er begriff nicht, daß er anderen schaden solle.

Am nächsten Morgen riß er sich los und rannte zur Schule. Bei der Aufstellung im Schulhof ging alles gut. Aber Fräulein Bö ließ ihn nicht ins Klassenzimmer. Drei Morgen hintereinander versuchte er es, dann blieb er zu Hause. Aber noch schlimmer wurde es, als er sich auf den Weg zur Hilfsschule machen sollte. Er klammerte sich an der Sofadecke fest, an Stühlen und Tischen. Er schrie, daß man es im ganzen Hause hörte.

«Ich will nicht den anderen Weg gehen! Ich will nicht in die Iddioten! Ich will nicht den anderen Weg!»

Immer und immer wieder heulte er dieselben Worte. Wenn er abends endlich eingeschlafen war, erwachte er oft schon ein paar Stunden später wieder und schrie wie ein Tier.

An einem dieser Abende kam Onkel Harry. Der Onkel von Jonas' Mutter, der Taxichauffeur Harry Olsen. Er war ein Mann in den Sechzigern, dick, mit braunen Augen und einer Glatze. Seine Nichte ähnelte ihm. Und Olsen hatte Jonas Schokolade mitgebracht und saß an seinem Bett, bis er eingeschlafen war. Nachher erzählten sie ihm alles, was in den letzten Tagen geschehen war. Sie setzten sich in die Küche um den Tisch mit dem Wachstuch darauf, und die nackte elektrische Birne brannte über ihren Köpfen. Der Bootsmann kochte Kaffee, stark wie Teer, und trank ihn mit dem Chauffeur zusammen.

«Und jetzt soll Jonas auf die Iddioten», sagte der Vater bitter. Die Frau sah zu ihm auf. Sie mochte nicht, daß er das häßliche Wort gebrauchte. Alles wurde dadurch gleichsam noch schlimmer.

«Auf die Hilfsschule», verbesserte sie.

Jetzt sah er sie an. Eine Weile sagte niemand etwas. Wo mochte sie das magische Geheimnis gelernt haben, daß vieles leichter zu tragen ist, wenn man es beim rechten Namen /119/ nennt?

Dann sprach der Onkel. Er wollte noch einmal hören, was der Oberlehrer gesagt hatte.

«Hat er wirklich gesagt, daß Jonas die Punktsumme für die ganze Schule verdirbt, wenn er dableibt?»

Und Andreassen erzählte noch einmal, wortgetreu. Er besann sich genau auf alles beim Besuch im Amtszimmer des Oberlehrers. Nicht eine Silbe hatte er vergessen. Alles würde für Zeit und Ewigkeit in ihm hängenbleiben, als sei es in ein Buch gedruckt. Und noch einmal wollte Olsen es hören. Dreimal mußten die Eltern erzählen. Und das half ihnen. Es erleichterte ihnen die Qual etwas, die in den letzten Tagen wie ein Alpdruck, wie ein böser Traum auf ihnen gelegen hatte. Dieses, daß plötzlich ein lebendiger Mensch vor ihnen saß und ihnen zuhörte, der lauschte und sie mit Fragen unterbrach, der alles genau und gründlich wissen wollte, das lockerte etwas in ihnen. Die Mutter weinte ein wenig, hatte aber doch die Stimme so weit klar, daß sie hin und wieder ein Wort einwerfen konnte. Der Taxichauffeur Olsen schob die Unterlippe vor und nickte vor sich hin, während er zuhörte. Es dämmerte ihm etwas. Etwas Vages und Fernes, das er nicht zu jäh und zu kräftig anfassen durfte. Er teilte das Leben aus alter Gewohnheit in zwei Felder ein: in Unglück, das unabwendbar war, und in Unglück, das man verhindern oder doch mildern konnte. Schon beim Taxifahren zeigte sich das klar. Manche Verkehrsunfälle kamen und gingen mit den Jahreszeiten, ohne daß man etwas daran ändern konnte. Und dann gab es Unfälle, die abgewendet werden konnten, wenn die Leute nur vernünftig fuhren. Die ersten waren fällig, wenn mit der Bremsvorrichtung etwas nicht in Ordnung war, wenn das Steuergelenk absprang oder brach, wenn ein Kind, ganz mit seinem Ball beschäftigt, in den Weg

gelaufen kam. Dann war das Unglück da und schlug ein, wie ein Adler ein Hasenjunges schlägt. Forderte ein Leben oder mehrere und zerbrach, was vom Leben anderer übriggeblie-
/120/ ben war. Einige wurden weiterhin mit dem Leben fertig, indem sie sich an die Trümmer hielten, an die Erinnerungen, die von einem überfahrenen Kind, einem getöteten Mann geblieben waren. Andere wurden damit fertig in der Gewißheit, sie wiederzutreffen. Einige wurden nicht damit fertig. Unglück dieser Art kam, weil es kam. Unglück der anderen Art kam, wenn ein Mann sich betrunken ans Steuer gesetzt hatte, oder weil die Leute aus Angst vor dem Grabenrand an einer Wegbiegung mitten auf der Straße fuhren. Es kam, wenn Leute sich zu weit innen auf der Fahrbahn hielten und Gas gaben, anstatt einen ehrlichen Taxichauffeur vorbeizulassen. Es kam mit den ersten Frostnächten, wenn der Nebel sich wie ein unsichtbarer Eisfilm über Asphalt und Straßenpflaster der ganzen Stadt legte und die Leute nicht begriffen, daß nur ein Wahnsinniger jetzt auf die Bremse trat. Doch, es gab zwei Arten von Unglück im menschlichen Leben. Die eine Sorte kam einfach, die andere richtete man selbst an.

Zwischen diesen beiden Arten unterscheiden zu können war der Gipfel aller Weisheit. Die erste Sorte mußte man hinnehmen, wenn sie kam. Bei der zweiten mußte man seinen Verstand gebrauchen, um sie zu vermeiden.

Daß Asta gestorben und er Witwer geworden war, gehörte zu der ersten, der unabwendbaren Sorte. Aber bei dieser Sache mit Jonas war er sich nicht ganz im klaren.

Er hatte vor ein paar Monaten drei Damen gefahren, und sie hatten ihm etwas erzählt, was er im Gedächtnis behalten hatte, weil es ihm gefiel. Er plauderte gerne mit den Fahrgästen. Sah sich seine Leute an. Aber wohin hatte er sie nur gefahren? Langsam und mit ungeheurer Anstrengung preßte er die Adresse aus seiner Erinnerung hervor. Zuerst tauchte die Hausnummer auf, Ziffer für Ziffer. Drei Ziffern. 162. Nummer hundertzweiundsechzig. Nun der Name der Straße. Der saß tiefer, fester. Aber er war am wichtigsten.

Olsen wußte, er würde früher oder später hochkommen, wenn er nur nicht nachgab. Am ehesten half es wohl, wenn er alles noch einmal durchging, was während der Fahrt gesagt worden war und sich ereignet hatte. /121/

Wenn er in den letzten zwei Monaten dreißig Fahrten am Tage gemacht hatte, so ergab das im ganzen achtzehnhundert Adressen, aus denen er den Straßennamen herausklauben mußte. Das richtigste war, ganz von vorn anzufangen. Wo hatten die drei Damen ihn angehalten? Und in welcher Richtung hatte er sie gefahren? Nach Osten.

Er hatte sie mitten in der Stadt aufgenommen. An einer Straßenecke. Er hatte über die Kreuzung fahren müssen, damit er anhalten konnte. Sie waren ihm nachgelaufen. Drei Schwestern waren es gewesen, so in den Vierzigern. Und sie hatten einem jungen Mann nachgewinkt, der etwas sonderbar aussah, blond freilich – aber ziemlich auffallend.

Der Chauffeur hatte sich umgewandt und ihnen zugelächelt, den Schwestern. Obwohl alle drei Pelzmäntel trugen, hatte er doch gemerkt, daß sie nicht zu den Leuten gehörten, denen Taxifahren etwas Alltägliches ist. Er konnte ihnen die Fahrt gern etwas angenehm machen. Das schadete nichts. Und so stellte er den Taxameter auf «zwei», obwohl ihrer drei im Wagen saßen. «Seltsamer Vogel!» sagte er von dem Mann, dem sie zugewinkt hatten.

«O ja», antwortete die eine der Schwestern, «wir haben den Russen richtig gern.»

«Ja, sind nette Leute, die Russen», sagte er. Und dann erzählte er ihnen die Geschichte von seinen Russen, während er sie zur Löwen-Apotheke hinauffuhr und links abbog. Es war wohl das beste, die ganze Geschichte noch einmal durchzunehmen. Er fuhr die Straße entlang und am Kino «Alhambra» vorbei, während er erzählte.

Es war schon viele Jahre her. 43 oder 44 mußte es wohl gewesen sein. Er hatte eine Fahrt nach außerhalb, nach dem Westen, gehabt. Statt des Geldes gab der Fahrgast ihm ein Päckchen Zigaretten, zehn Zigaretten, keine deutschen, sondern die gute norwegische Sorte, das Päckchen seine achtzehn Kronen wert. Aber es war auch eine lange Tour gewesen.

/122/ Erst als er sich der Stadt wieder näherte, leistete er sich eine der Virginia-Zigaretten. Und da nichts von dem Genuß verlorengehen solle, hielt er den Wagen bei dem Schneehaufen am Straßenrand an, lehnte sich im Sitz zurück und sah dem ausgeatmeten Rauch nach. Durch den Rauch und die Scheibe des Seitenfensters fiel sein Blick auf sieben oder acht Männer, die in einiger Entfernung auf dem Felde arbeiteten. Erst als er den Deutschen mit dem Karabiner unter dem Arm sah, gerade im Rücken und etwas beleibt, ging ihm auf, daß er in der Nähe des Gefangenenlagers gelandet war. Die arbeitenden Gefangenen warfen hin und wieder einen Blick zu ihm hinüber, hastig und begehrlich. Da wandte der Deutsche sich um und kam langsam auf ihn zu. Er sah freundlich aus.

Die Gefangenen ließen ihn nicht aus den Augen. Offenbar waren sie keine Norweger. Etwas in ihrem Blick verriet es. Ihre Augen waren sanft und dunkel, fromm und fremdartig. Ein paar der Gefangenen lächelten schwach. Gefangene Norweger hätten ganz anders ausgesehen. Die dort auf dem Lande arbeiteten, hatten nicht das Blaue und Metallische im Blick wie sie.

Der Deutsche war jetzt ganz zu ihm herübergekommen.

«Russen?» fragte Olsen.

Der Deutsche nickte. «Kriegsgefangene», sagte er auf norwegisch. Er sprach gebrochen, war aber gut zu verstehen.

«Sie gucken so merkwürdig», sagte der Chauffeur.

Der Deutsche lächelte. Er nickte zur Zigarette hin. Olsen zögerte etwas. Es gab ihm einen Stich. Dann zog er die Schachtel hervor und gab sie dem Wachmann. Lächelnd steckte der Deutsche sie in die Tasche und wandte ihm den Rücken. Den Karabiner über dem Ellbogen, schlenderte er zu den Gefangenen hinüber, die sich wieder auf ihre Arbeit warfen. Langsam ging er der Reihe nach auf jeden einzelnen

zu. Es sah aus, als spreche er mit ihnen. Nach einer Weile kam er zu dem Auto zurück. Er reichte Olsen die Schachtel mit der letzten, übriggebliebenen Zigarette durch das Fenster hinein. /123/
Der Chauffeur hielt sie ihm hin.
Doch der Deutsche lächelte schwach zurück und schüttelte den Kopf.
«Rauchen Sie selbst», sagte er. «Wäre Bestechung.»
Olsen steckte die Zigarette vorsichtig in die Tasche. Dann zeigte er auf die Russen.
«Geht es ihnen schlecht?»
Der Deutsche nickte. «Sehr schlecht. – Hungrig.»
Er überlegte einen Augenblick. Dann rieb er sich über das Zwerchfell. «Wenn sie zu rauchen haben, spüren sie es nicht so.»
«Bleiben sie lange hier?»
Der Soldat zögerte einen Augenblick, bevor er antwortete. «Dieses Kommando – ist ganz klein. Bleibt hier drei, vier Wochen. Steine brechen. – Schaffen Steine weg, solange Schnee liegt.»
Eine Weile sahen sie einander an.
«Wenn Sie wiederkommen», sagte der Deutsche, «wollen Russen Ihnen etwas geben. Sind so geschickt mit den Fingern. Haben nichts, aber können alles machen.»
Olsen startete, und im selben Augenblick kam Leben in die Russen. Sie winkten und warfen ihm Kußhände zu. Sie schrien und jubelten.
Nun war Asta, seine Frau, damals gerade im Krankenhaus gestorben. Zu Hause gab es nicht viel zu tun. Die Wohnung, an sich nur klein, war ihm zu groß geworden. Und sie war leer. Nein, sie lockte ihn nicht. Marie war in Drontheim verheiratet, wo ihr Mann in einem kleinen Laden einen Schiffshandel betrieb. Er war ein netter Schwiegersohn, aber sie wohnten so weit fort. Olsen war also ziemlich einsam in Oslo, deshalb fuhr er gern zwei Schichten in vierundzwanzig Stunden. Er fühlte sich jetzt im Auto

wohler als zu Hause. Drei Tage hindurch stoppte er jedesmal, wenn er an einem Tabakladen vorbeifuhr; doch nie bekam er etwas zu kaufen. Er hätte ebensogut einen Metz-
/124/ ger nach Fleisch fragen können. Am dritten Tage hatte er eine Fahrt zu einem der großen Hotels. Er ließ den Fahrgast zuerst hineingehen. Dann stieg er aus dem Wagen, der dastand und im Leerlauf surrte, und ging zu dem Portier hinein.

Er bekam vier Päckchen Zigaretten, für die er einen unverschämten Preis bezahlte. Trotzdem war er zufrieden. Am nächsten Morgen, gleich nachdem er gefrühstückt hatte, fuhr er die Straße hinauf vor die Stadt. Die Russen wollten ihm gleichsam nicht aus den Gedanken, jetzt, da er nicht mehr mit Asta sprechen konnte. Es war, als sei es nicht mehr so öde und leer um ihn, wenn er dasaß und an die Russen dachte. Er fand sie und den Deutschen sofort, als er bei dem Felde angekommen war.

Sie lachten und winkten, und der Wachmann kam ihm, den Karabiner über dem linken Arm, entgegen. In der rechten Hand hielt er etwas aus gelbem Birkenholz.

«Tabaksdose!» sagte er laut. «Feine russische Arbeit.»

Olsen nahm sie in die Hand und winkte den Russen zu. Es war eine sorgfältig geschnitzte kleine Dose mit eingebranntem schwarzem Muster.

«Russen sagen», fuhr der Deutsche fort, «Russen sagen, russische Birke ist besser zu bearbeiten. Ist viel schöner im Holz.»

Er lächelte. Olsen reichte ihm die vier Päckchen Virginia-Zigaretten.

Der Wachmann neigte sich ihm zu.

«Zigaretten sind gut», sagte er. «Aber kein Essen. Willst du helfen, gib ihnen Hering. Salzhering. Russen essen nichts lieber. Fetten Salzhering.»

Olsen dachte nach. In der ganzen Stadt war kein Heringsschwanz aufzutreiben. Er schüttelte langsam den Kopf. Dann ging der Deutsche mit den Zigaretten fort. Die Russen sahen zu ihm herüber und küßten ihre Finger. Sie lachten und weinten.

Dann fuhr Olsen.

Erst am Abend, als er sich in der einsamen Wohnung aus- /125/
zog, fiel ihm der Schwiegersohn in Drontheim ein. Die meisten seiner Kunden waren Fischer. Durch sie mußte es möglich sein, ein Fäßchen Salzheringe zu bekommen. Aber geschickt konnte es nicht werden. Eßwaren privat zu versenden war nicht mehr das richtige. Und einen Augenblick schien ihm das Ganze unmöglich. Eine Autofahrt mitten im Winter über den Dovrefjell in einem Wagen, der schon vor ein paar Jahren hätte ausgewechselt werden müssen? Das bedeutete, hundertzwanzig Meilen auf Wegen mit schlechter Schneebahn zu fahren, bei einer Temperatur bis zu vierzig Grad Kälte, oft mehrere Meilen weit von Menschen entfernt und lange Strecken des Wegs ohne Reparaturmöglichkeit. Dazu kam, daß solch eine Reise nicht erlaubt war und ihn das Auto und mehr kosten konnte.

Doch je länger er darüber nachdachte, um so weniger schreckte ihn der Plan. Und hier in der Stadt vermißte ihn niemand. Er war ganz frei. Das Wort «frei» ließ ihm die Wohnung noch leerer und öder erscheinen als zuvor. Eine schöne Freiheit, dieses Alleinsein! Es war, als fehle ihm ein Arm oder ein anderes Glied. Als sei eine Wand weggenommen, in Nacht und Dunkelheit hinaus. Seit Asta tot war, fühlte er ständig ein großes Loch, wo er ging und stand. Ein Loch in der Luft. Eine Leere, die er mit dem ganzen Körper spüren konnte, eine Hohlheit, die zu hören war. Nur im Auto war es anders. Und vielleicht konnte er wirklich den Russen helfen.

Zwei Tage später fuhr er los.

Im Sommer, bei trockenem Wetter brauchte er weniger als zehn Stunden von Oslo nach Drontheim. Diesmal saß er neunzehn Stunden am Steuer.

In Drontheim bekam er zwei Fäßchen Heringe und bezahlte die Einnahme eines Monats dafür. Ein Rohr des Holzgas-

generators sprang und mußte oben auf dem nackten Fels geflickt werden. Er hatte die Lötlampe mit und schaffte es schließlich; aber jede zweite Minute mußte er die Finger
/126/ über der Flamme wärmen.

Während der Pause oberhalb der Baumgrenze hatten die fünfunddreißig Grad Kälte sich im Motor festgesetzt, das Öl war hart wie Stein gefroren. Er brauchte zwei Stunden, um den Wagen mit der Handkurbel wieder in Gang zu bringen. Alles in allem dauerte diese Fahrt beinahe dreißig Stunden. Den ganzen nächsten Tag lag er im Bett. Bis er ausgehen und essen mußte.

Doch was er den drei Damen eigentlich erzählen wollte, das war, wie die Russen den Hering bekamen. Er hatte nicht geglaubt, daß Menschen sich so freuen könnten. Es war so, daß er sich richtig schämte der Heringe wegen.

Auch der Deutsche freute sich. Er erzählte ihm, daß die Russen die Heringe essen würden, so wie sie aus der Salzlake kämen. Nichts äßen sie lieber. Und nachher würden sie singen. Er kannte sie.

Dann nahm der Deutsche einige zerknitterte Papiere aus der Tasche und zog zwischen ihnen die Fotografien seiner Frau und der Kinder hervor und zeigte sie Olsen. Und Olsen sah lange auf das blonde, müde Frauengesicht, auf das Mädchen mit den Zöpfen und die beiden Jungenköpfe mit dem kurzgeschnittenen Haar. Er hatte nie begreifen können, weshalb die Deutschen den Jungen die Haare so kurz schnitten. Schön war das nicht. Aber er sagte nichts, er sah sich die Fotos richtig gründlich an. Weil er wußte, daß die Deutschen, wenn sie mit Norwegern bekannt geworden waren, Familienbilder vorzeigten. Es war für sie ungefähr dasselbe, als wenn sie mit jemandem Bruderschaft tranken.

Olsen hatte kein schlechtes Gewissen wegen der Verbrüderung mit dem Soldaten, weil der offenbar zu den gutmütigen Deutschen gehörte. Er war bestimmt kein Nazi und ganz gewiß kein Gestapomann. Obwohl Olsen den Gedanken streifte, daß die Macht der Gestapo sich ja im Grunde

auf die Bajonette einiger Millionen solcher ehrlichen, gutmütigen Fritzen stützte. Ohne alle diese braven Fritzen hätte man wohl mit der Polizei und ihren SS-Bengeln leichtes Aufwaschen gehabt. Aber wenn man es sich richtig überleg- /127/
te, so hatten ja im Grunde alle Schuld an allem. Man mußte sich an die Tatsache halten, daß dieser Deutsche anständig zu den Russen war.

Als er den drei Damen im Wagen dies alles erzählt hatte, fuhren sie über die Brücke. Jetzt waren sie auf der richtigen Seite der Stadt, unterwegs nach Nummer 162. Doch der Name der Straße wollte nicht in seinem Gedächtnis auftauchen. Er lag noch immer in einem Meer von beinahe zweitausend Adressen verborgen.

Als er mit Erzählen fertig gewesen war, hatte die eine der Damen gesagt, der junge Mann, dem sie zugewinkt hätten, sei überhaupt kein Russe. Er sei Holländer oder Deutscher. Jedenfalls sei er in Deutschland gewesen, ehe er nach dem Kriege in Norwegen landete. Er arbeite an der Schule, an der sie auch seien. Deshalb kennten sie ihn so gut. Olsen fragte die Damen, ob sie alle drei Lehrerinnen seien; da lachten sie, daß sie fast von den Sitzen gefallen wären. Nein, sagten sie, sie wischten in der Schule die Fußböden auf. Aber an einer so wunderlichen Schule sei es wohl nicht unmöglich, daß sie mit der Zeit dort auch Lehrerinnen würden. Denn wenn die Kasse leer sei, wischten die Lehrer die Fußböden selbst, und da könnten die Schwestern wohl auch zwischendurch einmal für sie unterrichten, bis die Kasse wieder gefüllt sei.

«Ja, das ist eine wunderliche Schule», gab Olsen zu. «Aber den Lehrern tut es vielleicht ganz gut, wenn sie ab und zu Fußböden aufwischen.»

«Ja», sagte die eine der Schwestern, «es ist eine Schule, an der man sich richtig wohl fühlen kann. Und dann die Kinder! Solche Kinder gibt's in der ganzen Stadt nicht noch einmal. Aber sie haben's eben gut dort.»

Und nun war der Redestrom der Schwestern vollends

entfesselt. Und vor Olsens innerem Auge stieg ein wunderliches Bild auf, das Bild einer Schule nach seinem Herzen. Und er dachte, wenn Marie jetzt noch klein und nicht in
/128/ Drontheim verheiratet wäre, wahrhaftig, er würde sie auf diese Schule schicken.

Das war es, was ihm von der Fahrt mit den drei Damen noch im Gedächtnis geblieben war. Die eine von ihnen hatte an dem Tage gerade Geburtstag gehabt, deshalb hatten sie sich ein Taxi geleistet. Er bekam gleichsam Hoffnung für Jonas, wenn er an die Schule dachte. Aber die Damen hatten nicht gesagt, wie die Schule hieß, und er wußte nicht mehr, wo er die Damen abgesetzt hatte. Jonas' Eltern erzählte er einstweilen noch nichts, um sie nicht vielleicht später zu enttäuschen. Aber wieder zu Haus angekommen, sah er das Telefonbuch durch, ob er die Schule nicht finden könne. Er fand sie nicht. Er preßte sein ganzes gewaltiges Taxichauffeur-Gedächtnis, um der Adresse der Damen habhaft zu werden. Er dachte daran bei Tag und bei Nacht, wenn er fuhr und wenn er aß. Zwischen den Touren fuhr er kreuz und quer durch die Stadt, in der Hoffnung, daß irgend etwas die Erinnerung an den Namen der Straße wecken werde. Es war schlimmer als die Fahrt nach Drontheim. Am vierten Tage fiel der Groschen. Er fuhr über dieselbe Brücke, über die er damals die Damen gefahren hatte, als sein Fahrgast etwas von den russischen Autos sagte, die auf den Markt gekommen seien. Dabei fielen Olsen seine eigenen Russen ein und gleichzeitig die drei Schwestern, doch gleichsam aus einer ganz anderen Richtung als vorher – nicht, weil er versuchte, sich der Straße zu entsinnen. Und plötzlich stand die Adresse leuchtend klar vor seinem inneren Auge. Er hielt an und schrieb sie sich auf.

Dann fuhr er den Fahrgast an sein Ziel, schob nicht das Schild «Frei» vor die Windschutzscheibe, sondern schlug den Weg ein, den er mit den Damen damals gefahren war. Er erkannte das Haus sofort wieder. Es war ein mächtiger Wohnblock mit sechs Aufgängen, A, B, C, D, E und F. Er hatte fünf Stockwerke und bildete beinahe ein ganzes Häuserviertel für sich.

Als er dort fast zwei Stunden gewartet hatte, kam er auf die Idee, den Portier zu fragen. Der Portier wußte nach seiner /129/
Beschreibung der Schwestern sofort Bescheid, und eine Weile später stand Olsen vor dem Namensschild «Abrahamsen» und klingelte. Sein Herz klopfte so, daß er es in den Fingern und in den Knien spürte. Sie waren nicht zu Haus.

Als er wieder auf die Straße trat, war er zu erregt, um fahren zu können. Er legte die Mütze in das Auto und schloß ab. Dann ging er in ein kleines Restaurant in der Nähe und aß zu Mittag. Er aß Erbsen mit Speck und rauchte dann eine Zigarre. Doch die Zeit wollte nicht vergehen. Nie in seinem Leben hatten zwei Stunden so lange gedauert. Als er an der Wohnungstür der Schwestern ankam, waren sie noch nicht zurück. Er ging wieder in den Nachmittag hinaus, und vor lauter Unruhe und Rastlosigkeit ging er ins Kino. Der Film langweilte ihn halbtot, fortwährend sah er auf die Uhr. Doch als er zum drittenmal an der Wohnungstür klingelte, waren die Schwestern daheim.

Während der Kaffee kochte, erzählte er ihnen die ganze Geschichte von Jonas, und die Damen meinten, daß wohl Hoffnung für ihn bestehe. Es komme nur darauf an, auf die richtige Art zu fragen, sagten sie, ihre Schule sei nämlich überfüllt. Was ja ganz natürlich war. Die große taktische Frage war nun, ob Chauffeur Olsen mit ihnen gehen solle, oder ob es das beste sei, wenn die drei Damen allein hingingen.

Dieser Punkt wurde lange und eingehend besprochen. Und die Schwestern waren bereit, alles einzusetzen; die eine, die damals Geburtstag gehabt hatte, war sogar entschlossen, ihre Stellung zu kündigen, falls es hart auf hart gehen sollte. Schließlich einigte man sich, daß die Schwestern zuerst allein einen Versuch machen sollten. Olsen wollte in zwei Tagen wiederkommen, um das Resultat zu hören.

Als Olsen die Treppe hinunterging, war es später Abend geworden, und er war bis an die Ohren voll Kaffee. Er fuhr zu Jonas' Eltern; denn jetzt war es an der Zeit, ihnen zu sagen, daß es vielleicht möglich sei, das Unglück abzuwenden.

/130/ Doch als er bei ihnen ankam, war wieder etwas geschehen. Seit seinem letzten Besuch war Jonas wie von Sinnen gewesen. Er heulte auf, wenn man nur in seine Nähe kam. Er schrie, wenn jemand draußen auf der Treppe ging. Und es war beinahe unmöglich, ihn zum Essen zu bewegen.

Am schlimmsten waren die Nächte, weil er immer nur ein paar Stunden schlief. Wenn die Eltern ihn dann aus dem Bett nahmen, um sein Schluchzen zu beruhigen, klammerte er sich halb bewußtlos an Bettpfosten und Laken. Ehe er aus diesen Alpträumen ganz geweckt werden konnte, glaubte er, sie wollten ihn mit Gewalt auf den anderen Weg zerren. Er war klatschnaß von Tränen, Schweiß und Urin, und der Kopf baumelte ihm auf dem dünnen Hals hin und her, hing mit halboffenem Munde, aus dem ihm der Speichel sickerte, auf Schulter oder Brust herab. Schließlich fiel der Junge ganz in sich zusammen und blieb unregelmäßig atmend liegen.

Am Abend, bevor Onkel Harry mit dem Bescheid kam, hatte er nicht mehr geheult, als sie von der Hilfsschule sprachen. Es war kein Laut und keine Kraft mehr in ihm gewesen. Er starrte nur noch geradeaus in die Luft, und niemand wußte, ob er hörte, was sie sagten. Doch die Nacht wurde wieder unruhig. Erst gegen Morgen schlief er auf kurze Zeit ein. Als die Eltern frühstückten, kam er zu ihnen herausgestürzt und blieb mitten in der Küche stehen.

Dann mußte der Vater zur Arbeit, und eine Weile später ging die Mutter ins Milchgeschäft. Als sie fort war, zog Jonas sich an, band seine Schuhbänder zu und wickelte sich die Kette aus Hühnerringen um den Leib.

Als sie zurückkam, war er verschwunden.

Und als der Taxichauffeur Olsen mit seiner frohen Botschaft in die Küche trat, war Jonas schon dreizehn Stunden fort. Die Eltern saßen starr und schweigend am Tisch.

Olsen war froh, daß sie ihm keinen Kaffee anboten. Er saß bei ihnen, bis es ein Uhr war, dann fuhr er zum Polizeirevier und meldete Jonas als vermißt. Nachher fuhr er wieder zu ihnen zurück und blieb den Rest der Nacht bei ihnen. /131/

Die nächsten Tage waren für sie alle drei sehr schwer. Und dann stand Jonas endlich in der Zeitung.

Doch was sie von ihm in der Zeitung schrieben, war, wie gesagt, nicht viel, nur, daß er ohne Mütze war und ähnliches. Und der nervöse, gramvolle Zug um die Augen wurde auch nicht erwähnt.

Kapitel 4

/132/ Es war ganz natürlich, daß Abraham Werner als Jochumsens nächster Freund und Bruder im Geiste sich seines geistigen Testaments und der sonstigen Hinterlassenschaft annahm. Das irdische Erbe, Bücher, Bilder und Möbel, ging automatisch auf irgendeinen irdischen und leiblichen Neffen über. Das geistige Erbe, das Werner zufiel, wirkte eigentlich nicht wie ein Geschenk, sondern eher wie eine Rache des Verstorbenen, es bestand in einem riesigen Haufen Papier, kreuz und quer und auf allen Seiten beschrieben, ungeordnet und kaum mehr zu entziffern. Teilweise waren es Notizen in einer Art Tagebuchform, niedergekritzelt wie die Einfälle eben kamen, darunter angefangene Artikel für Zeitungen und Zeitschriften, aber zum Teil auch Sachen, die in einer für den Verfasser sehr charakteristischen Form abgefaßt waren. Das Nächstliegende wäre gewesen, sie Manifeste zu nennen. Offenbar war dem alten Jochum das Manifest mit der Zeit die liebste Ausdrucksform geworden. Er mußte in den letzten Jahren in einer ständigen Manifest-Stimmung gelebt haben. Und wenn diese Punkte sich auch nicht besonders als Thesen für die Kirchentüren der Stadt eigneten, so erschien es Werner doch immer gewisser, daß sie an einer Reihe von Schultoren eine Mission zu erfüllen hätten. Ein großes Hindernis lag jedoch darin, daß Jochums Sprache mit der Zeit so offenherzig geworden war, daß sie sich nicht mehr drucken ließ. Er hatte stets ein heftiges Temperament gehabt, und in seinen letzten Randbemerkungen zum Leben gebrauchte er manchmal Ausdrücke, die so kräftig waren, daß sie ihre Wirkung verfehlen mußten. Jochum war kein Schriftsteller. Und er begriff nicht, daß man sich im Druck an einen verhältnismäßig klaren und ruhigen Leser richtet, der sich seine Meinung selbst bilden möchte und überschäumende Adjektive nicht schätzt. Jochum war zeitlebens ein Mensch der mündlichen Rede gewesen, und in mündlicher

Rede haben die Worte eine andere Wirkung, da sie von Tonfall und Mimik begleitet werden. Einen Zuhörer kann man durch den Tonfall überzeugen. Einem Leser muß man auf jeden Fall einen Anschein von Objektivität bieten. Man /133/
muß sein Vertrauen gewinnen, sich mit ihm anfreunden, bevor man ihm eröffnen kann, woher der Wind weht.

Jochum aber war sich dessen überhaupt nicht bewußt, daß das geschriebene Wort anderen Gesetzen gehorcht als das gesprochene. Nein, davon hatte er keine Ahnung.

Und er hatte immer grobe Worte gebraucht. Werner dachte mit Freude zurück an die Tage im Studentenbund. Diese Ausdrücke in den Manifesten aber standen irgendwie allzu bitter und verloren da. Sie standen wie schwarze Kreuze auf einem Friedhof begrabenen Hoffens und Glaubens. Unter jedem Kreuz lag ein Gedanke begraben über die Schule, über eine neue Lehrerausbildung, eine neue Methode, Kinder zu erziehen.

Herrgott ja, nun war Jochum selbst in das Land der schwarzen Kreuze gewandert.

Es war so gut zu verstehen, daß die Entwicklung der letzten Jahre Jochum verbittert hatte. Hinter jedem Kraftausdruck, jedem Vorwurf stand ein Stück zerstörten Lebens, ein übersehenes Stück aus Jochums Leben. Aber Worte wie «Salamander» haben in einer pädagogischen Abhandlung nichts zu suchen, auch wenn sie Form und Würde eines Manifests hat.

Das Problem, Jochums nachgelassene Papiere zu drucken, brachte Werner also wirklich in ein Dilemma; so wie sie waren, konnten sie nicht gedruckt werden, und er konnte sich doch um Gottes willen nicht hinsetzen und einen toten Freund korrigieren und purifizieren, weil sonst die Leute über ihn herziehen würden. Es war nicht so einfach.

Ein anderer Teil der Aufgabe dagegen war leicht. Er bestand darin, Jochums schon gedruckte Artikel zu sammeln. Das waren Arbeiten, die, bis zu fünfundvierzig Jahren zurückliegend, in Zeitungen und Zeitschriften gestanden hatten.

Diese Betrachtungen waren in einem Zeitraum von ungefähr fünfunddreißig Jahren erschienen. In den letzten zehn Jahren hatte Jochum nicht mehr für Zeitungen geschrieben /134/ oder doch nur hitzige kleine Notizen, wenn wütende Leser sich unter «Eingesandt» allzusehr über die zunehmende Verrohung und Kriminalität der Schulkinder und Jugendlichen aufgeregt hatten. Diese Notizen waren nach und nach so höhnisch und paradox geworden, daß kaum jemand sie mehr verstand. Schließlich wurde eine Art Skandal daraus. Jochums letzte Notiz war vor etwa zwei Jahren veröffentlicht worden, als Antwort auf den Artikel irgendeines Studienrates. Der Studienrat hatte auf die Versäumnisse und die Schwerfälligkeit der Polizei, wenn es sich um die Kriminalität Jugendlicher handle, hingewiesen und die Hoffnung auf eine Besserung dieser Zustände ausgesprochen. Darauf hatte Jochum geantwortet, die Polizei solle doch gleich das ganze Schulwesen übernehmen. Wozu man die Polizei sonst habe? Am nächsten Tage bekam die Redaktion über zwanzig Leserbriefe, in denen man diese Brutalität eines bekannten Oberlehrers voller Entrüstung verurteilte. Nur eine Minderheit stimmte ihm zu. Jochum weigerte sich, die Briefe zu lesen, und antwortete mit einer Notiz, die nicht gedruckt wurde. Worauf die Redaktion ihren Lesern kurz mitteilte, die Äußerung des Oberlehrers sei ironisch gemeint gewesen.

Im übrigen wurde Werner die Beschäftigung mit den alten gedruckten Artikeln des Freundes eine merkwürdig trostvolle Arbeit. Er mußte in Archiven stöbern und in die Universitätsbibliothek gehen, um alte Jahrgänge von Zeitungen und Zeitschriften herauszusuchen; er mußte auf der Straße Pakete tragen und mit fremden Leuten telefonieren – obwohl das zu dem Scheußlichsten gehörte, was er sich vorstellen konnte. Er ging lieber auf seinen alten Storchenbeinen durch die halbe Stadt, als daß er telefonierte. Doch jetzt überwand er diesen Widerwillen. Er hätte ja auch eine der Damen von der Zeitung bitten können, die grobe Arbeit zu übernehmen; aber

die Sache war die, daß es ihm ungemeine Freude machte, die Artikel aufzuspüren. Sie waren wie Kalenderblätter aus Jochums und seinem eigenen Leben. Viele davon hatte er selbst durchgelesen und Schimpfworte darin gestrichen, be- /135/
vor Jochum sie in den Druck gab. Sie hatten zusammengesessen und die Manuskripte durchgesehen, Wort für Wort. Und sie hatten geglaubt, all das würde helfen. Ja, es hatte ja auch in vieler Beziehung geholfen. Es war heute leichter für einen Fischer, sich Wasserstiefel zu kaufen als damals. Und das verdankte der Fischer Jochum und ihm und noch vielen anderen. Doch, soweit waren sie heute. Aber etwas war dabei unterwegs verlorengegangen. Irgend etwas.

Der Teufel mochte wissen, was es war.

Doch mit den alten Artikeln dazusitzen, das war, als sei er wieder mit Jochum zusammen. Er hatte sich sogar die senile Unart zugelegt, mit Jochum über den Blättern zu plaudern. «Dies hier, Jochum, das ist gut! Hast du es nun selbst geschrieben, oder ist es etwas, was ich eingeschoben habe?» Wenn sie so saßen, waren sie noch immer zu zweien. Das brachte ihn auf eine Idee, wie sich das Problem mit den ungedruckten Papieren vielleicht lösen ließe. Als Jochum noch lebte, hatte er ihn korrigiert. Und Jochum hatte selten aufgemuckt.

Und jetzt? – Seit der Beisetzung hatte er die ganze Zeit das Gefühl gehabt, daß Jochum gar nicht tot, sondern irgendwo draußen in der Luft sei. Rings um ihn war er. Zweifellos lebte er noch, um ihn und in ihm. Wenn sie also zu zweien waren, konnte er ihn doch weiter korrigieren. Wäre Jochum wirklich tot gewesen, mausetot – würde er nicht ein Wort angerührt haben, kaum einen Buchstaben. Nicht mehr als das Allernotwendigste an Orthographie würde er dem Oberlehrer beigebracht haben. Doch die offenbare Anwesenheit Jochums gab ihm den Mut und die Kraft, mit den Papieren genauso zu arbeiten, als sitze er in seinem schlottrigen, alten Körper neben ihm. Übrigens war es etwas schwieriger geworden, mit Jochum zu arbeiten, deshalb ging es herzlich langsam vorwärts. Viele Streichungen mußten durchdacht und immer und immer wieder diskutiert werden. Und öfter und öfter mußte er seinem unsichtbaren Kameraden recht /136/ geben. Wenn er einen Passus gestrichen oder ein etwas zu starkes Wort ausgemerzt hatte, war es manchmal, als werde die Luft ringsum nicht eher wieder rein, bis er den ursprünglichen Wortlaut aufs neue hergestellt hatte. «Bist du jetzt zufrieden Jochum?» konnte er fragen, wenn die Worte wieder dastanden wie vorher. Und Jochum war zufrieden. Dieses Zusammensein mit dem Jugendfreund gab ihm einen Frieden und eine Ruhe, wie er sie bisher nicht gekannt hatte. Auf was hatte er denn im Grunde Rücksicht zu nehmen? Auf die Leute? Die Partei? Die Lehrer? Er fühlte, daß er in den letzten Jahren auf viel zuviel Rücksicht genommen hatte, wo er es nicht hätte tun sollen. Und eben das hatte Jochum nie getan. Deshalb war er rein wie die Blume auf einer Bergwiese. Der alte Jochum hatte mit all seinen Grobheiten, mit all seinem verworrenen Denken und seiner ganzen chronischen Verbitterung eine Seele, so rein wie eine dieser seltsamen Marmorblumen, die auf den Halden direkt am Waldrand wachsen und den Namen parnassia palustris tragen. Der Name und die Blume gefielen Werner so gut, daß er seit mindestens dreißig Jahren vergessen hatte, wie die Blume auf norwegisch hieß. Übrigens hatte er es wohl nie gewußt, so wie er auch nicht wußte, wie andere Blumen hießen. So etwas wußte nur Jochum. Jochum wußte alles, er konnte Gerste von Weizen unterscheiden und Hafer von Roggen. Ja, sie war Jochums Blume! Parnassia! Daß er das nicht früher begriffen hatte! Die Blume mit den marmorierten, ölartigen Blütenblättern, weiß mit einem Hauch von Gelb wie ein altes korinthisches Kapitell. Und plötzlich, wie ein Stich ins Herz, fiel ihm ein, wie Jochum ihn den Namen der Blume gelehrt hatte. Sie waren in die Berge gewandert und wohnten in einer Sennhütte, mit Büchern, der Schreibmaschine und ihrem Glauben an die Zukunft. August war es, mit dunklen Nächten, kurz vor der Welt-

revolution – sie selbst waren Anfang der Zwanzig. Sie waren auf die Alm gezogen, um Milch zu trinken. Und die tranken sie, wie nur Männer sie trinken können, die seit ihrer Schulzeit kein Milchglas mehr angesehen haben. Das mit der /137/
Milch war Jochums Idee gewesen. Werner selbst hatte Skrupel gehabt, aber er ließ sich überreden. Die ganze Zeit hatten sie sich deswegen gezankt. Jochum sagte, Milch erhalte jung, und Werner behauptete, daß sie mit ihrem Kalkgehalt unweigerlich zu vorzeitiger Arterienverkalkung und damit zu Stumpfsinn und Bürgerlichkeit führen müsse; die Natur bringe die Milch im Hinblick auf die Kälber hervor. Nichtsdestoweniger trank er sie, er trank sie Jochum zu Gefallen. Und er hatte nie zugegeben, wie gut diese Almmilch ihm schmeckte, diese Milch voll von Sahne und dem Geschmack Tausender sternartiger Teilchen der Hochgebirgsflora. Sie tranken Milch zusammen. So war auch dieses getan.

In einer späten Abendstunde zog Jochum ihn vom Herd fort und vor die Tür. Er solle die Natur sehen, sagte Jochum. Und Werner hockte sich nieder und kroch gebückt durch die niedrige Tür hinaus. Er sah eine Natur, die übernatürlich geworden war. Die schwarze Augustnacht war blendend, taghell erleuchtet von einem zu großen, beinahe weißen Mond. Das Tal unter ihnen war voller Wolken, kreideweißer und flacher Wolkenbänke, aus denen sich nur hier und da ein wahnwitziger Wisch in die Luft hochspreizte wie eine Art Wattebaum. Es war Werner, als könne er auf den Wolken quer über das Tal hinweggehen, und das Mondlicht lag über ihnen wie über einem großen Fjord im Himmel, blendend und intensiv. Auch oben waren Wolken, weiße Türme und Städte vor blauschwarzem Grund. Er sah Jochums Gesicht im Mondlicht, groß und weiß, der Kneifer auf dem breiten Nasenrücken zeichnete sich in kohlschwarzen Schatten ab. Auch die Schlagschatten der kleinen Birken waren schwarze Löcher in der Welt. Jochums Gesicht neigte sich vor, und Werner folgte seinem Blick. Er haftete an einem großen, weißen Stern auf dem Boden. Jochum nahm ihn auf und hielt ihn Werner hin, und zum erstenmal in seinem Leben gewahrte er mit allen Sinnen diese fremde Marmorblume. Er sah die Adern in ihren Blättern.

/138/ «Sie heißt parnassia», sagte Jochum – «parnassia palustris.»

Trotz Weltrevolution hatte Jochum Zeit für die parnassia übrig. So kam es, daß Werner nicht nur Milch trank, sondern auch den Namen einer Blume lernte.

Jeden Abend, an dem Werner in diesen alten Artikeln Jochums las, erlebte er etwas Derartiges. Und er brauchte es, denn die Zeit nach der Beisetzung war schwer genug gewesen.

Sie hatten Jochum zum Heiligen gemacht. Er war sakrosankt geworden, und alle Zeitungen tönten von ihm. Überall stand, daß Jochum die Schule zu dem gemacht habe, was sie heute sei. Das war hart, wenn man ihn kannte. Und es war wohl die Ursache dafür, daß Werner Jochum in den ungedruckten Papieren mehr und mehr recht gab. Jochum war seiner Wege gegangen. Allerdings. Aber mit reiner Seele.

Dieses Zusammensein mit dem, was von Jochum übriggeblieben war, riß Werner mit sich, hob ihn über sich empor. Er brauchte keinen Arzt, um sich klar darüber zu sein, daß er nicht mehr so sehr viele Kilometer seines Lebensweges vor sich hatte. Das gab ihm Freiheit. Es gab ihm eine seltsam leichte und luftige Jugend zurück. Schicht um Schicht, Hülle um Hülle wurde von ihm genommen, alles, was nicht zu ihm gehörte. Auf was in aller Welt hatte er Rücksicht zu nehmen! Eigentlich nur auf eins: daß Jochum sich seiner nicht zu schämen brauchte. Er hatte in den letzten Jahren genug Kummer gehabt. Und nun konnte ihm eine neue Schande erspart bleiben. Ja, ja – Jochum, du sollst deinen Willen haben!

Paula machte sich zweifellos etwas Sorgen um ihn. Obwohl es ihnen so gutging wie nie zuvor. Seit die Kinder erwachsen waren und ihre eigenen Wege gingen, waren sie fast wieder wie Jungverheiratete. Gewiß, sie war sehr krank, und daß sie sich nicht kräftig genug gefühlt hatte, um mit zu Jochums Beisetzung zu gehen, hatte ihr einen Stoß versetzt. Denn sie liebte Jochum wie einen guten Bruder. Eigentlich war es übrigens Paula gewesen, die damals in der Urzeit darauf verfallen war, daß er und Werner zur Stärkung ihrer Gesundheit auf Milchfahrt ziehen sollten. Noch heute war es /139/ so, daß sie, wenn Werner am Vormittag Portwein trank, zu ihm trat und ihn streng ansah.

Eben dieses geschah auch heute.

Sie stellte sich neben ihn und strich ihm über die seltsame Stirnlocke, die sich weigerte zu ergrauen, wie sich das bei einem anständigen Menschen gehört. Er schielte wütend und schuldbewußt zu ihr auf, über den riesigen, krummen Nasenrücken hin. Mit Würde und voller männlichem Trotz wandte er ihr das bleiche, runzlige Gesicht zu.

«Vor elf solltest du keinen Portwein trinken», sagte sie. «Denk an deine Leber...»

«Wein ist die Milch der Greise», gab er ihr milden Tones zur Antwort, um im guten mit ihr fertig zu werden.» Du solltest selbst ein Glas trinken, Paula, gegen Arterienverkalkung.»

«Unsinn!» sagte sie und griff kräftiger in die Stirnlocke. «Deine Leber ist...»

«Ich kümmere mich den Teufel um meine Leber!» brauste er auf.

«Du solltest tüchtig Milch trinken», fuhr sie fort. «Das ist gut für die Zähne, mein Junge.»

«Zähne!» fauchte er. «Was soll ich mit Zähnen? Kannst du mir sagen, was ich mit Zähnen soll? Kannst du mir *das* sagen? Kein anständiger Mensch hat Zähne.»

Er hatte jetzt stark durch die Nase gesprochen und sah finster vor sich hin. Dann hob er plötzlich mit triumphierendem Ruck den Kopf. «Hatte Goethe vielleicht Zähne? Ja? Hatte Goethe Zähne?»

Sie lockerte den Griff etwas und dachte nach. Er wußte, sie war auf dem Rückzug, und jetzt schlug er zu.

«Goethe hatte nicht einen Zahn. Nicht einen Zahn, du! Nicht einmal einen Zahnstumpf!»

Im Siegesrausch richtete er sich halb auf.

«Eckermann erwähnt Goethes vollständige Zahnlosigkeit! Außerdem – der berühmte Fehler im ‹Faust›: ‹hier wird's Ereignis› statt ‹hier wird's Erreichnis› ist auf nichts anderes
/140/ zurückzuführen als erstens auf Goethes Dialekt mit der weichen Aussprache des G und zweitens auf seine vollständige Zahnlosigkeit, die es dem Sekretär unmöglich machte, einen Unterschied zwischen G und Ch zu hören, wenn Goethe diktierte. Daß Goethe, als er das Geschriebene durchlas, nichts merkte, ist auf seinen sattsam bekannten erschrekkenden Mangel an orthographischem Sinn zurückzuführen, eine Schwäche, die er mit Shakespeare und einigen anderen bedeutenden Schriftstellern gemeinsam hatte.

Nein, Goethe hatte nicht einen Zahn. Nicht einen Zahn, Verehrte!» Er sah sie scharf an und deutete zu dem Bücherregal hinüber. «Soll ich dir die Stelle zeigen? ‹Ereignis› steht da.»

Letzteres sagte er, um sie zu reizen. Er wußte, daß sie Goethe über alles liebte, und hoffte, daß ein Hinweis auf seine Zahnlosigkeit sie vollständig entwaffnen würde. Und die Vermutung, daß sie nicht wisse, *wo* die unsterblichen Worte zu finden waren, fügte er aus purem Übermut hinzu, um seinen Sieg komplett zu machen.

Er hätte es nicht tun sollen.

«Du bist nicht Goethe, mein Junge! Und der Portwein, der Goethe stärkte, hat dich vor der Zeit stumpf gemacht.»

Er knurrte. Ganz oben in der Nase.

«Du!» sagte er. «Du bist gerade die Rechte, mir Moralpredigten zu halten! Eine Pfarrerstochter, die durchgebrannt ist! Das bist du und nichts anderes!»

Der Griff in sein Haar wurde wieder kräftiger.

«Du bist eine Pfarrerstochter, die mit einem der zerlumptesten Nihilisten der Christiania-Boheme durchbrannte! Du brachtest Schande über deines Vaters, des selig entschlafenen Propstes Beniche, rasch ergrauenden Scheitel sowie über deine beiden Onkel, Revisor Beniche und Dispacheur Terkelsen, und deren Familien!»

Das war eine Notlandung. Denn sie strahlte plötzlich wie die Sonne, als sie an den haarsträubenden Leichtsinn ihrer Jugend erinnert wurde. Ganz Christiania hatte damals darüber gesprochen. Das war vor ungefähr fünfzig Jahren /141/ gewesen. Sie lachte so, daß sie sich an den Schreibtisch lehnen mußte.

Sie war mit den Jahren so dünn geworden. Wie Porzellan. Das Haar war weiß und lag in kleinen Locken um den ganzen Kopf, in zierlichen Ringen. Als Zwanzigjährige war sie mit dem Anarchisten und Schriftsteller Vråbæk, einem charmanten und völlig lebensuntauglichen Bohemien, ins Ausland durchgebrannt. Drei Jahre lang hatten sie Europa durchstreift. Drei unvergeßliche Jahre, bis Vråbæk nach Amerika ging und dort mit dem Ziel, die Revolution zu finanzieren, Goldgräber wurde. Sie weigerte sich, dorthin mitzukommen.

Statt dessen machte sie eine Pilgerfahrt nach Rußland und besuchte dort den großen alten Dichter auf seinem Gut. Sie wollte Malerin werden; aber zuerst mußte sie mit dem Dichter sprechen.

Er empfing sie und ging mit ihr im Garten spazieren. Er strich ihr übers Haar.

«Kindchen», sagte er, «wonach wollen Sie einen alten Narren fragen?»

«Ist es richtig», sagte sie, «ist es richtig, Äpfel und Blumen zu malen, während die Menschen leiden und hungern?»

«Nein, Kindchen, das ist nicht richtig.»

«Was soll ich tun?»

«Sie sollen den Menschen helfen, Kindchen, in Liebe – in Liebe. Sie können selbst ein Bild werden, Kindchen.»

Nachher aß sie mit ihm und seiner Frau zu Mittag. Der Dichter bekam seine Suppe in einer besonderen Terrine. Dann begleitete die Frau sie zum Bahnhof. Und Paula war betrübt, weil sie nun nicht länger Künstlerin sein konnte.

Die Frau drückte leicht ihren Arm.

«Was hat er zu Ihnen gesagt? War er streng?»

«Er hat gesagt, die Kunst sei den Menschen nichts nütze, und ich – ich solle nicht Malerin werden.»

«Aber Sie dürfen nicht weinen, mein Kind.»

/142/ «Doch, ich muß weinen.»

«Sie dürfen nicht auf ihn hören. Er ist ein alter Faselhans. Ein alter Narr. Sie dürfen nicht auf ihn hören.

Er will absolut vegetarisch leben. Er will nichts anderes essen als Gemüsesuppe. Aber das ist doch kein Essen für ihn; deshalb gebe ich ihm jeden Tag die Brühe von einem gekochten Huhn in die Suppe, und er merkt nichts. Er glaubt, er sei Vegetarier. Er ißt jeden Tag ein Huhn und wird nicht müde, seinen Besuchern zu erzählen, wie gut er mit dem bißchen Gemüsesuppe auskommt.»

Wieder drückte die Dichtersgattin ihren Arm.

«Und genauso ist es auch mit der Kunst, Kindchen! Er glaubt, er lebe ohne Kunst, aber in Wirklichkeit kann er nicht einen Tag ohne sie auskommen.»

Die alternde Frau hatte sie mit ihrer Erzählung von dem Dichter, der so sehr Vegetarier war, daß er jeden Tag ein Huhn aß, die Kunst, mit Männern umzugehen, gelehrt. Den Rest hatte sie vom Leben gelernt: daß Männer von ihrer Lebenslüge leben wie Frauen von ihrer Liebe. Einer der überzeugendsten Beweise war Jochum, der bis zu seinem letzten Tage geglaubt hatte, er sei ein Heide, und der in Wirklichkeit der christlichste Mensch gewesen war, den sie in ihrem Leben getroffen hatte.

Nun stand sie hier und stützte sich vor Lachen auf den Schreibtisch. Und vor ihr saß Abraham mit der langen, schweren Nase und mit der Stirnlocke. Abraham, der sich zeitlebens für einen kalten und berechnenden Verstandesmenschen gehalten hatte. Weiß Gott, ja, sie hatten alle ihr Huhn in der Suppe!

Und Werner sah sie an. Wenn sie so lacht, hat sie wieder Farbe im Gesicht, dachte er. Laut sagte er:

«Paula, du bist noch immer die wundervollste Frau des Nordens. Du wirst schöner und schöner.»

Er hatte zeitlebens großes Mitleid mit Jochum gehabt, weil er nicht verheiratet war. Nicht einmal Kinder hatte. Eine solche menschliche Bindungslosigkeit erschien ihm als das größte Unglück, das einem passieren konnte. Denn der /143/
Mensch ist des Menschen Freude.

«Du kriegst einen neuen Regenschirm, Paula», sagte er. Sie beugte sich zu ihm nieder.

«Abraham», sagte sie, «du bist der entzückendste Mann der Welt. Wenn es möglich wäre, würde ich dich noch einmal heiraten. – Zum zweitenmal!»

Nun war sie selbst ungefähr ebenso alt, wie der Dichter damals gewesen war. Natürlich war es nach dem, was er gesagt hatte, mit dem Malen nichts mehr gewesen. Sie war nach den Wanderjahren in Europa nach Norwegen zurückgekehrt, und die Unions-Streitigkeiten mit Schweden und Norwegens Selbständigkeits-Erklärung hatten den besänftigenden Schleier des Vergessens und des Abstands über Vråbæk und die Pfarrerstochter geworfen. Das Land hatte den Skandal vergessen, und ein neues, elastisches Jahrhundert hatte die Siegesfahne über den Horizont geschwenkt. Es erhob sich und forderte alles von seinen Kindern. Nein, es fiel ihr nicht schwer, den Rat des alten Mannes zu befolgen. Hin und wieder dachte sie, ob er das mit der Suppe nicht trotz allem begriffen und nur so getan habe, als merke er nichts, um seiner Frau die Freude zu lassen. Traf das zu, so wußte er noch mehr von den Frauen, als seine Frau von den Männern wußte.

Und vielleicht wußte sie, daß er es wußte, und so spielten sie das Spiel weiter, weil sie einander seit undenkbaren Zeiten liebten. Die Frage blieb offen. Nur Goethe wußte auf so etwas eine Antwort.

«Hör zu, Paula», sagte Werner, «da wir gerade von Goethes Orthographie-Blindheit sprechen! Denk dir, ich habe heute morgen etwas Neues bei Jochum gefunden. Setz dich.»

Sie setzte sich neben ihn, und er stand auf. Er ging ins Eßzimmer, und sie hörte, daß er ein Glas aus dem Schrank nahm. Sie hörte den glucksenden Laut aus der Flasche, als er das Glas vollschenkte. Dann balancierte er es in die Bibliothek und stellte es vor sie hin.

/144/ «Trink, dann bist du netter zu deinem Mann.»

Sie nahm das Glas.

«Ich habe so oft zu Jochum gesagt, er solle ‹Die Pädagogische Provinz› in ‹Wilhelm Meister› nachlesen. Aber er wollte nicht. Er hatte solch einen Zorn auf Goethe, weil Goethe an Gott glaubte. Er war Goethe sein Leben lang böse.»

Werner sah sie an, während er sich schwerfällig wieder setzte. «Ja», sagte er, «es ist merkwürdig, daß ein Mann wie Jochum so naiv sein konnte. Er stellte es immer so hin, als sei Goethe verlogen. Sonst war Jochum geistig wahrhaftig in Ordnung. Aber er sprach fortwährend davon, daß Goethe einmal ein Urteil mit unterzeichnet hat, durch das ein siebzehnjähriges Mädchen, das sein Kind umgebracht hatte, zum Tode verurteilt wurde. Sie war doch beinahe noch ein Schulkind, sagte er. Das genügte Jochum.»

Sie machte keinen Versuch, Goethe zu verteidigen.

«Jochum hätte trotzdem ‹Die Pädagogische Provinz› lesen sollen.»

Werner zog aus den Papieren auf dem Schreibtisch einen Bogen hervor. Er hatte darauf etwas abgeschrieben. Mit der Hand. Mit der Maschine schrieb er nie mehr.

«Paß auf», sagte er, «du sollst hören, was Jochum schreibt.»

«Goethe war seiner Zeit um dreihundert Jahre voraus», sagte sie und schüttelte ernst den Kopf.

«Nicht, was Humanität angeht», antwortete Werner streng.

«Nein», sagte sie ruhig, «so human wie in unserm Jahrhundert waren die Menschen noch nie. Mit Franco und Stalin hätte Goethe es nicht aufnehmen können.»

«Du mischest die Karten», antwortete er durch die Nase. Das war die Kriegsfanfare aus der Urzeit im Studentenbund. Der nasale Tonfall tönte wie das Trompeten der punischen Elefanten vor dem Sturmangriff.

«Heutzutage sitzen nicht mehr die Dichter auf dem Richterstuhl und verurteilen Leute zum Tode.»

«Nein», sagte sie, «heute werden die Dichter selber verurteilt.» /145/

«Das ist immerhin ein Fortschritt», fauchte er. «Willst du jetzt endlich hören, was Jochum schreibt?»

«Ja.»

Sie nippte am Portwein, wie junge Frauen vor dem ersten Weltkrieg den Malaga kosteten. Er hielt das Papier hoch und begann zu lesen.

«Geschichtsunterricht.» Dann unterbrach er sich selbst:

«Es ist immerhin ein Fortschritt, weil es besser ist, verfolgt zu werden, als selbst unter den Jägern zu sein.»

Da sie nicht zum Widerspruch ansetzte, begann er aufs neue zu lesen.

«Der Geschichtsunterricht leidet heute darunter, daß niemand sich mehr für Geschichte interessiert. Das zeigt sich deutlich in den Schulen.

Die Ursache des Elends liegt darin, daß die Geschichtsschreiber vom Quellenkritischen ausgehen. Ein Geschichtswerk, das vom quellenkritischen Standpunkt aus geschrieben ist, verliert jedes menschliche Interesse. Am schlimmsten wirkt sich das in den Lehrbüchern aus, die des einzigen beraubt werden, was Schulkinder interessiert, nämlich der Anekdoten und Mythen. Die Geschichte verliert den Charakter des Märchenhaften und der Erzählung.

Eine solche quellenkritische Historie ist eine geschlachtete Historie, ohne Fell und ohne Eingeweide, nur ein toter Körper – wie sie in den Metzgerläden hängen, das Blut abgezapft und ohne Kopf und Füße.

So etwas bietet man Kindern und nennt es Geschichte! Diese neuen Lehrbücher sind traurig anzusehen. Dünn und dürftig, nichts als Tatsachen bringend. Natürlich sind sie von Salamandern geschrieben. Und sie haben aus der Weltgeschichte alles entfernt, was sie nicht «wahrscheinlich» finden, das heißt alles, was zu schreiben oder zu tun einem Salamander nie in den Sinn kommen würde.

Hin und wieder haben die Salamander sich darauf besonnen,
/146/ daß ihre Tabellen Bücher für Kinder sein sollen, deshalb haben sie hier und da etwas Geschwätz eingeschoben. Kinder sind keine Idioten.

Doch vor dem Stimmwechsel sind sie in ihrem ganzen Denken und Gefühlsleben prälogisch. Nur langsam erwacht das hergebrachte bürgerliche Denken in ihnen. Erst in der Gymnasialzeit, im Alter von siebzehn, achtzehn Jahren beginnt es wirklich eine Rolle zu spielen. Vor dieser Zeit denken sie auf eine andere Art, mit ganz anderen Organen als die Erwachsenen, mit Brust und Bauch, mit Füßen und Fingern. Aber sie denken deshalb nicht weniger richtig.

Kinder sind keine Salamander. Und eine Erziehung muß zu verhindern suchen, daß sie es werden. Doch wie ist das möglich, da der Lehrberuf für so viele Salamander eine unwiderstehliche Anziehungskraft hat?

Auch rein didaktisch, rein mnemotechnisch sind die blassen quellenkritischen Lehrbücher falsch. Wer in aller Welt kann eine Seite im Gedächtnis behalten, auf der nichts steht als ein Register? Eine Anekdote von Cäsar vergißt man sein Leben lang nicht. Da nimmt man ein paar Jahreszahlen mit dazu.

Ein Salamanderbuch kann man zwanzigmal lesen, ohne auch nur eine einzige Seite daraus zu behalten. Für Kinder ist es noch schwieriger, weil Personales sie nicht interessiert. So etwas bewegt sie nicht.

Dieses Erleben legt den Grund zum Kulturhaß der Kinder. Durch einen trockenen, verstandesmäßigen Schultyp erzieht man die Nazisten der Zukunft (das Gesetz der Pendelbewegung!). Wenn man die Menschlichkeit im Gefühl der Kinder vernachlässigt, fordert man statt dessen das Tierische heraus.

Die Sprache der Lehrbücher ist ein Unglück für sich, und man kann, soweit man nicht Originale vorlegt, nur mit dem

darüber sprechen, der sie studiert hat. Wer es nicht gesehen
hat, würde es nicht für möglich halten. Der Typ des Sala-
manders hat seine eigene Sprache herauskristallisiert.
Geschichte schreiben ist eine Kunst. Sogar eine Kunst sehr /147/
hohen Ranges.
Die Geschichte soll die Tragödie des Menschen in einer die
Kinder möglichst tief *ergreifenden* Bildersprache bringen.
Die Geschichte handelt von ihnen selbst! Und man muß sich
so lange wie möglich im Mythenkreis um die großen und
guten Charaktere aufhalten; es muß gezeigt werden, daß es
ihnen gelang, die Welt etwas zu verändern. Das gibt den
Kindern *Mut* und Lebenskraft. Denn alle haben ihr Stück
Weltgeschichte, an dem sie arbeiten. Sie haben ihr Leben.
Und die Stärksten und Begabtesten unter ihnen tragen auch
Verantwortung für das Leben anderer.
Die Geschichte soll sie lehren, daß es *Zweck* hat, die Welt zu
verändern.
Moral ist dasselbe wie *Mut*. Und er ist mehr wert als die
Punktsummen auf dem Examenstisch. Der Geschichtsun-
terricht soll begeistern, er soll tendenziös sein. Objektive
und quellenkritische Geschichte erstickt die Kinder, sie müs-
sen ihr Bedürfnis nach Spannung dann außerhalb der Schu-
le befriedigen. Lampen zerschlagen, sonstiger Unfug, Ban-
denunwesen, Autodiebereien. Das sind, dürftig und geistlos,
die einzigen Ersatzmöglichkeiten, die den Kindern bleiben,
der einzige Ausweg. Nimmt man sie ihnen, so landen sie im
Kino. Und sterben. Kinderkriminalität und Verbrechen
Jugendlicher – das ist ein kläglicher Ersatz für Geschichte
großen Stils. Aber Kinder sind keine Salamander – Gott
segne sie.
Das Schlimmste von allem ist der Religionsunterricht. Er
sollte Weltgeschichte in höchst verdichteter und dramati-
scher Form sein. Und was ist daraus geworden? – Es gibt
kein Schulfach, das pharisäischer und bürgerlicher wäre. Es
ist charakteristisch, daß die theologische Weisheit der Zeit
sich in dem Schlagwort «Entmythologisieren» erschöpft,

daß sie alles entfernt, was in der Religion wahr und fruchtbar ist. Was übrigbleibt, ist eine Religion, die ihr höchstes Ziel darin sieht zu verhindern, daß die Mädchen zu früh mit /148/ Jungen zu tun haben. Das ist eine Verhöhnung der Religion und eine Verspottung des Geistes, der in dem herrlichen Paradoxon lebt, daß der, der sein Leben erhalten will, es verlieren wird. Pfui! Ja pfui sage ich! Es heißt die Evangelien bespeien, diese vier Bücher, an die ich zwar nie geglaubt, mit denen ich mich aber gerade deshalb sehr eingehend beschäftigt habe. Ich weiß, daß diese Bücher (und dazu große Teile des Alten Testamentes – an das ich natürlich noch weniger glaube! –, das ich aber gleichfalls, die Unterrichtsprobleme vor Augen, genau durchgelesen habe), ich weiß, daß diese Bücher in pädagogischer Hinsicht von unschätzbarem Wert sind, weil sie die Kinder so ergreifen, daß ihre Seelen durch sie gleichsam in die Menschheit aufgenommen werden. Wer seine Bibel nicht kennt, der hat nicht teil an Europa. Aber die Salamander haben ihre eigene Religion. Das ist ja ganz natürlich.

Wer die Bibel in der Schule frei und mit dem richtigen Griff anzuwenden wüßte, der wäre ein größerer Pädagoge als Sokrates und Pestalozzi. Selbstverständlich hat sie nur pädagogischen Wert. Das Beste, was ich über Religion als Erziehungsmittel gelesen habe, fand ich merkwürdigerweise bei Goethe, einem Dichter, von dem ich mich im übrigen nicht deutlich genug distanzieren kann. Er hat die Stelle wohl in einem lichten Augenblick geschrieben. Und ihre Bedeutung ist natürlich von der Goetheforschung vollständig übersehen worden. Als utopische Verrücktheit abgeschrieben – wie seine ungeheuer fruchtbare (leider irrige) Farbenlehre, die, würde sie angewandt, den ganzen Physikunterricht revolutionieren würde. (Goethes Farbenlehre würde jedem Gymnasiasten unmittelbar zu Herzen gehen, falls sein Herz nicht durch den Schulbesuch schon verstaubt ist – und weiß der Himmel, ob sie nicht trotz allem doch richtig ist.)

Aber zur Sache.

In dem Roman ‹Wilhelm Meister› findet sich ein Abschnitt unter dem Titel ‹Die Pädagogische Provinz›. Er bringt eine praktische Auslegung des Christentums, eine Auslegung, die übrigens meine Theorie bestätigt, daß der eigentliche /149/ Inhalt des Christentums – wenn es sich denn wider Erwarten als richtig erweisen sollte – von solcher Art ist, daß nur wenige es wiedererkennen würden. – Wilhelm Meister, die Hauptperson des Romans, kommt mit seinem Begleiter in das Gebiet, das ‹Die Pädagogische Provinz› genannt wird. Es umschließt eine ganze Landschaft, Wiesen, Äcker, Parks und Gärten. Je näher sie dem Zentrum kommen, um so mehr Kinder begegnen ihnen. Wilhelm bemerkt, daß die Kinder auf eine besondere Art grüßen, entweder, indem sie die Arme über der Brust kreuzen und das Gesicht emporwenden oder indem sie mit gekreuzten Armen die Gesichter einander zuwenden – oder mit derselben Haltung der Arme die Gesichter zur Erde wenden. Und er fragt seinen Begleiter, was das zu bedeuten habe.
‹Sieh genauer hin›, sagt sein Begleiter, ‹und sieh, ob du nicht sagen kannst, wie die Kinder, die auf diese drei Arten grüßen, sich voneinander unterscheiden.›
Nach einer Weile kann Wilhelm sagen, daß die kleinen Kinder die Gesichter emporwenden, die mittelgroßen einander ansehen und die großen zur Erde blicken. Er bittet um eine Erklärung.
‹Jawohl›, antwortet der Gefährte, ‹die sollst du haben. All dies ist Ausdruck der Religionsform, die den Kern unserer Erziehung ausmacht.
Du siehst die Kleinen, sie wenden die Gesichter empor. Das entspricht den ganz frühen, den ältesten Religionen, aus der Kindheit der Menschheit selbst. Empor zu Gott und dem Vater zu sehen, lehren wir sie auf dieser Altersstufe. Das ist die natürliche Religion. Die Religion des Vaters, die Ehrfurcht vor dem, was über ihnen ist. Dann sind da die mittelgroßen Kinder. Sie wenden ihr religiöses Gefühl, ihre Ehrfurcht einander, ihresgleichen, zu – in Freiheit und

Achtung. Das ist eine Kulturreligion, die philosophische Religion könnte man sie nennen – die Religion des Heiligen Geistes. Kinder dieses Alters sind antike Menschen, sie sind
/150/ Griechen.

Endlich siehst du die ältesten Kinder, die beinahe Erwachsenen. Sie grüßen mit gesenkten Gesichtern, sie wenden ihre Ehrfurcht und Frömmigkeit dem zu, was unter ihnen ist. Das ist die höchste Religion – Ehrfurcht vor dem zu fühlen, was tiefer steht als man selbst. Nicht nur in Stein, Pflanze und Tier lernen die Kinder das Göttliche sehen, sondern auch im Menschlichen, und nicht nur in Sonnenlicht und in Freude, nein, auch in Trauer und Unglück, in Armut, Krankheit und Not, ja selbst in Laster, Sünde und Verbrechen. Das ist die am höchsten stehende Religion, die christliche Religion. Diese drei Arten von Ehrfurcht, diese drei Religionen, sie machen zusammen *die* Religion aus, die Religion des Vaters, des Geistes und des Sohnes.›

Dann zieht Wilhelm weiter und sieht noch vieles andere, das wert wäre, wiedergegeben zu werden. Das muß ich jedoch auf sich beruhen lassen. – Ich habe selbst mehrere Male, und mit durch Mißtrauen geschärftem Blick, die Evangelien gelesen, und ich muß sagen, es steht vieles darin, was die Anschauung, die Goethe hier vorbringt, stützt. Wie sich überhaupt bei Goethe vieles von Wert findet – für den, der es fertigbringt, über seine sonstige Verlogenheit hinwegzusehen. Zum Schluß ein Wort auf eigene Rechnung: Warum werden die Menschen plötzlich verlogen, sobald sie sich zum Christentum bekennen? Es ist, als wollten sie Gott von der Schande befreien, den Geschlechtstrieb und noch allerlei anderes erschaffen zu haben. Was am Christentum ist es, das unserer Verlogenheit so ausgesprochen entgegenkommt? Abgesehen von dem späteren nachmakkabäischen Judentum, kenne ich keine Religion, die so stark an Heuchelei, Verstellung und Verlogenheit appelliert.»

Werner hörte auf zu lesen und legte die Papiere hin. Er sah Paula an. Sie hatte den Portwein ausgetrunken.

«Abraham», sagte sie, «hol die Flasche. Wir müssen auf Jochum anstoßen.»

Etwas steifbeinig kam er von seinem Schreibtischstuhl hoch und ging ins Nebenzimmer. In der Tür blieb er stehen und /151/ drehte sich um.

«Hat's dir gefallen?» fragte er, stolz, als habe er sein eigenes Werk vorgelesen.

«Herrgott», sagte sie glücklich, «der alte Schurke hat es also doch gelesen!»

Das stieg Werner zu Kopf. Er drehte sich etwas und blieb im Profil in der Tür stehen, was die Ähnlichkeit mit einem alten Storch noch schlagender machte. Er flatterte aufgeregt mit den Armen.

«Jochum hat alles gelesen! Alles!»

Dann ging er und holte die Flasche. Und sie stießen mit dem schweren, dunklen Wein an.

«Aber gedruckt kann es natürlich nicht werden?» sagte er unschuldig. «Ganz reif für die Druckerschwärze ist es wohl nicht?»

«Oh!» sagte sie heftig. «Ich sähe es trotzdem gern gedruckt. Aber ihr seid ja Knirpse. Knirpse! Da war Vråbæk aus ganz anderem Holz! Überhaupt alle die alten Anarchisten. Sie ließen einen Pflegebruder nicht ungerächt im Grabe liegen!»

Er sah sie mit Würde an und erhob sich langsam. Nach einem Blick auf die Uhr sprach er wieder.

«Ich muß jetzt gehen.»

«Hast du etwas vor?»

«Ich will Jochums Nachfolger im Amt aufsuchen. Einen Mann, der Strange heißt.»

«Was in aller Welt hast du dort verloren?»

«Ich habe herausbekommen, daß er das Schulblatt mit redigiert. Darin soll es gedruckt werden! In ihrem eigenen Hauptorgan.»

«O Gott, Abraham! Glaubst du, sie drucken es? Dies von ihnen selbst?»

Er machte sich so gerade wie möglich.

«Sie können doch Jochum nicht ablehnen! Das ist unmöglich. So weit ist es wohl mit ihrer Demokratie noch nicht gekommen!»

/152/ Sie sank tiefer in den Stuhl zurück.

«Abraham», sagte sie, «ich wäre nie mit einem anderen Mann glücklich geworden!»

Dann legte er die Papiere in die Aktentasche.

«Hast du vorher angerufen?» fragte sie.

«Nein», sagte er. «Ich mag das Anrufen nicht. Aber ich werde ihn schon zu fassen bekommen.»

Und Werner ging.

Oberlehrer Strange hätte nicht zu dieser Beisetzung zu gehen brauchen. Der Junge war ja schon nicht mehr auf der Schule gewesen, als das Unglück ihn mitten aus dem Spiel mit seinen Kameraden riß. Doch Strange beschloß, trotzdem zu gehen. Es machte sich gut, und es war nicht das schlechteste, ein Regiment als Oberlehrer auf diese Art zu beginnen – die Geschichte würde wahrscheinlich viel besprochen werden und dazu beitragen, ihn in den Ruf eines kinderlieben Mannes zu bringen. Selbst den fürchterlichsten Schüler, der jemals eine Schule entehrt hatte, begleitete er auf seinem Wege zur letzten Ruhe! Mit dem Pfarrer, der vor der Einäscherung an der Bahre sprechen würde, hatte er schon telefoniert. Der Pfarrer wollte etwas über den Verstorbenen erfahren; denn er war ein gewissenhafter Mann, der nicht nur so ins Blaue hinein sprechen wollte. Es sollten nicht die allgemein üblichen Redensarten werden. Strange hatte ihm erzählt, daß es sich um einen, milde ausgedrückt, schwierigen Schüler handle, und die Stimme des Pfarrers am Telefon klang betrübt. Doch sie hellte sich auf, als der Oberlehrer berichtete, daß er selbst und noch andere Lehrer kommen würden. Sogar auf einige Klassenkameraden könne man mit Sicherheit rechnen.

«Er war also beliebt?» fragte der Pfarrer, «trotz seines – hm, schwierigen Wesens?»

«O ja», antwortete der Oberlehrer, «das kann man wohl sagen.»

Nun würden sie sich also von Angesicht zu Angesicht gegenüberstehen, vor oder nach der Rede. /153/

Zweifellos war es das beste, sich Zeit dafür zu nehmen. Übrigens hatte er jetzt wahrhaftig genug zu tun. Er mußte hart arbeiten. Er mußte für den Unterricht wie für die Verwaltung der Schule einstehen. Außerdem war er mit in der Redaktion der Zeitung «Das Schulwesen». Zu alldem kam noch zweierlei, das ihn immer mehr beanspruchte. Das eine war die Arbeit an den Wörterverzeichnissen und das Anordnen der Dichtung für Lesebücher, das andere, daß die Position als Oberlehrer ihm mit einem Schlage den Rang eines Lehrbuchverfassers eingetragen hatte und damit ein Arbeitsfeld, das im Grunde all das andere einschloß. In dieser Arbeit sah er seine eigentliche Berufung, und er hoffte stark, sich nach und nach von der anstrengenden und undankbaren Alltagsarbeit mit den Kindern freimachen zu können. Lehrbücher zu *schreiben* war wohl weit mehr seine Aufgabe, als mit ihrer Hilfe zu unterrichten. Oberlehrer Strange war sich durchaus im klaren darüber, wie man Lehrbücher für Kinder der Volksschule abfassen müsse. Doch den Leser näher darüber zu informieren, wie und nach welchen Grundsätzen er dabei zu Werke ging, muß bis zu einem anderen Mal vorbehalten bleiben.

An diesem Vormittag saß er in seinen Schreibtischsessel zurückgelehnt und wartete, daß die Uhr zehn Minuten vor zwölf zeigen möge, den verabredeten Zeitpunkt zum Aufbruch zu Bobbis großem Tag, seiner Beisetzung. Von den Lehrern gingen nur er und Bandow und Årnes und Svelvik mit. Für Bandows Klasse, Bobbis Spielkameraden an seinem letzten Lebenstag, sollte die letzte Stunde frei sein, damit sie der Einäscherung beiwohnen konnten. So herrschte jubelnde Hochstimmung in der Klasse. Von Bobbi selbst hatte Bandow seit dem Siebzehnten Mai der Klasse nicht ein Wort mehr gesagt. Übrigens hatten die Kinder wohl selbst

genügend Sinn für Gerechtigkeit, um zu fühlen, daß allem Geschehen eine höhere Absicht zugrunde lag. Den Schülern der anderen Klassen war gesagt worden, daß alle, die sich
/154/ Bobbi nahe befreundet fühlten, auch frei bekommen würden, um an der Einäscherung teilzunehmen. Wider Erwarten meldeten sich ein paar mißratene kleine Geschöpfe aus den unteren Klassen, wohl durch die versprochene Freistunde verlockt.

Der Oberlehrer stellte die Fingerspitzen gegeneinander und sah auf die Uhr. Noch sechs Minuten. Da klopfte es an die Tür, und die Sekretärin, Fräulein Salvesen, trat ein.

«Da ist ein Herr, der mit Herrn Oberlehrer sprechen möchte», meldete sie. «Er heißt Werner, Abraham Werner, wenn ich nicht irre.»

Der Oberlehrer dachte einen Augenblick nach. Irgendwo hatte er den Namen schon gehört.

«Ich habe wenig Zeit», sagte er. «Aber lassen Sie ihn hereinkommen.»

Sie ging, und gleich darauf stand Werner in der Tür. Frech und ganz zu Hause sah er sich im Raum um. Zuerst sah er sich die Wände und Bücherregale an, ehe er auf den Oberlehrer zuging und ihm flüchtig zunickte.

Strange fand, Werner sei der häßlichste Mann, den er im Leben gesehen hatte. Die komische Locke über der niedrigen Stirn, das mehlbleiche Gesicht mit der hängenden Unterlippe und der riesigen Nase, die schweren, dunkelbraunen Säkke unter den Augen. Sein Rücken war so gekrümmt, daß es aussah, als habe er einen Buckel, und trotzdem war er nicht viel weniger als zwei Meter groß.

Daß Juden so groß sein können! dachte Strange. Das habe ich bisher nicht gewußt! – Und diese lächerlich engen Hosen an den dünnen Beinen und endlich die Füße, viel zu groß und ganz flach. Er war so plattfüßig, daß man es sogar durch die Schuhe sehen konnte. Aber wenn in der Zeitung gestanden hätte, Werner sei der häßlichste Mann in ganz Oslo, so würde Werner selbst sich nichts daraus gemacht haben. Er wußte, daß Paula und Jochum der Ansicht waren, er sei ein außergewöhnlich schöner und stattlicher Mann.

Jetzt sah er sich in dem Zimmer um, das in den letzten /155/ Jahren der Schauplatz von Jochums Niederlagen gewesen war. So vieles hatte sich geändert. Die Bilder waren verschwunden. Die vier großen Munchlithographien. Und der Nolde, der kleine Derain und die farbigen Lithographien von Chagall. Auch das Bücherregal sah kläglich aus. Der Schreibtisch und die Lehnstühle waren ausgewechselt. Alle die neuen häßlichen Dinge legten sich Werner wie eine Qual auf die Seele. Dies war schlimmer, als er erwartet hatte. Aber so war es ja stets. Es war stets schlimmer. Selbst die schlimmsten Träume und Vorahnungen reichten nicht zu.

Er sah sofort, daß der Mann am Schreibtisch ein Salamander war. Auch er war schlimmer, als Werner erwartet hatte. Jetzt sah er ihn mit kleinen blauen Augen an. Warum, zum Donnerwetter, stand er nicht auf? So, jetzt erhob er sich. Groß, knochig und schief stand er da. Er ist ebenso häßlich wie ich, dachte Werner, aber auf eine viel ekelhaftere Art.

«Strange?» sagte er mißbilligend.

Als sein Gegenüber die Annahme bestätigte, stellte er sich vor.

«Mein Name ist Abraham Werner. Ich verwalte das literarische Testament Ihres Vorgängers.»

«Ach so. Bitte, nehmen Sie Platz.»

Strange saß schon wieder in seinen Stuhl zurückgelehnt, er stellte die Fingerspitzen gegeneinander.

«Ich habe noch ein paar Minuten Zeit, Sie anzuhören.»

Werners Gesicht verfinsterte sich. Er nahm Platz.

«Ich bin ein sehr guter Freund von Oberlehrer Jochumsen.»

«Ja, ich verstehe.»

«Und er hat viel hinterlassen. Zum Teil äußerst wertvolle Sachen.»

«So. Sieh einer an!»

«Ich habe einen Artikel mitgebracht, den ich Ihnen zum Druck für Ihr Blatt überlassen kann.»

Werners Stimme klang schwach nasal.

/156/ «Wir können ihn ja einmal ansehen.»

Werner zog sein Zigarrenetui heraus und hielt es über den Tisch. Nein, danke! Der Oberlehrer rauchte nicht. So zündete er sich selbst eine lange Zigarre an, und da kein Aschenbecher auf dem Tisch stand, legte er das Streichholz auf den Rand des Tintenfasses. Es war Jochums Tintenfaß. Und das regte ihn auf. Er blies den Rauch hart in den Raum.

«Ja, wir werden ihn ansehen», sagte er und nahm das Manuskript aus der Mappe. Er legte es auf den Tisch. «Es ist stellenweise etwas grob», fügte er hinzu. «Aber es ist frisch.»

«Sie haben mich mißverstanden», sagte der Oberlehrer. «Ich meinte nicht, daß ich den Artikel jetzt durchsehen will. Dazu habe ich auch gar keine Zeit. Ich meinte, daß ich ihn später ansehen und überlegen will, ob wir ihn gebrauchen können. Bei passender Gelegenheit.»

Werner starrte ihn an. Er war sprachlos, seine große Unterlippe hing schlaff herab. Hatte er recht gehört? Er sah sein Gegenüber lange an. War es möglich, daß Strange nicht wußte, wer Werner war? Wußte er nicht, daß er ihn in der Zeitung unmöglich machen, ihn ausziehen und aufs Rad flechten konnte? Er hatte das allerdings seit vielen Jahren nicht mehr getan. Doch wenn er wollte, konnte er es heute noch besser als früher. Er schrieb besser denn je. War es wirklich möglich, daß der andere ihn nicht kannte? Ihn, Werner, der mindestens zehntausend Seiten Druckerschwärze in seinem Leben abreagiert hatte? Wenigstens würde es soviel sein, wenn er alles in Buchform herausgebracht hätte.

Tatsächlich war es nicht nur möglich, sondern seine Vermutung stimmte. Strange las in der Zeitung nur die Neuigkeiten und Sportnachrichten.

«Hören Sie zu!» sagte Werner, und seine Stimme klang völlig nasal. «Ich gebe Ihnen diesen Artikel zum Druck! Nicht, damit Sie etwas *ansehen* oder etwas *überlegen*. Jochumsen war ein sehr bedeutender Mann.»

Der Oberlehrer lehnte sich noch bequemer im Stuhl zurecht und hob die Fingerspitzen ein paar Zoll höher. /157/

«Bedeutender Mann, tja-a?» antwortete er und ließ seine Stimme knarren. Seit er Oberlehrer geworden war, hatte er sich angewöhnt, bei den Vokalen auf eine ganz besondere Art zu knarren. «Bedeutend ...» knarrte er weiter. «Finden Sie das wirklich? Kann man das wirklich sagen? Mit seiner Arbeit als Oberlehrer ist er jedenfalls nicht sehr bedeutend zurechtgekommen. Er konnte keine Ordnung in den Archiven halten. Nein, er kam nicht damit zurecht. Er hielt überhaupt nirgends hier Ordnung. Er kam nicht damit *zurecht*. Wohin man sah, quoll es von Papieren über. Kein Sinn für Ordnung, nein. Kein Sinn für Ordnung.»

Seine Stimme hob sich, und das Knarren wurde stärker, durchdringender. Langsam. Sehr langsam.

«Bedeutender Mann? Ich nenne so etwas nicht bedeutend. Ich kann nicht begreifen, daß wir etwas drucken sollen, nur weil er es geschrieben hat. Nein, zuerst müssen wir es ansehen, überlegen, ob wir es verwenden können. Bedeutender Mann – eh. Wenn wir alle bedeutenden Männer drucken wollten – eh, he, he.»

Die Stimme starb in einem gedehnten, schwachen Knarren hin.

Dies kam Werner allzu überraschend. Er fühlte sich verwirrt, lahmgelegt. Wie ein großes, gefesseltes Tier, das von einer Ratte angenagt wird. Die war zu klein, um zuzuschlagen. Ihm war verzweifelt und zum Weinen zumute.

Jochum war doch ein Heiliger unter den Schulleuten geworden, jetzt, nachdem sie es endlich geschafft hatten, ihn umzubringen! War es nicht so? Konnten sie ihn da ganz einfach ablehnen? Ihn übergehen? War die Demokratie wirklich so weit gediehen? Er fühlte sich ganz und gar ohnmächtig. Er wollte sterben.

Hatten sie dafür gekämpft und sich gemüht? Jochum und

Paula und er? Und viele, viele andere! Befreiung des Volkes. Nun saß das Volk vor ihm auf dem Oberlehrerstuhl. Dazu hatte er also geführt, der Sozialismus mitsamt dem übrigen /158/ Teufelskram? Zu geistiger Demokratie. Das war das Ziel. Das war Jochums Nachruhm. Lieber, guter Jochum! Du, der Verstand und Herz hatte. Nun trampeln sie mit ihren großen, feuchten, schmutzigen Lehrerfüßen auf dir herum. Nun trampeln sie auf Jochum herum, zertrampeln deinen Namen! Diese Spießer, die von dir schmarotzt haben, auf dir gehockt haben wie der Zaunkönig auf dem Rücken des Adlers. Wir sind höher gestiegen! schreien sie. Fort mit Jochum! Tretet ihn unter die Füße!

Der Oberlehrer unterbrach ihn, weiterknarrend.

«Leider …» sagte er und sah auf die Uhr. «Mehr Zeit habe ich für diese Sache nicht.»

Die Unterbrechung ließ Werners Hirn wieder normal funktionieren. Er erhob sich, und mit einem Gebrüll warf er die Zigarre durch den ganzen Raum, so daß sie mit einem klatschenden Laut an die Wand schlug.

«Sie!» schrie er. «Sie dreckiger kleiner Emporkömmling! Sie haben von Jochum schmarotzt, und jetzt weigern Sie sich, ihn zu drucken!»

Werners Baß drang mit jeder Silbe durch die Tür in das Vorzimmer, so daß Fräulein Salvesen auf ihrem Stuhl unruhig wurde. Sie richtete sich auf und saß mit weit aufgesperrten Augen da. Oberlehrer Strange wurde blaß, die Finger fielen ihm auf den Magen.

Mein Gott! dachte er. Vielleicht hatte Hitler, was die Juden angeht, doch nicht so unrecht!

In Werner stieg ein rasender Zorn hoch, er war nicht mehr zurechnungsfähig, ihm wurde schwindlig.

«Ja!» schrie er. «Gebrauchen Sie nur Ihren dreckigen kleinen, mehr als schwachen Verstand dazu, Jochum zu besudeln! Aber *ich* werde Sie, hol mich der Teufel, in der Zeitung den Leuten so präsentieren, wie Sie in Wirklichkeit sind! Ich werde Ihr Innerstes nach außen und wieder nach innen kehren, obwohl das eine höchst unappetitliche Arbeit ist!»

«Sind Sie vielleicht von der Presse?» fragte Strange erschrocken. /159/

«Ja, zum Donnerwetter! Darauf können Sie sich verlassen!» Der Zorn stieg ihm zu Kopf wie Wein, doch irgendwo ganz hinten im Hirn war er völlig klar. Sie traten Jochum unter die Füße! Dieselben Salamander, von denen die widerlichen anonymen Briefe stammten! Denn er hatte unter Jochums Papieren auch Briefe eines unbekannten Absenders gefunden. Er brüllte weiter, aber nicht mehr so laut, nasaler. «Sie haben keine Zeit! Sie sagen, Sie müssen gehen! Nein, Sie bleiben *hier*. Und *ob* Sie hierbleiben! Ich weiß alles von Ihnen, alles! Ich werde die anonymen Briefe veröffentlichen!»

Die Wirkung auf Strange war unheimlich. Es war, als löse sein Gesicht sich in kleine Stücke auf. Und Werner begriff im Augenblick, daß sein blindlings abgefeuerter Schuß ein Volltreffer gewesen war.

«Ich habe die ganze Zeit gewußt, daß Sie die anonymen Briefe geschrieben haben. Jochumsen hat es mir erzählt. Er wußte es ganz genau.»

Die Stimme klang wieder nasal, beinahe normal. Strange wurde blutrot.

«Ich habe etwas Derartiges nicht geschrieben. – Niemals.»

«Lügen tun Sie also auch!»

Werner zeigte mit einem langen, braunen Zeigefinger auf ihn.

«Pfui Teufel!»

Er sah Strange mit tiefem und echtem Abscheu an.

«Ich werde die Briefe dem Gerichtschemiker Bruff übergeben», sagte er. «Es ist eine Kleinigkeit, den Urheber nachzuweisen. *Sie* können sich freuen! Ich lasse die Briefe fotografieren und klischieren, das macht sich am besten. Endlich kommen Sie in die Zeitung, Strange!»

In Strange ging eine Revolution vor sich. Er war sich ganz im klaren darüber, daß die Briefe ihn seine Stellung und alles

kosten konnten, was er sich im Lauf eines mühevollen Lebens erworben hatte. Er hatte Angst, solche Angst, daß er auf dem Boden hätte kriechen mögen. Nie, nie hätte er geglaubt, daß
/160/ er etwas so sehr bereuen würde wie die albernen Briefe. Und Jochumsen war ja durch sie kaum schneller gestorben. Die Reue war eine physische Reue, er fühlte sie wie den Biß eines Raubtiers. Wie einen wilden Schmerz im Körper.

«Das wird eine feine Vaterschaft, Oberlehrer Strange. Eine vornehme Vaterschaft, zu der Sie sich bekennen müssen.»

«Ich werde den Artikel drucken», sagte der Oberlehrer, «selbstverständlich werde ich ihn drucken.»

«In der ursprünglichen Orthographie und ohne Streichungen!»

«Ja, ja.»

«Gut», sagte Werner. «Wo wollen Sie hin?»

«Zu einer Beisetzung.»

Abraham Werner fühlte plötzlich das Bedürfnis, auch zur Beisetzung zu gehen. Frieden und Ruhe ringsum, Trauer und ein bißchen Kirchengesang.

«Ich komme mit», sagte er ruhig. «Und nachher gehe ich mit Ihnen wieder hierher, dann können wir den Artikel zusammen durchsehen. Können Sie mich mit sachlichen Argumenten wirklich überzeugen, so bin ich sogar mit berechtigten Streichungen einverstanden.»

«Ja», sagte Strange. Er war völlig erschöpft. Auch Werner war müde. Im Vorzimmer saß mit großen, erschrockenen Augen Fräulein Salvesen. Werner grüßte sie höflich. Dann gingen sie zusammen die Treppen hinunter, Strange und er, vorsichtig und müde.

Auf dem Schulhof wartete Bandow. Er verbeugte sich vor Werner beinahe bis zur Erde und stellte sich hurtig vor.

«Wen begraben wir denn?» fragte Werner, als sie durch das Schultor gingen.

Strange ging in seine eigenen Gedanken versunken und hörte ihn nicht. Aber Bandow antwortete.

«Ein Kind. Einen von meinen Jungen.»

«Ach», sagte Werner. «Ein kleines Kind. Ja – auch Kinder sterben. Und wir alten Schweine leben.»
Bandow machte einen kleinen Sprung.
Werner setzte die Spitze des Spazierstocks bei jedem Schritt /161/
hart auf das Pflaster. Ein scharfer, klarer, kleiner Knall.
«Hat er Jochumsen gekannt?» sagte er plötzlich. «Der Junge, meine ich, der tote Junge?»
«Ja», sagte Bandow. «Das hat er wohl.»
Mehr wurde nicht gesprochen. Doch in seinem Innern bat Werner den fremden, toten kleinen Jungen, Jochum zu grüßen.
So kamen sie beim Krematorium an.

Die gehobene Stimmung der fünften Klasse hatte sich schon gelegt, bevor sie in die Kapelle kamen. In der Tür sahen sie flüchtig eine schwarzgekleidete Frau, die Bobbis Mutter gewesen war.
Nun war sie es nicht mehr. Was beide miteinander verbunden hatte, solange er ihr Sohn war – die tiefe gegenseitige Scham, die quälenden Blutsbande, die sie aneinander gefesselt hatten –, all das war verschwunden.
Ein Vorname und ein paar armselige Kleider waren von ihm übriggeblieben. Sie träumte nachts von ihm, und im Traum war er furchtbar groß und tat fortwährend Dinge, die sie nicht begriff. Einmal hob er sie hoch empor, über seinen Kopf. Und er war fürchterlich fremd. Er, der auf Erden solch ein Rauhbein gewesen war.
Nur als sie von der ersten Bank im Krematorium aufsah und Lehrer Bandow und Oberlehrer Strange mit einem häßlichen fremden Mann zwischen sich erblickte, schlug die Scham über Bobbi erneut in ihr hoch.
Sie sah wieder in ihren Schoß.
Und als die Orgel einsetzte, weinte sie noch einmal über Bobbi.
Werner ruhte in der Orgelmusik. Trotzdem fühlte er sich unzufrieden. Eine tiefe Unruhe arbeitete irgendwo in ihm.

Und nach und nach ging ihm auf, daß sie dem Gespräch mit dem Oberlehrer galt. Er war zu hart gegen ihn gewesen. Werners vertrauter Gefährte und Quälgeist erhob sich mit /162/ voller Kraft in ihm: das Gewissen. Die Szene mit Strange vorhin war nicht schön gewesen. Das sollte nicht etwa heißen, daß Strange für seine Verhöhnung von Jochums Andenken nicht einen Puff verdient hätte. Er hatte sich im höchsten Grade für eine Züchtigung empfohlen. Trotzdem murrte und schmerzte es in Werners Seele wie ein alter, morscher Zahn, der längst hätte gezogen sein sollen. Eine unruhige und qualvolle Weile verging, bevor es ihm gelang, das Übel zu lokalisieren. Dann hatte er es. Es waren die Briefe. Er hatte Macht über einen Menschen.

Es war eine Situation, die ihn mit Scham und Ekel über sich selbst erfüllte. Es war ein unhaltbarer Zustand. Er fühlte, daß er Strange ausgetreten hatte, wie man eine Zigarette löscht, die auf dem Rasen liegt und noch qualmt; er hatte den Absatz darauf gestellt und sich umgedreht. Nicht weil er Werner war, hatte er Strange niedergeschlagen, nicht kraft seiner eigenen Überlegenheit über den Salamander, sondern weil er Macht über ihn hatte. Der Satan sollte die Briefe holen! Am besten gab er sie dem Oberlehrer zurück und bot ihm damit zugleich eine Chance, so anständig oder so gemein zu sein, wie es nun einmal seiner Natur entsprach. Die Frage der Moral war eine Frage der seelischen Konstitution. Es hatte wenig Zweck, die Welt anders aussehen zu lassen, als sie wirklich war. Es war vielleicht tatsächlich am besten, die Briefe zurückzuschicken. Er mußte das mit Paula besprechen, wollte auf sie hören und sich ganz nach ihr richten. Es gab ihm tiefe Ruhe, daß Paula entscheiden würde. So war es getan. Er war zu alt, um etwas anderes zu tun als das, was er für richtig hielt. Und er wußte ja, was Paula sagen würde. Doch erst wollte er ihr ein wenig widersprechen.

Dann hörte er aufs neue der Orgelmusik zu, folgte den Tönen und Stimmen, die sich trennten und wieder begegneten, empor- und zusammenwuchsen, einander umschlangen

und sich abermals teilten. Auch in ihm wuchs die Musik wie ein feiner, ätherischer Saft im Körper, der den Blutbahnen folgte und den Nervenbaum, die Zweige, die Wurzeln durchdrang. Die Musik wurde selbst solch ein feiner, wach- /163/
sender Baum in ihm. Sie bewegte sich und kitzelte leicht im Rücken und Magen. Sie stieg in unzähligen kleinen Wiederholungen, und jede Wiederholung brachte sie ein winziges Stück weiter.

Er lächelte plötzlich, ganz leise. Dies, daß er vorhin die Unruhe wie eine Art seelischen Zahnwehs empfunden hatte, erinnerte ihn daran, wie er sich neulich beim Zahnarzt einen Zahn hatte ziehen lassen. Es war ein seltsamer, ein philosophischer Zahnarzt gewesen.

Zahnschmerzen und zahnärztliche Behandlung taten ja heute nicht mehr so weh wie früher. Die Kunst hatte sich wohl entwickelt; aber auch seine Nerven waren nicht mehr so empfindlich wie früher. Die welkenden Nerven schrumpften ein und zogen sich zurück. Sie hinterließen eine kleine tote Zone der Gefühllosigkeit, eine der Segnungen des Alters. Es interessierte ihn, ob man wirklich mit den Jahren weniger empfänglich für Schmerz würde. Dann war dies also ein Teil des Todes. Seelisch ertrugen wohl die meisten seines Alters mehr als in ihrer Jugend. Doch die Produktivität, war sie nicht abhängig von eben der Fähigkeit zum Unbehagen, von einer Empfindlichkeit gegen Schmerz, die so weit ging, daß sie sogar die Schmerzen anderer wahrnahm?

Er hatte sich in den Stuhl gesetzt. Und der Zahnarzt guckte mit dem Spiegel in ihn hinein, stocherte mit einem spitzen, nackten Pfeifenreiniger in dem schlechten Zahn.

«Au!» sagte Werner, halb aus Gewohnheit und halb, um dem Zahnarzt, der eben seine Instrumente wieder herausnahm, eine Freude zu machen. Dann spie Werner aus.

«Nicht viel los damit», sagte der Zahnarzt. «Hat keinen Zweck mehr.» Er sagte es mit einem gewissen berufsmäßigen und gleichzeitig kollegialen Zynismus.

«So zahnlos, wie es von Ihrem Standpunkt aus vielleicht aussieht, bin ich nicht», antwortete Werner.

«Nein, aber es sieht nicht gut aus. Hat keinen Wert für Sie, /164/ damit herumzulaufen. Sie werden sehen, wir kriegen ihn nicht einmal mit der Zange. Ich kenne die Sorte: spröde wie Gips und durch und durch faul.»

«Herrgott!» sagte Werner, «was würde aus uns ohne Zahnärzte? Wir verfaulen bei lebendigem Leibe!»

Dies überfiel ihn plötzlich als eine der letzten grauenhaften Wahrheiten über den Körper. Er hat sein eigenes, ihm innewohnendes Bedürfnis, zu verfaulen. Der Körper will Auflösung, und zwar so stark, daß er diese Begierde nicht einmal das Weilchen, das er warten sollte, zügeln kann.

«Wir reifen und faulen. Angenehme Aussichten.»

Der Zahnarzt hatte schon die Spritze gezückt, als er antwortete. Er war sehr ernst.

«Wir müssen jeden Augenblick dem Tode entrissen werden», sagte er.

«Aber die Auflösung des Körpers befreit die Seele», antwortete Werner. «Ich spreche aus Erfahrung.»

«Natürlich», sagte der Zahnarzt. «Natürlich. Durch eine überhandnehmende Verbrennung, eine vermehrte Geschwindigkeit in Verbindung mit Sauerstoff wird die Seele befreit. Verbrennung gibt Wärme. Das Ganze ist eine einzige Einäscherung. – Aber auf die Seele lauert ein anderer Tod. Und auf *ihn* kommt es an.»

Natürlich handelte es sich um ihn. Es ist ein Tod, der in Kälte besteht und nicht in Entwicklung von Wärme. «Aber ihn zu bekämpfen ist nicht mein Handwerk», sagte der Zahnarzt. Er zog die Spritze aus Werners Oberkiefer. Und sie warteten eine Weile, damit das gesegnete Gift sich im Gewebe ausbreiten solle. Dann stellte sich heraus, daß der Zahnarzt recht gehabt hatte: der Zahn brach bei der ersten Berührung mit der Zange zusammen. Er war ein Grab aus Kalk und mußte in dreißig Stückchen herausgeholt werden. Zum Schluß waren noch ein paar kleine, poröse Kiefersplitter dabei.

Es war nicht das Handwerk des Zahnarztes, diesen anderen, eigentlichen Tod zu bekämpfen?

Wessen Handwerk war es denn? Jochums Handwerk war es
gewesen, doch man hatte ihn daran gehindert, es auszu- /165/
üben. Jawohl! Gehindert.

Es war seltsam, hier in der Kapelle zu sitzen und über dies nachzudenken. Jedes Begräbnis war ein Begräbnis Jochums. Mit einem Seufzer und einem langgezogenen, weinenden Stöhnen hielt die Orgel inne. Oben bei dem kleinen Sarg stand der Pfarrer.

Er war ein junger Mann, ein frischgebackener Theologe. Sein Gesicht war schmal und rot wie eine Mohrrübe.

Auch sein Handwerk ist es, dachte Werner. Er muß ein Freund des ersten, des warmen Todes sein und ein Feind des anderen, des kalten, auf den es ankommt.

Werner sah sich geniert in der Kapelle um. Es waren viele Kinder da, im gleichen Alter wie der Verstorbene. Auch sie genierten sich jetzt. Werner war aufrichtig gespannt, was der Pfarrer sagen würde.

Die Mohrrübe räusperte sich, hob dann das Buch und las: «Wer aber ärgert dieser Kleinen einen, dem wäre besser, daß ihm ein Mühlstein an seinen Hals gehängt und er ersäuft würde im Meer, wo es am tiefsten ist.»

Lautlose Stille unter den Versammelten, als sei ein Todesurteil gesprochen.

Guter Anfang, dachte Werner. Was für ein Buch! Dann hörte man den Laut raschelnden Papiers, als die Mohrrübe weiterblätterte. Und nun:

«Wer nicht wider uns ist, der ist für uns.»

Wieder wurde umgeblättert, diesmal nur eine Seite.

Dann kam mit kräftiger Stimme:

«Wer nicht mit mir ist, der ist wider mich.» Die Mohrrübe legte das Buch hin.

«Liebe Trauergemeinde, liebe trauernde Frau, liebe Kinder, die ihr Spielkameraden unseres toten Freundes wart, liebe Lehrer, denen die Sorge für die Kindheit dieses Menschen anvertraut war, sie zu pflegen und zu schützen!

Der uns hier zusammengeführt hat, das ist der Junge, den
/166/ ihr alle kanntet. Euch, seinen Klassenkameraden, möchte ich sagen, daß besonders ihr ihn gekannt habt – denn wir Erwachsenen, wir vermögen die nicht mehr zu kennen, die soviel jünger sind als wir. Das Licht, das die Menschen lehrt, die zu verstehen, welche anders sind als sie selbst, dieses Licht ist in uns erloschen. Nicht einmal Eltern kennen ihre Kinder. Doch wer dieses Licht ist, davon wollen wir heute nicht reden.

Bobbi hat uns hier versammelt, und deshalb will ich versuchen, so zu euch zu sprechen, als sei er hier unter uns. Und ich will versuchen, nicht zu lügen. Denn dort, wo er jetzt ist, dort lebt die Wahrheit. Ich will versuchen, im Geist und in der Wahrheit zu sprechen. Doch das ist schwierig, denn auch das Licht der Wahrheit ist in uns erloschen.»

Werner starrte den Pfarrer an. Er begriff einfach nicht, wie er hatte finden können, dieser Pfarrer gleiche einer Mohrrübe. Er sah, daß er ein schmales und edles Antlitz hatte. Ein Parzival-Antlitz.

«Ich sage euch, wer einen meiner Kleinen ärgert, dem wäre besser, daß ihm ein Mühlstein an seinen Hals gehängt und er ersäuft würde im Meer, wo es am tiefsten ist! – Das würden harte Worte sein, verurteilende Worte, wenn ich glaubte, daß einer unter euch schlecht an unserem kleinen Freunde gehandelt hätte, an diesem Sperling, der Schutz und Wärme bei euch suchte. Ja, es würden harte Worte sein. Doch ein Urteil steht mir nicht zu. Und ich weiß, daß ihr gut zu ihm gewesen seid, Kinder, deren gütiger Oberlehrer mir selbst anvertraut hat, daß ihr gut zu ihm wart. Und dafür möchte ich euch loben. Denn das Tier hat seine Höhle, der Vogel hat sein Nest, nur der Menschensohn hat nicht einen Stein, an den er sein Haupt lehnen könnte. Nein, nicht einen Stein hat der Menschensohn. Der Menschensohn sucht Wohnung in uns.

Und wenn wir einen seiner Kleinen trösten und ihm helfen,

dann geben wir dem Menschensohn etwas, woran er sein
Haupt lehnen kann. Nicht einen Stein geben wir ihm,
sondern ein warmes Menschenherz.

Wenn wir den Menschen lieben, geben wir ihm Wohnung in /167/
uns. Es steht geschrieben, daß wir Gott lieben sollen. Doch
wenn wir den Menschen lieben, dann lieben wir Gott in
ihm. Dann lieben wir gleichzeitig Gott. Das ist das Wichtig-
ste von allem.

Ich weiß, Bobbi war kein Kamerad, mit dem leicht umzuge-
hen war. Er war ein schwieriger Schüler. Er war ein schwie-
riger Sohn. – Ja, ich habe gesagt, daß ich versuchen will, die
Wahrheit zu sagen. Selbst eine fromme Lüge ist eine Lüge.
Und Bobbi erträgt die Wahrheit. Da, wo er jetzt ist, klingt
eine bittere Wahrheit süßer als eine süße Lüge. Denn selbst
in der Verfinsterung, in seinem Elend war auch Bobbi der
Menschensohn, und er hatte nicht einen Stein, an den er
sein Haupt lehnen konnte.

Und wenn ihr, ihr alle, Mutter, Kameraden, Lehrer, ihn zu
euch nahmt, in Liebe, in Liebe – wenn ihr ihn in all eure
Wärme hülltet, da glaubtet ihr vielleicht nur etwas zu tun,
was eure Pflicht war, eine natürliche Mutterpflicht, eine
Freundespflicht, eine Lehrerpflicht. Aber ich sage euch, ihr
gehört zu denen, von welchen gesagt ist: Und ich werde sie
sammeln zu meiner Rechten und zu ihnen sprechen: ‹Ich
war hungrig und ihr habt mich gespeist, ich war durstig und
ihr habt mich getränkt.› Und sie werden antworten: ‹Wann
sahen wir dich hungrig und gaben dir zu essen? Wann sahen
wir dich durstig und gaben dir zu trinken?›

Kinder, von euch ist hier die Rede, von euch und von euren
Lehrern und von der trauernden Frau, die Bobbis Mutter
war. Ich sage das nicht, um euch stolz zu machen, um euch
eingebildet zu machen. Ich sage das, weil ihr wissen sollt,
was für ein mächtiges Kreuzzeichen ihr tragt. Kinder, ihr
seid kleine Kreuzfahrer. Und ihr tragt das Kreuzzeichen eu-
ren ganzen Tag über mit euch, in allem, was ihr tut und sagt,
in jeder noch so kleinen Sache, von dem Augenblick an, da

ihr am Morgen gesund und munter erwacht, bis ihr abends müde einschlaft. In jedem Lächeln, in jedem Händedruck tragt ihr das Zeichen der ewigen Kreuzfahrer. Und auch eure
/168/ Lehrer tragen es, mögen sie hin und wieder auch streng oder gar zornig erscheinen.

Kinder, ich wünschte, daß ich, der ich zu euch das Wort des Lichts und der Wahrheit reden soll, mich nur ein einziges Mal abends nach einem solchen Tagwerk, wie ihr es täglich vollbringt, zu Bett legen könnte.

Ich habe vorhin ein paar Worte gelesen, Worte, die sonderbar und vielleicht in sich widersprüchlich erscheinen mögen. Das eine Mal sagte Er: ‹Wer nicht wider uns ist, der ist für uns.› Gleich danach heißt es: ‹Wer nicht *mit* mir ist, der ist *wider* mich.› Wir müssen beachten, daß das eine Mal ‹uns› steht, das andere Mal jedoch ‹mir› und ‹mich›. Man kann mit Ihm sein, ohne für *uns* zu sein. Und *mit Ihm* sind alle, die lieben. Alle, die lieben. Das Licht ist auch außerhalb von uns, es ist überall, wo *Er* ist. Und Er ist bei allen, die Ihm Wohnung geben. Viele tun das, ohne es zu wissen. Ja, Kinder, und wir, die wir es wissen und danach streben, ihm Wohnung zu geben, wir vermögen es nicht!

Es war einmal ein armer Junge, der nichts hatte als die Kleider, die er trug, ein Stück Brot und einen alten Becher, und er mußte in die Welt hinaus. Nach einigen Tagen begegnete er einem Mädchen. ‹Oh, wie ich friere›, sagte es. ‹Gib mir etwas Warmes anzuziehen.›

Da gab er ihr sein Hemd. Ich brauche nur etwas schneller zu gehen, so halte ich mich warm, dachte er. Bald darauf traf er auf einen alten Mann, der bei einer Quelle stand. ‹Oh, wie mich dürstet›, sagte der Mann. ‹Gib mir deinen Becher, denn ich bin zu alt und zu steif, um mich zu bücken!› Ich kann auch aus der Hand trinken, dachte der Junge und gab ihm seinen Becher, bevor er weiterging. Dann traf er eine Frau. ‹Ich verhungere!› sagte die Frau. ‹Oh, gib mir etwas zu essen!› Wohlan, dachte der Junge, komme ich ohne Hemd und Becher aus, so wird es wohl auch ohne Brot gehen. Mir wird sich gewißlich ein Ausweg zeigen! Da gab er ihr das Brot. Bald danach kam er an ein Moor. Es war finster und kalt, und er fror und hatte Hunger. Nun muß ich aber kräftig ausgreifen, dachte er, dann spüre ich Frost und Hunger nicht /169/ mehr so stark.

In diesem Moment aber rief die Frau nach ihm. ‹Oh, mein Gütiger, Lieber, warte doch›, rief sie. ‹Hilf mir über das Moor, sonst muß ich hier wohl hundert Jahre bleiben und verhungern.›

Wohlan, dachte der Junge, habe ich ihr das Brot gegeben, so muß ich ihr jetzt auch hinüberhelfen, sonst ist das Brot nicht viel wert.

Als sie auf halbem Wege waren, sagte das Weib: ‹Mein Gütiger, Lieber! Ich kann nicht mehr! Trage mich!›

Wohlan, dachte der Junge, schlecht ging es ihr früher, aber habe ich sie auf das Moor herausgeschleppt und lasse sie hier liegen, so ergeht es ihr noch schlimmer. Mir wird sich gewißlich ein Ausweg zeigen! Da nahm er sie auf den Rücken und ging weiter.

Als er wieder festen Boden unter den Füßen hatte, war es heller Morgen geworden. Und da sah er, daß sie keine Schuhe trug.

‹Kein Wunder, daß du nicht mehr weitergehen konntest›, sagte er und zog ihr seine Schuhe an. ‹Und du hast mir Wärme gegeben beim Tragen!›

Dann wollte er in den Wald hineingehen.

‹Nein, warte doch›, sagte sie. ‹Herumtappen kann ich wohl, aber wenn ich unter die Leute soll, so muß ich mich auf jemanden stützen können!›

So zogen sie weiter, aber der Wald war dicht, und bald wußte er weder aus noch ein.

‹Hier müssen wir beide wohl bleiben›, sagte er. ‹Aber es ist besser, zu zweit zu sein, als allein zu sterben.›

‹Oh nein›, sagte das Weib, ‹hier kenne *ich* den Weg.› So gelangten sie zu einem Schloß. Als er sich aber umsah, war das Weib verschwunden.

‹Na denn, danke schön für die Hilfe›, dachte der Junge. Dann ging er zum Schloß. Und als er dort anlangte, war da eine große Menschenmenge, die eben hineinging. Er folgte
/170/ ihnen.

‹Wo willst du hin!› schrie die Torwache. ‹Hier feiert der Königssohn seine Hochzeit, und wer sich einschleichen will, wird in Stücke gehauen. Keiner kommt hinein, der nicht gute Kleider trägt. Nun mußt du sterben.›

Darauf warfen sie ihn in ihren Kerker.

Wohlan, dachte der Junge, mir wird sich gewißlich ein Ausweg zeigen. Und sollte ich sterben müssen, so sind da auf alle Fälle drei, die durch mich leben. Das zerlumpte Hemd und die alten Schuhe hätte ja doch keiner für gute Kleidung gehalten.

Droben aber, im Saal mit den Hochzeitsgästen, dort versammelte der König das Volk um sich.

‹Heute›, sprach er, ‹ist mein Festtag, und daher habe ich mich ins Land hinausbegeben, um zu sehen, wie es den Armen unter meinem Volke geht.

Ich habe mich an drei verschiedenen Orten hingestellt, und viele Leute sind an mir vorübergegangen. Zuerst stand ich da als armes Mädchen und bat um Kleider, dann stellte ich mich als alter Mann hin und bat um Hilfe, und schließlich stand ich als altes Weib da und bat um Brot.

Ihr alle, die ihr eingeladen wurdet und gekommen seid, ihr alle seid an mir vorbeigegangen. Aber keiner von euch hat mich gesehen, denn ihr hattet es eilig, zu meiner Hochzeit zu kommen.

Und jetzt bin ich es, der euch nicht sieht.

Nur einen will ich sehen, denjenigen, dem dies gehört!› – Und er hielt ein altes Hemd, einen Becher, der voller Sprünge war, einen trockenen Brotkanten und ein Paar alte, ausgetretene Schuhe in die Höhe.

‹Alle, denen dies nicht gehört, müssen wieder nach Hause gehen, dahin, woher sie gekommen sind.›

Da holten die Hofleute den Jungen in den großen leeren

Saal herauf. ‹Bist du derjenige, dem diese Sachen gehören?› fragte der Königssohn.

‹Nein›, sagte der Junge, ‹denn ich habe sie weggegeben. Es ist jedoch eine große Schmach, daß man nichts anderes zu /171/ geben hat als solch alten, wertlosen Plunder.›

‹Es sind meine kostbarsten Hochzeitsgeschenke, über die du so sprichst›, sagte der Königssohn.

‹Jetzt treibst du deinen Spott mit mir›, sagte der Junge. ‹Aber Besseres habe ich wohl auch nicht verdient.›

‹Nun›, sagte der Königssohn, ‹sollst du an meinen Tisch kommen und aus deinem alten Becher von meinem Wein trinken. Und dann sollst du wieder dahin zurückkehren, von wo du ausgegangen bist. Diesmal sollst du jedoch ganz andere Dinge mit auf den Weg nehmen.›»

Der Pfarrer hielt eine Weile inne, als sei er müde geworden vom Reden. Dann fuhr er fort:

«Seht ihr, Kinder, viele kommen zur Hochzeit des Königssohns, sogar ohne zu wissen, daß sie dorthin unterwegs sind!

Und dieser Junge, der dorthin gelangt ist – der seid ihr. Er ist jeder einzelne von euch.

Bobbi aber war wie das kleine Mädchen, das fror und das euer Hemd bekam. Und dieses kleine Mädchen, es war der Königssohn selbst.

Bobbi brauchte von euch Liebe und Freundschaft und Fürsorge, und er bekam sie. Von allen bekam er sie. Denn dieses zerlumpte, zerschlissene alte Hemd, das dem kleinen Mädchen Wärme gab, dieses Hemd war die Liebe.

Aber denkt nun daran, Kinder, daß ihr ohne Bobbi keine Gelegenheit gehabt hättet, dies zu verschenken. Jemand muß am Wegrand stehen und um Hilfe bitten. Und dafür müssen wir ihm danken. Weil nämlich derjenige, der bekommt – nicht so glücklich ist wie derjenige, der gibt. Und nun, Kinder, wollen wir Bobbi danken, weil wir ihm das Teuerste geben durften, was wir hatten. Wir wollen ihm danken, daß er es annahm. Und wir wollen ihm danken, daß wir ihn unter uns haben durften, den letzten Tag, an dem er lebte. Daß wir ihn in unserem unschuldigen, sorglosen und liebevollen Spiel bei uns haben durften. Und ebenso wollen /172/ die Lehrer und seine Mutter ihm danken, weil sie ihm all ihre warme, liebende Geduld geben durften, all ihre unermüdliche Sorge, all ihr tiefes Verständnis.»

Leider wurde der Pfarrer an diesem wichtigen Punkt seiner Rede unterbrochen. Denn ein durchdringendes, einem Lachen ähnliches Keuchen zerriß die Stille in der Kapelle. Bandow sah schreckerfüllt auf, er ahnte eine Flegelei von Dimensionen, wie nur Bobbi sie einfädeln konnte. Aber Bobbi war doch nicht mehr da. Er sah hastig zu dem Sarg auf; aber die spärlichen Blumen lagen an ihrem Platz. Selbst Bobbi war nicht so verrucht, mit der höheren Ordnung und Weisheit der Natur zu brechen.

Wieder durchschnitt ein Heulen den Raum, diesmal ebensosehr ein Schluchzen wie ein Lachen. Die Unruhe unter den Kindern hatte sich verstärkt. Auch Strange sah jetzt hinüber, obwohl er von der Rede des Pfarrers halbtot war. Doch die beiden heulenden Schluchzer waren nur die Einleitung gewesen. Von der fünften Klasse herüber kamen weitere Laute, gurgelnde, noch halberstickte Laute, die endlich ihr Recht forderten. Plötzlich wurde allen klar, wer die Beisetzung störte. Es war das Kind, das nie eine Unterrichtsstunde gestört, das nie eine Scheibe eingeschlagen, nie unverschämt geantwortet hatte. Es war Oberlehrer Stranges kleiner Eigil, der sich in krampfartigen Zuckungen wand, während der rote Kopf und die großen Ohren einen wilden, komischen Tanz über den schmalen, mageren Schultern tanzten. Die Kinder rückten angstvoll zur Seite. Die Erwachsenen starrten ihn mit offenen Mündern an. Und aus dem Munde mit den großen, schiefen Zähnen kam Geheul auf Geheul. Strange starrte bleich zu dem hysterischen Weinkrampf des Sohnes hinüber. Mir bleibt doch nichts erspart, dachte er.

Die Kollegen sahen ihn bestürzt und mitfühlend an. Getan wurde nichts. Alle in der Kapelle waren wie gelähmt. Und das Heulen, überlaut und stark, hörte und hörte nicht auf. Still, unbemerkt sank der Sarg in den Boden. Dann geschah wieder etwas.

Ein kleiner Junge stand plötzlich vor Eigil. Er war rund, /173/
breitschultrig und kräftig und trug einen maßgeschneiderten Anzug. Er faßte Eigil mit dem linken Arm um den Kopf und legte ihm mit der rechten Hand ein großes nasses Taschentuch auf das Gesicht. Er wusch ihn ruhig und umsichtig. Noch ein paarmal mußte Eigil schluchzen und schlukken. Dann war alles wieder still.

Der Sarg war verschwunden.

Die Beisetzung war vorüber.

Strange sah aus wie ein Gespenst, als er aufstand.

«Ich gehe jetzt nach Hause», sagte Werner. «Das Manuskript nehmen wir ein anderes Mal vor.»

«Danke!» sagte Strange. «Danke!»

Dann leerte sich die Kapelle langsam.

Werner ging rasch nach Hause. Aber den Regenschirm für Paula vergaß er nicht.

Lange stand er im Geschäft und wählte und verwarf. Er fand einen Schirm mit hübschem Griff und einer Hülle aus Krokodilleder. Er war schön, aber er war zu kurz und sah zu modern aus. Doch dann fand er einen mit langem Schaft, einem Griff aus Elfenbein und einer Hülle aus schwerer Seide. Er schloß die Augen, als er den Preis hörte. Dann kaufte er den Schirm.

An der Tür kehrte er noch einmal um.

«Übrigens», sagte er, «könnte ich selbst einen Regenschirm gebrauchen.»

Er kaufte noch einen. Der war fast ebenso teuer wie der erste. Außer Atem und müde kam er zu Hause im Flur an. Die Treppe kam ihm in der letzten Zeit so merkwürdig lang vor.

«Paula!» brüllte er in die Wohnung hinein. «Paula! Komm her, zum Donnerwetter! Komm her, mein Liebling!»

Er hörte sie in der Küche.

«Komm doch, zum Donnerwetter!» rief er. «Ich habe für achthundert Kronen Regenschirme gekauft!»

Paula stand in der Tür.

/174/ «Das war aber auch wirklich das einzige, was noch fehlte», antwortete sie. «Wahrhaftig das einzige.»

Das Mittagessen war fertig. Und Paula küßte ihn zum Dank für den Regenschirm.

Sie hatte Spaghetti gekocht, Spaghetti à la milanese. So wie sie es von den Brüdern Angeletti gelernt hatte, als sie in Neapel wohnten und er an den beiden Arbeiten «Sozialismus oder Christentum» und «Das Christentum – ein maskierter Kapitalismus» schrieb. Sein ganzes Leben war eine Rauferei, ein Ringkampf mit dieser zählebigen Religion gewesen. Mit der er noch keineswegs fertig war. Natürlich hatte er den Kampf verloren. Das Christentum war älter als er und jünger als er. Viel jünger. Aber er ließ nicht los. Er war wie Jakob und das Christentum wie der Engel. Es segnete nur den, der es immer wieder mit ihm aufnahm. Und er würde nicht nachgeben, bis der Segen mit Händen zu greifen und zu fühlen war. Oh, er hatte noch etliche Einwände auf Lager! Und die wogen schwer, weil sie von einem Mann vorgebracht wurden, der weder an den Storch noch an die Affen glaubte.

»Was sagte der Oberlehrer denn?» Paula legte ihm Spaghetti auf den Teller.

«Er entblödete sich nicht, über Jochum herzuziehen. Ja, ob du es nun glaubst oder nicht, er behauptete, Jochum sei als Schulmann keine Kapazität gewesen!»

«Du hast ihm wohl die Meinung gesagt?»

«Ja, du. Leider wurde ich ziemlich heftig. Ich – ich hätte beinahe vollständig die Kontrolle über mich verloren. Weißt du, er bestritt rundheraus Jochums Bedeutung als Mensch.»

Werner brach plötzlich in ein lautes Gelächter aus. Es war ihm etwas eingefallen.

«Stell dir vor, ich warf die Zigarre an die Wand, daß die Funken stoben! Hoffentlich ist nicht die ganze Schule abgebrannt. Du hättest sein Gesicht sehen sollen! Er ging tatsächlich in einen anderen Aggregatzustand über. Er wurde flüssig!»

Dann erzählte Werner, wie sich der Vormittag gestaltet hatte. /175/ Beim Nachtisch wurden sie sich einig, daß er dem Oberlehrer die anonymen Briefe zurückschicken solle.

Als sie aufstanden, sagte er:

«Ich glaube, ich lege mich heute nachmittag zu Bett. Ich bin so müde.»

Und er war wirklich müde. Übrigens fühlte er sich nach den Mahlzeiten immer so schlecht. Jeden Tag nach dem Mittagessen war er mehrere Stunden lang müde und stumpf bis zur Bewußtlosigkeit. Es war die schlimmste Zeit des Tages für ihn, mit aufgetriebenem Magen und leerem Kopf, einem qualvollen Gefühl, der Herrschaft des Körpers preisgegeben zu sein – nicht schlafend, nicht wachend.

«Armer Abraham!» antwortete sie. «Hast du vergessen, daß du eine Verabredung hast? Du weißt doch, du hast ‹Dagsnytt› ein Interview versprochen?»

Der Tag war hin!

Natürlich wußte er es. Der Hintergrund dieses Interviews waren zwei Artikel, die er vor einiger Zeit geschrieben hatte: der eine über gregorianische Hymnen und der andere über das Auferstehungsmotiv in der Poesie des Mittelalters. Und die kleine, leicht gereizte konservative Zeitung witterte wohl Bekehrung in diesen Artikeln, die aus keinem anderen als rein künstlerischem Interesse geschrieben waren. So hatte sie einen ihrer Jünglinge zu ihm geschickt, einen der schon fast wieder vergessenen genialen Debütanten des Vorjahres. Der Teufel sollte dieses Genie holen!

Knurrend ging Werner und legte sich hin.

Zwei Stunden später kam Paula und streichelte seine alte, faltige Wange.

«Der junge Mann von ‹Dagsnytt› ist da. Du mußt aufstehen, Abraham.»

Werner grunzte.

«Paula», sagte er, «mein Täubchen! Kannst du ihn nicht an die Luft setzen?»

«Abraham! Du kriegst nachher starken Kaffee. Sei ein biß-
/176/ chen nett zu ihm. Er sieht richtig angenehm aus.»

«Junge Männer sollen unangenehm sein», antwortete er. «Richtig unangenehm.»

«Pfui! Das meinst du ja gar nicht. Es würde dich rasend machen, wenn einer sich mir gegenüber unangenehm aufführte.»

Er kam etwas mehr zu sich. Er hustete.

«Nein, zu dir sollen sie natürlich angenehm sein. – Das fehlte gerade noch.»

Er setzte sich auf.

«Den Salamandern gegenüber sollen sie sich unangenehm aufführen. *Das* meine ich.»

Er zog sich langsam an. Er fühlte sich so müde und unwohl. Etwas mit der Rede des Pfarrers am Vormittag stimmte nicht. Nicht, was den Pfarrer oder die Rede selbst anging. Aber ob die Worte nicht unter die Dornen gefallen waren? Unter die berühmten Dornen. Und nun saß im Wohnzimmer ein Jüngling und wartete auf ihn, ein neues Wunderkind von der konservativen Presse. Ein Wunderkind, das an T. S. Eliot und Gott glaubte. Einer von denen, die Hitler 1940 und die Sowjets 1950 durchschaut hatten. O Gott, wie boshaft und alt er sich fühlte! Er ging ins Wohnzimmer.

Das Wunderkind stand auf. Es sah brav aus. Rund und blond. So sieht also ein norwegischer Kafka aus, dachte Werner. Er entsann sich der Verlagsanzeigen im vergangenen Herbst.

Das Gespräch zog sich träge hin. Das Wunderkind hatte die Bücher, die Werner gern hatte, nicht gelesen. Es fand, Strindberg werde überschätzt, und Ibsen sei veraltet. Auch Silone sei nicht so bedeutend, wie man allgemein annehme. Bei Dante und Shakespeare war es nicht ganz sicher. Goethe sei unlesbar. Von Hölderlin, Novalis, Walther von der Vogelweide, Angelus Silesius und einer Anzahl anderer hatte das Wunderkind nur in der Literaturgeschichte gelesen, hatte aber trotzdem seine sehr bestimmte Meinung über sie. Werner konnte sie nicht richtig fassen. /177/

«Und Werfel, Mann, Hemingway?»

Gehörten einer vergangenen Epoche an.

Werner war ganz verdutzt über soviel Sicherheit. Dann ging das Wunderkind dazu über, von sich selbst zu sprechen.

«Man hält mich, was die Schilderung moderner Menschen angeht, für den einzigen, der darin etwas geleistet hat. Ich glaube, das trifft nicht zu. Wir sind doch noch einige. Drei, vier sind wir. Und ich halte Helgeby für einen größeren modernistischen Romanautor, größer als ich.»

Natürliche Bescheidenheit legte sich mit feiner aufflammender Röte auf das runde Gesicht des Jünglings.

Er hat ja gar keine Nase, dachte Werner.

«Ich selbst habe am meisten von T. S. Eliot gelernt», sagte das Wunderkind. «Ich gebe gerne zu, daß ich sein Schüler bin. Oder doch wenigstens, daß ich es war.»

Werner sichtete einen Anknüpfungspunkt. Er selbst hatte Ezra Pound gern.

Doch der andere wurde abweisend. Er kannte keine Gnade.

«Pound?»

Er hob die Augenbrauen, und hätte er eine Nase gehabt, so würde er sie jetzt gerümpft haben, dachte Werner.

«Pound? – Tja, seine Bedeutung liegt doch eigentlich darin, daß er eine Art Erwecker für Eliot war. Ist es nicht so?»

Ohne eine Antwort abzuwarten, fuhr er fort:

«Denken Sie nur an die Strophe: ‹All is ripeness …› Das ist Poesie!»

«Ja», gab Werner zu. «Das ist Poesie hohen Ranges, allein die drei Worte. Aber sie sind ja auch wortgetreu nach Rilke.»

«Rilke?» sagte der Jüngling.

«Ja, auch er gehört zu den Erweckern Eliots.»

Das Wunderkind war zufrieden.

«Neben Eliot lasse ich nur noch die schwedischen Poeten

Aspgren und Vattenblom gelten. Ja, ich stelle sie beinahe über ihn.»

Der Junge sah ärgerlich auf. Paula störte sie mit dem Kaffee. /178/ Das Wunderkind sprach kein Wort, bis sie das Zimmer wieder verlassen hatte.

«Verzeihung», sagte Werner, «aber wie war doch Ihr Name?»

Der Jüngling sah ihn mit offenem Munde an.

«Ligård. Nils Ligård.»

«Und Sie schreiben für ‹Dagsnytt›?»

«Ja.»

«Alle die anderen jungen Menschen ... die Modernisten schreiben doch auch dort?»

«Ja, alle.»

«Es ist so merkwürdig, daß die jungen Bahnbrecher Zuflucht in einer konservativen Zeitung gefunden haben. Und ausgerechnet in ‹Dagsnytt›, der konservativsten von allen.»

«Ja, heute sind die Konservativen die Radikalen.»

«Ist das so einfach?» Werner entsann sich dunkel, daß er selbst einmal so etwas geschrieben hatte, Ende der dreißiger Jahre, als die Arbeiterpartei zur Mehrheitspartei geworden war. Er fand die Worte heute nicht mehr überzeugend.

«Ja, das ist ganz klar!» fuhr der Jüngling fort. «Die Sozialisten sind im Materialismus hängengeblieben. In ihrem lächerlichen Widerstand gegen das Christentum. Im kindlichen Radikalismus.»

«So? Ist das so klar?» Werners Stimme klang schwach nasal.

«Alle modernen Schriftsteller glauben an Gott! Das ist ja eine natürliche Folge. Man muß es nehmen, wie es ist. Sie haben doch selbst geschrieben ...»

«Habe ich geschrieben, daß ich an etwas glaube?»

«Sie haben doch über den Auferstehungsgedanken im Christentum des Mittelalters geschrieben.»

«Das heißt nicht, daß ich an Gott glaube!»

«Nun ja. Aber Sie müssen doch zugeben, daß die Zeiten sich geändert haben. Der Strom hat einen anderen Lauf genommen. Alle modernen ...»

«Die *modernen*, ja. Eben: die modernen. Der Modernismus ist eine Mode geworden. Aber wer war es denn, der dem Strom einen anderen Lauf gab?»

Plötzlich ging in Werner etwas vor, zwei Fäden griffen in- /179/
einander. Der Fall Strange – und dann? So wie Strange an Jochums und seinem und vieler anderer Sozialismus schmarotzte, ebenso kamen sie sofort von den Konservativen angerannt, als das Gerücht umging, er sei ein bißchen christlich geworden. Jetzt kamen sie und wollten ihn für ihre Zwecke verwenden. Da war er wieder, der Zaunkönig auf dem Rücken des Adlers.

«Wissen Sie, daß um die großen Haie immer eine Menge kluger kleiner Fische herumschwimmen, die sich auch einen Mundvoll holen wollen?»

«Wie bitte?» sagte das Wunderkind.

«Ich denke an die Kunst. Die experimentelle Kunst oder, wie Sie sagen, der ‹Modernismus›, war vor vierzig, fünfzig Jahren etwas Lebendiges. Um die Zeit von Max Reinhardts Theater, in der Literatur, in der Malerei. Damals kostete es etwas, Modernist zu sein. Der Modernismus ist eine Richtung aus Kafkas Tagen. Damals *starben* die Leute daran, daß sie Modernisten waren. Sie verhungerten und wurden nicht von ‹Dagsnytt› unterhalten.»

«Na, wissen Sie!» sagte Ligård. Er war jetzt sehr rot im Gesicht geworden.

«Den Teufel weiß ich!» sagte Werner. «Es ist nichts mehr übrig vom Modernismus, nichts anderes als ein leerer, äußerlicher Experiment-Jargon. Sätze ohne Verben, was? Wenn man Sätze ohne Verben schreibt, glauben Sie, wird der Stil ‹intensiver›! ‹Intensiv› sagt man doch? Ein Jargon ist aus der ganzen Geschichte geworden. Einen Modernismus gibt es nicht mehr.»

Ligård zitterte, aber er sah Werner mit Würde an. So waren sie also, die alten Radikalen. Er hatte doch immer im Gefühl gehabt, daß sie ihm sehr fremd seien.

«Die modernistische Form in ihrer zersplitterten, zusammenhanglosen, nervösen Oberfläche ist Ausdruck des zersplitterten und zerbrochenen Weltbildes des modernen Menschen. Solch ein Inhalt fordert eine zerbrochene Form.»

/180/ «Zwischen Form und Inhalt besteht kein Unterschied», sagte Werner. «Wenn man Sie mit einem Gummiknüppel verprügelt – was mehreren von denen, die den Modernismus *erfanden*, passiert ist –, oder wenn jemand Sie mit dem Gewehrkolben schlägt, das passierte zum Beispiel mir –, dann schreien Sie ‹Au!›, und dies kleine Wörtchen ‹Au!› ist Form und Inhalt zugleich.

Und wenn es Ihnen wirklich *nahe* ginge, daß Ihr Weltbild zersplittert ist, dann würden Sie auf natürliche Art darüber klagen, ohne vorher daran zu denken, daß auch Ihr Ausdruck genügend zersplittert klingt.»

Ligård schloß die Augen. Wie primitiv er doch war, der alte Mann! Wie boshaft und töricht. Es lohnte kaum die Zeit, ihm zu antworten. Aber als höflicher Mensch tat er es trotzdem.

«In meinem Roman ‹Der Kaiser stand auf dem höchsten Turm› lasse ich eine meiner Personen ausdrücken, wie ich die moderne Literatur sehe. Es heißt da ungefähr so: Der moderne Mensch lebt unter einem gewaltigen Bewußtseins- und Gefühlsdruck. Er muß sich seine eigene Form erschaffen, die zersprengte Form. Sie muß die Harfe sein, deren Saiten unter der ungestümen Leidenschaft des Harfenspielers sprangen. Die Lyra mit den gesprungenen Saiten ist unser Symbol. In der modernen Literatur ist es wichtiger, daß sie modern, als daß sie Literatur ist. In der Poesie kommt das dadurch zum Ausdruck, daß sie Begriffe an Stelle der Bilder setzt; sie wird zur zersprengten, zur entpoetisierten Poesie. Im Drama drückt es sich durch die zersprengte Handlung aus – das entdramatisierte Drama.»

Er sah Werner triumphierend an. «So habe ich es gesagt, und ich glaube, es ist gar nicht so schlecht ausgedrückt.» Was versteht der alte Mann von alldem? dachte er in seinem Innern.

«Daß Sie so zersprengt seien, hätte ich gar nicht gedacht», sagte Werner. «Sie sehen doch sehr gut aus. Sie wohnen gewiß in einer hübschen modernen Wohnung.»

Das wurde Ligård beinahe zuviel. Zu niedrig und zu persön- /181/ lich.

«Nicht ich bin zersprengt. Mein Weltbild ist zersplittert.»

«Ich glaubte, Sie seien ein Christ.»

Der Jüngling sah ihn an, geduldig, jedoch erschöpft.

«Ja», sagte er, «ich bin ein Christ. Aber Sie sind kein Christ.»

«Nein», antwortete Werner, «da haben wir's! Sie treffen den Nagel auf den Kopf. Schreiben Sie's in Ihrer Zeitung: Abraham Werner ist kein Christ. Es steht nicht zum erstenmal drin; Sie folgen nur der redaktionellen Linie, wenn Sie es schreiben.»

Der trotzige alte Mann dauerte das Wunderkind. Er war ja in einer ewigen Pubertät stehengeblieben, genau wie die anderen alten Radikalen.

Werner seinerseits war niedergeschlagen. Er hatte die jungen Konservativen in der letzten Zeit so oft verteidigt, hatte gesagt, daß sie wirklich etwas zu geben hätten, daß sie oppositionell seien, und schon das sei doch etwas. Aber was der junge Mann hier sagte, war ja nur dummes Zeug. Dann hörte er wieder die Stimme des Wunderkindes und richtete seinen Kneifer.

«Was Sie sagen, ist ja ganz schizophren. Sie sind in Ihrer Persönlichkeit gespalten.»

Die Unverschämtheit regte Werner an. Dieser Gesichtspunkt wirkte neu. Werner war durchaus interessiert.

«Ja? Vielleicht haben Sie recht. Aber wie untermauern Sie es?»

«Durch die Feststellung, daß Sie Artikel über das Auferstehungsmotiv schreiben, christliche Artikel in Geist und Ton – und dann, wenn's drauf ankommt, wenn es sich um Ihre Person handelt, das Christentum verleugnen. Das ist ein schizophrener Standpunkt.»

Werner war enttäuscht.

«Wenn Sie Ihre Behauptung nicht besser untermauern können, muß ich Ihnen leider den Kummer machen, nicht viel schizophrener zu sein als andere Leute auch. Schade. – Sehen
/182/ Sie, ist man ein Christ, so muß man doch im Lauf einer ganz kurzen Zeit verbrennen. In zwei, drei Jahren oder so. Aber Sie – und Sie sagen ja, Sie seien ein Christ –, Sie gedeihen doch großartig! Oh, Sie werden sich lange halten! Es ist viel schizophrener zu sagen, man sei ein Christ, und dann nicht augenblicklich Feuer zu fangen. Wissen Sie, was ich glaube? Ich glaube, daß die Märtyrer, die Nero in seinem Garten als Fakkeln gebrauchte, so etwas wie ein Symbol sind. Ich glaube, sie verbrannten von innen her. Denn man kann nicht in Licht aufgehen, ohne zu brennen. Es ist natürlich möglich, daß sie auch tatsächlich verbrannten; aber das war dann nur eine Konsequenz des eigentlichen, des inneren Feuers.»

«Es überrascht mich nicht, daß Sie das Christentum so übertrieben und so jugendlich auffassen», sagte Ligård.

«Sie haben recht», sagte Werner, «ich bin sehr jugendlich. Zum Ausgleich sind Sie alt genug für uns beide. Sie sind ja nie jung gewesen, Mann! Sie dürfen beileibe nicht den Modernismus aufgeben. Sie tun ganz recht, sich einer Richtung anzuschließen, die auf dem Kontinent vor vierzig, fünfzig Jahren modern war. Die Rechtschreibung ist das einzige, in dem Sie auf dem laufenden geblieben sind.»

Der Jüngling hätte gern geantwortet, der Modernismus sei der absolut echte Ausdruck für das zersplitterte Weltbild der Zeit; aber irgend etwas erinnerte ihn daran, daß er gekommen war, Werner zu interviewen.

«Glauben Sie nicht, daß der Sozialismus seine Rolle ausgespielt hat?» fragte er.

«Nein», sagte Werner. «Ich glaube, daß er eben erst angefangen hat, eine Rolle zu spielen. Aber er leidet im Augenblick an allerlei Kinderkrankheiten, und er wird noch eine Weile mit großen Schwierigkeiten zu kämpfen haben, bis er seine Form gefunden hat. Wir schleppen zuviel aus dem vorigen Jahrhundert mit.»

«Und welche Form wird er finden?» fragte das Wunderkind und brachte damit den Alten ernsthaft in die Klemme.

Leider müssen wir Werner mitten in diesem wichtigen Ge- /183/ spräch mit dem begabten jungen Mann um eines anderen Gesprächs willen verlassen, das an einem ganz anderen Orte stattfand, nämlich auf einer der Bänke im Friedhof, nahe des Krematoriums, wo man Bobbi am Morgen die letzte Ehre erwiesen hatte.

Auf der Bank saßen zwei kleine Menschen, der eine rund und kräftig, mit einer soliden Lederjacke um die breiten Schultern. Der andere, ein ganz Teil größer, war sehr dünn und hatte einen roten Kopf auf einem blassen und mageren Hals, große, flatternde Ohren und mächtige, schiefe Zähne in dem halboffenen Mund.

«Ich habe eine gute Viertelstunde auf dich gewartet, Eigil», sagte der kleinere der beiden und sah auf die Armbanduhr. Er sprach mit einer starken, breiten Jungenstimme und kräftigem, rollendem R. Er mochte Leute, die zu spät kamen, nicht.

«Kark ließ mich nicht los», antwortete der Dünne und zeigte mit einem nervösen Lächeln die großen Zähne. «Ich mußte erst meine Rechenaufgabe machen.»

Birger ging in die zweite Klasse und kannte Snorres Saga von dem Sklaven Kark noch nicht, der Herzog Håkon unter dem Schweinekoben den Kopf abschnitt und hinterher seinen eigenen Kopf an Olav Trygvason verlor. Das Wort war ihm nur bekannt als Spitzname, den die Kinder dem neuen Oberlehrer gegeben hatten. Aber er wunderte sich, daß Eigil seinen Vater so nannte.

«Heißt er wirklich Kark?» sagte er. «Komischer Name.»

«Nein», antwortete Eigil, «aber wir nennen ihn so.»

Eigil wußte ebensowenig wie Birger, was der Name bedeutete, aber da Strange unter den Kindern nie anders als Kark hieß, pflegte auch er ihn so zu nennen. Der Oberlehrer hatte den Namen von einer längst abgegangenen siebenten Klasse

bekommen, seitdem gehörte er zu ihm – erb- und eigentümlich. Es war ein peinliches Geheimnis der Lehrer, daß alle den Spitznamen kannten. Bandow hatte ihn kurz vor
/184/ dem Kriege einmal im Korridor aufgeschnappt, als er unversehens von hinten in eine sich unterhaltende Jungenschar geraten war. Und Bandow ließ die Entdeckung zu jedem seiner Kollegen durchsickern und stieg damit bedeutend in ihrer Achtung. Es war ein Bombenerfolg geworden, einmal wegen der Heiterkeit, die der Name weckte, und dann wegen der Angst der anderen Lehrer, daß Bandow eines Tages auch ihre Spitznamen aufstöbern und sie auf die gleiche unterhaltsame Art unter die Leute bringen werde.

«Nein», sagte Eigil. «Der Alte heißt nicht Kark. Das ist nur sozusagen ein Name für ihn.»

Birger zog die Taschenlampe hervor und gab sie ihm.

«Hier ist sie», sagte er. «Du kannst sie eine Woche lang behalten.»

Eigil hielt die schwere, gummibezogene Lampe in der mageren, rotgefleckten Hand. Seine Augen glitzerten vor Lust, sie zu besitzen. Sie übertraf alles, was er bisher an Taschenlampen gesehen hatte. Sie war mit Gummi überzogen, um stoßfest und wasserdicht zu sein. Dann fühlte er Birgers warme Pfote auf seiner dünnen Schulter und hörte die breite Stimme sagen: «Übrigens kannst du sie auch ganz behalten.»

Eigil sah auf; er fürchtete, sich verhört zu haben. Doch Birgers Augen sahen betrübt auf die Lampe. Er nahm Abschied von ihr.

Eigil war selig, aber etwas Angst hatte er auch. Es war beinahe unheimlich, daß Birger solch eine Lampe weggab. Niemand an der ganzen Schule hatte so etwas Großartiges. Es kommt daher, daß Birger noch so klein ist, dachte er, er geht ja erst in die zweite Klasse. Er weiß nicht, wie teuer solch eine Lampe ist.

«Ich weiß, warum du heute geweint hast», sagte Birger.

«Ich habe nicht geweint», antwortete Eigil. «Ich hatte einen Krampf.»

Darauf hatte man sich bei ihm zu Hause geeinigt, und jetzt glaubte er es selbst. Birger sah ihn ernst an.

«Doch, du hast geweint.»

Eigil wollte wieder leugnen, aber er brachte es nicht fertig. /185/

«Du hast geweint, weil du schlimm gegen Bobbi warst.»

«Nä-hä!» antwortete Eigil. «Ich bin nie schlimm.»

«Doch, du warst schlimm gegen Bobbi!»

«Nä-hä! Wir haben nur gespielt.»

«Du hast ihn mit deiner Flagge gestochen. Ich hab's gesehen.»

«Das ist doch nicht schlimm!»

«Ihr seid alle schlimm gegen Bobbi gewesen!»

Eigils Gesicht begann zu weinen. Und das Weinen zog sich so merkwürdig dem Halse zu. Er hatte die Taschenlampe ganz und gar vergessen und legte sie neben sich auf die Bank. Die Augen blinzelten und blinzelten.

«Ich bin nie schlimm!» sagte er laut. «Ich bin nie schlimm gewesen.»

«Doch. Gegen Bobbi.»

Überall in Eigil zuckte es. Er bebte am ganzen Körper.

«Ich bin brav!» rief er. «Ich bin immer brav gewesen. Ich habe nie Scheiben eingeschlagen. Und ich mache meine Schularbeiten. Ich bin brav.»

Immer mehr Tränen stiegen in seine Augen. Sie liefen hurtig weiter. Birger überlegte. Er wollte etwas sagen, aber es war etwas sehr Schwieriges.

«Mein Vater», kam es dann, «mein Vater sagt, die bravsten Kinder wären oft die schlimmsten.»

Er sah unsicher zu Eigil hinüber, weil er nicht wußte, ob er es richtig gesagt hatte. Doch Eigil starrte ihn schreckerfüllt an. Er verstand die Worte nicht ganz, aber trotzdem waren sie ihm unheimlich.

«Du kannst einem leid tun», sagte Birger und strich ihm über den Arm.

Eine ganze Weile verging. Eigil wischte sich die Nase.

«Glaubst du, daß Bobbi in eine Urne kommt?» sagte Birger.

Und noch eine Weile blieben sie sitzen und sprachen von Urnen. Dann fielen die ersten Regentropfen.

Am Abend kam die Mutter allein zu Birger und sagte ihm
/186/ gute Nacht. Der Vater war unterwegs.

«Du, Mutter!» sagte Birger im Dunkeln.

«Ja.»

«Du, ich muß dir etwas sagen.»

«Sag's nur, Birger!»

«Du darfst mir aber nicht böse sein?»

«Nein, Birger.»

Beinahe eine Minute verging in Schweigen.

«Du, Mutter?»

«Ja?»

«Ich kann brave Kinder nicht leiden!»

Dann schlief er ein, dieser Tag hatte ihn müde gemacht.

Wie alle Tage Birgers war er sehr lang und erfüllt von wunderlichem Erleben gewesen. Aber die Laute des Regens draußen nahm er mit in den Schlaf hinein.

Kapitel 5

Das Regenwetter über der Stadt zog sich am nächsten Mor- /187/
gen weit aufs Meer hinaus, durch den Oslofjord, am Ferder Leuchtturm vorbei und über das Skagerrak hin. Es lief die Küste hinab, am Oksö-Feuer vorbei und in die Nordsee hinaus. Im Oslofjord wehte eine frische, freundliche Brise und ließ die Regentropfen munter über die kleinen Wellen hüpfen, vor Ferder wuchs die Brise zu leichten Windstößen an, und die Südlandküste hinab wurden Regen und Wellenkämme aufgerührt und gepeitscht von dem ewigen Gefährten der Meeresküste, einem steifen Südwest. Jedoch erst über Lindesnes hinaus konnte man von einem leichten Sturm sprechen. Während die Brise den Regen eilig und schräg niederfallen ließ, trieb der Südwest die Tropfen kilometerweit waagerecht über die Wogenrücken hin; die weißschäumenden Kämme hoben sich geschwind ein paar Meter hoch in die Luft, um den Regen anzusaugen, aber trotzdem mußten die langen Tropfen, dünn wie ein Faden, erst weit, weit fliegen, ehe sie sich mit dem Salzwasser vereinigen durften. Nur der Sturm brachte es fertig, es auch von unten her regnen zu lassen, eine schäumende, milchweiße Masse von Brackwasser, von Regenstrahlen, die sich erhoben und himmelhoch standen, salzige Schaumfetzen, die sich von den Wogen lösten und wie große Möwenflüge in die Luft flatterten.

Ein leichter Sturm auf See ist das, was man an Land einen Orkan oder Taifun nennt. Er reicht hin, daß eine an Bord befindliche Landratte sich auf eine Begegnung mit dem Tode vorbereitet und daß ein Seemann beide Hände gebrauchen muß, wenn er sich auf Deck eine Zigarette anzünden will.

M/S «Teneriffa» lag direkt im Wind und stampfte gegen die See, ungefähr bei jedem dritten Nasenstüber nahm sie vier, fünf Tonnen Salzwasser über die Back. Dann hob sie wieder den Kopf und schüttelte das Wasser ab, daß es wie ein

Niagara über die Leitern, um die Winschen und an den Luken entlangschoß. Es war ein herrlicher Hexenkessel an Deck. Die «Teneriffa» spürte die Seligkeit bis hinunter zum
/188/ Kiel und schickte übermütige Schaumspritzer mittschiffs und über die Brücke.

An Steuerbord sah der Rudergänger noch einen ins Graue spielenden Streifen des Listalandes durch den Regen. Er selbst stand warm und gut hinter dem hübschen kleinen Ruder aus Teakholz, trat aber die ganze Zeit vom einen Fuß auf den andern. Er wartete auf Ablösung.

Unten in seiner Kajüte lag Kapitän Moe auf dem Sofa, die Dienstmütze auf dem Kopf und um den Hals einen weißen Seidenschal. Er war ungefähr fünfzig Jahre alt, hatte kurzgeschnittenes dunkles Haar, ein braungebranntes Gesicht und einen Körper wie ein Zwanzigjähriger. Der Steward hatte eben den Tee serviert, der jetzt mit Milchkanne, Zukker und kanadischem Honigkeks nett angerichtet hinter der Schlingerleiste stand. Kapitän Moe führte einen hübschen Elftausendtonner und hatte ihn gern. M/S «Teneriffa» hatte in Oslo gelöscht und geladen und war nun unterwegs nach Montreal, einen kurzen Aufenthalt in Bergen und eine fröhliche Frühlingsfahrt über den Nordatlantik vor sich.

Kapitän Moe hatte allen Grund, zufrieden zu sein. Die Tage der Hast in Oslo waren vorüber, er brauchte keine Treppen mehr zu klettern, brauchte nicht in Aufzügen zu stehen, brauchte nicht Taxi zu fahren, brauchte nicht in Büros zu gehen. Er hatte eine beträchtliche Anzahl perlglatter und friedlicher Tage vor dem Bug, einige tausend Fuß tief Salzwasser unter dem Kiel und reichlich frische Luft hinter dem Segeltuch über der Reling. Selbst bei kräftigem Gegenwind machte die «Teneriffa» ihre sechzehn Meilen im Wachtörn. Trotzdem war er schlechter Stimmung.

Sein siebzehnjähriger Sprößling, der Stolz des Vaters, machte ihm Sorgen. Der Bengel weigerte sich, länger zur Schule zu gehen. Er wollte zur See.

Gewiß, er konnte den Jungen sein Leben zerstören lassen,

wenn er es absolut wollte. Aber er hatte sich nun einmal an den Gedanken gewöhnt, daß sein Sohn später *seinen* Sohn öfter als nur alle vier Jahre einmal sehen solle. Die Gören wuchsen so unwahrscheinlich schnell heran, und es war /189/ ganz natürlich, daß auch ein Seemann seine Brut gern ein paarmal zwischen Taufe und Hochzeit sehen möchte. Deshalb nahm er seinen Sohn mit in den Keller der Villa, in der er selbst bisher nicht mehr als ein paar Monate hatte wohnen können, und hielt ihm folgende Rede:
«Mein Junge! Ich will, daß du leben sollst wie ein Mensch, und deshalb erlaube ich dir nicht, zur See zu gehen. Wenn du nicht sofort jeden Gedanken an den Seemannsberuf aufgibst, schlage ich dir die Knochen im Leibe entzwei.»
Die Rede war nicht ohne Wirkung auf den Sohn geblieben; er versprach, jeden Gedanken an das blaue Meer fallenzulassen. Doch Kapitän Moe war sich bewußt, daß er zu hart gewesen war. Außerdem grübelte er darüber nach, ob er wohl wirklich Hand an den Jungen gelegt haben würde, wenn der nicht nachgegeben hätte. Leider mußte er es für höchst wahrscheinlich halten, daß er es getan haben würde. Dazu kam noch, daß ihn der quälende, nagende Gedanke verfolgte: Wenn der Junge wirklich Mumm im Leibe hatte, dann fuhr er das nächste Mal seiner Wege, ohne den Vater zu fragen. Oder etwa nicht?
Nein, der Tee schmeckte dem Kapitän nicht, obwohl er süß und rötlich violett war, ein Tee, wie man ihn an Land nie bekam.
Da klopfte es an die Tür, und der Jungmann, der eben Törn am Ruder gehabt hatte, trat mit etwas auf dem Arm ein. Eine Kette Hühnerringe hing fast bis auf den Boden.
«Was?» sagte der Kapitän und erhob sich. Er riß die Augen auf. «Was in heißester, rotglühender …!?»
Der Jungmann war eben am Ruder abgelöst worden; aber als er nach achtern ging, in dem Augenblick, da er sich umdrehte, um die Leiter hinunterzugehen, hörte er einen Laut, der ihn reglos stehenbleiben ließ. Zuerst dachte er, das

unablässige Starren auf die Kompaßscheibe habe ihn etwas verwirrt. Doch dann hörte er den Laut noch einmal und jetzt deutlicher. Er ging an das Rettungsboot und lauschte und
/190/ sah sofort, daß die Persenning nicht ordentlich übergezogen war. Er hob sie hoch und sagte ungefähr dieselben Worte, die der Kapitän ein paar Minuten später so aufrichtigen Herzens sprach.

Der Junge, der auf dem Boden des Rettungsbootes lag, sah aus, als sei er dem Tode nahe. Er war weiß wie ein Mullverband und über und über beschmutzt von Erbrochenem, das offenbar in den letzten Stunden aus nichts anderem als Galle und etwas Schleim bestanden hatte. Nun gut, ein ordentlicher Seemann muß alles können, vom Spleißen einer Stahldrahtleine bis zum Melken einer Kuh. Der Jungmann wußte, daß der Kapitän vor ein paar Jahren als Arzt und Hebamme agiert hatte, als ein weiblicher Passagier während eines Orkans in Westindien zu früh niedergekommen war. Die Geburt war tadellos verlaufen, und es würde jetzt interessant sein zu sehen, ob der Alte sich aufs Kinderwarten ebensogut verstand wie auf Geburtshilfe und Säuglingspflege. Also hob der Jungmann das wimmernde Bündel aus dem Boot und trug es sofort zu Moe in die Kajüte.

«Er lag im Rettungsboot backbord», sagte er.

«Klingeln Sie dem Steward», antwortete der Kapitän. Der Steward kam, und der steifgefrorene, leise jammernde blinde Passagier wurde mit Wärmflaschen und wollenen Decken in die Krankenkabine gelegt. Der Kapitän zog ihn aus und rieb ihm lange Zeit die Füße.

Was Seekrankheit, Kälte und Angst von Jonas übriggelassen hatten, war noch immer bei einer Art von Bewußtsein. Und als der Steward Svendsen ihm Ananas, Trauben und warme Milch gab, kehrte er überraschend schnell in die Welt der Lebenden zurück. Jonas hatte noch nie Ananas und Trauben gegessen, und er nahm ohne weiteres an, daß sie mit zum Seemannsleben gehörten. Er erbrach die Früchte nicht, vierundzwanzig Stunden Seegang hatten seinen Magen schon an

die Bewegungen des Schiffes gewöhnt, und später am Tage
schaffte er es sogar, eine Tasse Hafersuppe mit Saft und Zuk-
ker darin, die der Steward ihm brachte, bei sich zu behalten.
Dann lag er warm und matt in einem traumerfüllten und /191/
freundlichen Halbschlaf. Er hatte festgestellt, daß er auf
dem Wege zum Nordatlantik war, und damit war er über-
zeugt, daß alle Sorgen ihr Ende gefunden hätten. Er hatte
die Welt hinter sich gelassen. Deshalb träumte er auch etwas
von seinem alten Oberlehrer.

Gegen Abend bekam er Besuch von dem Seemann, der ihn
gefunden hatte. Jonas erkannte den Jungmann sofort wieder
und fragte ihn gleich, ob er in Singapur gewesen sei. Doch
dort war der Jungmann nicht gewesen. Dagegen war er des
öfteren im Roten Meer gewesen und sogar in der Wüste
spazierengegangen. Er war noch nicht so furchtbar lange auf
See, war erst ein Jahr, bevor Jonas zur Schule kam, Seemann
geworden.

«Ist es schön in der Schule?» fragte der Jungmann.

«Ja», antwortete Jonas mit Nachdruck, «in der Schule ist es
schön. Ist es schön auf dem Schiff?»

Doch ja, der Jungmann fand es großartig an Bord. Er hatte
keine Frau und keine Kinder. Jonas mochte ihn sehr gern,
und als sich herausstellte, daß er Märchen erzählen konnte,
mochte er ihn noch lieber. Zuerst erzählte er ein langes und
trauriges Märchen, aber es ging gut aus. Das Traurige kitzel-
te Jonas im Hals und in den Schultern, und dann erzählte
der Jungmann ein Märchen, das war so, daß Jonas lachen
mußte, bis es ihm hinten im Kopf furchtbar weh tat. So
hatte er beinahe noch nie gelacht.

Danach wollte er noch mehr Märchen hören, doch der Jung-
mann sagte, jetzt müsse er selbst etwas erzählen.

»Aber du wirst so sonderbar im Gesicht, wenn du Märchen
erzählst», sagte Jonas. «So groß.»

«Alle, die Märchen wissen, werden sonderbar im Gesicht. In
welche Klasse gehst du?»

«In Fräulein Bös Klasse.»

«Und welchen von deinen Klassenkameraden magst du am liebsten?»

«Birger.»

/192/ «Birger ist wohl ein feiner Junge, ja?»

«Er kennt so viele Vögel, und dann habe ich die Hühnerringe von ihm.»

Jonas sah sich plötzlich ängstlich in der Kajüte um. Erst jetzt dachte er an die Hühnerringe. Aber der Jungmann fand sie sofort in der oberen Koje, wo der Kapitän seine Kleider hingelegt hatte. Er wickelte Jonas die Kette um den Hals, und einen Augenblick lang war es Jonas beinahe, als sei Birger bei ihm.

«Dann ist Birger wohl in Ordnung?»

«Ja, und er foppt mich auch nicht. Er ist der Stärkste in der Klasse.»

Jonas wickelte etwas von der Kette auf und spielte mit den freien Enden.

«Wer hätte gedacht, daß du Seemann würdest, Jonas!»

Der Junge lächelte selig, und der Jungmann gab ihm noch ein paar Scheiben Ananas aus der Schüssel, die der Steward ihm hingestellt hatte.

«Wer foppt dich denn am meisten?»

«Alle zusammen. Die Größten.»

«Und jetzt willst du weiter Seemann bleiben, Jonas?»

«Glaubst du, daß ich nach Singapur kommen kann?»

«Ich weiß nicht, vielleicht mußt du dich mit der Nordsee begnügen.»

«Aber auf den Nordatlantik?»

Keiner von beiden achtete auf das starke Schlingern des Schiffs.

«Meinst du nicht, daß die Nordsee genügt? Es gibt gar nicht so viele, die auf der Nordsee gewesen sind, das kannst du mir glauben.»

«Nein, nei–ein!» Jonas' Stimme wurde butterweich. «Ich will auf den Nordatlantik!»

Er beugte sich vor und sagte es noch einmal, sanft und ein-

schmeichelnd wie ein Kätzchen. Er hätte dem anderen unter den blauen Seemannspullover kriechen mögen. Der Jungmann sah um sich. Er sah nach unten und aus dem Luk, er studierte die Innen- und die Außenseite seiner Hände. Dann /193/
sah er auf.

«Weißt du, Jonas, damit mußt du noch ein paar Jahre warten. Aber dann kannst du auf den Nordatlantik und nach Singapur. Jetzt müssen wir dich erst den Eltern zurückschikken.»

In diesem Augenblick war es aus mit Jonas' Glück. Das letzte Stückchen Ananas wurde zu Sand in seinem Munde. Die Tränen stürzten so rasch und heftig, daß seine Augen zu Quellen wurden, die plötzlich überliefen. Der Jungmann nahm seine Hand.

«Aber Jonas, du darfst wiederkommen, wenn du größer geworden bist.»

Jonas umfaßte mit beiden Händen seinen Arm.

«Ich will hierbleiben.»

Der Jungmann strich ihm mit der freien Hand übers Haar.

»Sieh mal, Jonas, wir müssen dich doch wieder an Land schicken.»

Aber Jonas klammerte sich nur noch fester. Er schluchzte so, daß der ganze Körper sich in krampfartigen Zuckungen wand. Und er schrie lauter und lauter.

«Ich will hierbleiben! Ich will hierbleiben!»

«Warum willst du nicht wieder nach Haus, Jonas?»

«Nein!»

«Ja aber, Jonas, warum willst du denn nicht wieder nach Haus?»

«Ich will hierbleiben!»

«Sind sie häßlich zu dir?»

«Nein.»

«Aber hier kannst du nicht bleiben, Jonas! Das mußt du einsehen.»

Der Jungmann erschrak über die Wirkung, die seine Worte auslösten. Der Junge legte den Kopf hintenüber und wurde steif wie ein Stück Holz, zusehends mehr geriet er in einen tranceähnlichen Zustand. Er stieß gurgelnde Laute aus und schrie, heulte lauter und lauter.

/194/ «Willst du bei mir bleiben, Jonas?»

«Ja, ich will bei dir bleiben.»

«Gut, Jonas – aber dann darfst du nicht mehr heulen. Leute, die schreien, können wir hier nicht gebrauchen. Der Steward kriegt Angst, und dann kann er uns kein Essen mehr bringen. Und der Kapitän kriegt Angst, dann kann er nicht mehr steuern.»

Jonas wurde etwas ruhiger, doch die Laute, die er von sich gab, waren noch immer nicht wieder menschlich.

«Warum willst du nicht nach Haus, wenn niemand häßlich zu dir ist?»

«Ich soll auf die Iddioten!»

Jonas fing wieder an zu weinen, seltsam fern und klagend, beinahe wie ein Erwachsener.

«Nein, du kommst nicht auf die Iddioten. Ich sorge dafür.»

Jonas sah zu ihm auf, unter Tränen mißtrauisch.

«Doch, ich komme auf die Iddioten.»

«Ich sorge dafür, daß du nicht auf die Iddioten kommst. Glaubst du, daß ein Seemann hält, was er verspricht?»

Jonas nickte weinend.

«Ich komme mit dir nach Oslo und passe auf, daß niemand dich auf die Iddioten bringt. – Willst du nach Hause, wenn ich mitkomme?»

«Ich will hierbleiben.»

«Du kannst nicht hierbleiben. Ich fahre mit dir nach Haus.»

Doch Jonas weinte und weinte, nur ganz langsam wurde sein Weinen sanfter, fließender und tat nicht mehr so weh.

Erst ein paar Stunden später stand der Jungmann wieder in Kapitän Moes Kajüte.

«Ich dachte, Sie wollten noch eine Reise an Bord bleiben?»

«Das hatte ich vor. Aber an Land muß ich ja doch wieder, und da kann es ebensogut gleich sein. Dann bringe ich den Jungen nach Haus.»

«Wir haben ein Funkgespräch mit Oslo gehabt. Die Eltern sind wahrscheinlich jetzt unterrichtet.»

«Es wird nicht leicht sein, ihn wieder nach Haus zu bringen.» /195/

«Weshalb ist er getürmt?»

«Ich weiß nicht recht, aber es ist etwas mit der Schule.»

«Ah so. Ah so. Mit der Schule? Hm. – Ja, darauf müßten Sie sich ja verstehen. Sie sind doch selbst getürmt.»

Er lachte und fuhr fort:

«Waren Sie nicht Studienrat und sind dann getürmt?»

«Gott soll mich davor bewahren, wieder an ein Gymnasium zu kommen!»

«Hören Sie mal», sagte der Kapitän. «Ich habe nur läuten hören, daß Sie Gymnasiallehrer waren. Der Steuermann erwähnte so etwas. Sagen Sie, ist es wirklich so fürchterlich? Wissen Sie, ich habe … ja, ich habe einen Sohn, verstehen Sie.»

«Ich glaube, ich sollte mich besser nicht darüber äußern. Aber ich will jedenfalls nie wieder etwas mit einer Schule zu tun haben.»

«Aber Sie haben doch eine langjährige Ausbildung?»

«Ja.»

Der Kapitän ging ein paarmal um den Tisch. Dann blieb er stehen.

«Hm. Sagen Sie, kommt es oft vor, daß jemand von der Schule türmt?»

«Daß Lehrer abgehen, ist verhältnismäßig selten. Sie haben, wie Sie schon sagten, eine langjährige Ausbildung hinter sich.»

«Ich denke an die Schüler.»

«Unter Schülern kommt es auch nicht oft vor. Es ist ein besonderer Typ, der durchbrennt. Die zu diesem Typ gehören, machen sich im allgemeinen schon früh bemerkbar. Meist scheidet die Schule sie gleich in den unteren Klassen aus. Die Schulordnung soll nicht gestört werden, wissen Sie.»

«Was ist das für ein Typ, der durchbrennt?»

«Es sind tatkräftige Naturen, die dort nicht gedeihen.»

«Und wenn sie keine Möglichkeit haben, durchzubrennen?»

/196/ «Tja, da werden sie dem Anschein nach wie die meisten anderen, nur daß sie innerlich etwas kränker sind.»

«Und so – die etwas phantasievolleren Typen? Brennen *die* durch?»

«Tja, die brennen nur teilweise durch – meist so, daß der Körper auf der Schulbank sitzen bleibt. Sie werden stumpf.»

«Ah so. Ah so.»

«Die richtigen Ausreißer sind ganz extreme Fälle, Kinder, die allzusehr mit der Schule in Konflikt geraten, Kinder, die sich ihrer Schwierigkeiten bewußt sind. Im Grunde leiden sozusagen alle Schüler unter der Unzulänglichkeit der Schulen, nur in verschiedenem Grade. Es wäre Wahnsinn zu glauben, daß nur die Schüler, die sichtbar Schaden nehmen, zerstört werden. Man kann sich überhaupt nicht vorstellen, wieviel Schaden tagtäglich in den Schulen angerichtet wird, vielleicht gerade dort, wo die Schäden unsichtbar bleiben.– Wahrscheinlich sind sie dort am größten!»

«Viel Gutes haben Sie über die Schulen nicht gerade zu sagen.»

«Nein. Deshalb gehe ich nie wieder an eine Schule zurück. Ich mache das nicht mit.»

«Das ist ja allerhand.»

Der Kapitän kratzte sich unter der Dienstmütze auf dem Kopf.

«Ist das wirklich Ihr Ernst?»

Der Jungmann lehnte sich an den Türrahmen, um nicht die ganze Zeit breitbeinig stehen zu müssen. Hier stand er ruhig und machte die Bewegungen des Schiffes mit. Eine Weile verging.

«Das ist entsetzlich», sagte der Kapitän und sah ihn an.

«Die Schule ist im Grunde ein einziger großer Fleischwolf, außen hygienisch und emailliert, aber innen ... Und deshalb bin ich kein Lehrer mehr: Ich will kein Schlächter sein.»

Der Kapitän sah ihn an und dachte: Merkwürdig, wie aufgebracht er ist! Er ist ganz blaß vor Zorn.
«Ich glaube, Sie übertreiben doch etwas.»
«Ja, ich übertreibe.» /197/
Dann wandte er sich der Tür zu, um zu gehen, und der Kapitän hob die Fingerspitzen an den Mützenrand. Der Jungmann setzte den Fuß über die Schwelle und schloß die Mahagonitür hinter sich. Er ging durch den schmalen Korridor und öffnete vorsichtig die Tür der Krankenkabine auf einen Spalt. Es war ganz dunkel drinnen, und er hörte Jonas in der Koje leise atmen. Es war ein sanftes, gutes Atmen, daunenleicht und warm. Der Jungmann blieb eine Weile in der Tür stehen.
«Gut, daß ich keine Kinder habe», murmelte er. Dann schloß er die Tür lautlos, und erst, als er auf Deck war, merkte er, daß er noch immer auf den Zehenspitzen ging.

Am gleichen Tage setzte der Bootsmann Andreassen sich in den Kopf, daß Jonas tot sei. Und das kam, weil der Tag ein Sonntag war.
Arbeitsplatz und Glockenschlag hatten ihm durch die Wochentage hindurchgeholfen, doch als der Feiertag kam und Jonas noch immer verschwunden blieb, wurde es ihm zuviel. Es war ein regnerischer Frühlingsmorgen, und schon gegen sieben Uhr fühlte der Bootsmann, daß es aus sei mit Jonas. Und er begriff, daß er, der Vater, die Schuld daran trug.
Die Morgenstunden hindurch saß er still und bedrückt da, rieb sich mit dem fleckigen, tätowierten Handrücken über die Stirn und starrte aus dem Fenster. Aber am späteren Vormittag wurde er unruhig. Er zerschlug die große, bemalte Muschel aus Schanghai und das Kaffeetablett mit den Schmetterlingsflügeln darauf aus Brasilien. Und er rief nach Jonas. Er wurde sehr laut und stieß mit dem Kopf auf den Fußboden, so daß Anna zum Nachbarn gehen mußte, um ihren Onkel, den Taxichauffeur, anzurufen.
Er war nicht zu Hause. Erst später am Tage kam er und half

ihr aushalten. Sie brauchte jetzt Hilfe, denn zu der Angst um den Sohn kam nun noch die Furcht, daß es mit dem Mann schlimm ausgehen könne. Sie mußte ihn behandeln
/198/ wie ein Kind und ihn die ganze Zeit trösten.

Erst spät am Abend kam Bescheid vom Polizeirevier, daß Jonas gefunden sei. Er war an Bord eines Schiffes draußen vor Stavanger und sollte in ein paar Tagen über Bergen nach Hause geschickt werden. Beide Männer wurden so froh, daß eine ganze Weile verging, bevor sie merkten, daß Anna sich in der Schlafkammer aufs Bett gelegt hatte.

Zweiter Teil

Unters Rad

Unters Rad, Freunde, unters Rad, wo solche Lieblingsseelen hingehören …

Olaf Bull

Kapitel 6

Am gleichen Tage gingen die drei Schwestern Abrahamsen /201/ früh von zu Hause fort. Drei magere entschlossene Grazien, gingen sie nebeneinander durch den Platzregen. Drei schwarze Mäntel und drei Regenschirme, doch nur der eine der Regenschirme war aufgespannt, weil zwei der Schwestern eben in einem heftigen Wortgefecht standen. Sie gingen zu beiden Seiten der ältesten, der neutralen, möglichst weit außen und ließen den Regen auf Hüte und Haar und Mäntel herniederströmen. Die Regenschirme hielten sie geschlossen in der Hand, sie brauchten sie zum Gestikulieren. Am erregtesten war die jüngste der Schwestern, die sich damals bereit erklärt hatte, für Jonas ihre Stellung aufs Spiel zu setzen.

«Ich will nicht mit Back sprechen!» rief sie. «Er ist so bösartig. Und dann war er gestern wieder betrunken. Jeden und jeden Samstag ist er betrunken – sternhagelbetrunken.»

«Back ist nie betrunken! Nur samstags leicht angesäuselt, und darauf hat er wohl ein Recht, soviel wie er um die Ohren hat! Und bösartig ist er auch nicht. Er sieht nur 'n bißchen barsch aus. Er ist so gut zu den Kindern!»

Das wurde der Jüngsten zuviel.

«Back gut!» Sie schnaubte. «Gut? Ha! Daß ich nicht lache!» Und sie lachte ein schrilles, erregtes Lachen. «Marx, den haben sie gern! Der ist gut, und mit ihm müssen wir sprechen!»

«Ho!» Die andere beugte sich vor die älteste Schwester, die zwischen ihnen ging. «Dein kleiner Marx hat nichts zu sagen. Er hat überhaupt nichts zu melden. Er kann nicht entscheiden, ob Jonas auf die Schule kommt oder nicht. Back ist der Chef!»

«Back, der Saufaus! Wenn man nur sein Gesicht am Sonntagmorgen sieht! Von dem ist keine Hilfe zu erwarten.»

Die Stimmen stiegen und sanken in der sonntagsleeren,

nassen Straße, die drei schwarzen Gestalten spiegelten sich im Bürgersteig. Als sie an die Haltestelle der Straßenbahn kamen, stachen die Regenschirme noch immer hitzig hier-
/202/ hin und dorthin.

«Spannt sie auf», sagte die älteste Schwester plötzlich. «Wir gehen zuerst zu Marx, und dann schicken wir ihn nach oben, damit er Back holt. So war's abgemacht.»

Die zweitälteste murrte leise.

«Ich meine, wir hätten zur Handarbeitslehrerin gehen sollen. Aber wer hört auf das, was ich sage? Sie ist die netteste von allen. Und sie hätte uns geholfen.»

Die anderen antworteten nicht. Eine Weile murmelte sie, in den Regen hinein, vor sich hin. Dann wurde es still. Eine lange Pause entstand unter den Regenschirmen, und dann war die Straßenbahn da. Sie schüttelten das Wasser von sich selbst und von den Regenschirmen ab und stiegen ein.

Die Älteste legte die Hände im Schoß zusammen und schielte durch das Wagenfenster zu dem nassen, schmutzigen Wollhimmel hinauf. Doch je weiter die Bahn mit ihnen dahinrasselte, um so nervöser wurden die Schwestern. Sie sahen einander ab und zu an, und zusammen fuhren sie durch den nassen Sonntagmorgen dahin.

Johannes Marx lag wach in seinem Zimmer im Dachgeschoß der Schule. Er war aus seinem Sonntagstraum erwacht, aus dem zwitschernden, brodelnden Kindermeer, in dem er stets, bevor das Tageslicht in ihn eindrang, umherschwamm. Es war ein Traum, den er auch alltags geträumt haben würde, hätte nicht der Wecker ihn zerstört. Nur der Sonntag gönnte es ihm, von selbst zu erwachen und den Traum um sich ganz zu fühlen: den brausenden, wallenden Strom kleiner Kinder, in dem er umherschwamm und –schwebte. Es war, als fliege er – mitten in einem Vogelschwarm. Es war ein guter Traum, ein gesunder und ruhegebender Traum, der nach Milch und Daunen roch.

Er lag noch ein Weilchen still, beinahe reglos im Bett, ehe er sich dunkel entsann, daß er vorher einen anderen Traum gehabt hatte, einen bösen, ausweichenden Traum, der hinter und unter dem guten Traum lag.

Nur zu plötzlich und nur zu stark gelang es ihm, sich des Traumes genauer zu entsinnen, und er versuchte sofort, ihn /203/
wieder zu vergessen; doch es war zu spät. Es half nichts, daß er bereute, ihn aus dem Vergessen hervorgezogen zu haben; jetzt war er da, wie eine schwarze und lange Pflanzenwurzel, tief aus dem Erdreich des Unbewußten hervorgezogen, wo er hätte liegenbleiben sollen. Es gibt eine Angst, die nicht an das Tageslicht geholt werden darf, weil sie so stark ist, daß sie es überlebt. Sie gehört in die Unterwelt der Natur, in eine irre Unternatur, ohne Ordnung und ohne Gesetzmäßigkeit. Von der Erinnerung an den Traum wurde Marx übel, und er fühlte sich schweißig. Und er wußte, daß der Traum ihn Tage, ja vielleicht Wochen hindurch quälen würde. Eilig und unruhig stand er auf. Er fühlte den Schalter der Kochplatte als etwas Beruhigendes an den Fingern, die Kaffeekanne aus Aluminium, alle die kleinen technischen Dinge, so gesund und vernünftig, die ihm wohltaten. Sie waren von einem geordneten, sichtbar gewordenen Menschenverstand gemacht; nichts von Natur, von Unterwelt war in ihnen. Eine Weile blieb er im Raume stehen und sah aus dem Fenster. Er war ein magerer, etwas knochiger junger Mann, nicht viel über dreißig Jahre alt. Er sah in das Regenwetter hinaus und schloß das Fenster, das die Nacht über halb offengestanden hatte. Es war ein starker, aber trotzdem milder Frühlingsregen.

Dann legte er sich nieder, um den Kampf mit dem Traum aufzunehmen. Er wußte aus Erfahrung, wenn er ihm zu entfliehen versuchte, würde dieser ihm nachkommen, würde auf lange Zeit hinaus, vielleicht monatelang, auf seinen Schultern sitzen. Das war schon früher geschehen. Die einzige Möglichkeit, mit ihm fertig zu werden, war, ihn durch Analyse zu zerstören, oder wenn sich das nicht machen ließ, ihn einfach anzustarren, zu beweisen, daß er ihn nicht fürchtete, zu starren und zu starren, bis er sich auflöste und zu einem der vielen anderen Träume wurde. Er durfte um keinen Preis *der* Traum werden.

Marx legte sich gerade auf den Rücken, schob das Kopfkis-
/204/ sen zur Seite und zog die mageren Knie an sich, so daß die Bettdecke zu einem Zelt wurde, dann ließ er den Traum mit voller Gewalt in sich hinein. Es war ein ganz einfacher Traum, nur ein einziges Bild. Er sah seinen eigenen linken Arm, und aus dem nackten Arm hervor wuchsen Zähne; vom Schultermuskel an und über den Ellbogen hin war er mit weißen, glänzenden Zähnen besetzt, die in der Haut kratzten. Immer mehr Zähne wuchsen hervor, bis sie eine dichte, feste Decke wie eine Art dicker Hornhaut bildeten. Strich er mit der Hand darüber, so spürte er die kühlen, glatten Spitzen an der empfindlichen Haut der Finger. Er fühlte sich vor Angst krank und übel, während das Bild mit fotografischer Schärfe und mit größerer Intensität, als Sinneseindrücke sonst am Tage haben, dastand. So lag er lange und begriff das Bild nicht. Ein Traum muß beim Wort genommen werden; aber das brachte er nicht fertig, fühlte sich nur kränker und kränker. Er schwitzte leicht zwischen den Augenbrauen, und plötzlich gab der Traum nach. Langsam schwand er hin, wurde verschwommen in den Konturen und verlor für diesmal seine Schwere. Schließlich schob sich ein anderes Bild davor und nach und nach eine ganze Welt anderer Bilder, die herzudrängten. Marx fühlte sich weit in der Zeit zurückversetzt, er stand in einer Situation seiner Schulzeit in einem anderen Land.

Katja stand vor ihm im Schulhof. Es war in einer Pause der Karl-Marx-Schule in Berlin, nach der Unterrichtsstunde bei Doktor Stock. Marx' Klasse setzte sich aus der fortschrittlich eingestellten Jugend der Stadt, aus Fünfzehnjährigen zusammen. Die Lehrer kamen aus der Boheme der Radikalen Berlins; nicht alle waren Kommunisten. Doktor Stock zum Beispiel, bei dem sie eben Unterricht gehabt hatten, war vor allem Nudist. Er brachte einen großen Teil des Tages in der Badewanne zu, die Schreibmaschine auf

ein Brett gestellt, das auf den Seitenwänden der Wanne ruhte. Nur der Zwang einer dekadenten bürgerlichen Gesellschaft ließ ihn in der Schule Kleider tragen – keineswegs die allgemein üblichen Kleider, doch immerhin Klei- /205/
der. Er ging in Sandalen und seidenen Strümpfen, in kurzen, von einer Schneiderin genähten Hosen, einer Jacke, die ihm bis zu den mageren Hüften reichte, und einem Schillerkragen um den Hals. Er war kurzsichtig, trug aber keine Brille. Und er war ein großer Mathematiker. Ein paar Wochen früher hatte Doktor Stock die meisten der etwas über dreißig Jungen und Mädchen der Klasse auf einen Nudisten-Ausflug mit in den Grunewald genommen. Nachdem er als ein Mann der Ordnung vorher die schriftliche Erlaubnis der Eltern hatte einholen lassen. Geniert, aber pflichtbewußt zogen alle sich aus und spielten «Letzten» unter den Bäumen des Grunewalds. Nach einer Weile wurde ihnen leichter zumute, und das Zusammensein verlief ungezwungener, wenn man einander nicht zu nahe kam. Doktor Stock saß braun wie ein Mulatte in der Sonne und las eine mathematische Abhandlung. Nur hin und wieder sah er mit freundlichen kurzsichtigen Augen zu ihnen hinüber.

Alle Schüler der Klasse waren Kommunisten. Und Revolution und freies Liebesleben waren für sie ein und dasselbe. Die Eltern erhoben keinen Einspruch. Brach nicht vielleicht in diesen Jahren eine neue Sonnenzeit über Europa herein? Wer das nicht spürte, konnte ja seine Kinder in eine bürgerliche Schule schicken. Die Promiskuität lag in der Luft. In allen Varianten, in jeglichem Ausmaß war sie eine Tugend, nicht nur erlaubt, sondern wünschenswert. Sie war das große Freiheitssymbol: Der meistverketzerte aller menschlichen Triebe sollte endlich hinausgelassen werden in Sonne und Freiheit. Die reifsten, politisch bedeutendsten Schüler der Klasse hatten die Mysterien längst am eigenen Leibe erfahren, und siehe: die schwülen Schlafzimmer wurden zu Tempeln der Freiheit!

Katja, mit langen Augenwimpern, den Oberkörper wie immer etwas zurückgelehnt, stand dicht vor ihm.

«Hannes», sagte sie, «ich habe lange über dich nachgedacht. /206/ Wir wissen ja alle, wie es um dich steht.»

Marx senkte den Blick und sah seine dünnen, durchsichtigen Schuljungenhände an, die kaum mit den ersten Nikotinflecken geziert waren. Er rückte seine Brille zurecht und hob den Kopf, um möglichst ebenso groß zu sein wie Katja. Aber natürlich war er viel dünner. Er war überhaupt klein und schmächtig, mit einer kolossalen Brille.

«Ich habe mit Jakob über dich gesprochen», fuhr sie fort. Jakob Schnee und Katja Edelfeld waren die eigentlich Führenden der Klasse, und wenn Katja Marx so ansah wie jetzt, dann wußte er, daß er ihnen Kummer machte. Sie war kameradschaftlich und mütterlich zu ihm, als sei sie seine große Schwester. Physisch war sie reif wie eine Dreißigjährige.

«Ja, habt ihr über mich gesprochen?» Marx' Stimme klang vor Nervosität spröde und trocken. Gewiß, er wußte mit der Liebe gut Bescheid, aber nur theoretisch.

«Du hast noch nie mit einem Mädchen geschlafen, Hannes, und wir müssen das jetzt in die Hand nehmen.»

Katja war der ganzen Klasse eine Mutter, und als sie jetzt weitersprach, klang ihre Stimme betrübt.

«Ich hätte mich des – des Problems ja selbst angenommen, aber weißt du, es ist so, daß ich nicht kann.»

Sie senkte die schwarzen Augenwimpern, so daß ihre Augen zu zwei schmalen, tiefen Öffnungen in ihre fremde weibliche Welt hinein wurden.

«Warum kannst du nicht?» flüsterte Marx, außerstande, laut zu sprechen. Herrgott, wie er sich Katjas schwesterliche Umarmung wünschte! Sie wäre ihm so unsagbar gut bekommen. Wider alles Erwarten errötete Katja tief.

«Weißt du», sagte sie leise, «ich hab's probiert, Hannes, aber ich bin monogam. Ich kann nur mit Jakob zusammensein. Es ist so sonderbar, daß ausgerechnet mir das passieren muß.»

Sie sagte es, als bringe sie es nur mit Mühe hervor.

«Bist du ganz sicher?» Marx zitterte. Aber trotzdem war er etwas erleichtert.
«Ich kann nicht, so gern ich auch möchte. O Hannes, es ist wirklich so, wie ich sage!» /207/
Er wußte, daß sie die Wahrheit sprach. Katja wollte kein schlechter Kamerad sein. Und er selbst war nicht weniger großzügig.
«Klar, Katja, wenn du nicht kannst, so kannst du eben nicht. Es wäre unrecht, dich damit zu quälen.»
«Ich hab's geerbt», sagte sie. «Weißt du, alle meine Vorfahren väterlicherseits waren so furchtbar bürgerlich. Mein Großvater war evangelischer Pfarrer. Es ist Erbmasse und Milieu!»
«Bestimmt ist es das.»
«Du ahnst nicht, *wie* bürgerlich sie waren. Und da bin *ich* eben monogam geworden.»
«Aber wenn man auch monogam ist, Katja, braucht man deswegen nicht schlechter zu sein als die andern.»
«Jetzt redest du dummes Zeug, Hannes! Natürlich ist es egoistisch und kleinbürgerlich. Ich würde mehreren der Jungs geholfen haben; aber es geht einfach nicht. Man muß es nehmen, wie es ist, es läßt sich nicht ändern; und man muß eben versuchen, statt dessen etwas an sie zu denken. Ich spreche ja mit den anderen Mädchen über sie, weißt du.»
«Hast du mit jemand über mich gesprochen?»
Katja fühlte sich erleichtert.
«Ja, Hannes, auch über dich. Wie gefällt dir Anna?»
Er sah plötzlich die kleine Anna Worsky vor sich; aber er brachte es nicht fertig zu antworten, so sehr zitterte er.
«Oder möchtest du lieber zu einem Jungen gehen? Siehst du, Hänschen ...»
Nein, ein Junge war nicht eigentlich das, woran Marx in einsamen Nachtstunden gedacht hatte.
«Nein, viel lieber Anna!»
Sie gingen langsam auf dem Schulhof hin und her.

«Ich habe schon mit Anna über dich gesprochen, und sie hat Lust. Sie hat auch noch nie ... »

«Hat sie wirklich Lust?» Sein Herz klopfte so, daß ihm bei-
/208/ nahe die Brille auf den Schulhof gefallen wäre.

«Klar, daß sie Lust hat!» sagte Katja. Plötzlich drehte sie sich um und streichelte ihm die Wange.

«Mach deine Sache gut, Hannes!»

Er schluckte.

«Ich hab' eine Menge gelesen.»

«Dann wird's schon klappen!»

Er sah Annas schmales, blondes Gesicht vor sich. Aber wenn er seine Sache nun nicht gut machte? Er machte sie bestimmt nicht gut.

»Ihr könnt mein Zimmer nehmen. Samstag haben wir bei mir zu Haus ein Fest, da bekommt ihr den Schlüssel. Du bekommst den Schlüssel.»

Der Samstag kam.

Plötzlich war er da, und Marx wünschte, er hätte mehr getrunken. Beim Licht von Katjas winziger Mädchen-Nachttischlampe zogen sie sich in ihrem kleinen Zimmer aus. An der Wand, dicht über dem Fußende des Bettes, hingen die Bilder von Mozart, Lenin und Hölderlin. Mozart hatte milde Augen und trug Rokokokleidung mit langen, weißen Locken in der Perücke. Er steckte in einem ovalen, vergoldeten Rahmen. Lenin sah sie fordernd an. Marx war zuerst fertig, nackt und vornübergebeugt setzte er sich auf die Bettkante. Nur seine Brille trug er noch. Er konnte kaum atmen, er zitterte leise und bekam eine Gänsehaut, weil er plötzlich so ohne alle Bewegung und ohne Kleider dasaß. Er fühlte sich noch dünner als sonst. Auch Anna war dünn, doch auf eine ganz andere Art als er, sie war zart um die Schultern und so unfaßbar schmal in der Taille, als sie den kleinen, ganz überflüssigen Büstenhalter abnahm. Hastig und ängstlich krochen sie zusammen unter die Decke in Katjas weiches Bett. Es war weicher als jedes andere Bett, in dem Marx in seinem Leben gelegen hatte. Er nahm die große Brille ab. Hatten Mädchen immer so weiche Betten?

Nicht er allein fror. Auch Anna war kalt anzufühlen. Und Marx' Herz klopfte so, daß ihm Arme und Beine steif wurden. /209/ Er konnte nicht sprechen, brachte kein Wort heraus. Anna strich ihm übers Haar, und er strich ihr übers Haar. Er legte die Hand auf ihre Hüfte, und sie schloß die Augen, während er die Hand um ihren Körper gleiten ließ, über den Leib, über die tiefe Grube oberhalb des Hüftknochens, über das Kreuz und bis in die Daunen der Armhöhle hinein. Er fühlte ihre eine seidenweiche Brust an seiner eigenen Brust. Lange lag er so.

Dann fühlte er an sich herab, und wie ein Messerstich durchfuhr es ihn, daß es so war, wie er gefürchtet hatte: die maskuline Reaktion war ausgeblieben, die einfache männliche Bereitschaft, die Qual der Fünfzehnjährigen und der Stolz der Greise, hatte sich nicht eingestellt. Er war in gewissem Sinn der Niederlage sicher gewesen, und er versuchte die Tränen zurückzuhalten. Durch weiße Nebel hindurch konnte er noch eben Hölderlin an der Wand erkennen.

Anna lag still und ängstlich da und wartete. Sie hielt jetzt beide Arme um seinen Hals gelegt, als sei er ihr Bruder. Er kämpfte mit aller Macht gegen die Tränen.

Nach einer Weile sah sie ihn wieder an.

«Was hast du, Hannes?»

Sie küßte ihn unter das Auge, und das genügte. Die Tränen tropften langsam hervor. Sie küßte ihn wieder und bekam Salz in den Mund. Da hob sie den Kopf und sah ihn mit halboffenem Munde an.

«Hänschen, bist du krank?»

Von der Rolle der Liebenden zur Rolle der Mutter übergehen zu dürfen tat ihr wohl. Sie lag ihr näher, die Rolle hatte sie schon früher innegehabt. Noch vor ein paar Jahren hatte sie mit Puppen gespielt. Er weinte jetzt ungehemmt.

«Bist du krank, Hannes?»

Er räusperte sich mehrere Male.

«Mein Arzt – mein Arzt – ja, du weißt doch, daß ich Gelenkrheumatismus gehabt habe?»

Sie wußte es.

/210/ «Mein Arzt hat gesagt, ich dürfe das – das Liebesleben nicht vollziehen. (Mitten in allem Elend fühlte er einen leisen Hauch von Stolz über den Ausdruck.) Wegen der Herzschäden, die von dem Gelenkrheumatismus zurückgeblieben sind, verstehst du. Er hat gesagt, daß ich es nicht darf … und jetzt merke ich, daß er recht hat. Es tut im Herzen verdammt weh.»

Beide waren erleichtert, als sie sich wieder anzogen.

Aber noch vierzehn Tage lang war die Klasse mit Marx' Gelenkrheumatismus beschäftigt; denn Katja und Jakob Schnee hatten natürlich ein Recht darauf zu erfahren, wie die Sache abgelaufen war.

Nur wenige Wochen später kam die große Veränderung, die aus der Karl-Marx-Schule ein politisches passé défini machte. Katjas Vater wurde als Leiche im Landwehrkanal gefunden, und Jakob Schnee wurde, eben sechzehn Jahre alt geworden, mit Gummiknüppeln zum Krüppel geschlagen, so daß er nun in die Situation kam, in die Marx sich hineingelogen hatte. Die neuen Herren gaben die Broschüre «Nie wieder Karl-Marx-Schule!» heraus, und die Straße, in der Marx wohnte, wurde umbenannt.

Ein sozialdemokratischer Reichstagsabgeordneter, Bieber, der früher Arbeiter in einem Hüttenwerk gewesen war, wohnte in derselben Straße; doch nicht nach ihm wurde sie genannt, obwohl er erst vor kurzem in einem nahe liegenden Wald ermordet aufgefunden worden war. Er hinterließ eine Witwe und zwei halbwüchsige Jungen, was für Marx zu dem führte, was er später die Episode im Keller nannte. Achtmal, in Abständen von ein paar Tagen kamen SA-Männer und nahmen in der Wohnung des Toten eine Haussuchung vor. Sie rissen die Dielen auf, schnitten Federbetten in Stücke, leerten den Inhalt von Schränken und Schubladen auf den Boden, warfen die Bücher aus den Regalen. War das

Haus eben wieder in Ordnung gebracht, so kamen sie zurück und wiederholten das Spiel. Beim neunten Mal stand der ältere der Jungen auf der Treppe und empfing sie.

«Wenn jemand ins Haus kommt, schieße ich!» rief er. /211/

Er hielt einen Revolver in der Hand. Und als der erste der SA-Männer den Stiefel über die Türschwelle setzte, erschoß er ihn. Die übrigen nahmen den Jungen mit in die Wohnung und traten ihn so lange mit Füßen, bis er tot war. Die Mutter und der Bruder sahen zu. Diese beiden wurden gefangengesetzt, und in das Haus zogen SA-Leute ein.

Dann wurde ein neues Straßenschild angebracht, das den Namen des toten SA-Mannes trug. Vor dem Hause wurde eine Hakenkreuzfahne aufgehängt, und wer an dieser Fahne vorüberging, ohne mit erhobener Hand zu grüßen, wurde in das Haus geholt und verprügelt.

An dieser Fahne kam Marx eines Tages vorüber, und er grüßte nicht.

Diese Straße war Marxens Straße, seit er zwei Jahre alt gewesen war, und seine ersten Ausflüge in der Gegend hatte er auf allen vieren unternommen. Aus der Zeit davor erinnerte er sich kaum an etwas; er hatte nur ein paar flüchtige Eindrücke; von einem riesigen Fußboden und ein paar großen schwarzen Nonnenkutten. Das waren die Überbleibsel von seinem Aufenthalt in einem katholischen Kinderheim, Erinnerungen aus der Zeit, bevor er in die Arbeiterfamilie kam, die nun eben in dieser Gegend wohnte. Noch ein paar Jahre lang verkroch er sich unter den Tisch und weinte, wenn draußen auf der Straße eine Nonne am Fenster vorbeiging. An mehr erinnerte er sich nicht, alles übrige blieb in Form von Reflexen im Zwerchfell und in den Tränendrüsen haften. Vermutlich hatten sie gehofft, die Erbsünde aus ihm austreiben zu können.

Später wohnte er nun selbst in der Straße, und es wohnten da viele freundliche Menschen, von denen er sich manche als seine Eltern hätte vorstellen können. Der angenehmste war der Reichstagsabgeordnete Karl Bieber, wuchtig und rotbackig, ein Mann mit kräftigem Nacken und mächtigen

Schultern. Er war daran gewöhnt, mit Eisen und Stahl um-
zugehen, aber wenn er den schweren und etwas steifen Kör-
per neigte und mit den Kindern in der Straße sprach, dann
/212/ wurde er wie ein kleines Mädchen. Seine Stimme rieselte
ihnen über den Rücken; und gewöhnlich zog er einen gan-
zen Schwarm von Kindern hinter sich her, wenn er durch die
Straßen ging, die linke Hand in der Hosentasche und den
Hut etwas in den strammen Nacken geschoben. Er war von
heftiger, aufbrausender Natur und Erwachsenen gegenüber
fast brutal. Es war Bieber gewesen, der Marx zu jenem Sti-
pendium verholfen hatte, das ihm den Besuch der Karl-
Marx-Schule ermöglichte. Und jener Tag, an dem sie ihn im
Wald fanden, war einer der traurigsten im Leben von Johan-
nes, wenn auch alle wußten, daß Bieber selbst kaum schuld-
los war an dem, was ihm zugestoßen war.

Er ging ohne zu grüßen an der Fahne vorbei. Und was weiter
geschah, ging beinahe zu schnell. Im Tor des Hauses standen
SA-Männer und kontrollierten den Bürgersteig. Die beiden,
die ihn packten, waren doppelt so groß wie er. Er spürte nur
den schmerzenden Griff im Nacken und erhaschte einen
flüchtigen Eindruck des Tores von innen und der ihm wohlbe-
kannten Treppe hinunter ins Kellergeschoß, in die Waschkü-
che. Einen Augenblick stand er dort unten, aufrecht und noch
eben imstande, aufzunehmen, daß außer ihm drei oder vier
Männer in dem halbdunklen Raum waren. Sie umstanden
ihn im Kreis, und er wußte, daß ein paar von ihnen den älteren
Bieberjungen mit umgebracht hatten. Das einzige, was er
wirklich klar wahrnahm, war sein eigenes Herz. Er fühlte die
Pulsschläge in den Knien, den Händen, im ganzen Körper. Es
schlug und schlug, stärker, als er geahnt hatte, daß ein Herz
schlagen könne. Es war kein Herz mehr, es war wie ein großes,
wildes Tier in seiner Brust.

Weit fort hörte er eine Stimme. Sie kam aus dem feuchten
Halbdunkel und stand in der Luft um ihn still.

«Zieh die Hosen aus, mein Junge! Wir wollen dich die Wän-
de hier hochkriechen lassen.»

Er rührte sich nicht, fühlte nur die Herzschläge in der Kehle und in den Ohren. Dann faßte ihn jemand vom Rücken her um den Hals, hielt ihn nach hinten gebeugt, und die Hosen wurden losgeknöpft und heruntergezogen. /213/
Was hatten sie dann mit ihm gemacht?
Er wußte es nicht mehr, hatte es eigentlich nie gewußt, es kaum richtig erfaßt, während es geschah. Auch waren die Schmerzen wilder, unmenschlicher, als er erwartet hatte. Sie legten ihn über einen Balken, während sie schlugen, aber sie hatten ihn auch geschlagen, als er noch auf dem Fußboden lag. Nach jeder Tracht richteten sie eine Wasserschlange auf ihn. Ein einziger Gedanke erhob sich in ihm, während dies vor sich ging, unerwartet, plötzlich, klar und dünn wie eine Stimme auf dem Schulhof hörte er ihn:
«Dies ist doch eigentlich die Politik der Erwachsenen, nicht wahr?»
Das Merkwürdigste war, daß er die Stimme als seine eigene erkannte, dünn und diskussionslüstern, er konnte sie noch jetzt, viele Jahre später, deutlich hören. Es war eine Stimme, die über den Stimmwechsel hinaus war, aber noch nicht das Volumen der Stimme eines Erwachsenen hatte. Sie war klein und zänkisch.
Übrigens hatte er seitdem eine gelockerte Niere und einen leichten Knick im Nasenbein. Das waren nur Kleinigkeiten. Er war noch nicht sechzehn Jahre alt. Schließlich ließen sie ihn auf dem Zementboden liegen, der naß und freundlich war. Er lag dort ein paar Stunden, bis er imstande war, nach Hause zu kriechen.
Als Marx in seinen Gedanken soweit gekommen war, stand er auf und machte Kaffee. Es war jetzt lange her, daß er an all dies gedacht hatte. Er schnitt ein paar Scheiben Brot ab und schob sie neben die Kaffeetasse auf den Stuhl an der Bettkante. Er legte sich wieder hin und kaute die Butterbrote langsam, ab und zu einen Schluck des rotbraunen, warmen Tranks nehmend.
Als Stärkstes war von der Episode im Keller das Herzklopfen

zurückgeblieben. Es weckte ihn manchmal nachts mit solcher Kraft in den Schlägen, daß die Matratze und das Bett unter ihm bebten. Dann war ihm, als kämen die Stöße von
/214/ außen, und er war überzeugt, daß er nun sterben würde. Er begegnete nach solchen Nächten dem Morgen jedesmal mit einem tiefen und erschrockenen Staunen darüber, daß er noch am Leben war. Die Herzschläge sangen in den Matratzenfedern, und die Todesangst war stärker als in den Augenblicken, wo er in wirklicher Lebensgefahr geschwebt hatte; sie kam von innen, überrumpelte ihn von Eingeweiden und Gedärm her. Sie kam aus dem Körper.

Nur verhältnismäßig selten meldete sich das Schamgefühl noch. Doch es war da, und er fühlte die Erinnerung an die Mißhandlung, als sei sie ihm in die Haut tätowiert. Es war einmal geschehen, dies, daß er seinen eigenen Körper als ein schreiendes, zappelndes Bündel auf dem nassen Zementboden liegen sah, und das ließ sich nicht rückgängig machen. Gegen seinen Willen war es geschehen: Sie hatten *etwas mit ihm getan*, und die passive Rolle, in die man ihn dabei verwiesen hatte, war wohl die eigentliche Demütigung gewesen.

Er begann sich jetzt an die Tatsache zu gewöhnen, daß sein ganzes Schuldgefühl mit dem unbewußten Zwang, auf den Zehenspitzen und mit gebeugtem Rücken zu gehen, auf die Episode im Keller zurückzuführen war.

Die Anfälle kamen jetzt vier-, fünfmal im Jahr, aber so stark, daß er tagelang in vollkommener Apathie, vollständig gelähmt vor Schrecken dalag. So etwas brauchte Zeit, doch Marx begriff jetzt ohne besonderen Kummer, daß er ein klinischer Fall war. Anfangs hatte er angenommen, es handle sich um eine beginnende Geisteskrankheit, doch heute erschien ihm sein Zustand eigentlich mehr als geheime Gesundheit. Er war schmerzhaft, aber heilsam. Es geschah etwas mit ihm.

Nach dem Kaffee lag er eine Weile still und rauchte. Es war Sonntag. – Es war ein so sinnwidrig schöner Tag gewesen, ein reiner, warmer Herbsttag, als das im Keller geschah. Er kam aus der Druckerei, wo er seit kurzem in die Lehre ging. Von seiner Abstammung wußte er nur, daß sie sich in ferner Urzeit in einem orientalischen Lande verlor. Die Männer im /215/ Keller hatten davon zu seinem Glück nichts bemerkt. Er war blond oder doch fast blond und hatte eine flache Nase und lockiges Haar, blaue Augen. Nur die Umgebung der Augen hätte ihn verraten können, die schweren, schrägen Augenlider über den schmalen Spalten hinter den Brillengläsern. Diese Augenlider waren schwer wie die Datteln von König Davids Palmen, sie waren beinahe tierisch in ihrem Rassengepräge und doch voll der Weisheit, die König Salomo und die Königin von Saba der Palme mitgaben, die sie einst in die Wüste pflanzten. Doch zu seinem Glück kümmerten die SA-Männer sich nicht um Bagatellen, sie hielten ihn für einen ganz gewöhnlichen kurzsichtigen Germanen und schlugen ihn also nur halbtot.

Auch später, in Holland, hatte ihn das helle Haar gerettet. Er war da schon älter, und er wollte zur Hauptpresse für das illegale Blatt, das er mithalf zu drucken. Er trug zu jenem Zeitpunkt drei Personalausweise bei sich, hatte drei Namen und Identitäten, die es zu wahren galt, und er betrat das Gebäude ohne Zögern, er konnte ja nicht ahnen, daß die Gestapo es übernommen hatte. Um so ungemütlicher war die Begegnung, als sie ihn im Treppenhaus abfingen.
Sie stellten ihn an die Wand, fragten ihn, wie er heiße, und er wählte einen der drei Namen auf gut Glück. Einer der Männer leerte ihm die Taschen, und zwei Ausweise kamen nicht zum Vorschein. Der Polizeibeamte betrachtete den einen Ausweis mit Photographie und Namen. Er stimmte mit dem Namen überein, den Marx angegeben hatte; er war ein Student, der seine Rationierungsmarken abholen wollte. Sie wurden im selben Haus ausgegeben.
Die Gestapomänner lachten über sein Zittern, gaben ihm einen Klaps auf den Rücken und ließen ihn gehen. Draußen

erstickte ihn die frische, feuchte Seeluft fast. Man stirbt nicht gern, wann man zweiundzwanzig ist.

Auch in den Jahren vor dem Kriege hatte das blonde Haar /216/ ihm geholfen. Nur dadurch war es ihm möglich gewesen, als Kurier zwischen Paris und Prag zu reisen. Anfangs hatte er selbst nicht gewußt, was für Post er durch Deutschland brachte. Später, als die Genossen ihm mehr Vertrauen schenkten, erfuhr er es – sie gaben ihm auch die Akten der Moskauer Prozesse zu lesen. Er las sie in drei Tagen und drei Nächten, und nach der Lektüre sagte er dem Genossen Alex, was er davon hielt.

Genosse Alex antwortete, er sei Trotzkist, und ohne sich viel Gedanken darüber zu machen, sagte Marx, daß Trotzki ihm eigentlich immer ausnehmend gefallen habe.

Es war zu spät, als er zwei Tage später einsah, daß er ohne eine «Bewegung» nicht leben konnte. Doch dies war, bevor er wußte, daß jede Bewegung ihre Trotzkisten zeugt, und lange, bevor er ahnte, daß der Trotzkismus ein chronisches Leiden ist, eine konstitutionelle Eigenschaft. Wäre er Christ, Vegetarier oder Mitglied eines Vereins für Kaninchenzucht gewesen, er würde auch hier der fanatische, moralische Weltverbesserer der Bewegung gewesen sein, der einzige linksradikale Outsider, unfähig zu begreifen, daß die Welt der Menschen eine Welt der Kompromisse ist, und deshalb von den anderen, die es begriffen, nie richtig ernst genommen. Sein Bedürfnis, die Welt zu verbessern, war nicht auszurotten.

Auch während des Gefangenentransportes war er Trotzkist, und vermutlich war es die Verbitterung über seine Einsamkeit, die ihn allein abspringen ließ …

Die beiden großen Wagen mit den Gefangenen fuhren rasch die blanke schwarze Reichsautobahn entlang. Die Scheinwerfer schnitten zwei weiße und scharfumrissene Lichtkegel in die regenschwere Dunkelheit vor ihnen. Sie waren jetzt ein Stück über die deutsche Grenze hinaus; die schweren Militärautos waren voll von Gefangenen. Marx sah den

breiten, hellen Nacken des Chauffeurs vor sich. In jedem
Auto waren außer dem Chauffeur vier bewaffnete Wachleu-
te, dazu vierzig bis fünfzig Gefangene, alles Juden; alte und
junge Frauen und Kinder. Die Luft im Wagen war schwer /217/
und starr von Angst und Atem. Der Rauch von den Zigaret-
ten der Wachleute hatte beinahe etwas Erquickendes. Nur
selten war ein Seufzer oder eine leise murmelnde Stimme
im Dunkeln zu hören. Müdigkeit legte sich barmherzig über
die Angst. Das Geräusch der Gummireifen auf dem Asphalt
drang herein, beinahe wie ein Donnern – steigend und
sinkend.

Als das Licht erlosch, begriffen die Gefangenen nicht, was geschehen war. Aber der Motor, der Scheinwerfer, die Beleuchtung auf dem Armaturenbrett, sogar der Scheibenwischer – alles erstarb auf einmal. Der Chauffeur war ein tüchtiger Fahrer, und er wußte, daß er eine gerade Strecke Wegs vor sich hatte, so bremste er die höchste Geschwindigkeit herab und brachte den großen Wagen auf der glatten Straße langsam zum Stehen. Die Wachleute ließen sofort die Taschenlampen aufflammen und spannten die Hähne der Karabiner. Der zweite Wagen bremste weiter vorn auf der Straße vorsichtig ab und schob sich langsam an den anderen zurück. Der Chauffeur stieg aus, stand erst einen Augenblick im Grase am Grabenrand und kletterte dann entschlossen auf den Kotflügel und öffnete die Motorhaube. Der andere Fahrer kam hinzu, und eine Weile leuchteten beide mit ihren Taschenlampen in den Motor hinein. Marx sah durch die Wassertropfen auf der Windschutzscheibe die müden, angespannten Soldatengesichter. Die Männer sahen einander an und murmelten. Der eine steckte eine Zigarette in den Mund und schüttelte den Kopf. Sie ließen die Zigarette ein paarmal hin- und hergehen, von Mund zu Mund, so daß jeder ein paar Züge bekam. Und fern und gierig durchfuhr es Marx, daß er, wäre in seinem Leben einiges anders gelaufen, wahrscheinlich selbst irgendwo in solch einer Uniform mit irgendeinem Heinz zusammengehockt und Zigaretten

geteilt hätte. Er hatte plötzlich ein heftiges Verlangen, einer
der ihren zu sein; mehrere seiner Klassenkameraden waren
es bestimmt. Die Männer am Motor beugten sich, die Ge-
/218/ sichter dicht nebeneinander, zu dem Motor hinein, Marx
konnte sie stöhnen hören. Ein tränenersticktes, unbezwing-
liches Mitleid mit sich selbst stieg in ihm hoch, nicht, weil er
auf dem Wege zu einem Vernichtungslager war, um dort zu
verschwinden, sondern weil das Leben ihn um das einzige
Erlebnis, nach dem er sich sehnte, betrogen hatte: die unbe-
dingte, kritiklose Zusammengehörigkeit mit den anderen zu
fühlen. Eine nasse Zigarette und ein paar Kameraden in
Uniform erschienen ihm einen Augenblick lang als der Sinn
und das höchste Glück des Lebens. Der eine der beiden drau-
ßen, der von dem anderen Wagen, war kaum älter als Marx
selbst – und er sah sie zusammen im Regen naß werden.
Unendlich langsam und mühevoll bekamen sie die Batterie
hoch. Sie sahen einander an. Der eine lächelte. Sie wechsel-
ten ein paar Worte, dann setzten sie die Batterie wieder hin
und schlossen die Haube. Zusammen gingen sie im Dunkeln
zu dem anderen Wagen.

«Sie werden naß», sagte Marx zu dem Wachmann. Die beiden Soldaten im Regen draußen lagen ihm schwer auf der Seele. Der Wachmann lächelte.

«Sie halten's aus», antwortete er und sah zu ihnen hinüber. Dann wandte er sich Marx zu und lächelte wieder, sehr schwach. Ohne den Hahn des Karabiners loszulassen, steckte er die linke Hand in die Tasche und zog eine Zigarettenschachtel heraus, die er ihm hinhielt. Marx dankte und nahm eine Zigarette. Dann schob der Wachmann die Schachtel wieder in die Tasche und reichte ihm Zündhölzer, alles mit der linken Hand. Marx sog begierig den Rauch in die Lungen ein; ihm wurde schwindlig. Es war seit Wochen die erste Zigarette. Er lächelte und unterdrückte die leichte, wohltuende Übelkeit.

Ich bleibe vielleicht noch ein paar Wochen am Leben, dachte er. Es war nicht anzunehmen, daß man die Gefangenen gleich nach der Ankunft umbringen würde. Und bis dorthin, bis zum Lager war es gewiß noch viele Meilen weit.

«Wie lange fahren wir noch?» fragte Marx den Wachmann.

«Ungefähr zwei Stunden», antwortete der Soldat ernst. /219/

Draußen im Dunkeln kamen die Chauffeure mit einer langen Kette zurück. Sie legten sie um die dicke, grüne Stoßstange und zogen sie wieder nach vorn, vom Auto fort. Dann ging der fremde Chauffeur zurück zu seinem Wagen, und ganz langsam fuhr er ihn dorthin, wo der andere Mann mit der Kette stand.

«Aber jetzt brauchen wir mehr Zeit», sagte der Wachmann zu Marx und nickte hinüber zu dem, was draußen vorging, «auf diese Weise geht es ja langsamer.»

Es verging noch eine Weile, bis sie hinten auf den vorderen Wagen notdürftig eine Laterne montiert hatten. Dann kam der Chauffeur wieder in das Auto gekrochen und setzte sich auf seinen Platz. Er schlug die Tür hinter sich zu, doch ohne sie abzuschließen.

Langsam und nach mehrmaligem Rucken kam das Auto in Bewegung. Man empfand das Ausbleiben des Motorlärms wie ein Loch in der Welt. Nach und nach erreichten sie wieder die normale Geschwindigkeit, doch lautlos, ohne das taktfeste Jammern des Scheibenwischers und ohne eigenes Licht. Nichts als der Wagen vor ihnen und ein undeutlich zu erkennender Streifen der schwarzen Straße war draußen zu sehen. Der Regen rauschte nieder, und der Chauffeur beugte sich dicht an die Windschutzscheibe, um besser sehen zu können. Plötzlich durchzuckte es Marx, daß auch die Hupe tot war. Wie sollte der Chauffeur den Fahrer des ersten Wagens orientieren, wenn hier hinten etwas geschah? Ohne Scheinwerfer, ohne Hupe? Wie konnte er ihn zum Stoppen bringen, falls es nötig wurde? Abzubremsen würde bei dieser Geschwindigkeit auf der nassen, abschüssigen Straße augenblicklich ein Unglück bedeuten. War es für den Chauffeur des Wagens unmöglich, mit dem vorderen Fahrer in Kontakt zu kommen? Ihn zum Halten zu bringen?

Als Antwort auf Marx' Gedanken gab der Mann vorne mehr Gas. Das Singen der Gummiräder stieg zu derselben Stärke und Tonhöhe an wie vorher. Marx warf einen Blick auf den /220/ Chauffeur; sein Gesicht sah unruhig und angespannt aus, als er sich nach vorn über das Steuer preßte und durch die Scheibe starrte. Es war ihm deutlich anzusehen: Er hatte Angst.

Der Chauffeur im ersten Wagen war ein Junge, nicht viel älter als Marx, jung und unerfahren; nicht dessen bewußt, wie idiotisch dies Abschleppen war. Langsam, qualvoll und widerstrebend begriff Marx: Es war möglich abzuspringen. Die Tür war unverschlossen, und der Wachmann war etwas abgerückt. Die Passage war frei.

Der Gedanke, daß eine Flucht möglich war, lähmte ihn geradezu vor Schrecken, machte ihn vor Aufregung krank. Seine Finger wurden klamm, seine Füße kraftlos, und sein alter Feind, das Herzklopfen, übermannte ihn derartig, daß er sich beinahe erbrochen hätte. Trotzdem war er sich ruhig und klar bewußt, daß er im Laufe weniger Sekunden handeln müsse.

Durch das Plätschern des Regens gegen die Windschutzscheibe, durch das laute, betäubende Heulen der Gummireifen auf dem Asphalt hindurch hörte er sein eigenes Herz schlagen, hart und qualvoll, so daß der ganze Brustkorb nachgab. Er spürte den Pulsschlag in den Handgelenken, in den Knien und in den Schläfen. Der Kopf schwoll und schmerzte, und stärker als alles andere fühlte er die Scham darüber, daß der freundliche Wachmann seinetwegen in Schwierigkeiten geraten würde, wenn ihm die Flucht gelang. Es war ein Schuldgefühl, das sich ihm wie etwas Schweres und Nasses um den Magen häufte. Halb bewußtlos sah er mit einem flüchtigen Blick auf den Chauffeur, der sich noch immer, das Gesicht nah an der Windschutzscheibe, ängstlich über das Steuer beugte. Das tote Armaturenbrett lag unsichtbar im tiefen Schatten unter dem Scheibenrahmen, dem schwachen Lichtschein der Notlampe auf dem vorderen Wagen nicht mehr zugänglich. Er hatte auf den Geschwindigkeitsmesser gesehen, und er wußte, hätte der funktioniert, würde er jetzt zwischen siebzig und hundert Kilometern in der Stunde zeigen. Er fühlte, wie etwas ihn /221/ der Tür zuschob, und er merkte, daß die Füße ihn trugen. Er legte die Hand auf die Klinke, und mit einem heftigen Ruck öffnete sich die Tür nach außen und hinten. Es war, als sei die Nordsee in den Wagen gekommen, Wind und Regen warfen Marx fast um. Dann wandte er den Kopf und sah dem Chauffeur in die Augen, in ein breites, vierzigjähriges Gesicht mit runden Augen und einem unendlich überraschten Mund. Es war ein über die Maßen erstauntes Gesicht.

Marx wußte, wie er springen mußte. Er mußte versuchen, den Boden mit dem Rücken zu treffen, das Gesicht nach oben und die Füße in Fahrtrichtung. Sprang er so ab, dann würde er zuerst mit den Fußsohlen auf den Asphalt stoßen, und die hohe Fahrgeschwindigkeit würde ihn nach vorne schleudern. Damit sein Gesicht nicht auf die Straße schlug, mußte er sich so stark nach hinten werfen, als wolle er mit dem Hinterkopf auf den Boden treffen.

Er umfaßte den Türrahmen und preßte sich nach außen, stieß mit den Füßen ab und ließ sich, den Kopf zuerst, nach hinten fallen. Er hatte das Gefühl, er werde fortgeweht, und wußte, daß es schwierig sein werde, die Tür hinter ihm zu schließen. Das würde die Aufgabe des Wachmanns sein und das erste, was getan werden mußte, bevor man an einen Versuch zum Stoppen denken konnte. Der Chauffeur würde sich wieder vornüber lehnen, um durch das auf die Windschutzscheibe niederstürzende Wasser sehen zu können. Marx sah den Wachmann vor sich, mit dem schwachen Lächeln wie vorhin. Die Zigarette, die er ihm gegeben hatte, kam ihm vor wie der kostbarste und wärmste Freundschaftsbeweis, den er je im Leben empfangen hatte. Die Gefangenen im Wagen sah er nur wie einen großen, dunklen Klumpen. Viel deutlicher sah er die beiden Soldaten, die dieselbe Zigarette geraucht hatten; sie und das Erstaunen des Chauffeurs folgten ihm hinaus in

Wind und Dunkel und Regen. Die Gefangenen würden alle sterben. Er selbst starb an dem Fall.

Das letzte war ihm völlig klar. Der Schlag auf die Straße war /222/ jedoch noch bedeutend heftiger, als er erwartet hatte. Er fühlte, wie etwas ihn zusammenbog und daß er durch den Asphalt hindurch in etwas ganz anderes hineinging, in etwas, das groß, weich und warm war. Er glitt durch ein riesiges Daunenbett, durch einen langen, langen Tunnel. Er schwebte durch einen großen, unendlich großen Ring und befand sich ganz plötzlich im Hühnerhof hinter dem Haus, in dem er aufgewachsen war. Er war ungefähr zwei Jahre alt, und die Hühner waren größer als er. Zu jener Zeit war der Hühnerhof sein ständiger Aufenthaltsort, er wurde morgens mit einem Butterbrot in der Hand hineingesetzt, und die Riesenhühner hackten es ihm aus den Fingern. Dann kroch er an das Gitter und versuchte, durch die Drahtmaschen zu kommen. Er steckte die Hände in die Löcher und preßte das Gesicht mit aller Kraft gegen die scharfen Drähte. Er hörte sein eigenes Schreien, als steche ihn etwas in die Ohren. Etwas Brot war in seinem Kragen hängengeblieben, und die Hühner flatterten ihm um den Kopf und hackten und hackten, um es zu erhaschen. Er schrie und warf sich gegen das Gitter. Schrie und schrie.

Aber sobald er still auf dem Asphalt lag, kam er wieder zu sich. Die Autos waren schon weit fort. Er hörte das Brausen der unsichtbaren Wagen in der Nacht verschwinden. Dann kroch er an den Straßenrand. Drei Tage später war er in Hamburg, dünner und nervöser denn je, ohne Papiere, Kleider und Brille. Aber Hamburg war eine ausgebombte Stadt, und Zehntausende waren schlimmer dran als er.

Hier vollbrachte Marx die Großtat seines Lebens. Nach einem Bombenangriff ging er auf den Hauptbahnhof und kroch unter einen Schlafwagen, der das Schild «Stockholm» trug. Diese Reise war schlimmer als die Episode im Keller, aber er unternahm sie aus eigenem, freiem Willen, und dreizehn Stunden später war er in Schweden.

Der schwedische Bahnarbeiter, der ihn hervorzog, fand einen halbtoten Judenjungen, der aussah, als sei er fünfzehn Jahre alt. Das war Marx' Einzug in Skandinavien. Er war noch in dem Alter, da der Schmerz jung macht und nicht alt. /223/
Schweden bedeutete für ihn die Begegnung mit einer Menschenrasse, die ihm fremder war als die Buschmänner Afrikas. Er war im zwanzigsten Jahrhundert aufgewachsen und fühlte sich jetzt plötzlich fünfzig Jahre in der Zeit zurückversetzt. Es war eine Zauberreise durch die Jahrzehnte zurück, zu erleuchteten Städten mit gefüllten Schaufenstern. Er kam von einem Gefangenentransport auf dem Wege zu irgendeiner Gaskammer und wurde Hals über Kopf in ein Gemeinwesen geworfen, das eben dabei war, die modernistische Poesie zu entdecken.

Er lernte in ein paar Monaten Schwedisch und war beinahe drei Jahre Schriftsetzer in Stockholm, bevor etwas mit ihm geschah.

Alle Metalle sind irdische Spiegelbilder ihres Fixsterns und senden die Kräfte dieses Sterns weiter an die Menschen. Das Blei segnet seine Arbeiter mit einem ruhigen und ausgeglichenen Gemüt, und die Arbeit in der Druckerei gab Marx eine Ruhe und innere Stille, die er früher nie gehabt hatte. Seine schwedischen Kollegen, die an der Setzmaschine Milch tranken und ihm zwei Tage nach seiner Einstellung Kleider kauften, wie der zwei Meter große, dicke Faktor Oskarson, der ihm in der Altstadt ein Zimmer verschaffte, riefen in Marx' Nervensystem eine tiefgreifende Veränderung hervor. Denn von allen irdischen Arbeitsplätzen ist die Druckerei dem Menschen am freundlichsten gesinnt.

Marx wurde Mitglied seiner Gewerkschaft und so vieler anderer Bewegungen, wie er nur immer bewältigen konnte. Er trat der pazifistischen Weltliga bei, dem Bund für Menschenrechte, dem Buchklub der Drucker und ließ sich in die Stammrolle der jüdischen Legion Großbritanniens eintragen.

Nach besten Kräften suchte er sämtliche Bewegungen von innen her zu reformieren, und lächelnd und unberührt ließen die Schweden seinem Trotzkisten-Temperament freien Spielraum. Sie selbst machten weiter wie vorher.

Nichts von alldem gab Marx das Gefühl, wirklich an etwas /224/ beteiligt zu sein. Trotz seiner gutbezahlten Arbeit als Setzer fühlte er sich arbeitslos, und nach und nach zog er sich aus den Vereinen wieder zurück. Ihm fehlte ein Verein für Heimatlose und Desorientierte, aber solch einen Klub gab es in Stockholm nicht. Und natürlich war ihm dies Suchen auch nicht bewußt.

Um diese Zeit war er am Satz einer neuen Bibelausgabe beteiligt, und da er eine atheistische Schule besucht hatte, las er die Worte der Bibel mit unbefangenen Augen. Die Karl-Marx-Schule trug unbeabsichtigte Früchte.

Natürlich wurde Marx kein Christ, aber er faßte eine tiefe und starke Neigung zu dem herrischen und revolutionären Rabbi Jeschua, der von sich selbst sagte, er sei nicht gekommen, um Frieden zu stiften, sondern um ein Schwert zu bringen.

Hier war ein neuer Freund.

Er war ein älterer Bruder, den Marx mit der grenzenlosen und verliebten Hingabe des Bruderlosen umfaßte. Es wurde eine persönliche Leidenschaft, die an vollständige Identifizierung grenzte. Nachts träumte er vom Rabbi Jeschua, und am Tage wäre er für ihn auf den Scheiterhaufen gestiegen. Um die gleiche Zeit fing er an zu lesen, wobei der Rabbi ihm bei der Beurteilung aller Bücher zum Maßstab wurde.

Marx las, wie nur jemand lesen kann, der zehn Jahre lang intellektuell unterernährt gelebt hat. Er las, während er aß, während er sich anzog, während er Kaffee trank und sich wusch. Er las alles, was ihm unter die Finger kam. Aber zuerst und zuletzt las er alles über den Rabbi Jeschua. Er lebte in einem Wasserfall, in einem Malstrom von Büchern. Er holte alles nach, was ein normales Leben ihm in den Jahren nach dem Schulbesuch an Lektüre gegeben haben würde. Außerdem schrieb er ein Buch über den Rabbi Jeschua. Vorweg las er gründlich Aristoteles' Poetik und kombinierte sie mit Jungs Lehre von den Archetypen und dem kollektiven Unbewußten. Er war fünfundzwanzig Jahre alt, aber immer noch ein Siebzehnjähriger und ganz dem Gefühl seiner intellektuellen Allmacht hingegeben. /225/

Sein Buch über den Trotzkisten und Ritter der Brüderlichkeit, den Rabbi Jeschua, schrieb er schwedisch. Durch seine Arbeit als Setzer beherrschte er die Sprache jetzt vollkommen. Er verkehrte zu dieser Zeit mit keinem Menschen und sprach nur mit den Kameraden am Arbeitsplatz.

Als das Jeschua-Buch fertig war, während er noch im Glücksrausch des ungedruckten Schriftstellers lebte, schickte er das Manuskript im Lauf des Jahres an die neun größten Verlage Schwedens. Er bekam neun Lektorats-Gutachten und wurde sich langsam klar darüber, daß sowohl die deutsche wie die russische Polizei ihn verfolgten. Auch die jüdische Legion stellte ihm nach. Diese drei arbeiteten zusammen und gaben einander auf alle mögliche Weise Zeichen und Mitteilungen weiter. Oft durchschaute er sie, und überall, wo eine Streichholzschachtel mit der Rückseite nach oben lag, wo ein Auto den Motor anlaufen ließ, wo ein Fremder auf der Straße ihn ansah, wußte er ihre sonderbar komplizierte Zeichensprache zu deuten. Wo eine elektrische Leitung einmontiert war, war er sich klar, daß sie ihn mit Bestrahlung bearbeiteten. Selbst in der Druckerei, wo er sich bisher geborgen und beschützt gefühlt hatte, konnte er an vielen beobachten, daß sie ihm nachstellten und ihre Leute auf dem Posten hatten. Ein Paar Gummischuhe auf dem Gang draußen war so hingestellt, daß der linke auf der rechten und der rechte auf der linken Seite stand, oder es lag auch wohl ein abgebranntes Streichholz auf seinem Arbeitsplatz. So etwas wie das schwarze, verkohlte Streichholz war leicht zu deuten; es hieß, daß auch er bald abgebrannt und ausgelöscht sein würde. Schwieriger war zu verstehen, weshalb sie einen so großen Apparat seinetwegen aufboten, aber er wußte ja, was er gesehen hatte, und zog deshalb den Schluß, daß sie ihn erst umbringen wollten, wenn er ihre

Aufträge ausgeführt hatte. Diese Aufträge bestanden darin, dem Rabbi Jeschua entgegenzuarbeiten.

Dabei war er sich völlig klar darüber, daß er alle der Psychia-
/226/ trie bekannten Krankheits-Symptome aufwies, ob nun schizophrener oder paranoider Art. Schlimmstenfalls handelte es sich um eine langsam ausbrechende Geisteskrankheit, eine klassische Paranoia – bestenfalls um eine blühende Neurose. Er entschied sich für das letztere, doch das bedeutete kaum einen Trost, weil er nur allzugut wußte, daß die Verfolger ihn ja gerade dazu bringen wollten, sich für krank zu halten – damit er sich nicht verantwortlich fühle für die Taten, zu denen sie ihn veranlassen wollten.

Das einzige, was ihm half, war der Gedanke an den Rabbi Jeschua, an ihn, der selbst von der jüdischen Legion verfolgt worden war, weil er die große nationale Bewegung im Stich gelassen und statt dessen die Bewegung der Brüderlichkeit gewählt hatte. Und wenn Marx sich etwas besser fühlte, half es ihm auch, zu denken, daß eine Neurose immerhin ein Beweis für die vollkommene Herrschaft der Seele über den Körper ist. Wenn jetzt nur die gesunde Seele eben die Herrschaft über den Leib errang, die die kranke Seele sich unmittelbar erzwungen hatte, dann würde der Weg des Rabbi auch in ihm zu Ende gegangen sein. Ein paarmal kam der Rabbi Jeschua und sprach zu ihm. Das half ihm für mehrere Wochen im voraus.

Schließlich war er auch nicht mehr imstande, zur Arbeit zu gehen. Die Deutschen, die Russen und die jüdische Legion hatten sich einen schwarzen Hund zugelegt, den sie im Hof der Druckerei wohnen ließen. Marx ging nicht eher durch das Tor, bis er wußte, daß der kleine Hund nicht da war. Und eines Tages mußte der große Faktor Oskarson ihn nach Haus in die Altstadt bringen. Als sie in Marx' Zimmer standen, kam ihm zum Bewußtsein, daß er zum erstenmal seit zwei Jahren einen Gast bei sich hatte.

Jetzt warf die Krankheit sich mit voller Wucht auf ihn, und diesmal griff sie auch nacheinander die Organe an, vor allem das Herz, dann die Nieren, die Galle und die Leber und schließlich das Nervensystem. Er lag tagelang vollkommen apathisch da, nur darauf wartend, daß der Tod sich endlich einfinden solle. Stunde um Stunde lag er und versuchte, die /227/ Finger zu bewegen. Er hatte die ganzen Nächte hindurch Hustenanfälle, einen Puls von hundertundvierzig in der Minute und heftige Schmerzen in Brust und Armen. Er hatte jetzt auch seine ersten wirklichen Halluzinationen, sah sein Zimmer von SA-Männern, von den kommunistischen Freunden in Paris und Prag und von der jüdischen Legion bevölkert. Er hörte Stimmen, die mit der Unermüdlichkeit einer Grammophonplatte das Todesurteil wiederholten, das über ihn gefällt worden war. Er fand oft drei Tage lang keinen Schlaf, und er führte endlose Gespräche mit den Juden, denen er auf dem Transport davongelaufen war. Oft sangen sie ihm mit gutturalen Stimmen alte Gesänge vor. Aber am schlimmsten waren die Erstickungsanfälle, die ihm der starke, durchdringende Geruch der Episode im Keller verursachte. Dieser Gestank von schmutziger Wäsche, fauligem Wasser und Seifenschaum verfolgte ihn überallhin. Er ging von ihm selbst aus, von den Betten, von der Straße und dem großen schwedischen Kachelofen in der Ecke. Er verfolgte ihn durch alle Spezialabteilungen des Krankenhauses, wo die Ärzte nichts anderes als eine gelockerte Niere und einen alten Klappenfehler der linken Herzkammer feststellen konnten. Marx lag regungslos da und weinte aus Angst vor dem Singen der Vögel im Baum vor dem Fenster, er wagte keinen Lichtschalter anzurühren und lag dann plötzlich wieder Tage hindurch in einem beinahe bewußtlosen Dämmerzustand.

Zeitweise sah er absolut klar, daß sein ganzes Leben im Grunde ein einziger Verrat gewesen war. Deutschlands Niederlage stand jetzt bevor, das Land lag wie ein riesiges blutendes Tier in krampfhaften Zuckungen, aufgerissen, verstümmelt, jedoch immer noch lebensgefährlich für den, der ihm zu nahe kam. Die deutsche Emigrantenkrankheit, die

heimliche Scham darüber, nicht teilzuhaben an dem Kampf und der Niederlage des Vaterlandes, brach in ihm aus. Er war sich seiner Schuld bewußt. Schon seine orientalische Ab-
/228/ stammung war ein Verrat an dem Volk gewesen, in dessen Sprache er aufgewachsen war. Die Episode im Keller war durch ihn selbst verursacht, weil er eben so aussah, daß sie ihn schlagen mußten. Er sah sein eigenes Gesicht, frech, blond, zweifelnd. Dieses blonde Gesicht war sein zweiter Verrat, die Verleugnung des Blutes, das ihm das Leben gegeben hatte. Er war nicht in der Religion aufgewachsen, die zu seiner Rasse gehörte, hatte nie etwas mit jüdischen Gemeinden zu tun gehabt, weder in Deutschland noch in Prag, Paris oder Schweden, hatte nie einem jüdischen Gottesdienst beigewohnt. Und das eine Mal, auf dem Transport, wo er das Schicksal seiner Rassengenossen hätte teilen sollen, da war er davongelaufen, ohne ihnen auch nur einen Gedanken zu opfern. Sogar die deutschen Soldaten hatten ihm nähergestanden; weil sie ein und dieselbe Zigarette rauchten und zusammen im Regen naß wurden.

Auch an den kommunistischen Kameraden war er zum Verräter geworden. Unter dem Vorwand, daß er die Moskauer Prozesse verabscheue, hatte er das einzige verworfen und verhöhnt, was auf dieser Welt wirklich etwas bedeutete, die einzige Gemeinschaft, die ihn als Gleichgestellten aufgenommen hatte. Er hatte ihre Kameradschaft und Brüderlichkeit teilen wollen; aber wie kann man sein Leben mit Menschen teilen, ohne daß man auch ihre Schuld teilen will? Kann man überhaupt ein nahes Verhältnis zu Menschen haben, wenn man nicht mit ihnen zusammen schuldig werden will? In seiner moralischen Hoffart hatte er sich auch hier außerhalb der Gemeinschaft gestellt. Und auf dem Transport hatten die zum Tode Verurteilten sich geweigert, mit ihm zu sprechen; sie hatten gewittert, daß er nicht bereit war, mit ihnen zu sterben. In Schweden hatte keine der Bewegungen, denen er angehörte, ihn verdauen können, weil keine seiner Vollkommenheits-Manie genügte, nichts ihm

wertvoll genug erschien. Unausgesetzt hatte er das Leben, so wie es nun einmal war, im Stich gelassen, und deshalb ließ das Leben auch ihn im Stich. Er war für Zeit und Ewigkeit dazu verdammt, seine Ein-Mann-Bewegung zur Nie- /229/
derlage zu führen. Er war nie jemandes Bruder geworden.

Er sprach verschiedentlich mit dem Rabbi Jeschua darüber und sagte zu ihm, wer mit seinem Volk und seinen Brüdern breche, der werde wie ein Blatt, das sich vom Baum gelöst hat.

«Ja», antwortete Jeschua und nickte ernst, «wie ein Blatt, das sich vom Baum gelöst hat.»

«Er wird wie ein wildes Tier», sagte Marx.

«Ja», antwortete der Rabbi, «einzig der Mensch hat nicht einen Stein.»

Und der Rabbi Jeschua stand von fern und sah ihn an, lange.

Als Marx sich in eine halbgeschlossene Abteilung einweisen ließ, geschah es in tiefem Vertrauen in die ärztliche Kunst. Es war daher ein Schlag für ihn, daß der Psychiater über Schizophrenie, Neurosen und Paranoia nicht viel mehr wußte als er selbst. Natürlich hatte der Arzt seine klinische Erfahrung und sein professionelles unhysterisches Auftreten, und er konnte Marx damit trösten, daß Geruchshalluzinationen überhaupt nichts Außergewöhnliches oder Neues darstellten, es müsse ihm wohl das Symptom bei der Lektüre rein zufällig entgangen sein. Die Tatsache, daß dem Arzt Geruchshalluzinationen vertraut waren, verlieh ihm eine Zeitlang eine gewisse intellektuelle Überlegenheit, wenn auch dadurch weder die Angst noch der Gestank verschwanden.

Eines Morgens stand Marx auf und trat ans Eisengitter vor dem Fenster, um in den Garten hinauszuschauen. Das Laub hing noch an den Bäumen, es war noch nicht einmal richtig gelb geworden, und vor dem grauweißen Zaun leuchtete eine große, dunkle Rose. Alles hatte auch am Tag zuvor so ausgesehen, und doch war der Garten anders; er hatte sich vollkommen verändert. Plötzlich und mit solcher Erregung,

daß Marx den Atem mit einem Ruck einzog, sah er, daß es schneite. Still fiel der Schnee. Gleichmäßig und rasch rieselte er aus dem hohen, unsichtbaren Himmel. Und stärker, als
/230/ er jemals zuvor einen Gedanken empfunden hatte, begriff er, daß sein eigenes Leben genauso aus nichts herausgeschneit war. Es schneite, schneite. Und der Schnee legte sich über das frische Gras und das gelbgrüne Laub an den Bäumen. Auch die Rosensträucher glühten durch die weiße, stumme Ewigkeit, die fiel und fiel. Es war windstill draußen, und die Zeit sank rasch und lotrecht herab. Er spürte, daß es zugleich in ihm drinnen schneite, und für eine Weile war es der Schnee, der stillstand, und der Spitalgarten, der stieg und stieg. Der Weltraum war ihm nun unmittelbar nah, und nichts war mehr draußen oder drinnen. In der ganzen Welt gab es nur noch diesen fallenden Schnee. Dichter und dichter legte er sich auf die Blätter.

Und den ganzen Vormittag über schneite es.

An diesem Nachmittag schlug der Arzt eine Schockbehandlung vor.

«Ich habe genug Schocks bekommen», sagte Marx.

Er verließ das Krankenhaus zwei Tage später, gegen den Rat des Arztes. Aber der Schnee kam früh in diesem Jahr, und er fiel noch immer.

Marx stand in diesem letzten Kriegswinter oft drinnen in der warmen Druckerei und sah hinaus in das weißgraue, bleiche Licht vor dem Fenster. Dann beugte er sich wieder über die Arbeit und umbrach sorgfältig den Satz für die Molkereizeitschrift. Er konnte nun einen Text setzen, ohne daß er mehr Setzfehler als die schwedischen Setzer machte.

Kurz vor Weihnachten begegnete er Arna, einer deutschen Bildhauerin. Sie war ungefähr zehn Jahre älter als er selbst. Arna war, kurz bevor Finnland in den Krieg eintrat, nach zwei Jahren Gefängnis in der Sowjetunion nach Stockholm zurückgekehrt. Man hatte ihr während dieser zwei Jahre nicht gesagt, weshalb man sie gefangengesetzt hatte. Ihr

Bruder war Sowjetbürger, und später erfuhr sie, daß die Russen an dem gleichen Tag, an dem sie, ohne Gepäck und nichts auf dem Leib als ein Unterkleid und einen Wintermantel, an der finnischen Grenze abgesetzt wurde, ihn der /231/ Gestapo ausgeliefert hatten, die um diese Zeit Polen beherrschte. Sie war immer noch eine rechtgläubige Kommunistin und von dem Verrat ihres Bruders fest überzeugt. Marx war sie eine zärtliche und unersättliche Geliebte.

Natürlich hatte Arna das Vertrauen der deutschen und schwedischen Kommunisten in Stockholm verloren, weil sie in einem russischen Gefängnis gesessen hatte. Ihr Verhältnis zu Marx verschlimmerte ihre Situation noch; die deutsche Emigrantenwelt hatte ihn längst als Nazispion entlarvt. Trotzdem hatte Marx das Gefühl, es falle auch auf ihn ein Strahl des Glanzes ihrer politischen Treue.

Durch Arna lernte er Doktor Frankfurt kennen, und Doktor Frankfurt bekam größeren Einfluß auf ihn, als bisher irgendein anderer Mensch gehabt hatte.

Das ging so zu, daß Marx sich im Spätfrühling klar darüber wurde, daß Arna von Moskau abgesandt war, um ihn zu ermorden. Trotzdem klammerte er sich an sie, weil sie für ihn das einzige menschliche Wesen innerhalb seiner Reichweite war. Außerdem hatte er, wenn ihn die Anfälle überkamen, den Ehrgeiz, sich dem Krankenhaus fernzuhalten; jedesmal war er überzeugt, daß dieser Anfall der letzte sein würde, wenn er es schaffte, ihn allein auszuhalten. Eines Tages, als er halbtot vor Angst auf Arnas Couch lag, erzählte sie ihm, daß sie einen deutschen Arzt kenne, der, ohne Erlaubnis zu praktizieren, in Stockholm wohne. Er arbeite anders als die Ärzte sonst.

Sie ging und rief Doktor Frankfurt an, und er antwortete, wenn Marx in dem Zustand, in dem er jetzt sei, auf die Straße hinuntergehe und zu ihm komme, werde er ihm helfen können. Marx beschloß zu sterben und begab sich auf die Straße hinaus. Hier wimmelte es von Mördern, und die Tränen liefen ihm übers Gesicht, während er durch die Stadt

wankte. Er war so schwach, daß er sich immer wieder auf Treppen und Bänke setzen mußte, um sich von der Anstrengung auszuruhen. Nach ein paar Stunden kam er bei Doktor
/232/ Frankfurt an, todmüde, aber nicht mehr so verängstigt wie vorher.

Als man ihn zu dem Arzt einließ, blieb er einen Augenblick lang wie gelähmt stehen. Frankfurt lag auf der Couch, er hatte nichts an als ein Paar dünne, seidene Unterhosen, der dicke, hellrote Körper war mit einem beinahe undurchsichtigen Pelz von grauen und silberweißen Haaren bedeckt. Die kurzen Beine lagen über Kreuz wie die Glieder eines gigantischen Embryos. Frankfurt setzte den Kneifer auf, ohne sich zu erheben. Ruhig musterte er Marx.

«Entschuldigen Sie den Anzug», sagte er plötzlich und sah verlegen an sich herab, «ich glaubte nicht, daß Sie vor Abend kämen.»

Dann stand er auf und zog einen Schlafrock und die Pantoffeln an.

«Setzen Sie sich!»

Marx setzte sich.

«Jetzt können Sie erzählen!» sagte Doktor Frankfurt und nahm wieder auf der Couch Platz.

«Aber ganz von Anfang an! – Wo sind Sie geboren?»

Marx wollte antworten, doch der Arzt unterbrach ihn.

«Warten Sie einen Augenblick! Sie sollen etwas bekommen.»

Er ging an die Tür, öffnete sie und brüllte irgend etwas auf den Flur hinaus. Fern antwortete eine Frauenstimme. Doktor Frankfurt brummte und schlug die Tür wieder zu. Als er sich aufs neue gesetzt hatte, sah er Marx lange an.

«Erzählen Sie jetzt ganz ruhig. – Jeder Mensch hat seine Biographie.» Und Marx erzählte, nur hin und wieder durch eine kurze Frage des Arztes unterbrochen und einmal zum Schweigen gebracht, weil es an die Tür klopfte. Frankfurt ging hin und öffnete. Er kam mit einer Metall-

kanne und zwei winzig kleinen orientalischen Kaffeetassen zurück. Er schenkte beide Tassen voll und stellte Marx eine hin.
«Das regt an.» /233/
Der Kaffee stieg Marx zu Kopf, und einen Augenblick später war alle Müdigkeit wie weggeblasen. Er sprach über eine Stunde lang.
Als er geendet hatte, sah Doktor Frankfurt ihn an und sagte: «Ja, ich hatte gleich das Gefühl, daß Sie einer von ihnen sind.»
«Von welchen?»
«Ich meine einen Menschentyp, der heute immer häufiger wird. Eine Art heimatloser Seelen – oder wie man sie nennen will. Sie haben das Muster unseres Zeitalters.»
«Ist das an und für sich pathologisch?»
«Lassen Sie uns das Wort streichen! Sie leiden nicht an einer Krankheit, Sie leiden an Gesundheit. – Eine Neurose ist nichts anderes als ein Zeichen von Gesundheit. Es wäre schlimm für Sie, hätten Sie diese Zustände nicht bekommen.»
Marx fühlte, wie seine Verzweiflung stieg.
«Aber ich kann nicht auf mich selbst achtgeben! Das ist doch keine Gesundheit!»
«Hören Sie zu! Ihr Muster ist ganz klar. Aber Sie haben es verloren. Sie schaffen es nicht, Ihr eigenes Muster weiterzuweben. Der Webstuhl steht für Sie still.»
Marx antwortete nicht.
Der Arzt schenkte Kaffee nach.
«Hören Sie zu», sagte er. «Haben Sie bemerkt, daß bestimmte Menschen eine ganz bestimmte Art von Erlebnissen haben? Ihre Erlebnisse sind so, daß Sie beinahe Ihren eigenen Geruch daran spüren müßten. Alles, was Sie erlebt haben, sind Variationen eines bestimmten Themas.»
Marx fühlte sich unsicher, aber er nickte. Ihm war nicht wohl, obgleich er sich besser fühlte als seit Tagen. Er zitterte innerlich.

«Hören Sie jetzt genau zu!» fuhr Doktor Frankfurt fort. «Es gibt Menschen – um ein primitives Beispiel zu nennen –, die sich fortwährend das Bein brechen, und es gibt andere, die
/234/ ihr ganzes Leben lang auch nicht soviel wie einen Finger verstauchen. Einige Menschen erleben unaufhörlich Verbrechen aus nächster Nähe, andere sehen ständig Verkehrsunfälle. Einigen werden unausgesetzt Geheimnisse anvertraut. Alles das macht unser Muster aus, weil irgend etwas in uns eine geheime Affinität zu einem bestimmten Thema nährt, und dieses Unbekannte in uns führt uns wieder und wieder in dieselben Erlebnisse. – Dieses X in Ihnen bringt Sie immer aufs neue mit sicherem Instinkt und im rechten Augenblick an einen Ort, wo etwas Bestimmtes geschehen soll.

Dieses X ist unser bewußtes Unterbewußtsein, und eben dies ist es, das am Webstuhl sitzt und unser Muster nach einem bestimmten und bewußten Plan fertigt. Es verwendet die Fäden unserer ganzen Gegenwart, unserer ganzen Erbmasse, unseres Milieus in Zeit und Raum, um das Muster jedes einzelnen Menschen hervorzubringen – auf diese Weise werden wir in die Gegenwart, in die Welt eingewebt. – Ihr Muster ist in hohem Grade aus den roten politischen Fäden der letzten zwei, drei Jahrzehnte gewebt – aber nicht weniger aus Fäden einer ganz anderen Farbe, die viel weiter zurückreichen.»

Er sah Marx an, doch Marx antwortete nicht. Er hatte nichts zu fragen.

«Nun dürfen Sie mich nicht mißverstehen», fuhr Doktor Frankfurt fort. «Ihr Muster ist Ihr eigenes Muster, und es hätte auch aus anderen Fäden gewebt sein können. Das Muster selbst könnte man das Catilinamuster nennen. Sie kennen ihn? Den Aufrührer? Es gibt auch andere Beispiele für dasselbe Muster, doch sie tragen Namen, die Ihnen vielleicht nicht ganz so zusagen würden. Ihr X sind Sie selbst, das heißt, es ist Ihr eigentliches Ich, von dem Sie noch wenig wissen. Aber wenn Sie etwas über sich selbst erfahren wollen, dann finden Sie alles, was Sie brauchen, in dem, was wir das Muster nennen. Denn die Biographie ist im Grunde wie die Kurve eines Seismographen; sie hat alles von Bedeutung in Ihrem X registriert. /235/

Ich könnte Ihnen an Hunderten von Beispielen zeigen, auf welche Art und wie souverän solch ein X arbeitet; aber die Hauptsache ist, daß Sie diese Beispiele in Ihrem eigenen Leben finden. Sie müssen Ihr Muster in allen Einzelheiten genau betrachten, und bei jedem Punkt müssen Sie sich fragen, wozu er geführt hat, und Sie müssen das, wozu er geführt hat, genau untersuchen.

Dies, was ich jetzt Ihr X nenne, das nannte man in alten Zeiten die Nornen. Die Nornen sind Sie selbst.

Bei jeder Situation Ihres Lebens, die Sie auf diese Weise festhalten können, müssen Sie sich fragen: Was habe ich damit erreichen wollen, daß ich gerade diese Situation aufsuchte? Jeden Tag und bei jeder Gelegenheit müssen Sie sich das fragen.

Sie werden genau so weit gesund werden, als Sie es schaffen, Ihrer Norne zu begegnen, das heißt eine Begegnung mit sich selbst zu erreichen.»

Marx hatte die ganze Zeit mit dem immer stärker werdenden Gefühl zugehört, der andere wolle ihn über den Rand einer Brücke schieben. Es war eine Mischung aus Angst und Erwartung. Mit bebender Stimme fragte er:

«Kann ich gesund werden? Glauben Sie nicht, daß ich sterben werde?»

«Ob Sie sterben werden, weiß nur Ihre Norne. Sie müssen sie fragen. Aber es sieht nicht so aus, als denke sie an so etwas.

Und dann noch eins: Ihre Neurose, oder wie Sie es nennen wollen, wird Ihnen bei der Untersuchung Ihres Musters die allerbeste Hilfe sein. Denn solch eine Neurose ist nichts anderes als eine seelische Verstopfung. Und ein seelisches Erbrechen, Sie geben unverdaute Partikelchen von sich. Dieser ganze Prozeß muß zu Ende laufen. Alles in Ihrem

Leben, was Sie nicht verarbeiten konnten, liegt da und verursacht Ihnen Schmerzen. Ihnen ist übel.

Bei einer Schockbehandlung würde man die Neurose kap-
/236/ pen, und Sie würden Ihrer Norne niemals so begegnen, wie ihr begegnet werden soll. Das gleiche gilt für eine Analyse, aber eine blühende Angstneurose ist eine große Gnade. Sie bedeutet, daß die Norne gesagt hat: Stop! Hier bleiben wir stehen, bis die Arbeit getan ist. Die Neurose wird so lange bei Ihnen bleiben, wie Sie sie brauchen. Man kann es auch so ausdrücken: Die Fäden, aus denen Ihr Muster bisher gewebt wurde, diese Fäden sind jetzt zu Ende gelaufen. Das gleiche Muster soll weitergewebt werden, aber mit neuen Fäden; die alten roten reichen nicht mehr zu. Ihre Norne wird die neuen Fäden finden und für Sie dem Gewebe einfügen.»

«Mein Muster ist im Grunde ganz klar», antwortete Marx. Was der Arzt sagte, war ihm schon völlig vertraut. «Aber was man überschauen kann, ist ja nur ein Fragment. – Der Rest ist Metaphysik.»

«Alle Menschen haben eine metaphysische Libido, aber die Ihre hat bisher geschlafen. Sie wird langsam erwachen.»

«Und die metaphysische Libido richtet sich auf die Norne?»

«Wenn man gesund ist, ja, dann ist sie auf die Norne gerichtet. Sie finden sie im Muster.»

«Ich habe den Eindruck, daß sie sich meistens auf ganz anderes richtet.»

«Alle gesunde Metaphysik ist auf das Sichtbare gerichtet, sie soll Muster deuten und das Unsichtbare im Sichtbaren sehen. Wir brauchen eine empirische Metaphysik.»

Marx wartete eine Weile, bevor er sprach:

«Kommt mein Muster oft vor?»

«Das Muster ist in einer bestimmten Menschengruppe häufig. Das war es, woran ich dachte, als ich sagte, Sie seien eine der heimatlosen Seelen. Man sieht es den Leuten an den Augen an. Und offenbar wird das Muster mit jeder Generation, die heraufkommt, häufiger.»

«Was meinen Sie mit heimatlos?»

«Ich denke an Heimatlosigkeit in jedem Sinn, äußere und innere.»

«Ich habe immer die Gemeinschaft gesucht.»

«Und jedesmal wurden Sie stärker auf sich selbst zurückge- /237/
worfen, weil Sie eine Gemeinschaft suchten, die tief genug ist, um auch Ungleichheiten unter den Menschen hinzunehmen.»

Marx saß eine Zeitlang stumm da, dann hörte er des anderen Stimme:

«Aber nur aus der großen Heimatlosigkeit kann die wirkliche Brüderlichkeit erstehen.»

«Glauben Sie wirklich, daß wir unser viele sind?» sagte Marx.

«Ja, und es werden noch mehr werden. – Sie kennen doch die Sage von den Gralsrittern?»

Soweit war Marx in seinen sonntäglichen Übungen gekommen, als es unten im Erdgeschoß der Schule klingelte. Er stand auf, ging ans Fenster und öffnete es. Drei Stockwerke tiefer sah er die drei Schwestern, die Klassenzimmer und Korridore putzten, wenn die Schule Geld genug hatte, sich Arbeitshilfe zu leisten. Er beugte sich in den Regen hinaus.

«Heute ist Sonntag!» rief er hinunter. «Haben Sie morgen keine Zeit?»

«Wir müssen mit Ihnen sprechen!» schrie die älteste der Schwestern zurück.

«Warten Sie im Lehrerzimmer!»

Er verschwand vom Fenster, und einen Augenblick später klirrten die Schlüssel neben ihnen auf den Zement. Noch einmal lehnte er sich hinaus.

«Ich muß mich erst anziehen!»

Die Schwestern kicherten.

Ein Weilchen später kam er herunter, unrasiert und ohne Kragen.

«Jesses, wie fein Sie sich gemacht haben!» sagte die mittlere der Schwestern. «Richtig sonntäglich!»

Die beiden anderen sahen sie streng an, dann wandte die älteste sich Marx zu. Obwohl er so schmächtig gebaut war, wirkte er viereckig. Aber kräftig scheint er nicht zu sein, /238/ dachte sie; er hält wohl nicht viel aus. Sie fühlte einen Augenblick beinahe etwas wie Zärtlichkeit für den kleinen Lehrer, der sein Lebtag nur mit Büchern zu tun gehabt hatte.

«Sagen Sie, Herr Marx», begann sie, «sind Sie tatsächlich Russe?»

Sie konnte nicht recht glauben, daß er aus Rußland stammte. Sie hatte immer gedacht, so wie er, mit viereckigem, hellem Gesicht, sähen Holländer aus.

«Sind Sie nicht Holländer?»

Marx wies auf die Stühle um den Tisch.

«Setzen wir uns doch», antwortete er.

Sie setzten sich, nur die jüngste Schwester blieb noch einen Augenblick stehen, bis auch sie geäußert hatte, was sie von der Sache hielt.

«Jedenfalls sprechen Sie mit russischem Akzent. Ich habe schon öfter mit Russen gesprochen.»

Dann setzte auch sie sich. Marx bot den Damen Zigaretten an, und sie bedienten sich. Es war ihm etwas peinlich zu sagen, daß er Deutscher sei.

«Nein», sagte er, «ich bin aus Berlin. Ich bin Berliner.»

Das klang besser als rundheraus «Deutscher».

Die Schwestern hielten die Zigaretten zwischen den Fingerspitzen und rauchten erst ein paar Züge.

«Nein, dieses Wetter!» sagte die jüngste.

«Oh, es hätte schlimmer sein können», sagte die älteste.

«Ach, ja – jetzt ist der Sommer da», sagte die mittlere, «man merkt's am Regen.»

Dann sprachen sie etwas darüber, wie das Sommerwetter in diesem Jahr wohl werden würde. Und nach und nach wurde der Gesprächsfaden ziemlich dünn. – Sie wollen höheren Stundenlohn, dachte Marx, und sie kommen damit zu mir, weil ich am schwächsten aussehe. Aber das können wir uns nicht leisten. Wir müssen eine Zeitlang selbst die Fußböden wischen.

«Es ist nicht leicht, hier in der Schule zu putzen», half er nach. /239/

«Nein, das ist es nicht.»

«Und dann ist es so schlecht mit warmem Wasser», fügte er hinzu.

Ja, damit war es schlecht.

«Aber immerhin: es geht?»

Doch ja, es ging.

Ich muß gewiß erst Kaffee kochen, dachte er. Hierzulande ist es ja unhöflich, von Geld anders als in Nebensätzen zu reden. Die Älteste unterbrach seinen Gedankengang:

«Sehen Sie, Herr Marx, wir möchten Sie um eine Gefälligkeit bitten. Sie müssen hier in die Schule einen Jungen aufnehmen.»

Gott sei Dank! dachte er. Jetzt können sie zwei Jahre lang nicht um Zulage bitten! Laut sagte er:

«Die Schule ist voll besetzt.»

«Aber es ist doch nur solch ein kleiner Stöpsel», sagte die Jüngste.

«Die Schule ist gerammelt voll von kleinen Stöpseln – wäre es wenigstens ein Mädchen!»

«Er ist so schlimm dran», sagte die Mittlere. Sie seufzte.

«Sie wollen ihn auf die Iddioten geben.»

«Auf was?»

«Auf die Iddioten. So nennen sie es.»

«Ach so, ja.»

«Sie wollen ihn in der Schule nicht haben.»

«Ich verstehe.»

«Sie sagen, daß er den anderen schadet, weil er nicht mitkommt.»

«So?»

«Er kann nicht lesen.»

«Wie alt ist er denn?»

«Acht Jahre.»

«Zweite Klasse also?»

«Ja.»

Da müßte er lesen können, hätte Marx sagen sollen. Statt /240/ dessen sagte er:

«Es gibt viele ordentliche Menschen, die in der zweiten Klasse noch nicht lesen konnten.»

Im gleichen Augenblick wurde ihm bewußt, daß er zu weit gegangen war. Die Schwestern hatten die Oberhand. Aber er hatte zu viele Bücher gelesen, um in der Kunst des Lesens noch etwas Besonderes zu sehen.

«Die zweite Klasse hat Herr Back», versuchte er sich zu retten. «Sie müssen mit ihm sprechen.»

«Es ist solch ein lieber Junge.»

«Er wird bestimmt lesen lernen», sagte die Jüngste tröstend.

«Er ist so schlimm dran, und er weint den ganzen Tag.»

«Ich glaube nicht, daß Herr Back in seiner Klasse Platz hat.»

Eine Pause entstand. Sie wußten ebensogut wie er, daß Back im Dachgeschoß der Schule wohnte. Niemand sagte etwas, bis er aufstand.

«Ich will ihn holen.»

Die Schwestern nickten, und Marx stieg die vier Treppen wieder hinauf.

«Glaubt ihr, daß er schläft?» fragte die Jüngste.

«Möglich ist es», sagte die Mittlere.

«Ich glaube, er schläft», sagte die Älteste.

Doch Lehrer Back schlief nicht.

Im Gegenteil, er war früh aufgewacht, genauso wie er nun seit einer Reihe von Jahren jeden Sonntag erwachte. Zuerst mit dem einen Auge und einem vorsichtigen Blick rund durch den ganzen Raum. Darauf schloß er das Auge wieder und stöhnte. Er stöhnte laut. So lag er, bis er es nicht mehr aushielt, dem unmenschlich brennenden Durst zu trotzen. Er drückte sich behutsam auf die Leber und lag noch ein Weilchen still. Dann stand er auf, so vorsichtig er konnte, und blieb auf dem Bettrand sitzen, dick, schwer und ängstlich. Für

gewöhnlich stellte sich das Kopfweh ein, sobald er die Füße
auf den Boden setzte. Auch heute war es so. Plötzlich und als
werde ein glühender Eisenbolzen durch seinen Kopf getrie-
ben, war der Schmerz da; zwischen den Augen, gleich hinter /241/
der Stirn ließ er sich nieder. Back griff sich an die Schläfen und
preßte die Hände hart an den Kopf, während er fortfuhr zu
stöhnen. Außer dem Bolzen hinter der Stirn nahmen seine
Sinne nur auf, daß sich das Innere seines Mundes wie un-
erträglich trockenes, aufgesprungenes Leder anfühlte, und
äußerst vorsichtig tastete er mit den Zehen unter dem Bett
hin und her, bis er die Sandalen hervorzog, die er an Stelle von
Pantoffeln zu tragen pflegte. Sehr langsam und ruckweise
kam er auf die Beine und wankte in den Raum. Einen Au-
genblick stützte er sich auf den Tisch und sah sich um. Das
Zimmer ringsum tanzte einen kranken, boshaften Tanz, der
seinen Schwindel noch verstärkte.

Dann schloß er eine Weile die brennenden, rotgeränderten
Augen, öffnete sie wieder und nahm die Tür zum Bad aufs
Korn. Er brauchte beinahe eine Minute, um durchs Zimmer
zu kommen, worauf er sich einen Augenblick an den Türrah-
men lehnte. Er trug keinen Schlafanzug, nur eine Unterjacke
und lange Unterhosen, und jetzt, da er aufrecht ging, wirkte
er eher kräftig als dick; er war ein vitaler, schwerer Mann et-
was über die Fünfzig, mit breiter Brust und breitem Bauch
und dickem Hals. Das dichte und lockige, graugesprenkelte
Haar wuchs über einem runden, roten Gesicht. Die rote Farbe
erstreckte sich auch den Hals hinunter, wo sie mit einer schar-
fen Kante aufhörte. Darunter war die Haut weiß.

Eine Weile lehnte er sich an den Türrahmen, dann setzte er
behutsam den linken Fuß vor, als ob er dem Boden nicht
recht traue. Mit zusammengekniffenen Lippen erreichte er
schließlich das Waschbecken und betrachtete sich im Spie-
gel. Er schloß die Augen und stöhnte wieder.

Plötzlich hob er entschlossen das Zahnputzglas und nahm
die Zahnbürste heraus. Er öffnete das Medizinschränkchen,
holte eine Kognakflasche hervor und schenkte das Glas halb

voll. Erst nachdem er den Korken wieder hineingesteckt und
die Flasche an ihren Platz zurückgestellt hatte, hob er die
starke, lebenspendende Flüssigkeit an den Mund. Einen Au-
/242/ genblick trank er mit dem ganzen Körper davon, einen gro-
ßen Schluck, der fast das ganze Glas leerte. Dann hob er den
Kopf und räusperte sich mehrere Male ausgiebig. Vorsichtig
schüttelte er den Kopf hin und her und stieß dabei einen
tiefen, knurrenden Laut des Behagens aus. Der Schnaps auf
nüchternen Magen machte ihn beinahe wieder normal. Die
Kopfschmerzen ließen bedeutend nach, und der Atem wur-
de regelmäßig. Vor allem war der Durst gelöscht.

Er wartete eine Zeitlang, damit die erste Wirkung voll zu ihrem Recht kommen solle. Dann trank er den Rest und spülte das Glas sorgfältig unter dem Wasserhahn aus. Er ging ins Zimmer zurück, an den Tisch, der unter der Last der Bücher fast zusammenbrach. Zwischen Darwins Reisen und Brehms Tierleben kramte er eine halbvolle Schachtel Zigaretten hervor. Auf zwei Bänden Grimm lagen die Streichhölzer. Er atmete den Rauch tief in die Lungen und trat an die Glastür, die auf den kleinen, zinkbelegten Balkon hinausging. Der Balkon reichte bis an die Dachrinne und war nicht viel mehr als einen Meter breit. Der Regen schlug weich und plätschernd auf die Zinkplatten. Back öffnete die Tür auf einen Spalt und ließ die kühle, feuchte Frühlingsluft ins Zimmer strömen. Zuerst traf sie die nackten Füße in den Sandalen, und nach und nach fühlte er die Frische den ganzen Körper hinauf, um den Hals und im Gesicht. Er stand da, die Zigarette von der Unterlippe hängenlassend, und der Rauch stieg an der Oberlippe und Nase hoch, bis er sich wie ein dünner Vorhang vor die Stirn legte. Er verflocht sich mit den wuschligen Locken und ließ Back erst in den Haarbüscheln über dem Scheitel los. Von dort neigte er sich in feiner, luftiger Spirale der Tür zu.

So stand Back lange. Dann betete er sein Morgengebet.

Als es an die Tür klopfte, saß er, ein Buch im Schoß, im Lehnstuhl am Fenster. Er war rasiert, frisch gebadet und in ungebügeltem, aber frischem weißem Hemd. All das als eine Huldigung an das mißhandelte Leben, das endlich zu ihm zurückkam. Er hatte Kaffee getrunken und es fertiggebracht, etwas dazu zu essen. /243/

«Komm herein, mein Junge!» rief er.

Marx trat ein und sah sich im Zimmer um. Es war groß und dämmerig, alle Wände waren mit Bücherregalen gepolstert. Die breite Couch war in Ordnung gebracht und verriet nichts mehr von ihrer nächtlichen Funktion als Bett.

«Na?» sagte Marx, «Schuldgefühl gesammelt?»

Back sah ihn an mit einem Blick, hell, weich und voller Scham.

«Kannst du's denn nicht lassen ...!» begann er.

Aber Marx konnte es nicht lassen, weil er sich bei Backs Anblick immer als armseliger Kleinbürger fühlte.

«Endlich habe ich eine Aufgabe für dich», sagte er und blieb mitten im Zimmer stehen. «Ein Kind ist sozusagen in deine Klasse aufgenommen. Möchte gern morgen herkommen.»

Back legte das Buch neben den Stuhl auf den Fußboden.

«Du sagst am besten gleich nein.»

«Die Schwestern Abrahamsen sitzen unten.»

«Was?»

«Sie wollen ein Kind anbringen.»

«Haben die Kinder? Es ist doch unglaublich, was man alles zu hören kriegt! – Mit wem in aller Welt haben die Kinder?»

«Es ist nicht ihr eigenes.»

«Unsinn, sie haben gar kein Kind – sie wollen natürlich mehr Geld.»

«Nein, sie sitzen unten und wollen ein Kind in der zweiten Klasse anbringen.»

Back stand auf.

«Schön», sagte er, «ich gehe hin und sage nein.»

Er verschwand im Bad und Marx hörte ihn gurgeln. Dann ging Back allein hinunter.

Er ging, und eine Weile später verließen drei glückliche Schwestern das Schulgebäude.

«Schön», sagte Marx, als der andere wieder im Dachgeschoß angekommen war, «er kommt in deine Klasse.»

«Wer weiß, wie lange es noch dauert? – Ich habe gestern die
/244/ Rechnungen durchgesehen.»

«Ist es schlimmer als im vorigen Monat?»

«Die neuen Klosettröhren haben uns das ganze Quartal verdorben. Die Gehälter müssen gekürzt werden.»

«Für uns beide, die wir hier wohnen, geht das noch an; aber für die anderen ist es, glaube ich, kaum mehr möglich.»

«Wir müssen mit unserem Gehalt anfangen.»

«Ja», sagte Marx, «das müssen wir wohl.»

Er sah in den Regen hinaus.

«Du – der Junge von Abrahamsens, der ist durchgebrannt.»

«Durchgebrannt?»

«Ja, er ist seit fünf Tagen weg. Man ahnt nicht, wo er ist.»

«Dann war es wohl richtig, ihn aufzunehmen.»

«Ich glaube, es muß etwas an ihm dran sein.»

Marx sah wieder in den Regen hinaus. Er rauschte stetig hernieder.

«Es ist wohl das beste, von den Gehältern nichts zu erwähnen. – Bleibt uns denn gar nichts mehr? Das geht ja auch nicht.»

«Nein, aber wenn du ein paar Monate nichts zu kaufen brauchst, kommen wir über das Schlimmste hinweg.»

«Ich esse mittags gern etwas Gutes», sagte Marx.

«Mit Mittagessen sieht es für eine Zeitlang trübe aus.»

«Schön, schön.»

«Und dann ist bald Sommer.»

«Du gehst also einer trockenen Zeit entgegen?»

Back seufzte.

«Hör mal», sagte Marx, «du mußt ein paar Flaschen im Monat als Fußbodenfarbe oder als Kreide buchen.»

Der andere sah ihn unsicher an.

«Glaubst du, das geht?»

«Natürlich – wäre ja noch schöner! – Außerdem können wir selber putzen. Damit sparen wir eine Menge.»

«Nein, Abrahamsens putzen bis zum Sommer gratis.»
«Was? Der kleine Ausreißer bezahlt?»
«Unter uns: Ich habe einen Handel mit ihnen abgeschlossen. Aber wir bezahlen sie wieder, sobald wir Geld haben. Dies ist /245/ ja nichts als ein Übergang.»
»Ja», sagte Marx, «es ist nur ein Übergang.»
Er stand eine Weile still da und dachte nach.
«Du kannst die Flaschen ja als Putzlohn einsetzen.»
Back sah ihn geniert an.
«Ja», sagte er, «das hatte ich auch gedacht.»

Kapitel 7

/246/ Es war nicht so leicht, Jonas an Land zu bekommen. Im Lauf der letzten vierundzwanzig Stunden auf See überlegte er es sich immer wieder anders, und jeder neue Entschluß war von Krampfanfällen und Tränenausbrüchen begleitet. Als sie in Bergen am Kai anlegten, kroch er in die Koje und klammerte sich dort fest, und nicht einmal der Jungmann verstand ein Wort aus den schluchzenden Lauten, die aus ihm hervorbrachen.

Kapitän Moe stand hin und wieder in der schmalen Tür der Krankenkabine und sah nach ihm. Er biß sich in die Unterlippe und fluchte leise, sich unter dem seidenen Tuch kratzend, das er um den Hals trug. Den ganzen ersten Tag, an dem sie im Hafen lagen, brütete er schweigend vor sich hin.

Der Jungmann begegnete ihm auf der Treppe, als er am Nachmittag aus der Krankenkabine kam, und der Kapitän brummte etwas vor sich hin, als sie aneinander vorbeigingen. «Verzeihung!» sagte der Jungmann.

«Sie müssen ihm heute abend etwas Gutes zu essen geben. Es ist ja sein letzter Abend bei uns», sagte Moe. «Honigkeks und Ananas – oder Pfirsiche.»

«Jawohl, Herr Kapitän.»

Sie waren gegenseitig etwas befangen. Dann ging der Kapitän weiter, die Füße weit auseinander, als liege das Schiff in schwerem Seegang.

Als der Jungmann in die Kabine kam, richtete Jonas sich in der Koje auf und warf ihm beide Arme um den Hals. Der Jungmann erzählte ihm ein Märchen, und dann ging er zum Steward und holte ihm Obst und Keks. Seit Jonas gefunden war, hatte er kaum etwas anderes als Südfrüchte und Schokolade gegessen. Nach und nach waren die meisten der Männer an Bord bei ihm gewesen und hatten ihn begrüßt, und da ergab es sich, daß viele ihm etwas mitbrachten. Der Steward kam mit dem Jungmann in die Krankenkabine, und eine Weile blieben sie beide bei ihm.

Dann war es Abend.

In der Nacht brannte Jonas durch. /247/

Aber er kam nicht besonders weit. Liverpool hatte Wache am Laufsteg, und als er unter seinem Wetterdach saß, hörte er etwas die Stufen hinuntertasten. Liverpool trug seinen Namen, seit er einmal drei Jahre lang in dieser prächtigen Hafenstadt gebettelt hatte, weil es ihm so schlecht ging. Zuerst glaubte er, irgendein Tier treibe sich draußen im Finstern herum; doch als er an der Reling stand und hinuntersah, fiel sein Blick auf den Jungen ganz unten am Betonkai. Bald darauf erwischte er ihn oberhalb des Packhauses, und Jonas schrie wild, als er wieder an Bord geschleppt wurde. Die Tür der Kabine mußte verschlossen werden. Und der Jungmann mußte in der oberen Koje schlafen. Es war für beide die letzte Nacht an Bord.

«Schläfst du?» fragte Jonas, eine Weile, nachdem das Licht gelöscht worden war.

«Nein», sagte der Jungmann.

«Bist du böse?»

«Nur ein bißchen, Jonas.»

«Wärst du bei mir geblieben, dann wäre ich nicht weggelaufen.»

«Jetzt sind wir zusammen.»

Eine lange Pause folgte. Jonas schluchzte auf.

«Gehst du mit bis nach Hause?»

«Ja, bis nach Hause.»

«Dann will ich morgen früh auch nicht schreien.»

Doch Jonas brachte es nicht fertig, sein Versprechen zu halten. Schon vor dem Frühstück schrie er wie ein wildes Tier. Er mußte mit Gewalt aus der Krankenkabine und an den Laufsteg geschleppt werden. Dort faßte er das Geländer und ließ nicht eher los, bis ihm die Finger einer nach dem andern gelöst wurden. Den Laufsteg hinunter klammerte er sich an jede Eisenstange, die er erreichen konnte. Aber als sie auf

dem Kai angekommen waren, wurde er ruhiger, und auf dem Bahnhof ging er nett und ordentlich neben dem Jungmann her. Trotz allem war dies doch Jonas' erste richtig
/248/ große Reise mit der Eisenbahn.

Auf dem Bahnhof in Oslo stand der Chauffeur Olsen mit Jonas' Eltern. Er war überrascht, daß ein hochgewachsener und ziemlich dünner junger Mann mitkam, der sich ohne weiteres zu ihnen ins Auto setzte. Er schien besorgt um Jonas zu sein. Er kam auch mit in die Wohnung hinauf, und nicht einmal die gute Neuigkeit, daß eine andere Schule bereit sei, Jonas aufzunehmen, so wie er war, konnte ihn ganz beruhigen. Aber die Eltern fragten ihn aus und waren glücklich, nun genau zu erfahren, wie alles zugegangen war, als man den Jungen gefunden hatte. Freilich hatte der Bootsmann auch gewissen Anlaß zur Sorge, weil Jonas ja nie gelernt hatte, wie man mit einem Kapitän spricht. Endlich, nachdem er zugesagt hatte, Jonas in der neuen Schule zu besuchen, ging der Jungmann seiner Wege.

Er nahm seine beiden Koffer und ging in ein Hotel der Stadt, und dort blieb er wohnen, bis er ein Zimmer gefunden hatte, das er mieten konnte. Erst dann löste er sein Versprechen ein und besuchte Jonas in der neuen Schule.

Inzwischen war Jonas längst in seine Klasse aufgenommen. Am ersten Tag ging er zusammen mit den Eltern dorthin. Sie mußten mit dem Lehrer sprechen, und sie trafen ihn in seinem Zimmer, das voller Bücher und Tabakrauch war. Jonas konnte ihn zuerst vor lauter Rauch und Nebel gar nicht sehen.

Er hatte unterwegs furchtbare Angst gehabt, und als sie auf dem Platz vor dem großen, alten Holzhaus ankamen, fing er wieder an zu schluchzen. Es war gerade Pause, und der Hof war voller Kinder. Es waren eine Menge Kinder, nicht so viele wie in der vorigen Schule, aber jedenfalls schrecklich viele. Immerhin sahen sie freundlich aus, wenigstens die meisten. Dann ging Jonas mit den Eltern in den Korridor, und sie klopften an alle Türen, die sie sahen, weil an keiner ein Schild war. Endlich erschien eine Dame.

«Wir bekommen bald Schilder an die Türen», sagte sie und /249/
nahm sie mit über den Korridor. Vor einer offenen Tür blieb sie stehen und zeigte.

«Dies ist die eine Jungentoilette», erklärte sie, «aber hierher darfst du nicht gehen, sie ist entzwei. Die andere Toilette liegt am Ende des Korridors. Wir haben dort nur noch kein Schild angebracht.»

Sie lachte so, daß die Eltern und sogar Jonas mitlachen mußten. Der Korridor war in starken und klaren Farben gestrichen, aber Türen und Fenster sahen höchst gebrechlich aus. Und der Bootsmann spürte, daß hier und da eine Diele unter seinen Füßen nachgab. Gleich darauf begegneten sie einem jungen Mann mit einer Brille und krausem Haar. Er begrüßte sie und fragte Jonas, ob er der Junge sei, der in die zweite Klasse kommen solle. Er faßte ihn an der Nasenspitze, als er mit ihm sprach, und das mochte Jonas schrecklich gern, weil er den Mann mochte. Er legte den Kopf hintenüber, so daß sein Gesicht ganz nach oben gewandt war. Er lächelte selig, weil er merkte, daß man ihn erwartet hatte.

«Du bist wie der Jungmann», sagte er.

«Herr Back ist dort drinnen», sagte der Mann zu der Dame, die mitgekommen war, und er sprach so merkwürdig, daß die Eltern dachten, er sei wohl aus dem Süden des Landes oder dergleichen. Dann gingen sie noch ein paar Schritte, und plötzlich standen sie in dichten Rauchwolken vor einem kräftigen Mann mit wuschligem Haar.

Er begrüßte die Eltern und bat sie, Platz zu nehmen. Dann wandte er sich Jonas zu und sah ihn an. Er legte die eine Hand auf seine Schulter und die Handfläche der anderen Hand an seine Wange und seine Schläfe. Dann glitt sie am Ohr und Kopf entlang nach hinten, wo sie in seinem Nacken liegenblieb. Darauf setzte der Lehrer sich nieder, doch den Griff um den dünnen Nacken behielt er. Er bewegte ganz leise die Finger und drehte Jonas' Gesicht, so daß er ihn ansah.

«Hast du Lust, zu uns zu kommen?»

/250/ Jonas fühlte die Wärme der Finger im ganzen Körper, aber am stärksten im Hals. Er wußte schon jetzt, daß er noch nie jemandem begegnet war, den er so gerne hatte wie diesen Mann. Nicht einmal den Jungmann hatte er auf diese Art gern. Und auch mit dem ersten Oberlehrer war es anders gewesen.

«Es ist so schön, wenn du mich im Nacken hältst», antwortete er. «Es ist, als ob es im Hals kitzelt.»

«Hattet ihr hohe Wellen draußen auf See?»

«Viel höher als ein Haus.»

«Warst du seekrank?»

«Und dann hab' ich Ananas gegessen!»

Eifrig ging Jonas dazu über, aus seinem Seemannsleben, von dem Jungmann und dem Kapitän, von Trauben und Pfirsichen zu erzählen. Nur von dem Rettungsboot erzählte er nichts. Statt dessen kroch er dem neuen Mann, der ihn noch immer im Nacken hielt, hurtig aufs Knie. Hier erzählte er weiter.

So verging der erste Tag, und am nächsten Tag war Jonas schon frühmorgens da – das heißt, er war mehr als eine Stunde vor Beginn der Schule auf dem Schulhof. Dann stellte er sich zusammen mit seiner neuen Klasse auf, und Back kam, um sie zu holen. Auch die anderen Klassen hatten sich schon aufgestellt, und der Hof, der eben noch voller Geschrei und Geräusch aller Art gewesen war, lag jetzt groß und öde hinter ihnen. Natürlich hatte Jonas am ersten Tage auch Angst vor der neuen Klasse; immerhin war es ein Vorteil, daß dort auch Mädchen waren. Die Mädchen waren beim Aufstellen so gewandt, sie kamen beinahe im Handumdrehen damit zurecht, während die Jungen meist noch allerlei zu tun hatten, sich gegenseitig noch einmal pufften, ein Taschenmesser tauschten oder eine Schleuder oder ein Brennglas oder was es sein mochte.

Jonas selbst stand von der ersten Sekunde an wie ein Steinbild. Er wußte, in ein paar Minuten, sobald man ihm einen Platz und ein Pult angewiesen hatte – da ging er wieder zur Schule, da war er wieder mit dabei, da lebte er wieder. Diese /251/ letzten Augenblicke waren lang, unendlich, erstickend lang. Was bevorstand, war seine Wiederaufnahme in die Menschheit. Er begriff nicht, daß jemand jetzt unruhig stehen konnte. Die kleinen Mädchen fingen schon an zu knicksen, als Back aus der Tür trat, und sie knicksten, bis er vor ihnen stand und mißvergnügt über die Klasse hinstarrte. Jonas verbeugte sich, und die anderen Jungen betrieben weiter ihre Geschäfte, pufften und knufften sich gegenseitig und kniffen einander von hinten.
Backs Gesicht verfinsterte sich. Und langsam, einer nach dem andern, so wie sie entdeckten, daß er zugegen war, wurden die Jungen ruhig. Alle, bis auf zwei, drei ganz hinten, fühlten den fürchterlichen stummen Vorwurf, den er ausstrahlte. Die ganz hinten machten unbekümmert weiter, und majestätisch schritt Back die Reihe entlang, bis er die Gottlosen erreicht hatte. Sie entdeckten ihn noch immer nicht, und plötzlich sprach er. Ein Strom von Scheltworten ergoß sich über sie, und sie wurden still; mit hochgezogenen Schultern, erschrocken wie kleine Tiere im Regenwetter standen sie da. Dann herrschte vollkommene Stille, und die Gesellschaft konnte die Wanderung ins Klassenzimmer antreten. Im Korridor lösten die Reihen sich auf, sie zwängten sich, zu fünf und fünf, durch die Tür, jeder nahm seinen Platz aufs Korn und preßte sich in Luftlinie darauf zu – über Bänke hinweg und unter Pulten hindurch. Sechs, sieben Kinder kletterten im Klassenzimmer, das kein Katheder hatte, an Back hoch, und er schüttelte sie mit dem Handrücken wieder ab. Er wies Jonas einen Platz ungefähr mitten in der Klasse an, und Jonas begab sich, innerlich leise bebend, dorthin. Er kam neben einen Jungen, der eine Menge helles, krauses Haar auf dem Kopf hatte.

Plötzlich durchschlug Backs Stimme den brausenden Lärm, der von der Klasse aufstieg.

«Glaubt ihr vielleicht, dies sei eine ganz gewöhnliche Kin-
/252/ dergesellschaft?» brüllte er.

Jonas legte seine Hände vor sich auf das Pult und sah sie an. Er wäre jetzt gern wieder davongelaufen. Und Back brüllte weiter, während die Klasse allmählich zur Ruhe kam. Scheltworte und die fürchterlichsten Drohungen polterten über sie hin. Und es hörte nicht auf. Je stiller die Klasse wurde, um so heftiger herrschte er sie an. Jonas war den Tränen nahe. Aber die Scheltworte wurden immer sonderbarer, zwischen «Rackerpack» und «ungezogene Rangen» schlichen sich «Junge Hunde», «Kälber», «Krokodiljunge» und noch alles mögliche aus dem Tierreich ein. Jetzt war die Klasse still wie ein Fjord im Sonnenschein, alles lauschte entzückt. Und nach und nach fingen die Kinder an zu lachen, zuerst leise, dann lauter, endlich schüttelten sie sich vor Lachen. Da begriff Jonas, was los war: Back war gar nicht böse. Er war ganz und gar nicht böse! Und ehe Jonas sich's versah, fing er selbst an zu lachen. Immer lauter und lauter. Schließlich lachte er unbändig, langgezogen und wild heulend. Und jetzt, da er einmal angefangen hatte, konnte er überhaupt nicht wieder aufhören. Er lachte und lachte, und als die anderen sich schon beruhigt hatten, war er der einzige, der weiterlachte, sein Heulen war kaum mehr von Weinen zu unterscheiden. Der Lachkrampf wurde heftiger und heftiger, wurde zu einem schluchzenden, weinenden Lachen, so daß die Klasse schließlich ängstlich dasaß und ihn anstarrte. Nur er selbst merkte nichts; das einzige, was er fühlte, war Freude darüber, daß Back nicht böse war. Eine jubelnde, laute Freude, wie er sie noch nie gefühlt hatte. Dabei tat das Lachen weh im Magen und im Hinterkopf, und sein Gesicht und seine Hände waren ganz naß. Aber es war ihm unmöglich aufzuhören. Erst als Back zu ihm trat, ihn aufhob, ihm die Haare zauste und den Rücken klopfte, wurde es etwas besser. Trotzdem ließ ihn das Lachen den ganzen

Vormittag nicht los; denn jetzt wußte er, daß er wieder zur Schule ging. Und den ganzen Morgen wurde nicht gelesen und nicht geschrieben. Dagegen tat man vieles andere.

Zuerst wurde gesungen, und da wollte das sonderbare frohe, /253/ schluchzende Lachen wieder anfangen. Das Lied war Jonas ganz neu, und es sang in seinem Innern, im Kopf und im Hals, ohne daß er selbst mitsang. Er fühlte es in den Augen und den Rücken hinunter, es rieselte ihm durch den ganzen Körper und kitzelte ihn, aber am meisten fühlte er es von Ohr zu Ohr, quer durch den Kopf. Er fühlte es auch an der Innenseite der Oberarme und bis in die Handgelenke, in die Handflächen hinein. Es war noch schöner, als wenn Back ihn im Nacken hielt. Und der ganze Raum tönte mit wie eine große Glocke.

Das Wichtigste kam jedoch erst nach dem Lied. Jetzt war die Klasse ganz still, nur ein wenig warm geworden und vielleicht vom Singen noch etwas atemlos. Es tönte noch nach, in ihrem Innern – und das war das Beste von allem. Back blieb mit über der Brust gekreuzten Armen vor ihnen stehen, und alle Kinder sahen ihn an. Es würde etwas geschehen, das war deutlich zu merken. Und ganz still, mit leiser Stimme, begann Back zu erzählen. Aber nach und nach, je weiter die Geschichte fortschritt, erzählte er mit immer lauterer Stimme, mit Armen und Beinen und endlich mit dem ganzen Körper. Die Zeit, in der die Geschichte sich zugetragen hatte, lag sehr weit zurück, und Jonas behielt sie noch lange, lange im Gedächtnis.

Er behielt sie vor allem deshalb so gut, weil er alles so deutlich vor sich sah wie die Bilder abends vor dem Einschlafen. Jedes Wort, das Back sagte, wurde sogleich zu etwas, das Jonas sehen konnte; es war, als werde die ganze Zeit gezaubert, und was er sah, das machte ihm warm im Körper, und er schwebte ganz hoch oben, dort oben, wo diese Geschichte begann.

Gott Vater saß unter all seinen Sternen und Engeln, und die Engel waren wie große Säulen aus einer Art Feuer. Sie waren nicht so sehr weit von der Sonne entfernt. Aber tief unter ihnen lag die Erde mit Gebirgen und Steinen und vielen Tieren, die dort umhergingen. Die Engel konnten die /254/ Erde von oben sehen, weil sie so grün war und weil sie so feucht glitzerte. Die Menschen waren sehr gut.

Jedoch unter den Engeln war einer, der nicht länger bei Gott Vater bleiben wollte; er wollte für sich allein wohnen, denn er war der größte, der klügste und schönste von allen Engeln; er war wie eine riesige Fackel, und wenn man ihn aus weiter Entfernung sah, leuchtete er am Himmel wie ein gewaltiger Stern. Er verlockte und überredete eine Menge anderer Engel, mit ihm von Gott Vater fortzugehen, und zusammen zogen sie aus dem Himmel und siedelten sich näher der Erde an. Sie schwebten dicht über der Erde und wohnten dort, und etwas von dem Licht ihrer Fackeln gaben sie an die Menschen weiter. Die Menschen waren darüber sehr froh und dankten den Engeln, und oft halfen die Engel ihnen, wenn sie Dinge machen oder etwas erfinden wollten. Der diese schönen und klugen Engel führte, hieß Luzifer.

Doch hoch, hoch oben wohnte Gott Vater noch immer mit ungeheuer vielen Engeln. Der herrlichste und mächtigste von ihnen hieß Satanael, und er sagte zu sich: Niemand ist stärker als ich! Niemand ist mächtiger als ich! – Und Jonas sah ihn ganz deutlich vor sich, als er das sagte. –

Ich will Gott Vater von seinem Thron stürzen und mir ein eigenes Reich gründen! dachte der Engel weiter; ich will alles haben und alles besitzen! Doch als er das gedacht hatte, war er kein Engel mehr, seine Schwingen waren schwarz wie die Flügel einer Fledermaus geworden; denn mit den Engeln ist es so, daß alle ihre Gedanken sich sofort außen an ihnen zeigen. Trotzdem gelang es Satanael, viele, viele Engel zu überreden, sich auf seine Seite zu stellen. Und zusammen gingen sie zum Angriff gegen Gott Vater und seine getreuen Engel vor.

Der größte dieser getreuen Engel hieß Micha, und er vertrieb mit den anderen Satanael und seine Schar aus dem

Himmel, so daß sie zur Erde herniedersanken. Auf dem Wege dorthin sahen sie sich nach einer Stätte um, wo sie wohnen könnten, und am liebsten hätten sie sich in den Abendwolken niedergelassen und in der goldenen Luft um /255/ die Erde; aber dort wohnte bereits Luzifer mit seinen Engeln. So zog Satanaels Schar weiter, ganz hernieder zur Erde, wie ein gewaltiger Schwarm riesiger Fledermäuse. Doch als sie die Erde erblickten, wurden sie sehr froh, und sie gründeten dort ihr Reich. Erst als sie unten angekommen waren, sahen sie einander an, und Satanael strich sich über das Gesicht und sah an sich herab, und da merkte er, daß er ein Drache geworden war. Alle anderen waren kleinere Drachen, Greife und Eidechsen und Schlangen, und sie wohnten in allem, was hart ist, in Steinen, Felshöhlen, Klüften und Bergen. Sie gründeten ein mächtiges Reich, und der Drachenkönig Satanael ward ihr Herr.

Sogleich begannen sie Menschen und Tiere zu quälen, und alle Schätze der Erde sammelten sie in ihren Höhlen, alles Gold, Silber und alle Diamanten und Perlen. Satanael selbst hatte den ganzen Berg voller Schätze, aber auch voll von seinen Drachenjungen, die ihm sehr ähnlich waren. Wenn er auszog, um zu plündern, blieb ein in die Erde gesengter schwarzer Streifen auf seinem Wege zurück, wie von einem zu heißen Bügeleisen.

Zu jener Zeit waren alle Menschen ein großes Volk, und sie hatten einen einzigen König. Dieser König hatte eine Prinzessin, sie war die Prinzessin der ganzen Welt, und sie war schöner als alle anderen Menschen und sollte einmal die ganze Erde erben. Als der Drache sie zu fassen bekam, sie raubte und in seine Höhle schleppte, senkte sich große Trauer über die ganze Erde. Alle weinten, Menschen und Tiere. Die Menschen klagten Luzifers Engeln, was sich ereignet hatte; doch die konnten nicht helfen. Und nur ganz von ferne hörten Gott Vater und seine getreuen Engel Gerüchte über das, was geschehen war.

Eines Abends, lange, lange, nachdem Satanael aus den

Himmeln gestürzt worden war, lag er mit seinen Drachenjungen vor seiner Höhle. Es war ein dunkler Abend, so wie die Abende im Herbst sind. Und weil die Luft klar war, /256/ konnte er die Sterne deutlicher sehen als sonst. Sie waren sehr groß und strahlten stärker, als er Sterne jemals hatte strahlen sehen, seit er auf der Erde wohnte. Und der Abend war so still, daß er die Drachenjungen hinter sich im Dunkeln atmen hörte. Da zog eine ferne, ferne Erinnerung durch das harte alte Drachenherz: die Sterne! Einst hatte er sie aus der Nähe gesehen!

Da überfiel es ihn, daß er wohl alles Gold und alle Edelsteine der Welt besitze, jedoch die Sterne, die hatte er nicht bei sich in der Höhle – und er fühlte, er müsse sie haben. Ihm wurde ganz übel und krank bei dem Gedanken, daß es etwas gab, was er nicht besaß, und er richtete sich auf den Hinterbeinen hoch auf und streckte seine Krallen aus und fauchte zum Himmel empor. Alles wollte er besitzen! Alles wollte er haben! Und die Jungen, die immer wiederholten, was er sagte, die lagen auch die ganze Nacht hindurch da und heulten und fauchten zu den Sternen auf. Das war ein Konzert! Alles wollen wir haben! Alles wollen wir besitzen, ganz allein!

Die Gier nach den Sternen ließ erst nach, als die Sonne aufging, doch sie wandelte sich in Gier nach der Sonne selbst. Bald hielt der Drache es nicht mehr aus, länger liegenzubleiben; denn alles, was er hatte, Gold, Perlen, Edelsteine, die Prinzessin der Menschen, alles das war ihm nur wie Staub und Asche, wenn er nicht auch die Sonne besaß. So hob Satanael noch am gleichen Tage die Schwingen und stieg in mächtigen, runden Bögen zur Sonne empor. Schon bevor es Abend geworden war, verhüllte er die Sonne, und die Menschen weinten so laut, daß die Engel es hörten. Doch er stieg und stieg – Jahr um Jahr stieg er zum Himmel empor, und endlich drangen die Stimmen der Menschen bis hinauf zum Throne Gott Vaters im obersten Sternenkreis. Und ungefähr um die gleiche Zeit kam eine Schar Engel geflogen, die meldete, daß Satanael in den niederen

Himmeln Sterne geraubt habe und jetzt auf dem Wege zur Sonne sei.

Da rief Gott Vater Micha, der sich in einer anderen Gegend des Himmels aufhielt, und als er kam, brach Gott Vater ei- /257/ nen dicken Sonnenstrahl ab und machte ein Schwert daraus. Er gab Micha das Sonnenstrahlenschwert und eine Rüstung aus Stahl. Engelkönig! sagte er, töte den Drachen!

Und die Engel begleiteten Micha der Sonne zu. Dort begann Michas Kampf gegen Satanael, der Drachenkönig hatte schon ein Stück der Sonnenscheibe erfaßt. Als sie nun kämpften, wirbelten sie die ganze Zeit umeinander, und sie fielen und fielen wie ein Gewicht der Erde zu. Ein paar Jahre lang fielen sie so hernieder, während sie kämpften, daß es von den Sternen sprühte und funkelte und der Sternenstaub sie umstob. Sie waren wie ein großer Sternenregen, als sie der Erde zu fielen. Vor ihnen und unter ihnen stürzten große Stücke der Sterne auf die Fluren, und bald waren sie selber der Erde ganz nahe. Micha hatte große Splitter aus Satanaels Panzer gehauen, als sie das letzte Stück zusammen fielen. Jetzt tötete er den Drachen. Gleich darauf stand Micha im Grase neben dem toten Drachenkönig, und erst jetzt sah er sich lange um.

Das war ein großer Augenblick; denn es war das erste Mal, daß einer der treuen Engel ganz unten auf der Erde war. Micha nahm Satanael das Sonnengold ab und begrub ihn in einem Felsspalt. Da gab Gott Vater ihm die Buchstaben *el* an das Ende seines Namens, weil er so gut gekämpft hatte.

Zwei Dinge tat Michael auf Erden. Er öffnete den Berg und befreite die Prinzessin der Menschen. Und weil er sah, daß noch immer viele Drachen auf Erden hausten, rief er die mutigsten Menschen zusammen, rührte sie mit dem Sonnenschwert an und gab ihnen den Namen Michaelsritter. Seitdem finden sich Michaelsritter auf Erden, und es ist so: wenn es viele Drachen gibt, dann gibt es auch viele Michaelsritter.

Jonas sah alles ganz deutlich vor sich, und besonders

empörte es ihn, daß der Drachenkönig die Prinzessin in seine Höhle geschleppt hatte. Hernach bekam er ein Buch mit leeren Seiten und eine große Schachtel fette, dicke Farbstif-
/258/ te, und nun begriff Jonas, daß er zeichnen konnte. Beinahe ohne zu seinem Nebenmann hinüberzusehen, zeichnete er die ganze Seite voll: ein großes Bild der Prinzessin, wie sie im blauen Berge saß. Und das einzige, was man im Klassenzimmer hörte, war der Laut der Farbstifte und ein scharfes Klopfen, wenn ein Stift über die Kante eines Buches glitt und mit einem kleinen Knall auf das Pult traf.

Jonas hatte früher nie zeichnen können. Alle in der Klasse waren verdrossen, als die Stunde so schnell zu Ende war.

Jonas träumte diese Nacht eine Menge. Daß er Torte von Back bekam, und von Michael, von der Prinzessin und von dem Lied träumte er. Von dem Lied träumte er lange, und es war wie ein Fluß, der um ihn und in ihm floß. Am nächsten Morgen war er so früh wie möglich auf dem Schulhof.

An diesem Tage sangen sie mehr, Back erzählte weiter, und oben auf die großen Seiten der Zeichenbücher schrieben sie aus der Erzählung, die sie gehört hatten, die Worte «Micha» und «Drache» und noch viele andere. Dann zeichneten sie weiter, und sie lernten ein altes Lied von Michael. So vergingen Jonas die ersten Schultage, und er verfiel der Schule wie früher den Vögeln und Pflanzen im Schaufenster. Jeden Morgen fand er sich lange vor der Zeit auf dem Schulhof ein.

Dort war er nicht allein, und an einem dieser Morgen bekam Jonas Prügel. Er bekam so viel Prügel, wie Platz dafür auf ihm war, und er bekam sie von zwei Jungen der Klasse – nicht auf einmal, sondern der Reihe nach, zuerst von Johan und dann von Christian. Er bekam sie so gründlich, daß Blut, Schleim und Tränen flossen. Erst viel später begriff er, weshalb sie ihn so furchtbar geschlagen hatten; jede Gemeinschaft hat ihre Gesetze, und die neue Klasse hatte die ihren. Eins dieser Gesetze, das nicht gebrochen werden durfte, verlangte, daß niemand Pelle anrühre.

Pelle hatte bei einem Autounglück einen schweren Schaden am Rückgrat erlitten, und seitdem war es für ihn mit dem Wachsen so gut wie vorbei gewesen. Das einzige, was an ihm richtig wuchs, war der Kopf; aber der war zum Aus- /259/
gleich so groß und kräftig, daß es wirkte, als trage der Kopf den Körper und nicht der Körper den Kopf. Das dünne, zusammengeschrumpfte Wollfädchen von einem Körper baumelte willenlos vom Halse herab. Pelle war der beste Flötenspieler der Klasse, er war souverän im Rechnen, behauptete sich also in seinem Bereich glänzend; doch zum Kummer aller richtete sich sein Ehrgeiz leider mehr auf Dauerlauf und Weitsprung – etwas, das der Klasse in allem, was Leibesübungen hieß, strengste Askese auferlegte. Wünschte Pelle zu siegen, so mußte er siegen. Er gewann auch bei allen Ringkämpfen und jedem anderen Handgemenge. Sogar die Mädchen widerstrebten nicht, wenn Pelle ihnen ins Haar griff, fromm jammernd ließen sie sich im Triumph von dannen führen, weil er es war. Er war der ohnmächtig-mächtige Beherrscher der Klasse.

Pelle begehrte Jonas' Hühnerringe, das Geschenk Birgers aus Jonas' finsterster Zeit. Und Pelle eroberte sie eines Morgens durch einen hurtigen Coup. Aber Jonas ging nicht zum erstenmal zur Schule. Blitzschnell holte er den entzückten Pelle ein, setzte ihm ein Knie in den Rücken und drehte geschwind seinen Kopf nach hinten, bis die Hühnerringe von selbst zu Boden fielen. Er nahm sie auf und ließ Pelle liegen.

Doch Pelle war andere Umgangsformen gewöhnt und heulte wie besessen, der Schmerzen wegen und auch wegen des Zusammenstoßes mit der harten und lieblosen Welt, die ihn eben aus Jonas' Augen angesehen hatte. Worauf Johan und Christian die notwendige Bestrafung vornahmen. Sie war noch im Gange, als Back das Schreien hörte und sie ohne ein Wort abbrach. Er nahm Jonas mit ins Haus und wusch ihn. Der Bestrafte weinte lange und bitterlich, und der Unterricht begann überhaupt traurig. Back schalt nicht wie sonst.

Er brummte nicht, und er knurrte nicht. Er schwieg, und alle litten.

Als er endlich sprach, geschah es so von Herzen betrübt und
/260/ leise, daß Jonas sofort aufs neue anfing zu weinen. Die ganze Klasse quälte sich.

«Johan und Christian», sagte er, «bitte steht auf.»

Sie standen still und ernst auf. Sie sahen zu Boden, und Back war jetzt so traurig, daß sie seine Stimme kaum noch hören konnten, so stark sie sonst war.

»Hört zu!» fuhr er fort. «Wenn ein neuer Junge in die Klasse gekommen wäre, und man käme zu mir und sagte, jemand habe ihn geschlagen, aber dann seien andere gekommen und hätten ihm geholfen; es seien ein paar aus der Klasse dazugekommen und hätten ihm geholfen, wenn man mir nun nicht sagte, wer ihm geholfen habe, wenn man nur sagte: Back, jetzt mußt du raten, wer dem neuen Jungen geholfen hat. Was glaubt ihr, wen ich genannt hätte?»

Die Klasse schwieg. Johan und Christian sahen vor sich nieder.

Back wiederholte seine Frage:

«Was glaubt ihr, wen ich genannt hätte? Von wem ich gedacht hätte, er habe dem neuen Jungen geholfen?»

Dann durften sie sich setzen, und es war überstanden.

Anschließend war Schule wie immer, und alles, was Back erzählte, ging in Jonas ein genau wie sonst und wurde zu einem Bild, das er vor sich sah, bis es als Zeichnung aus ihm heraustrat. Gar nicht genug konnte er davon bekommen. Er fing jetzt auch an, zu Hause zu zeichnen – aber er bekam es nicht so hin wie in der Schule. Er war von Back und der Klasse abhängig geworden.

Wenn Jonas in Backs Nähe kam, führte er sich auf wie ein Füllen, das Zucker bekommen hat; er stürzte auf ihn los, hängte sich ihm an die Jacke, an den Ärmel, an die Hosenbeine, an alles, was er erwischen konnte. Back brummte und fluchte, schüttelte ihn und die anderen Kinder ab und vertrieb sie mit Klapsen. Es waren ihrer immer so viele. Aber es half nichts; sie ließen ihn nicht los.

Auf dem Gipfel all dieses Glücks wurde Jonas noch etwas Besonderes zuteil: Er bekam bei Back ein paar Extrastunden. /261/ Nach der Schulzeit waren sie mit nur ein paar anderen Kindern in einem Raum für sich. Hier erzählte Back erst ein Märchen, das von der Prinzessin im Berge handelte. Sie mußte für den Troll schuften und sich schinden und am Rocken für ihn spinnen. Gemeinsam machten sie ein kleines Gedicht von dem Rocken, der surrte und schnurrte, während der Troll schlief und schnarchte und brummte, so daß die Prinzessin fliehen konnte. Alle R prasselten und sprühten in dem Vers, und nachher zeichneten sie den Rocken und die Prinzessin. Jonas zeichnete auch den Troll. Dann zeichneten sie nur den Rocken, und noch einmal zeichneten sie den Rocken. Da war er beinahe ganz zu einem Buchstaben geworden, der Rocken hieß, Jonas kannte ihn von früher. Den Buchstaben vergaß er nie wieder. So nahmen sie Märchen um Märchen vor, Buchstaben um Buchstaben, und die meisten davon begannen sich in ihm festzusetzen. Aber sie hatten andere Namen als die Buchstaben sonst.

Sie waren herrlich, diese Stunden, in denen Jonas mit Back beinahe allein war; aber trotzdem fehlte ihm die Klasse. Deshalb war er froh, wenn die anderen draußen auf ihn gewartet hatten.

Zu Hause auf der Straße traf er Birger, und sie wurden bessere Freunde als je zuvor. Sie stromerten in den Straßen umher und waren Indianer im Walde. Aber manchmal hatte Birger Einfälle, bei denen Jonas an Bobbi denken mußte. Nur daß Birger wilder war und daß er auf Streiche verfiel, die für sie beide gefährlicher waren.

Kapitel 8

/262/ Ach, an der Erde Brust sind wir zum Leide da!
Goethe, Faust.

Als Jonas etwas über eine Woche zur Schule gegangen war, erblickte er eines Tages einen hochgewachsenen jungen Mann, der über den Schulplatz gegangen kam. Es war in der großen Pause nach den ersten Unterrichtsstunden. Jonas nahm ihn genau aufs Korn und schoß auf ihn los wie eine Kanonenkugel. Er traf ihn in die Seite, so daß er beinahe umfiel. Es war der Jungmann.

Der Jungmann hatte sich verändert, er sah ganz und gar nicht mehr aus wie ein Seemann. Sie plauderten eine ganze Weile, und dann nahm Jonas ihn an der Hand und zeigte ihm das Klassenzimmer mit den Zeichnungen an der Wand, bis der Jungmann sich auf eine der Bänke setzte und zum Fenster hinaussah. Jonas wollte Back suchen, doch er war nicht aufzufinden, so setzte er den Jungmann im Lehrerzimmer ab.

In diesem Augenblick läutete es zum Unterricht, und von allen Lehrern blieb nur Marx sitzen. Er rauchte und trank Kaffee.

«Wo ist Herr Back?» fragte Jonas in der Tür und schob den Jungmann vor sich in den Raum.

«Ausgeflogen», antwortete der Lehrer.

Er sah den Jungmann an.

«Wollen Sie Kaffee haben, während Sie warten?»

Der Jungmann setzte sich, und Jonas ging, um sich aufzustellen. Als er fort war, zeigte der Jungmann über die Schulter mit dem Daumen nach ihm.

«Was haben Sie mit ihm gemacht?»

«Mit Back?» fragte Marx unschuldig.

«Nein, mit Jonas. Mit dem Jungen, der eben hier war.»

«Oh, mit dem? – Nichts.»

«Er ist ganz verändert. Er ist gesund.»

Marx sah ihn an, genau und wach.

«Nein», sagte er, «gesund ist er nicht, er ist noch lange nicht gesund. Aber es geht ihm besser.» /263/

«Was haben Sie mit ihm gemacht?»

«Nichts anderes, als ihn ein paar Tage lang einen Menschen sein lassen. Was in seinem Alter natürlich heißt: ein Kind. – Es ist stets so, daß die Kinder sich sofort verändern, aber es dauert lange, sie wieder ganz in Ordnung zu bringen – auch bei ganz gewöhnlichen Schulneurosen.»

Der Jungmann hob die Augenbrauen.

«Aber ist dies hier denn keine Schule?»

Sie sahen einander an, und im nächsten Augenblick lachten sie beide.

«Doch», antwortete Marx, «gewissermaßen ist dies eine Schule. Sie mögen Schulen nicht?»

«Nein.»

Marx reichte ihm eine Zigarette hinüber.

«Im Grunde tut das wohl niemand. – Wenn man davon träumt, gehen immer Schule und Konzentrationslager ineinander über. Es ist derselbe Traum, derselbe Appellplatz. Merkwürdig.»

«Aber warum in aller Welt sind Sie dann hier?»

«Weil ich glaube, daß man auf etwas andere Art Schule halten kann, als es im allgemeinen geschieht. Und weil einer es ausprobieren muß.»

«Sie halten es also damit, die Menschen ihrer unglücklichen Kindheit zu berauben. Aber wenn man das tut, wenn man ihnen die unglückliche Kindheit nimmt: was bleibt dann übrig? Ist das eigentlich wohlüberlegt?»

Marx sah auf die Uhr. Sein Herz begann heftig zu klopfen.

«Es bleibt eben trotzdem unglaublich viel Teufelszeug übrig. Ich glaube nicht, daß es möglich ist, die Menschen weniger unglücklich zu machen; aber ich bin überzeugt, daß es sich machen läßt, das Elend etwas fruchtbarer zu arrangieren.»

Der Jungmann sah ihn ein paar Sekunden mit halboffenem

Munde an, und wieder fühlte Marx, wie ihm das Herz in der Brust weh tat. Es strengte ihn an, hier unten im Lehrerzimmer mit dem Jungmann zu sprechen, er hatte ein beunruhi-
/264/ gend starkes Gefühl, ihm schon früher begegnet zu sein.
Er sah wieder auf die Uhr.
«Ist Ihre Zeit knapp?» fragte er.
«Nein, ganz und gar nicht.»
«Dann gehen wir zu mir hinauf. Ich habe oben ein Zimmer.»
Sie gingen in Marx' Dachzimmer hinauf, und da beide imstande waren, sich auch für andere Menschen als sich selbst zu interessieren, blieben sie dort mehrere Stunden lang sitzen, während die Frühlingssonne ihren gewohnten Bogen am Himmel beschrieb.

Kapitel 9

Die Geschichte des Jungmanns /265/

Im Jahre 1938 wurde ich das erste Mal von der Schule gewiesen. Ich hatte einen Aufsatz über Alexander den Großen geschrieben, nach vorherigem gründlichem Studium bei Egon Friedell. So kam es, daß der Aufsatz inhaltlich gegen das allgemeine Anstandsgefühl verstieß und ich umgehend relegiert wurde – das heißt: ich wurde auf freien Fuß gesetzt. Und ich vergeudete meine Zeit nicht; ich las Nietzsche und Oscar Wilde und Thomas Manns «Zauberberg». Ich war frisch relegiert und frei, und wenn ich jetzt auf diese Wochen in meiner Geburtsstadt an der Küste zurückblicke, ist mir, als hätte ich diese Zeit bewußt und planmäßig dazu verwandt, mich auf die Begegnung mit den Menschen vorzubereiten, die ich kurz darauf traf. Es kommt mir so vor, als hätte ich meine neuen Freunde lange gekannt, bevor ich ihnen begegnete.

In meiner Geburtsstadt und in der Klasse, von der ich mich mit Hilfe Alexanders des Großen trennte, hatte ich keine eigentlichen Freunde mehr. Ich war fertig mit ihnen, wie ich mit der Stadt fertig war. Alles das ruhte in einer einzigen unklaren Erinnerung an die alpdruckartige Langeweile des Schulunterrichts.

Diese unerwarteten Schulferien wurden mir im Winter zuteil; und es war ein kalter Winter mit vielen Sternen und Eis auf dem Fjord. Ein Jahr früher hätte solch ein königlicher Winter Schlittschuhe und Skier auf den Plan gerufen. Jetzt ließ ich sie hinter dem Jungenzimmer liegen. Auf dem riesigen Boden eines großen Holzhauses, man hätte dort oben Reitschule halten können. Aber der Boden war nicht nur groß, er war auch voll heimlicher Winkel, Leitern und Gänge. Es gab dort Stellen, wo der Staub unberührt fingerdick lag, und ich liebte diesen Boden, wie eine Katze das Haus liebt, in dem sie geboren ist. Überhaupt muß ich als Kind zu den Katzen gehört haben; ich hing mehr an Häusern und Straßen als an Menschen, an den breiten Straßen mit /266/ Kastanienalleen und an den alten Häusern unten am Hafen, durch die man hindurchsehen konnte, auf den Fjord hinaus. Am letzten Abend ging ich ins Jungenzimmer hinauf und schaffte das Tesching und die Extra-long-Patronen beiseite. Das kleine Modell, das man mit einer Kurbel drehen konnte und das zeigte, wie der Mond sich um die Erde bewegt und beide um die Sonne, die eine altmodische Glühlampe war – dies Modell stellte ich auf den Boden. Um das Gewehr tat es mir ein bißchen leid, weil es seinen Erinnerungswert hatte; es war die Büchse, mit der mein Bruder mir einmal ein Ei vom Kopf geschossen hatte. Er hatte bei dieser Gelegenheit Christoph Kolumbus und Wilhelm Tell kombiniert, wie er selbst in der Rede sagte, die er etwa ein Jahr, bevor ich relegiert wurde, bei meiner Konfirmation hielt. Jetzt war er in Antwerpen. Aber ich hatte fürchterliche Angst, als er schoß, wenn es auch nachher leicht war, darüber zu lachen. Und nur die Behauptung, ich sei feige, hatte mich gezwungen, mich mit dem Ei auf dem Kopf aufzustellen. Anschließend mußte ich mir die Haare waschen.

Am letzten Abend lag ich bis tief in die Nacht hinein wach. Es wurde mir überhaupt in dieser Zeit schwer einzuschlafen, und ich schlich gern gegen drei, vier Uhr hinunter, um mich in der Speisekammer zu trösten.

Am Tage darauf verließ ich die Stadt, um eine andere Schule in einer anderen kleinen Küstenstadt zu besuchen. Manches wurde dort klarer und deutlicher. In dem Augenblick, da ich Knut und Georg traf, wußte ich, wir hatten einander schon vorher gekannt. Es war, als begegneten wir uns auf eine geheime Verabredung hin. Es klingt albern, aber ich kann es nicht anders ausdrücken.

Die Begegnung mit Knut und Georg wurde noch besonders betont dadurch, daß sie sofort zu mir herüberkamen, als ich im Garten der Schule auftauchte. Ich entsinne mich der ersten Worte, die Georg zu mir sagte.

«Du», sagte er, «du hast dich wirklich aus der Menschheit
ausgeschlossen.» /267/

Wir waren Freunde vom ersten Augenblick an – nicht wie Schuljungen meist, nein, wir waren Verschworene und Blutsbrüder. Außer in den Sommerferien waren wir ein Jahr lang jeden Tag zusammen, bevor wirklich etwas geschah.

Doch zuerst muß ich die neue Schule und die Klasse vorstellen. Wir hatten noch mit einigen anderen zu tun, und es war vieles, was zu dem Duell führte.

Was wir in jener Zeit taten, war im Grunde eine zusammenhängende Kette von Selbstmordversuchen. So stellt es sich heute dar. Und als das Ende ein Unglück mit tödlichem Ausgang war, empfanden wir es beinahe als eine Befreiung. Wir waren uns wohl gefühlsmäßig klar darüber, daß es geschehen mußte. Und es waren ja nur Kleinigkeiten, gemessen an dem, was bevorstand. Doch es war typisch.

Die Schule, in die wir gingen, war eine Privatschule des üblichen geschäftlichen Typs. Es wurden Ein- und Zweijahreskurse für Gymnasiasten und Mittelschüler mit anschließender Reifeprüfung abgehalten; die Schule war auf ländliche Jugend zugeschnitten, auf fleißige und tüchtige Bauernjungen mit Lust zum Lernen, so wie die Jugend auf dem Lande ist, die mehr kraft ihrer Energie als ihrer Fähigkeiten die Ausbildung in kürzerer Zeit schafft als andere. Man arbeitete also unter starkem Druck. Zu dieser ländlichen Jugend kam noch eine Anzahl älterer Menschen, die sich aus verschiedenen Gründen eine bessere Allgemeinbildung verschaffen wollten. So waren auch in unserer Klasse mehrere Schüler in den Vierzigern und Fünfzigern. Der älteste war hoch in den Sechzigern, er hatte einen prächtigen dichten und kurzgeschnittenen Bart. Er ging in netten, aber unglaublich altmodischen Kleidern, ungefähr im Stil und Schnitt der Jahrhundertwende, und den ganzen Winter

hindurch in Sandalen, ob nun im Hause oder draußen. Ich habe nie einen Menschen so langsam sprechen hören wie ihn und kaum jemanden mit so schöner Stimme. Es war ein
/268/ Genuß, ihn in den Unterrichtsstunden etwas vorlesen zu hören, obwohl die meisten das langsame Tempo komisch fanden. Es tat mir immer leid, wenn sie über ihn lachten, und er sah jedesmal verwundert auf, wenn er auf diese Weise gestört wurde. Ich vergesse nie die unsagbar klaren Kinderaugen, mit denen er seine Quälgeister ansah, wenn er etwas nicht verstand. Ohne jede Furcht oder Verlegenheit erzählte er uns, daß er mehrere Jahre in einer Irrenanstalt zugebracht habe und daß es ihm dort sehr schlecht ergangen sei. Es war ganz natürlich, daß er außerhalb der Stadt auf einem der höchsten Felsgipfel am schmalen Fjord allein in einem winzigen Hause wohnte. Jeden Morgen kam er, im Gegensatz zu uns anderen, die wir unsere Bücher in einer Mappe trugen, mit einem Ranzen auf dem Rücken zur Schule. Er ging für sein Alter sehr gerade und sehr elastisch. Hin und zurück hatte er je eine Stunde Wegs. Es war in der Zeit der Münchner Gespräche, aber nur selten beteiligte er sich an politischen Diskussionen. Dagegen ärgerte es ihn, daß die norwegischen Behörden keine Luftschutzräume bauten, weil er überzeugt war, daß Norwegen in einen kommenden Krieg der Großmächte hineingezogen würde. Es weckte jedesmal große Heiterkeit, wenn er diese Behauptung vorbrachte. Er hatte auch an den Verteidigungsminister geschrieben und ihn aufgefordert, den Bau von bombensicheren Bunkern zu fördern. Ich entsinne mich genau, wie er uns dies eines Tages an einer Straßenecke der Stadt vor einem Zeitungsaushang erzählte. Er sprach langsamer denn je, und er redete uns alle mit «Sie» an. Dann zog er wieder auf seinen Felsgipfel.

Er aß nie Fleisch, und zu Hause in seiner Hütte saß er oft lange Zeit mit gekreuzten Beinen wie ein Schneider auf dem Tisch und machte Atemübungen.

Er hätte mein Großvater sein können, aber er redete uns

stets höchst ehrerbietig an. Besonders die Streber und die Bauernjungen amüsierten sich über seine vollendeten Manieren. So etwas hatten sie daheim auf dem Lande noch nie gesehen. Er hieß Kern, und wir nannten ihn nie anders als /269/
den Jesusbart. Sein schöner brauner Bart umkränzte zwei apfelrote, magere, gesunde Wangen. Er war in jeder Beziehung eine großartige Reklame für seine Ernährung und seine Atemübungen. In der Schule war er tüchtig, gründlich, aber etwas langsam.

Ein anderer unserer Klassenkameraden war Willy, der Nazi. Er trug ein braunes Hemd und hohe Stiefel und auf der Brust ein großes Hakenkreuz und hatte ein ganzes Regal voll brauner Bücher über Juden und Kommunisten. Ich entsinne mich Willys vor allem im Dampfbad, wohin wir oft gingen. Er war über und über hellbraun und glatt wie eine Frucht. Er hatte nicht ein einziges Haar am Körper, nicht einmal unter den Armen wuchs etwas – nur dort, wo die Natur es unabweisbar von ihm verlangte, hatte er einen beinahe unsichtbaren Flaum. Und er war rundum von einer gleichmäßigen und weichen Fettschicht umgeben, was ihn jedoch nicht dick machte, sondern ihm nur etwas Mädchenhaftes gab. Er liebte es, mit Wasser und Seife zu planschen, und nie kam man ins städtische Bad, ohne dort Willy zu treffen. Ich entsinne mich besonders seiner Füße; sie waren hellrot und schrecklich sauber. Und sie standen immer unter der Dusche. Wenn Willy unter der Dusche stand, floß das Seifenwasser in Strömen über die Fliesen des Fußbodens.

«Ssst!» machte Georg einmal, als wir ihn dort trafen. «Willy hat's mit dem Waschtrieb. Stört ihn nicht.»

Und Knut lächelte ihm zu. Liebenswürdig. Niemand konnte so reizend und liebenswürdig sein wie Knut, wahrscheinlich weil er so groß und stark war – und so behaart.

«Wasch dich ordentlich, Willy!» sagte Knut. «Und viel Spaß!»

Und Knut lächelte. Ganz ohne Bosheit, so wie Knut lächeln konnte. Und Willy kicherte glücklich zurück.

Er war von seiner früheren Schule wegen nazistischer Umtriebe, in die er hineingeraten war, relegiert worden. Willy gehörte zur Jugendschar der Norwegischen Nationalsozialistischen /270/ Arbeiterpartei. Er blieb seiner Idee treu bis zuletzt und fand im Kriege ein trauriges Ende. Aber der arme Willy war gleichsam nicht genügend auf seine Rolle vorbereitet, sie war ihm zu groß. Wenn wir ihn neckten, wurde er rot, hellrot, und behauptete, alle Juden seien homosexuell. Das war das einzige politische Argument, das er stets zur Hand hatte. Wahrscheinlich enthielt es den Schlüssel zu seinem Mißbrauch von Wasser und Seife.

Die Ausweisung von der Schule hatte die unerträgliche Arroganz des Märtyrers in ihm erzeugt und war vermutlich auch die Ursache dafür, daß er seiner Idee so unmenschlich treu war. Er hätte ebensogut ein Zeuge Jehovas sein können. Doch davon später. Ich denke an ihn immer als an den Armen Willy. Ein schlechter Schüler war er auch.

Dann war da Bernhard. Der Kleine Bernhard. Er sah, wenn er keine Kleider trug, aus wie ein Stück Seife, auch rund, braun und glatt. Aber er hatte Muskeln. Und das lebhafte kleine Gesicht mit der flachen, weichen Nase und den dunklen, zusammengewachsenen Augenbrauen unter dem hellen Schopf war ungewöhnlich wach. Der Kleine Bernhard sah aus wie eine römische Amorette, und eine Amorette war er auch. Sogar die Lehrer und der Polizeichef hatten eine Schwäche für ihn. Er war der erste von uns, der am Blitzableiter hinauf den Kirchturm bestieg, und er hing mit gekrümmtem Arm an der Dachrinne vor seinem Fenster im dritten Stock. Bernhard wohnte bei seinen Eltern. Er war einer der wenigen Schüler der Schule, die in der Stadt zu Hause waren. Wenn wir Weihnachten in die Ferien fuhren, gab der Kleine Bernhard uns Geschenkpäckchen mit, die wir erst am Heiligen Abend öffnen durften. Von jemand anderem als ihm hätten wir das nicht ertragen. Er hatte die schönsten Hände, die ich jemals gesehen habe. Und auf seine langen Augenwimpern konnten wir Streichhölzer legen, sie blieben liegen.

Knut und Georg und ich adoptierten ihn schon nach kurzer
Zeit. In der Schule war er sehr tüchtig, ohne daß er jemals
dabei ertappt wurde, ein Schulbuch auch nur zu öffnen. Der
Vater des Kleinen Bernhard, ein Zollbeamter, war ein or- /271/
dentlicher und ehrbarer Mann, ein ernsthafter Mann, der
nichts dafür konnte, daß er einen so begabten Sohn hatte.
Die Mutter war blaß und klein und las theosophische Schriften. Sie hatte eigentlich Sängerin werden wollen. Wenn sie lachte, sah sie aus wie ein ganz kleines Mädchen, und jedesmal wenn wir in Bernhards Zimmer waren, brachte sie uns Kuchen. Sie fühlte sich im Jungenzimmer viel wohler als bei ihrem ernsthaften und beschränkten Mann. Sie liebte den Kleinen Bernhard bis zum Wahnsinn, und sie vergötterte uns, weil wir seine Freunde waren. Der Kleine Bernhard war also im Grunde unser vierter Mann, klein und rund und ganz und gar aus einem heidnischen Relief mit Trauben und Ähren geholt. Nie hat es einen Amor mit verzweifelterem Herzen gegeben.

Einer der Lehrer muß noch genannt werden.

Salomon September.

September war deutscher Emigrant, ein Sprachgenie, das norwegisch sprach wie ein im Lande Geborener und einen erstaunlichen Vorrat alter Dialektwörter hatte, die kein Mensch mehr verstand. Wir hatten September sehr gern. Er unterrichtete in allen Sprachen. Aber er fühlte sich in seinem Lehrberuf sehr unglücklich. Er war Musiker und Abstinenzler, blies den schottischen Dudelsack und spielte norwegische Hardangerfiedel. Es war sein Traum, daß wir eines Tages in Nationaltracht gehen und Volkslieder singen würden. Er liebte Norwegen, wie nur ein Deutscher es lieben kann.

In einer von Septembers Unterrichtsstunden erlebte ich etwas, was später in norwegischen Schulen sehr häufig vorkam und das in dieser Erzählung eine gewisse Rolle spielt. Es führte zu einem ernsten Konflikt.

Wir hatten eine Deutschstunde bei September, für die er

sich auf Goethes «Faust» vorbereitet hatte. Und langsam und ergriffen las er nun die herrlichen Strophen des Eingangsgedichtes:

/272/ «Und mich ergreift ein längst entwöhntes Sehnen
nach jenem stillen, ernsten Geisterreich ...»

Er las gut, mit tiefer Stimme, entrückt. Den Prolog übersprang er und schob ein paar erzählende Worte ein. Dann las er den großen Monolog, wo Faust, tot oder lebend, in die Geisterwelt eindringen will:

«Es möchte kein Hund so länger leben!»

Und er geht weiter, bis zu der Stelle, wo Faust die Giftflasche hebt und erforschen will, ob es ein Leben nach dem Tode gibt. Septembers Ergriffenheit steigert sich, seine Stimme klingt belegt, und seine Augen werden feucht. Er muß das Taschentuch gebrauchen. Dann liest er die schönen Osterverse:

«Christ ist erstanden ...»

und dann:

«Ach, an der Erde Brust
sind wir zum Leide da!»

und in diesem Augenblick hebt einer der Bauernstudenten die Hand. September bricht freundlich ab:
«Was ist?»
«Ich mein', das gehört nicht ins Pensum.»
September öffnet den Mund, ohne eine Antwort zu finden. Und mehrere Hände heben sich.
«Das meinen wir auch!»
«Nein, es gehört nicht dazu!»
«Wir woll'n unser Pensum!»
September sieht sich um. Aber er kann nichts sehen. Vor Hilflosigkeit und Verzweiflung beginnt er zu weinen. Große, bittere Kindertränen fließen ihm über das schmale, ver-

geistigte Gesicht. Er wischt sich die Augen, und die ganze Korona lacht. Die meisten sind Seminarlehrer oder Seminaristen. Sie wechseln triumphierende Blicke, Norwegens werdender Lehrerstand oder Leute, die dabei sind, sich von /273/ der Stellung eines Volksschullehrers zur Position eines Studienrats in der höheren Schule emporzuarbeiten. Vielen von ihnen bin ich später wieder begegnet, es waren Männer, die ihr Ziel erreichten, und sie überlebten den Krieg verdammt gut. Sie sind nun Studienräte.
Wieder rufen sie:
«Wir brauchen bloß unser Pensum!»
«Unser Pensum woll'n wir jetzt!»
Endlich findet September eine Antwort. Er antwortet ihnen in ihrem Dialekt, den er besser beherrscht als jeder einzelne von ihnen.
«Akademische Proletarier werdet ihr später sein! Geistige Bauernstrolche!»
Dann schließt er ruhig den «Faust», nimmt das Buch unter den Arm und geht.
In diesem Augenblick erhebt Knut sich:
«Verfluchte, dreckige, verlauste Bauernrüpel! Scheißbauern! Roßtäuscher!» – Knut konnte sich das erlauben; mit seinen siebzehn Jahren wog er nämlich an die neunzig Kilogramm, ohne ein Gramm Fett. Er war einer der besten Mittelstreckenschwimmer des Landes, und das nächste Mal würde er zur Olympiamannschaft gehören. Er war fuchsteufelswild, und er hätte den ersten, der muckste, sofort verprügelt.
Doch alle Streber der Klasse behielten die Worte, die September über ihre zukünftige Stellung in der Gesellschaft gesagt hatte, und bewahrten sie in ihrem Herzen. Am selben Nachmittag bekamen wir mit dem Bus Schnaps. Aber die Bauern schafften es, September durch Intrigen von der Schule zu vertreiben. Ihr Haß wurzelte zu tief; sie witterten in ihm den fremden Vogel, die andere Rasse, sie witterten Wurzellosigkeit und viele Straßen in fremden Städten. Sie

witterten fremde Sprache und alte, dreitausend Jahre alte Kultur. Die vielen Sprachen, die er beherrschte, was waren sie im Grunde anderes als verschiedene Formen des norwe-
/274/ gischen Riksmål? Französisch, Deutsch, Englisch, Spanisch, Italienisch, Lateinisch und Griechisch, all das waren städtische Sprachen, verschiedene Formen städtischer Sprachen. Und wenn die künftigen Studienräte es auch nicht fertigbrachten, den französischen Nasallaut auszusprechen, so schafften sie es doch, ihn, der es konnte, zu vertreiben. Selbst Willy, der Nazi, war wütend darüber. Er hatte Salomon September wohl längst zum Ehrenarier gemacht – freilich nicht ganz, wie sich später zeigen wird.

Diese Branntweinpakete mit dem Omnibus waren für uns etwas Zentrales. Wir bekamen sie bisweilen ein paarmal in der Woche, und unsere Zusammenkünfte waren zum Teil abhängig von diesen Paketen, die in einen Landstrich gingen, der im übrigen sorgfältig trockengelegt war. Die Schulstunden waren zum Sterben langweilig, und unser wöchentliches Alkoholbad war uns ein notwendiges Gegengewicht.

Diesmal begann unser Gelage schon am frühen Nachmittag. Georg und ich wohnten im Internat der Schule, Bernhard wohnte, wie gesagt, zu Hause, und Knut hatte sein eigenes Zimmer in der Stadt. Bei ihm kamen wir zusammen.

Knut war nicht nur ein ausgezeichneter Schwimmer, er war auch Sohn des Redakteurs einer der größten sozialistischen Zeitungen des Landes. Georgs Vater, vor ein paar Jahren gestorben, war ein bekannter Mann der Arbeiterpartei gewesen.

Unsere Trinkgelage folgten einem bestimmten Schema. Am frühen Abend unterwarfen wir uns einer strengen Form, wir sprachen vom Leben und vom Tode. Später sprachen wir von Gott. Und erst nachts waren wir betrunken genug, um die Ruhe der Stadt zu stören. So wickelte das Programm sich jedesmal ab. Als Einleitung pflegten wir Reden zu halten.

An diesem Tage begann Georg (wir hatten vier Flaschen).

«O tempora, o mores!» begann er. «Wir leben in einer Zeit,

wo Mittelmäßigkeit und Dummheit, Streber und Pfründenjäger tonangebend geworden sind, wo die wahre Tugend verfolgt wird – ich denke an September – und alle, welche die Gerechtigkeit lieben, gezwungen sind, im Schatten /275/ künstlicher und kranker Freuden Ruhe zu suchen.»

Voller Betrübnis zeigte er auf die Flaschen und leerte rasch sein zweites Glas.

«Selbstverständlich ist September verlogen. Er glaubt an das Gute. Aber er ist ein ehrliches Lügenmaul, im Gegensatz zu den meisten anderen Lebenslügnern. Ich denke zum Beispiel an meinen Vater, der glaubt, daß seine Lebenslüge, der Radikalismus, wie er es nennt, die eigentliche Wahrheit sei. Vor ein paar Tagen fragte ich September, wofür er lebe. Wißt ihr, was er antwortete?»

Wir wußten es nicht.

«‹Ich lebe, um die Wahrheit zu suchen›, sagte er. Wahrhaftig, das sagte er! Er glaubt nicht, daß er sie gefunden hat, im Gegensatz zu gewissen anderen. September ist ein ehrlicher Lebenslügner, und er kann ja nicht wissen, daß das, was er tut, genau das Gegenteil von dem ist, was er will. – Wißt ihr, was ich glaube, Jungs? Ich glaube, wirklich die Wahrheit sagen zu können, ist eine Art Talent – Talent, die Lüge zu wittern, ehe sie ausgesprochen wird. Es ist ein Talent – genauso wie das Talent zum Geigespielen!»

Er beugte sich vor und trank.

«Freunde! Wir sind ein verlorenes Geschlecht. Nach dem, was heute morgen in der Deutschstunde geschah, hätten wir den seriösen Teil der Klasse kurz und klein prügeln sollen. Einzig Knut hat einen Punkt erzielt, weil er sie mit seiner Zunge geißelte. Darum erheben wir dieses Glas auf ihn.»

Wir füllten die Gläser und stießen auf Knut an.

«Aber was ist eine Zunge? Ein kleines rotes und weiches Organ, dazu geeignet, kleine Mädchen zu lecken. Zur Züchtigung des Pöbels ist es nicht der richtige Gegenstand. – Prügel, Fäuste und Gewalt, das ist es, was not tut. Jeder muß in der Sprache angeredet werden, die er versteht. Heute nacht werden wir vor Septembers Fenster ein deutsches Volkslied singen, und der erste Lehreraspirant unserer Klasse, der uns begegnet, wird verdroschen. Trotzdem ist es er- /276/ bärmlich – Bauern zu verprügeln. Es ist erbärmlich, die Zeit ist erbärmlich, und wir sind erbärmlich.

Hör zu, Knut! Wir, die wir Söhne fortschrittlich gesinnter Väter sind! Da sitzen ein paar Greise in Oslo und schwatzen von Sozialismus. Sie verhöhnen die Pfarrer und sind Radikale. Und sie gehören zur Mehrheitspartei. Väter gehören stets zur Mehrheitspartei. Ist das nicht auch erbärmlich?»

«Aber sie hatten eine Arbeit, die getan werden mußte», antwortete Knut.

«Richtig! Richtig!» Georg sah ihn an.

«Dreimal richtig. Aber was die Arbeit betrifft, ist eins zu bemerken: daß sie jetzt getan ist. Jetzt sind wir fertig mit alldem.»

Der Kleine Bernhard mischte sich ein:

«Mein Vater ist Radikaler und Linksmann und glaubt an Gott und ist überzeugt, daß Gott in norwegischer Nationaltracht umhergeht und reinstes aufgenordetes Norwegisch spricht! Ist das nicht reichlich merkwürdig?»

Knut antwortete ihm:

«Das ist noch gar nichts, Bernhard! Du solltest meinen Alten hören, wenn er sich radikal gibt. Es ist ungefähr so, als wenn deine Mutter singt, ich meine: so, als wenn du dich als kleines Kind schämtest, daß Fremde sie hörten. Ihr wißt, wie es ist, wenn Muttern singt?»

Er blickte in die Runde, und wir nickten.

Knut fuhr fort:

«Ihr solltet hören, wie stolz er darauf ist, daß er nicht an Gott glaubt; es ist, als sei er erst gestern Atheist geworden. Er entrüstet sich, er wird mutig, er erhebt sich und durchschreitet den Raum wie ein Löwe. Er fühlt sich als Bruno auf dem Scheiterhaufen. Er opfert alles für den Fortschritt!»

Bernhard rieb sich das kleine, runde Kinn. Seine Augen waren blank von den zwei Glas, die er getrunken hatte.

«Trotzdem: ich glaube, schlimmer ist es, wenn sie's mit dem Vaterland haben.»

«Nein», sagte Knut, «alles ist gleich schlimm.»

Georg stieß mit seinem Glas auf den Tisch. /277/

«Alles was die Väter bauten ...» deklamierte er. «Es war ja notwendig. Aber die Hauptsache ist, daß man zur rechten Zeit stirbt. So wie es jetzt ist, kann man nur sagen, daß die Leiber unserer Väter sie selbst überlebt haben. Und nun ist nichts wirklich Nützliches, nichts Dringendes mehr zu tun. Ich stelle die Frage des Abends: Was sollen wir eigentlich tun? Die Fischer in Nordland haben jetzt eine Altersversorgung und zahnärztliche Betreuung – oder bekommen sie doch in Kürze, vorausgesetzt, daß sie Zähne haben. All das haben unsere Väter geregelt, und das ist wirklich nett von ihnen ...

Schschsch! Ich habe das Wort!

Was sollen wir tun, wenn ein Krieg ausbricht?»

«Acht Flaschen Schnaps bestellen», sagte Bernhard. «Acht Ganze.»

«Hört zu!» fuhr Georg fort. «Dies mit dem Kriegsausbruch – vor ein paar Monaten stand doch in der Zeitung, jetzt würde es knallen. Quer über die erste Seite stand es. Wißt ihr, was ich da dachte?»

Wir sahen ihn an, und er sagte:

«Ich dachte: *Endlich!* Es war beinahe, als hätte ich Geburtstag! Jetzt geschieht etwas, dachte ich, hipp, hipp, hurra! Ich fand es selbst teuflisch, und ich schämte mich und brachte es nicht über mich, es jemand zu erzählen. Ist es schlecht, so zu denken?»

Es erstaunte ihn, daß wir ungefähr das gleiche gedacht hatten.

«Da sitzen ein paar Greise in Oslo und schwatzen von Politik. Manchmal ist mir, als sei ich der Vater meines Vaters. O Gott, wenn ich seine Zeitung lese!

Was sollen wir tun, Jungs, wenn's Krieg gibt?»

«Ich geh' in die Klappe und lese Nietzsche», sagte Bernhard.

«Aber sollte ich den Heldentod erleiden, dann begrabt meinen kleinen entseelten Kinderleib in einer griechischen Urne, und einer von euch soll zwei Seiten Zarathustra über /278/ meinem Staub lesen.»

«Welche zwei Seiten?» Georg beugte sich vor.

«‹Ich liebe den, welcher sich schämt, wenn der Würfel zu seinem Glück fällt …› Von da an und dann zwei Seiten weiter.»

Was Nietzsche anging, stand Bernhard einzig da. Er wußte ihn tatsächlich vom ersten bis zum letzten Buchstaben auswendig. Dabei konnte man ihn für fünfzehnjährig halten, ins Kino ging er auf Kinderkarte. Es wurde ihm so verdammt leicht, auswendig zu lernen, dem Bernhard; oft saß ein Text nach einmaligem Durchlesen wörtlich genau.

Er trug beim Lesen eine Brille, und seine Eltern wollten, daß er das Abitur in kürzerer Zeit als üblich machen solle. Deshalb war er in die gleiche Schule wie wir gekommen.

Er gab weitere Instruktionen:

«Und als Grabschrift will ich haben:

> Hoch hinauf zu Berge
> tief ins Tal hinein
> Jungritter Bernhard
> zog beim Hahnenschrei.
> So frei ritt er im Sattel,
> so stolz davon er ritt,
> sein gutes Roß nach Hause kam,
> doch er, er kam nicht mit.»

Er hatte, in die Runde sehend, hingerissen und pathetisch deklamiert.

«Mit das wichtigste, um nicht zu sagen: das einzig Wichtige, ist, eine ordentliche Grabschrift zu bekommen.»

Georg hatte sich gesetzt. Plötzlich schlug er ein unbändiges, dröhnendes Gelächter an und hob das Glas:

«Jetzt geht's uns gut, Jungs!»

Es hatte etwas Unheimliches, daß Georg diese fünf Worte,

eine stehende Redensart bei ihm, ausgerechnet jetzt sagte. Immer wenn wir tranken, wenn er die Wirkung des Branntweins spürte, entfuhren sie ihm in einem Gebrüll. Wir waren gleichaltrig, aber er sah mindestens zehn Jahre älter aus, /279/
als er tatsächlich war; er war groß, mager und hatte verblüffend tiefe Runzeln im Gesicht. Schon als kleines Kind habe er diese Runzeln gehabt, behauptete er, und seine Mutter habe sich immer geschämt, ihn zu zeigen. Als Zehnjähriger habe er ausgesehen wie ein sehr alter Zwerg, und einigermaßen jugendlich sei er erst mit sechzehn geworden.

«Jetzt geht's uns gut, Jungs!»

«Ja», sagte Knut, «stimmt! Das wollen wir alle als Grabschrift nehmen: *Jetzt geht's uns gut, Jungs!* – In goldenen Lettern aufs Familiengrab.»

In dieser Nacht kippten wir den Ofen in Knuts Zimmer um. Wer noch nie einen Ofen umgeworfen hat, kann sich nicht vorstellen, wieviel Ruß in solch einem eisernen Ungetüm steckt. Der Ofen war mannshoch und hatte sieben Stockwerke, so daß es krachte wie ein Bombeneinschlag, als er zu Boden stürzte. Das Feuer darin war erloschen. Der Ruß stieg sofort bis zur Decke auf, und wir konnten einander nicht mehr sehen, obwohl alle Lampen brannten. Der Polizeichef wohnte im Nachbarhaus und hörte den Krach. Nachher badeten wir im Fjord zwischen den Eisschollen. Wir nahmen die Anlegestelle vor der Schule als Badeplatz und zogen uns im Garten aus. Es war eine ziemlich milde Winternacht, und nur hier und da leuchtete noch ein großer Fleck Schnee in dem schönen alten Park. Eine Menge Eis trieb vor der Anlegestelle. Knut hatte sich zuerst ausgezogen, und mit ungestümem Gebrüll und noch lauterem Planschen verschwand er in den Wellen. Der Schaum, der in die Luft hochsprühte, stand weiß und blendend vor dem Dunkel. Er erhob sich in der Nacht wie ein Schneemann. Einer nach dem anderen stürzten wir uns mit Gebrüll bäuchlings in das salzige Wasser. Ich spürte die Kälte kaum. Schon vom Wasser aus sah ich, daß die Wirtschafterin des Internats Licht machte.

Während wir wieder an Land krochen, um uns anzuziehen
und uns einen Schnaps zu genehmigen, konnte ich sehen,
wie nach und nach mehrere Stockwerke hinunter die Lichter
/280/ aufflammten. Bernhard gröhlte:
«Peter, wenn du Geburtstag hast,
bleib ich bei dir zu Gast
die ganze Na–a–acht! ...»
Aber an dieses Lied erinnert sich heute wohl keiner mehr.
Und während er so brüllte, stieg er geschwind und behende
an einer schwer zu erkletternden Pappel hoch. Nur Knut
war noch im Wasser. Da öffnete sich die Tür des Schulge-
bäudes, und zwei Gestalten standen einen Augenblick im
Licht auf der Treppe, die Wirtschafterin und eine Köchin.
Mit Mänteln über den Nachthemden und offen über Rük-
ken und Schultern hängendem Haar, kamen sie die Stufen
herunter – zwei tapfere alte Mädchen. Bernhard saß in der
Pappel, und Georg und ich stellten uns dicht an eine der
Tannen. Draußen im Fjord gluckste und plätscherte es, als
tummele sich dort ein großes Wassertier. Die Damen blie-
ben stehen und sahen sich um. Es war nicht leicht, so im
Dunkeln zu gehen. Wieder rührte es sich draußen im Was-
ser. Und langsam und flüsternd gingen sie bis an die Kai-
mauer zu der steinernen Treppe hinüber, die naß und glatt
war. Das Wasser war kohlschwarz und das Eis weiß. Ich sah,
wie sich zwischen zwei Eisschollen etwas bewegte. Ich hörte
das Wasser von zustoßenden Beinen plätschern und das Ge-
räusch eines Menschen, der tauchte. Ein paar Sekunden lang
war es ganz still. Die Damen spähten über den Fjord hin; es
war ihnen deutlich anzusehen, daß sie fürchteten, jemand
ertrinke. Dann durchschnitt ein Geheul die Stille, es war, als
zerreiße der Nachthimmel, als heulten alle Verdammten aus
Dantes Hölle. Und wie aus der Unterwelt emporgeschossen,
tauchte Knuts riesige Gestalt aus dem Wasser auf. Plötzlich
stand er auf der untersten Treppenstufe, hell und splitter-
nackt, die Hände über dem Kopf hochstreckend. Ein prächti-
ger dunkler Pelzstreifen bedeckte ihn von der Brust bis zum

Schritt. Knuts Gebrüll ging in ein wildes Lachen über, als er
die Damen flüchten sah. Blitzschnell, wie aufgeschreckte
Tiere, sprangen sie den Garten hinauf. Mit zitternden,
merkwürdig blaffenden Lauten verschwanden sie im Schul- /281/
gebäude.

Knut trank beinahe eine halbe Flasche Schnaps, bevor er sich anzog, und nachher wurde er vollständig rabiat. Wir konnten ihn zu dreien kaum halten. Aber schließlich schlief er bei Georg und mir im Zimmer ein.

Es war ziemlich unangenehm, den nächsten Morgen mit den Schulstunden vertrödeln zu müssen. Und schon früh am Tage zogen wir in das Hotel der Stadt. Dort bekam man Wein, doch keinen Branntwein.

Dann gingen Knut und ich in Knuts Bude hinauf und machten sauber. Auch den Ofen bekamen wir wieder an seinen Platz. Nachher gingen wir auf den Dampferkai und liehen Henriksens Warenauto – es war derselbe Henriksen, der uns bei einer späteren Gelegenheit die Gewehre lieh –, dann fuhren wir wieder ins Hotel hinauf und kauften zwei Flaschen Wein. Henriksen war ein feiner Kerl und ein guter Jäger.

Die kleine Stadt hatte eine herrliche Umgebung, hohe Berge nach allen Seiten und vor sich den schmalen blauen Fjord.

Wir fuhren das erste Stück schnell, dann kroch das Auto langsam die steilen Höhen hinauf. Die Wege waren sehr schmal. Hoch oben stiegen wir aus, sahen uns den Sonnenuntergang an und tranken Wein dabei.

«Wenn ich den Fjord und die Berge sehe», sagte Knut «dann erscheint mir das ganze Leben wie ein Traum. Wenn wir tot sind, erwachen wir. Manchmal liege ich nachts und habe das Gefühl, mein Körper sei eine Art Gipsbandage. Dann denke ich, es wird spannend sein, das Erwachen zu erleben!»

«Vielleicht gibt's Krieg?»

«Glaube nicht, daß wir mit dabei sein werden.» Seine Stimme klang traurig.

«Hast du das Gefühl oft – das mit der Gipsbandage?»

«Ja, sehr oft. Im Grunde ist es das einzige, was mich interessiert.»

«Glaubst du, daß wir uns wiedertreffen – nachher?»

/282/ Er zögerte etwas, als sammle er alle Kraft, um genau das zu erfassen, was er meinte.

«Ich weiß nicht, aber irgendwie wohl.»

Wir saßen beide eine Weile schweigend da und sahen über den Fjord hin, der fünf- oder sechshundert Meter unter uns lag.

Dann sprach Knut weiter:

> «Leb wohl – o du – leb wohl
> in den Gärten des Abends!
> Wir begegnen uns einst als Staub,
> von der Schaufel auf künftige Gräber gestreut.»

Er lehnte sich hintenüber und stöhnte.

«Bull ist eigentlich der einzige, der wirklich dämonisch ist!»

Wir tranken die erste Flasche aus.

«Heute abend kommt Didi», sagte Knut und ließ die Flasche am Gestein zerschellen. Unmittelbar vor uns war ein sehr steiler Abhang.

Es war dunkel, als wir uns wieder ins Auto setzten, und wir mußten mit Licht fahren. Aber weil wir den Weg gut zu kennen glaubten, schaltete ich den dritten Gang ein, um zu sehen, wie schnell wir unten sein könnten. Es war, als sei man ein kleiner Junge und rodle. Die Prellsteine am Straßenrand sahen im blitzschnell vorüberhuschenden weißen Licht der Scheinwerfer geradezu wahnwitzig aus. Dahinter war alles schwarz.

Es ging famos, und wir waren schon beinahe unten, da kam ich in einer der schärfsten Kurven vom Wege ab. Wir nahmen einen Prellstein mit, überschlugen uns, blieben aber auf dem alten, überwachsenen Gebirgsweg vier, fünf Meter tiefer stehen. Das Auto kam unglaublich gut davon, doch wir selbst mußten zu Fuß in die Stadt gehen. Mir tat die Brust vom Zusammenstoß mit dem Steuer ziemlich weh, und Knut war mit der Stirn an die Windschutzscheibe geschlagen. Das war alles.

Unterwegs tranken wir die andere Flasche aus, die ebenfalls tapfer standgehalten hatte. /283/

«Heute abend kommt Didi», sagte Knut.

«Ich hab's gehört. – Schläfst du mit ihr?»

Ich wußte genau, daß er es tat, und fragte nur, um ihn zu necken.

«Natürlich.»

«Das glaube ich nicht.»

«Was?» sagte Knut und lachte. Er hatte ein gutes Gewissen. «Das werde ich dir beweisen!»

Er blieb stehen und keuchte geradezu vor Lachen. Er lachte so, daß er sich auf der dunklen Landstraße krümmte.

«Hör zu!» sagte er, und einen Augenblick später hatten wir unseren Plan gemacht. Aber ich konnte mir einfach nicht vorstellen, daß die Sache klappen würde.

«Doch», sagte Knut, «sie klappt!»

Knuts Zimmer lag etwas abgesondert und so, daß er über den Hofplatz gehen mußte, um zur Toilette zu kommen. Er ging im Dunkeln von Didi fort. Wir trafen uns im Gang. Ein Weilchen später ging ich an seiner Statt zu ihr hinein. Und sie merkte keinen Unterschied. Sie ahnte erst etwas, als sie fühlte, daß ich eine Uhr am linken Handgelenk trug. Dann ging ich hinaus, und ein paar Minuten später nahm Knut den ihm rechtmäßig zustehenden Platz wieder ein. Die arme Didi wird keinen kleinen Schreck bekommen haben, als sie begriff, daß Knut die ganze Zeit fortgewesen war. Und wir erschraken nicht weniger, als wir etwas später erfuhren, daß sie noch keine sechzehn Jahre alt war. Doch da war es zu spät.

Für uns war dies zweifellos der Anfang vom Ende. Es wurde ein amüsantes Histörchen für die kleine Stadt. Und es war der Auftakt zu dem Duell.

Henriksen nahm die Sache mit dem Auto wie ein Mann und lieh uns gleich darauf, am nächsten Sonntag, seine

Gewehre. Wir schossen damit zwei Hasen, und wir fanden es schwieriger, mit der Kugel zu treffen als mit Schrot.

Als ich gleich nach Neujahr aus den Ferien zurückkam, lag
/284/ ein Brief auf meinem Tisch und wartete auf mich. «Amtlich» stand auf dem Umschlag. Ich war auf Grund einer ganzen Serie von Paragraphen angeklagt. Knut hatte einen Brief derselben Art bekommen, nur waren darin noch mehr Paragraphen aufgeführt. Sonderbarerweise hatte auch Georg einen Brief bekommen.

Wir gingen zusammen zum jüngsten Rechtsanwalt der Stadt. Wir kannten ihn vom Tabakladen her, und wir sagten «du» zu ihm. Er holte die Gesetzessammlung hervor und las uns die Paragraphen laut vor. Das einzige, dessen ich mich wortgetreu entsinne, war der Schluß des Hauptparagraphen: «... Unkenntnis in bezug auf das Alter schließt Strafbarkeit nicht aus.»

Knut war nach einem Extraparagraphen über Bordellbetrieb angeklagt, weil sich das Ganze in seinem Zimmer abgespielt hatte. Vom Rechtsanwalt gingen wir sofort ins Hotel hinauf und legten für zwei Flaschen Wein zusammen. Der Kleine Bernhard war mit uns beim Rechtsanwalt gewesen, und jetzt saßen wir alle vier im Speisesaal. Aber er war nicht angeklagt, so daß er sich als Außenstehender fühlte und unglücklich aussah. Nachmittags bestellten wir Branntwein, so daß wir ihn am nächsten Tage bekommen konnten. Gleich darauf wurden wir relegiert. Das ganze Frühjahr 1940 ging mit der Verhandlung hin, mit langen schamlosen Verhören, die ins Protokoll aufgenommen wurden. Der ehrgeizige Polizeichef der Stadt hatte von der Sache munkeln hören, und in den Weihnachtsferien, als wir nicht in der Stadt waren, hatte er das Mädchen Didi zum Verhör herangeholt.

«Du mußt alles sagen, was du weißt, alles, worauf du dich besinnst», sagte er und sah sie streng an, «das ist das beste für alle Teile.»

Daß er auf den Bordell-Paragraphen verfiel, bewies, welch glänzender Jurist er war. Andere würden diese Möglichkeit,

die Knuts Strafbarkeit in ein ganz anderes Licht stellte, übersehen haben. Knut gehörte dadurch zu einer ganz anderen Gruppe von Verbrechern. Der Polizeichef war riesig stolz darauf, daß er diese Möglichkeit im Strafgesetz gefun- /285/
den hatte. Kurze Zeit darauf wurde er freilich auf kaltem Wege aus seinem Bridgeklub hinausgeekelt. Merkwürdigerweise trafen er und Knut sich ein paar Jahre später in England, bevor Knut bei dem ersten Invasionsversuch bei Dieppe fiel. Am Abend vor der Urteilsverkündung hatten wir uns eine Menge Flaschen viel besseren Branntweins als sonst beschafft. Aus irgendeinem Anlaß war der Arme Willy an diesem Abend mit dabei, in langen Stiefeln und am Hemd das Hakenkreuz. Er sah so traurig und gedankenvoll und unmännlich aus, daß man ihn am liebsten mit Koppel und allem auf den Schoß genommen hätte. Willy wurde drei Jahre später in Oslo auf der Straße getötet, und ich war an diesem Abend gewiß das letztemal mit ihm zusammen. Er hatte einen beinahe weißen Flaum auf der Oberlippe, und seine Stiefel knarrten. Gesicht und Hände waren goldbraun, aber die Farbe wechselte fortwährend ins Hellrote hinüber. Während der Besatzungszeit traf ich ihn einmal im Schloßpark in Oslo. Er war völlig verändert. Er sah mich lange an, als wir aneinander vorbeigingen, aber es war ihm zu peinlich, mich anzureden. Er trug Uniform, und es muß kurz bevor die Widerstandsbewegung ihn erschoß gewesen sein. Ich hätte damals im Schloßpark gern genauer gewußt, was er dachte. An dem Abend vor der Urteilsverkündung war er viel offenherziger als sonst.

Zuerst sang Bernhard seine Ballade. Er hatte jetzt eine Melodie dazu gefunden.

> «Hoch hinauf zu Berge
> tief ins Tal hinein
> Jungritter Bernhard
> zog beim Hahnenschrei.»

Sie hatte viele Verse, und alle hatten den gleichen traurigen

Kehrreim. Bernhards Stimme war so schön, wie er selbst an diesem Abend war; er hatte sie von seiner Mutter geerbt.

/286/ «So frei ritt er im Sattel,
so stolz davon er ritt,
sein gutes Roß nach Hause kam,
doch er, er kam nicht mit.»

Dann eröffnete Georg das Zusammensein damit, daß er die zehn Gebote las, oder richtiger gesagt, die fünf, die wir zustande gebracht hatten. Die zehn Gebote wurden niemals vollständig. Die fünf hatten wir zusammen aufgestellt, aber Georgs Vaterschaft war vor allem entscheidend gewesen. Er las sie auch am besten, langsam und deutlich, als gelte es, uns eine Formel für ein Examen einzuprägen. Ich sah Bernhard an, während Georg las. Er war im Laufe des Frühjahrs beinahe unheimlich schön geworden. Und er glich jetzt auch nicht mehr einer Amorette, er sah aus wie ein richtiger, echter Engel, ein junger Engel, wie Botticelli sie gemalt hat. Für das erste Gebot gebührte Bernhard die Ehre. Georg las:

1. Du sollst deinen Vater verachten, weil er mit seinem Leben Politik betrieben hat.
2. Du sollst untersuchen, wie es sich mit Gott verhält und warum du lebst.
3. Du sollst nicht leben, als sei der morgige Tag dein letzter, sondern als seist du bereits tot.
4. Du sollst alles anstechen.
5. Du sollst dich aus allem ausschließen.

Hier muß eine Erklärung eingefügt werden: «Anstechen» war unsere Lieblingsbeschäftigung, wenn wir einigermaßen nüchtern waren. Wir stachen Menschen oder Ideen an, das Christentum oder den Sozialismus. Manches stach sich selbst an: die Moskauer Prozesse zum Beispiel hatten für uns den Kommunismus angestochen, und ohne es zu merken, stachen die Pfarrer die Religion an. So brauchten wir es nicht selbst zu tun. Etwas anstechen bedeutete also eigent-

lich: etwas auseinandernehmen, um festzustellen, wie es innen aussieht. So wie es frühreife Kinder mit ihrem Spielzeug tun, wenn sie es im Kinderzimmer auseinanderpflücken; und nachher kann man es meist nicht wieder zu- /287/
sammensetzen.

Georg war genial im Anstechen von Menschen und Dingen. Er stach mehr Kraft seiner enormen Fähigkeit zu verachten, als mit Argumenten begründend. Die Sonne verlor ihren Schein, wenn er seine Stimme erhob. Die Wohnungen und Gärten der Menschen hinter uns zu lassen, das war es, wozu es uns im tiefsten trieb.

Dies führte dazu, daß wir einer besonderen Form von Humor huldigten, indem wir die Versuche anderer beobachteten, alles mögliche anzustechen, was für uns längst kein Problem mehr war. Ein Vergnügen dieser Art bereiteten uns die «Greise» in Oslo, wie Georg sie nannte. Zu jener Zeit erschien eine Schriftenreihe, die unter dem Titel «Sexuelle Aufklärung» oder so ähnlich lief. Sie war ein todernster Versuch, die Leser zu überzeugen, daß das Geschlechtsleben a) nicht gefährlich, b) keine Sünde sei. Die «Sexuelle Aufklärung» war uns lange Zeit ein Quell der Heiterkeit eben dieser Art. Die Greise in Oslo versuchten, eine bürgerliche Moral anzustechen, von der wir kaum mehr etwas gehört hatten, was für uns so aussah, als gehe eine Kompanie Soldaten mit aufgepflanztem Bajonett zum Angriff gegen eine Reihe von Sandsäcken vor. Unsere Aufgabe bestand darin, die *Soldaten* und *deren* Glauben anzustechen, nicht die Säkke. Das Wichtigste, was angestochen werden mußte, waren die Wissenschaft und die Psychoanalyse, diese beiden letzten Glaubensartikel der Religion unserer Väter. Das war nicht schwierig.

Das vierte Gebot lautete also:

«Du sollst alles anstechen.»

Und wir taten wirklich, was in unseren Kräften stand.

Zu Beginn des Abends quälten wir den Armen Willy weidlich, indem wir seinen Nazismus anstachen. Georg

verhöhnte ihn, bis Willy den Tränen nahe war. Aber wir verwandten nicht die nazistischen Grausamkeiten als Argumente. Die interessierten uns nicht mehr; all das wußten
/288/ wir ja längst auswendig. Wir machten uns nur über die Rassentheorien und das, was er sich unter einem Helden vorstellte, lustig. Die Grausamkeiten zu erwähnen hätte bedeutet, Politik mit ihm zu diskutieren. Es ging uns aber einzig und allein um Willys Bedürfnis, gläubig zu sein, um seine Naivität. Sie stachen wir an. Willy hätte uns ebensosehr angeregt, wenn er Kommunist gewesen wäre oder Christ oder wenn er sich für die Psychoanalyse begeistert hätte. Alles Politische hatte längst aufgehört, irgendeine Rolle für uns zu spielen. Natürlich wußten wir, daß wir Willy nie mit uns in die Wüste hinaus bekommen würden. Er wollte im Glauben sterben. An diesem Abend sprachen wir vor allem mit ihm über seine Unmännlichkeit. Georg beschrieb ihm, wie er unter der Dusche aussah:
«Von hinten siehst du aus wie ein Mädchen.»
Und Willy fing an zu stottern. Er verwirrte sich in dem, was er sagen wollte. Georg sprach ruhig und freundlich weiter.
«Siehst du, Willy, du bist eben vom Waschtrieb besessen. Du wäschst dir fortwährend irgendein Tun ab, das in besonderem Kontrast zu deinem Männlichkeitsideal steht. Begreifst du das nicht, Willy?»
Willy wurde blutrot im Gesicht und antwortete, indem er September angriff. Plötzlich beugte Knut sich vornüber.
«Verschwinde!» rief er und hob die erste leere Branntweinflasche. Er schwang sie über seinem Kopf.
«Wenn ich bis drei gezählt habe, werfe ich. – Eins!»
Willy war sofort vom Stuhl aufgestanden.
«Zwei! – Drei!»
Im nächsten Augenblick, als Willy eben in der Tür stand, knallte die leere Flasche an den Türrahmen, dorthin, wo eine halbe Sekunde früher sein Kopf gewesen war. Knut hatte sehr gut gezielt.
«Hör mal», sagte Georg, «es ist wirklich allerhand, wie

empfindlich du bist, was September angeht. Es ist beinahe, als hörte man deinen Alten.»

«Was?» sagte Knut.

«Ich bin überzeugt, daß du eines Tages zu ihm in die Partei /289/ flüchtest. Du *bist* ein Politiker, weißt du.»

Georgs runzliges Gesicht war noch runzliger als sonst. Er lächelte, und es war kein schönes Lächeln. Der Kleine Bernhard wurde unruhig, er sah vom einen zum andern. Knut brauchte Zeit, um sich zu sammeln.

«Was sagst du da?»

«Ich sage, daß du auf dem Wege in die Partei bist. Du hältst es nicht aus, auf freiem Fuße zu leben. Du bist Antifaschist, und bald wirst du Sozialist sein. Du hast Angst. Du willst heim zu Vatern.»

«Das ist nicht wahr», antwortete Knut. «Ich brauche keinen Glaubensinhalt.»

Georg pfiff ein paar Takte. Dann sang er:

«Die Welt, sie ist so groß, so groß,
und Ole ist so klein.
Er will zurück auf Mutters Schoß, Olemann will heim.»

«September is all right. Ich will nicht, daß Willy dreckig von ihm spricht. Bedenk doch, was sie mit den Juden gemacht haben ...» Knut war aufgebracht.

«Du bist Antifaschist. September ist ein Opfer des Nazismus und Sozialdemokrat, deshalb hältst du zu ihm. Ihr seid in derselben Partei. – Übrigens bist du auch in derselben Partei wie Willy – alle Politiker sind in derselben Partei. *Das* ist die Sache.»

«Willy kann einem leid tun», sagte Bernhard. «Er ist auf eine so todlangweilige Art verrückt.»

«Ohne Sozialdemokratie – kein Nazismus. *So* hängt das zusammen. Ihr seid alle in derselben Partei.» Georg wollte offenbar nicht lockerlassen.

«Jetzt trinken wir!» sagte Bernhard. «Jetzt trinken wir, bis wir vor dem Angesicht des Herrn stehen. – Prost!»

«Prost, alter Sittlichkeitsverbrecher!» antwortete Knut.

«Morgen ist der Tag des Gerichts. Was, glaubt ihr, brummen sie uns auf?»

Von uns vieren hatten nur Georg und ich schon gesessen.
/290/ Georg in Cape Town wegen Bettelns, als er auf See gewesen und dann durchgebrannt war. Ich nur wegen Trunkenheit und Unfugs auf offener Straße, und bloß ein paar Nächte.

«Das Maximum ist sechzehn Monate. Ihr kriegt jeder ein halbes Jahr», sagte Bernhard.

«Nicht, wenn sie mich nach dem Hurenhaus-Paragraphen herannehmen», sagte Knut. «Dann wird es bedeutend mehr.»

Bernhards Engelsantlitz öffnete sich in einem großen Lächeln.

«Jesses, nein, Jungs! Ihr könnt alle euer De profundis schreiben. Wenn Georg richtig auspackte, kämen reizende Sachen ans Tageslicht!»

«Georg kriegt mit Bewährung.»

«Du wirst nicht nach dem Hurenhaus-Paragraphen herangenommen.»

«Wetten, daß?»

Georg und Knut wetteten. Wenn Knut gewann, sollte Georg zwei Flaschen Branntwein spendieren, und wenn Knut verlor – das heißt: wenn der Hurenhaus-Paragraph nicht auf ihn angewandt wurde –, kam der Branntwein auf sein Konto.

Bernhard füllte sein Glas bis an den Rand mit Whisky. Er hob es zur Decke.

«Heute abend trinken wir uns zu Tode! Großer, lieber norwegischer Gott, laß uns auf dem Olymp erwachen!»

Er leerte sein Glas in einem langen Schluck.

«Das läßt sich machen», sagte Georg, «man kann sich zu Tode trinken. Einer der Arbeiter in der Heringsfabrik trank ein großes Bierglas Sechsundneunzig-Prozentigen in einem Schluck. Er krepierte. Das ist fünf oder sechs Jahre her.»

«Was trägst du unter deinem Mantel, Zarathustra?» sagte Bernhard.

«Ich trage eine kleine Wahrheit unter meinem Mantel», antwortete Knut.

Bernhard stand auf, so daß er etwas von dem Inhalt seines
Glases verschüttete. Das Haar hing ihm in das weiche Ge- /291/
sicht, und er warf es zurück. Eine Zeitlang schleuderten er
und Knut einander Nietzsche-Zitate an den Kopf.

«Herrgott, daß euch das Spaß macht!» sagte Georg. «Ich bin Nietzsche so leid.»

«Freund Zarathustra kam, der Gast der Gäste ...» Bernhard hielt plötzlich inne und starrte Georg an.

«Was hast du gegen Nietzsche?»

«Er ist so superklug.»

Bernhard öffnete den Mund.

«Nietzsche superklug?»

«Auch in Nietzsche steckt im Grunde ein Doktor phil. Er versucht, ethische Fragen gegen ästhetische auszutauschen. Auf diese Weise wird es sozusagen vornehmer. ‹Dafür habe ich zu reinliche Hände›, sagt er und glaubt, jetzt diskutiere er nicht mehr Moral, sondern etwas, das ästhetisch und vornehm und amoralisch sei, nur, weil er ihm einen anderen Namen gegeben hat. Nietzsche steckt voll von solchen verkleideten Moralbegriffen.»

«Auch da, wo er sagt, daß Jesus ein Idiot sei?»

«Ja eben! Es beweist doch nur, wie sehr ihn all das beschäftigte. Er war wütend auf das Christentum und auf die Moral. Kannst du begreifen, daß jemand es fertigbringt, sich über so etwas aufzuregen? Das riecht nach Krinoline. Es ist geradeso, als rege man sich über sexuelle Aufklärung und die Erfindung der Dampfmaschine auf.»

«Aber er wurde doch verrückt», sagte Bernhard.

«Ja», antwortete Georg, «er wurde verrückt. Das spricht für ihn.»

Bernhard beugte sich plötzlich vor und legte den Arm um Georgs Hals.

«Ihr dürft euch nicht verzanken, Jungs!»

Es war sonderbar, die beiden Gesichter nebeneinander zu

sehen, Georgs mageres, faltiges Gesicht und Bernhards runde, kindliche Wangen. Bernhard stand vornübergebeugt, er hielt die Augen geschlossen und den Mund halb
/292/ offen.

«Wir haben doch niemand anderen, dem wir freund sein können. Knut, gib Georg die Hand. Komm her!»

Er griff nach Knuts Arm, aber aus dem Händedruck wurde nichts.

«Ich liebe die großen Verachtenden, weil sie die großen Verehrenden sind. Was sollen wir verehren, Jungs?»

Bernhard hatte Georg losgelassen. Er setzte sich wieder.

«Irgend etwas müssen wir ausfindig machen. In der Schule haben wir's nicht gelernt.»

Georg sah ihn an.

«Frag Knut! Er ist auf dem Weg ans Ufer. Er will nicht mehr mit uns zusammensein – draußen auf dem dünnen Eis mit dem vielen schwarzen, kalten Wasser darunter. – Er will an Land und verehren.»

Knut war wütend.

«Ich habe zu Georg gesagt, daß man auch etwas Positives tun müsse. Das bedeutet nicht, daß wir aufhören sollen, alles anzustechen.»

Georg wiederholte die Worte mit senil lallender Fistel:

«Positives, Positives! Gib mir etwas Positives!»

«Es findet sich schon eine ganze Menge.»

«Zuerst sollen wir alles anstechen, und dann sollen wir sehen, ob etwas übrigbleibt. Was du po-si-tiv nennst, ist nur etwas, das du nicht anzustechen wagst.»

Ich weiß nicht genau, wie es zuging, aber einen Augenblick später waren sie keine Freunde mehr.

Knut wollte raufen.

«Ja», antwortete Georg, «das könnte dir so passen. Du bist ja doppelt so stark wie ich. Aber wir werden uns trotzdem schlagen, nur anders, als du dir das denkst. Wir werden uns richtig schlagen. So, wie du es gar nicht wagst. Morgen, wenn das Urteil gefällt ist, leihen wir uns Henriksens

Gewehre. Dann ziehen wir hinauf nach Nuten und bringen die Sache dort ins reine. Wenn du's wagst.»

«Abgemacht», sagte Knut. «Das ist eine glänzende Idee:
Morgen nach der Urteilsverkündung holen wir die Geweh- /293/
re, und abends gehen wir hinauf. Es bleibt dabei?»

«Es bleibt dabei.»

«Was für ein Datum haben wir heute?»

«Den Siebten.»

«Eine magische Zahl.»

«Drei famose Tage nacheinander – morgen wird das Urteil gefällt, und übermorgen knallt's.»

Plötzlich kam Leben in Bernhard. Er flehte und bat, sie möchten doch das Duell aufgeben. Er weinte und bat. Ich legte die Bedingungen für das Duell fest: Drei Patronen für jeden, anfangs zweihundert Meter Abstand in den Wald hinein und Möglichkeit, im Gelände Deckung zu suchen. – Bernhard mußten wir spät nachts nach Hause tragen. Er war mehr als betrunken.

Am nächsten Vormittag standen wir im Gerichtssaal. Es war rasch getan. Sie verurteilten Knut nach dem Paragraphen: Er bekam zwölf Monate. Ich bekam acht mit Bewährung, und Georgs Strafantrag wurde zurückgezogen. Anschließend gingen wir ins Hotel und tranken Bier. Die ganze Stadt war auf unserer Seite.

Am Nachmittag packten wir unsere Rucksäcke, und ich ging, um Bernhard abzuholen. Seine Mutter brachte uns Kuchen, und sie begriff nicht, weshalb er sich so schlecht fühlte.

Sie las gerade ein Buch über van Gogh, und sie mußte davon sprechen. Sie hatte Tränen in den Augen, weil er ihr so leid tat. «Ist es nicht furchtbar, was er leiden mußte, der arme, edle Mensch!»

Sie war tief bewegt.

Als wir gingen, versprachen wir, am nächsten Morgen zeitig zurückzusein, damit Bernhard noch zur Schule zurechtkomme. Mir war sie ja wieder einmal erlassen. Und dann sollte Bernhard, das einzige Kind, vorsichtig sein und sich keine nassen Füße holen.

«Er erkältet sich so leicht.»

/294/ Ich tätschelte ihm den Kopf und sagte, ich wollte wie eine Mutter auf den armen, edlen Menschen achtgeben. Sie winkte uns vom Fenster aus nach.

Dann gingen wir.

Knut hatte die Gewehre geholt, und Georg hatte sich den Schlüssel zu Hansens Hütte bei Nuten ausgeliehen. Agent Hansen war unser geschworener Freund. Wir gingen zuerst ein Stück die Landstraße entlang, und dann nahmen wir den Fußpfad durch den Wald. Bernhard und ich trugen die Gewehre. Wir sprachen wenig.

Auf halbem Wege legten wir eine Rast ein. Es fing an dämmrig zu werden.

«Habt ihr die Zeitungen gelesen?» sagte Knut. «Die Engländer haben die Küste entlang Minen ausgelegt. Es ist nicht weit von hier. Vielleicht gibt's doch Krieg.»

«Was schert uns der Krieg», sagte Bernhard. «Es ist nicht unser Krieg.»

«Willst du denn nicht in einer Urne im Traumland liegen?» fragte Georg.

«Könnt ihr nicht die Schießerei morgen lassen?»

Bernhard sah sie bittend an.

«Bist du verrückt! Etwas so Amüsantes haben wir doch lange nicht vorgehabt. Nicht wahr, Knut?»

Knut grunzte. Er war ein sehr guter Schütze.

«Na, Knut, hast du Angst? Einer von uns soll morgen zur Aufklärung ins Traumland.»

Georg wandte sich Bernhard zu.

«Hat deine Mutter Kontakt mit jung Verstorbenen? Ich verspreche, mich in einem Tischbein zu melden, wenn es sich machen läßt.»

«Halt 's Maul!» sagte Bernhard.

Dann gingen wir weiter. Gegen acht Uhr waren wir am Ziel. Die Hütte war warm und behaglich, mit derben Holz-

wänden und großem, offenem Kamin. Hansen hatte eine Menge Kienholz liegen, das er im Walde gesammelt hatte, als er allein dort oben gewesen war. Wir machten uns ein großes, prasselndes Feuer. Dann aßen wir zu Abend, und /295/
nach dem Essen holte Knut eine Flasche Kognak hervor. Er lächelte sein liebenswürdiges Lächeln.

«Ich habe sie vom Apotheker bekommen. Ich sagte, heute sei ein besonders wichtiger Tag für uns!»

Auch Georg hatte Branntwein mitgebracht. Er hatte ja die Wette verloren.

Der Schnaps half, und als wir vier vor dem Kamin saßen, war es beinahe wieder wie sonst.

«Ich sprach heute mit dem Jesusbart», sagte Knut. «Er behauptet, es würde auch hier oben Krieg geben. Die Engländer haben die Neutralitätsgrenzen verletzt. Ist euch solch ein Unsinn jemals vorgekommen: Zuerst legt man Bedingungen und Grenzen fest, und nachher macht man Krieg, und dann ist alles erlaubt. Nie im Leben gehe ich in einen so idiotischen Krieg.»

Wir stimmten ihm zu. Nur Bernhard zögerte etwas.

«Man kann ja auch in den Krieg gehen, weil man sich nicht zu Tode langweilen will.»

«Nein», sagte Georg, «man kann nicht in den Krieg gehen, weil sonst die Greise glauben würden, daß wir auszögen, um für ihre Ideale zu kämpfen. Sie würden sagen, daß wir im Grunde doch gut seien und daß wir für Recht und Wahrheit kämpften und fielen. Das möchte ich mir nicht gern vorwerfen lassen. Nein, ginge ich in den Krieg, so nur auf seiten der Nazis, aus purer Niedertracht. Aber dafür wird es kaum eine Chance geben.»

«Scheißkrieg!» sagte Bernhard. «Das eine ist wohl nicht besser als das andere. Und wir werden ja gar nicht hören, was die Greise über uns sagen. Sie können doch denken, was sie wollen!»

Wir stießen an. Dann fragte Knut:

«Wißt ihr, daß die Leute glauben, September sei ein Spion?»

«Famos, wenn er ein Spion wäre!» antwortete Bernhard. «Hipp, hipp, hurra für Salomon September, Hitlers Spion! Während die Polizei alle ihre Kräfte einsetzt, um Knut nach
/296/ dem Hurenhaus-Paragraphen zu verurteilen – Gott, wäre das eine großartige Leistung! Aber leider ist er es nicht. Stellt euch vor, wenn wir einen Spion als Lehrer gehabt hätten!»

«Nein», sagte Georg, «der gute Salomon wandelt wohl nur den Pfad der Tugend. So ist es überall – ordentliche Leute so weit das Auge reicht. Ordentliche Väter – ordentliche Söhne. Gott muß doch vor Ekel sterben, wenn er sie in den Himmel hinaufbekommt.»

«Ich will alles für das Vaterland tun, nur nicht morgens früh aufstehen», zitierte Bernhard. Er stand noch ziemlich stark unter der Wirkung des Alkohols vom Tage zuvor, und der kleine Kognak, den er jetzt trank, setzte den ganzen Whisky, der in ihm schlummerte, in Brand. Außer von Nietzsche war er zum Zerspringen voller Oscar Wilde, und er floß über, wenn er trank. Ich habe nie einen Menschen getroffen, der so voller Wilde war. Jetzt ließ er einen Wasserfall von Zitaten über uns dahinstürzen, bis er plötzlich ohne jeden Übergang anhielt und ganz anders weitersprach. Die ekstatische Ausgelassenheit war verschwunden. Er stand auf und hielt eine Rede:

«Knut und Georg, wenn einer von euch beiden morgen ins Traumland geht, heule ich mir die Augen aus dem Kopf. Ihr drei seid die einzigen, denen ich gut gewesen bin seit der Zeit, da ich meiner Mutter entwuchs. Ihr seid die einzigen, mit denen ich so sprechen kann, daß ich fühle, ich spreche wirklich mit jemandem und stehe nicht nur am Telefon. Ich habe mein ganzes Leben in dieser verdammten Dreckstadt verbracht, und bis ich euch traf, hielt ich mich für verrückt, weil ich niemanden hatte, mit dem ich sprechen konnte. Aber dann kamt ihr vergangenes Jahr hierher, und ich erkannte euch sofort am Blick. Ja, es macht nichts, daß ich über euch weine.»

Er fing mit dem rechten Zeigefinger seine flaumige Wange entlang die Tränen auf und schleuderte sie zu Knut hinüber. «Ihr ahnt nicht, wie schrecklich es war, allein in dieser Stadt herumzulaufen. Und wenn ich erwachsen bin, da werden /297/ wir in einer anderen Stadt zusammen wohnen und jede und jede Nacht miteinander sprechen, alle vier. Denn wenn man die Dinge anstechen will, muß man es mit jemandem zusammen tun. Hört zu, bedenkt, wie gemütlich Knut es im Gefängnis haben wird und wie schön es hinterher für uns sein wird. Könnt ihr nicht die Schießerei morgen lassen! Ich will keinen von euch im Traumland haben – noch nicht. Vergeßt doch nicht, daß wir niemanden sonst haben, mit dem wir zusammen sein können. Alle anderen haben das ihre: Manche sind christlich, manche sind Nazis, manche Sozialdemokraten und manche Kommunisten, manche glauben an das Einmaleins, und manche glauben an Freud. Nur uns vieren gefällt all das nicht. Es mißfällt uns geradezu kolossal. Begreift ihr nicht, daß es gräßlich ist, übrigzubleiben?»
Es war betrüblich, daß Bernhards Rede nichts half. Aber die Sache war schon im Geschehen und der Rest nur noch ein rollender Schneeball.
Wir sprachen ziemlich viel an diesem Abend.
«Ich glaube durchaus an etwas», sagte Georg. «Ich glaube, daß ganz zum Schluß, wenn man alles angestochen hat, etwas übrigbleiben wird. Irgend etwas, in dem nicht nur Luft ist. Etwas muß da sein. Aber es ist nichts von dem, was wir kennen. Ich erlaube mir, an ein Ende und einen Anfang zu glauben. In einer fernen Zukunft wird etwas Neues beginnen. Aber das wird nach uns sein. Wir sind alle zusammen im Traumland, bevor es beginnt. Zwischen dieses Ende und diesen Anfang sind wir plaziert, bums! zwischen sämtliche Stühle, die vorhanden sind. Prost – auf unser kleines Scharfschießen morgen!»
Wir gingen zu Bett und schliefen schlecht. Draußen war es neblig. Gegen vier Uhr stand ich auf und rauchte eine

Zigarette. Bernhard war wach, und ich saß bei ihm auf dem Bett, bis er wieder eingeschlafen war. Er fühlte sich nicht wohl. Am nächsten Morgen um zehn Uhr gingen wir in den
/298/ Wald hinaus.

Der Nebel stand noch immer da, dicht und ziemlich gelb und garstig. Er zehrte an dem kniehoch liegenden, verwesenden Schnee. Wir maßen den Abstand, die zweihundert Meter. Der Nebel war fatal; er hatte zur Folge, daß keiner der beiden schießen würde, bis sie einander nahe gekommen waren. Es würde keine edle Jagd werden. Sie bekamen jeder drei Patronen, und Bernhard und ich gingen zur Seite. Bald sahen wir sie nicht mehr, und auch sie selbst hatten einander jetzt aus den Augen verloren. Sie lagen also im nassen Schnee auf dem Bauch und krochen aufeinander zu. Eine Weile verging.

Bernhard weinte leise und wimmerte wie ein kleines Kind, er ging unruhig umher und stampfte mit den Gummistiefeln auf. Langsam begann der Nebel sich vom Boden zu lösen; es war, als werde ein Vorhang hochgezogen. Er blieb einen halben Meter über der Erde hängen.

Zwanzig Minuten später knallte wie ein Peitschenschlag der erste Schuß, gleichsam zu gefährlich im Laut, zerreißend und feindlich.

«Riatsch!»

Im Nebel krachte der Schuß anders als sonst. Er war von Georg gekommen. Gleich darauf schoß Knut. Dann wurde es still. Bernhard und ich schlugen auf einen Preiselbeerstrauch, der aus dem Schnee hervorstak, unser Wasser ab. Ein paar Minuten war es still. Dann sagte Bernhard:

«Georg ist getroffen.»

«Wir müssen warten», sagte ich. Bernhard war unruhig. Doch es kamen keine weiteren Schüsse.

«Er liegt im Wald und blutet», sagte Bernhard.

Kein Laut war von ihnen herüber zu hören. Wir standen da und lauschten.

«Unsinn», sagte ich. «Wir müssen noch etwas warten.»

Doch ich war selbst unruhig. Und als ich mich umdrehte, war Bernhard verschwunden. Ein paar Minuten vergingen. Dann knallten zwei Schüsse. Georgs Gewehr hatte ein größeres Kaliber und war tiefer im Ton. /299/

«Riatsch!»

«Riatsch!»

Der Nebel hatte sich etwas mehr gehoben. Er hing in den Spitzen der Wacholdersträucher. Die nächsten Minuten waren sehr lang, und ich war nahe daran, Bernhard zu folgen. Er war auf Georgs Seite hinübergegangen, die Spuren standen ganz deutlich im Schnee. Ungefähr fünf Minuten später knallten die beiden Schüsse, die noch ausstanden. Georg und Knut mußten dicht voreinander liegen, es krachte beinahe wie ein Schuß.

«Riatsch-riatsch!»

Ich rief in den Wald hinein und bekam Antwort. Dann ging ich vorwärts. In einiger Entfernung sah ich Georg kommen, das Gewehr in der Hand. Er sah ganz wohlauf aus.

«Bist du all right?» fragte ich.

Er winkte und zeigte in den Wald hinein, wo Knut sein mußte. Wir gingen rasch dorthin. Gleich darauf fanden wir Knut. Er stand, uns den Rücken zukehrend, und wusch sich im Schnee. Er hatte noch etwas Blut an den Händen, und als er sich umwandte und grinste, sahen wir, daß er auch im Gesicht blutig war. Er hatte einen ziemlich unangenehmen Streifschuß die Wange entlang und dicht unter dem Ohr hin bekommen. Die Wunde blutete, und er hielt Schnee darauf. Wir riefen den Kleinen Bernhard, bekamen aber keine Antwort. Georg stellte sein Gewehr bei Knut ab, und wir gingen auf die andere Seite, um nach Bernhard zu sehen. Ich fühlte mich ziemlich erleichtert über den Ausgang des Duells; wenn ich mir auch sagte, daß es eigentlich gar nicht zum Ängstigen gewesen sei.

Wir riefen eine Zeitlang nach Bernhard; aber er antwortete nicht. Wir fanden nicht einmal seine Spuren. Dann ging ich an die Stelle zurück, wo wir gestanden und gewartet hatten.

Schnee und Heidekraut waren dort ganz niedergetreten. Ein Stück weiter war es leicht, seine Spuren zu verfolgen. Dann verschwanden sie. Erst eine Viertelstunde später fand ich /300/ ihn. Er saß ganz in der Nähe der Stelle, wo die Spuren aufhörten, auf einem umgefallenen Baumstamm. Er saß da, die Ellbogen auf die Knie gestützt und den Kopf vornübergeneigt, und ich wurde wütend, weil er nichts gesagt hatte, als ich vor einer Weile dicht an ihm vorüberging. Ich rief ihn an; aber er rührte sich nicht.

«Kleiner Bernhard!» rief ich, so laut ich konnte, doch ohne Erfolg. So stapfte ich zu ihm hinüber.

In einem Abstand von zehn, fünfzehn Metern sah ich, daß eine rote Rose vor ihm im Schnee lag. Erst als ich bei ihm angelangt war, sah ich, daß er aus dem Mund blutete. Ich hob seinen Kopf, und der Schal um den Hals war durch und durch naß, als sei er in Blut getaucht. Ich sah seine Augen in zwei schmalen, grauen Streifen zwischen den langen Wimpern. Dann lächelte er, sprechen konnte er nicht.

Es war entsetzlich, Knut weinen zu sehen; er war zu groß und zu stark dafür. Es war ganz unnatürlich. Ziemlich schlecht rasiert war er auch. Er krümmte den Rücken, so daß es aussah, als stelle er sich an, als äffe er in grotesker Übertreibung ein schluchzendes kleines Mädchen nach.

Ganz vorsichtig nahmen wir Bernhard zwischen uns und balancierten ihn durch ziemlich tiefen Schnee zwischen Steinen und Föhrenstämmen hin. Einer von uns mußte ganz hinten gehen und seinen Kopf aufrechthalten. Der Schuß war in den Hals gegangen, und hinten im Nacken war die Kugel wieder herausgekommen. Bernhard war die ganze Zeit bei Bewußtsein, und ein paarmal lächelte er.

In der Hütte richteten wir aus der Tür des Aborts eine Bahre her, um etwas zu haben, worauf wir ihn tragen konnten. Ich glaube, der Weg in die Stadt hinunter ist das Schlimmste, was ich jemals mitgemacht habe. Als wir aus dem Wald und auf die Landstraße gekommen waren, begegneten wir dem Jesusbart, der nicht wie sonst langsam schreitend, sondern gelaufen kam. Er war schwer bepackt und auf dem Wege zu seiner Hütte. Nur einen Augenblick blieb er stehen und warf einen Blick auf Bernhard. Er sagte kein Wort, sondern lief gleich weiter. Es fiel uns allen dreien auf, daß er sich /301/ anders aufführte als sonst; aber wir konnten unsere Gedanken nicht von Bernhard loslösen, der während des ganzen Transports geblutet hatte und nicht mehr lächelte.

Als wir mit der Bahre in die Stadt kamen, kümmerte sich niemand um uns. Erst als wir im Krankenhaus anlangten, erfuhren wir, daß im Laufe des Tages an mehreren Stellen Norwegens deutsche Truppen gelandet waren.

Alles was jetzt geschah, nahm ich nur wie im Traum wahr. Ich war ganz einfach nicht mehr wach und entsinne mich ziemlich unklar, daß Bernhards Mutter ins Krankenhaus kam, während ich neben ihm saß. Der Blutübertragung entsinne ich mich genauer.

Es war das erste Mal, daß ich so etwas mitmachte. Das Blut wurde direkt übertragen, so daß wir, die Gesichter einander zugewandt, auf je einem Tisch lagen und ich ihn sehen konnte, während der Arzt die Metallspitze in die Vene meines Ellbogengelenks einführte. Bernhard war unnatürlich blaß wie Papier im Gesicht, und die zusammengewachsenen, geschwungenen Augenbrauen und die langen Wimpern sahen dunkler aus denn je. Mir ist, als habe das Blut in einem runden Glasbehälter gekreist. Bernhard war jetzt fast die ganze Zeit bewußtlos.

Gegen Morgen bekam er noch eine Blutübertragung.

Ich entsinne mich der Nacht und des Vormittags wie eines schwarzen Dunkels, nur unterbrochen von etwas, das Ausschnitten aus einem Film gleicht. Georg war von uns dreien am meisten mitgenommen; er war zu einem Greis erstarrt, sein Gesicht hatte überhaupt keinen Ausdruck mehr. Auch Bernhards Vater war im Krankenhaus und weinte. Wir weinten alle ziemlich viel bis auf Georg. Am späteren Vormittag brachten Knut und ich ihn nach Hause. Ich ging ins Krankenhaus zurück. Das Zimmer war hell hinter den herabgelassenen Gardinen, und Bernhards Mutter saß allein bei ihm. Hin und wieder trat eine der Schwestern ein und sah nach, und sie verbreitete den starken und beängstigen- /302/ den Geruch von Benzol und Desinfektionsmitteln um sich. Bernhard war bewußtlos, und die Mutter sah jetzt aus wie ein ganz kleines Mädchen, viel zu jung für den siebzehnjährigen Sohn in dem hochbeinigen, weißlackierten Bett.

Sie war ganz gewiß die stärkste und ruhigste von uns allen, und so seltsam es klingt, sie war es, die uns tröstete. Um die Mittagszeit bekam Bernhard die dritte und letzte Blutübertragung. Ich konnte überhaupt nicht sprechen, weil ich keine Stimme mehr hatte. Nur hin und wieder brachte ich ein paar heisere Worte hervor. Es quäle mich, daß Bernhard so jung sei. Es sei, als liege man in einem Fiebertraum und kämpfe mit etwas. Diese Worte kehrten immer wieder, sie waren wie große, erstickende Wollflocken. Es ging mir auf eine seltsame Art nahe, daß er so jung war. Als sie das begriff, sagte sie ein paar Worte zu mir, die mich für eine kleine Weile hellwach machten. Ich glaube, sie lauteten so:

«Auch wenn man sehr jung stirbt, kann man ein ganzes und erfülltes Menschenleben gelebt haben.»

Am Nachmittag, als alles vorüber war, ging ich in die Stadt und begegnete den ersten deutschen Soldaten. Die kleinen Männer mit den lang herabreichenden Helmen und den fremden Uniformen gingen ohne weiteres in den Traum ein. Sie hätten ebensogut Marsbewohner sein können. In der Stadt war es so still, als geschehe alles dort unter Wasser. Nur die Kommandos bei der Ablösung der Wache vor dem Stadthotel stiegen aus der Stille theaterartig hoch empor. Ich ging dicht daran vorüber und in den Speisesaal hinein.

An zwei Tischen, die zusammengeschoben waren, saßen sieben oder acht Offiziere und ein Zivilist. Eine ganze Weile verging, bis ich ihn erkannte; es war der Jesusbart, ohne Bart, ohne Sandalen, gekleidet wie andere und mit normaler Stimme. Er trug ein großes, goldenes Hakenkreuz auf der Brust. Später erfuhr ich, daß er zwei Jahre lang einen Radio-

sender in der Hütte auf dem Felsgipfel gehabt hatte; er war nie in einer Anstalt gewesen und war nicht älter als etwas über vierzig Jahre. Er hatte praktisch die deutsche Invasion in Südnorwegen geleitet. Als ich ihn im Speisesaal des Ho- /303/
tels sah, fand ich es ganz natürlich, ihm dort zu begegnen. Dieser traumartige Zustand dauerte noch ein paar Tage lang. Bernhard wurde am fünfzehnten April begraben.

Knut, Georg und ich, wir reisten alle drei gleich darauf nach Hause. Keiner von uns konnte dieses Frühjahr das Abitur machen, weil wir nicht das dafür notwendige Zeugnis über einen sittlich geführten Lebenswandel vorlegen konnten. Knut reiste, sobald er seine Gefängnisstrafe abgebüßt hatte, zu Schiff über die Nordsee. Wie gesagt, fiel er bei Dieppe. Georg fiel irgendwo in Rußland. Er machte also tatsächlich auf deutscher Seite mit.

Ich selbst mußte ein paar Jahre später nach Schweden fahren und setzte dort meine Studien ziemlich vorschriftsmäßig fort. Einige Zeit nach dem Krieg trat ich meine erste – und letzte – Stellung als Studienrat an einer der höheren Schulen Oslos an. Ich hatte damals nur den einen Gedanken, Lehrer zu werden. Diesem Ziel hatte ich viele Jahre hindurch entgegengesehen, gewiß, daß die Erfahrungen, die ich während meiner Schulzeit und gleich darauf – im Kriege – gesammelt hatte, mich befähigen würden, eine so ernste Aufgabe zu erfüllen. Denn Lehrer zu sein, war mir eine Aufgabe, eine Berufung, nichts anderes. Ich ging an die Arbeit, bebend vor Ehrfurcht, wirklich wie ein Pfarrer, der seinen ersten Gottesdienst halten will. Drei Jahre später verließ ich die Schule wieder. Hätte Bernhard noch gelebt, würde er das mit einem verdrehten Nietzsche-Wort kommentiert haben:

«Ich trug mein Feuer auf das Katheder, jetzt trage ich meine Asche davon.»

Ich erwähnte Septembers Unterrichtsstunde, in der er von Goethe sprach, worauf der seriöse Teil der Klasse nach dem

Pensum schrie. Das gleiche ist mir in Oslo fünf- oder sechsmal begegnet. Das erste Mal wurde ich unterbrochen, als ich von Voltaire erzählte, von dem dünnen, kleinen Mann, der
/304/ in den Alpen seinen Kaffee trank, während alle Fürsten Europas vor ihm zitterten. Ich hatte mich wochenlang auf Voltaire vorbereitet, und mir schwindelte vor Begeisterung, meiner Klasse ein so einzigartiges Beispiel vom Sieg des Geistes über die Macht zeigen zu können. Ich hatte mir einen Schlachtenplan zurechtgelegt, nach dem ich Bruno, Galilei und eine ganze Reihe der großen Aufrührer bringen wollte. Als ich zwanzig Minuten lang von Voltaire gesprochen hatte, begann die Klasse nach dem Pensum zu rufen. Ich bin mir völlig klar darüber, daß dies nicht Schuld der Schüler ist; die Schule hat irgend etwas Teuflisches mit ihnen angestellt.

Der Jungmann und Marx waren im Laufe des Gesprächs dazu übergegangen, sich zu duzen.

«Bist du imstande, genauer zu sagen, in wenigen Worten auszudrücken, was an unserem heutigen Schulsystem nicht in Ordnung ist?»

Marx hob seine Brille und rückte sie wieder an ihren Platz, nachdem er diese Frage gestellt hatte. Der Jungmann sah ihn lange an.

«Nein», sagte er, «dazu bin ich nicht imstande.»

Er sah sich um und rieb sich mit beiden Händen über das Gesicht. Eine Weile verging, ehe er fortfuhr:

«Aber etwas kann man generell sagen. Das Zeugnissystem bedeutet eine Prämiierung der Superklugen. Außerdem hat es zu einer systematischen Ausrottung jedweden Ansatzes zu geistigem Leben in den Schulen geführt. Überall im Schulwesen, wo sich geistiges Leben zeigt, wird eine Art Hexenjagd darauf gemacht. Und es klingt ja so unschuldig: Die Schulen sollen zur ‹Nüchternheit› erziehen. Man erzieht zur Nüchternheit. – Tatsächlich.

Wahrscheinlich ist dies das schwerste Verbrechen, das man

an jungen Menschen begehen kann; es bedeutet, daß man ihnen die Jugend nimmt, daß man ihnen die Kindheit amputiert. Aber damit trifft die Gesellschaft sich selbst; die Methode schlägt zurück, weil das, was mit jeder Generation an /305/
Neuem hinzukommen würde, abgeschöpft, im Keim getötet wird. Das Neue, das einzige wirklich Wertvolle, kommt nie ans Tageslicht. An allen heutigen Schulen geht eine Abtreibung alles Geistigen von ungeheuren Ausmaßen vor sich. Die Kinder der neuen Jahrgänge werden nie geboren. Nur ganz wenige, die allerzähesten, kommen durch, sie überleben und setzen sich selbst als eine Art Krüppel in die Welt. Das sind wir. Das einzige, was man an einer Schule wirklich lehren sollte, ließe sich in ein Wort fassen, das die Schüler mitnehmen könnten: Geht hinaus und stellt die ganze Welt auf den Kopf!

Statt dessen erzieht man die Schüler viele Schuljahre hindurch begreifen zu lernen: Das, worauf es hier im Leben ankommt ist, die anderen auszustechen. Nur die Zeugnisse geben Zugang zu Stellung und Einkünften. Stellung und Einkünfte sind das Ziel des Menschen; von dem Augenblick an, da die Kinder, sieben Jahre alt, zur Schule kommen, wird ihnen eingebleut, wofür sie eigentlich zu lernen haben. Stich deinen Nachbarn aus! Sei tüchtiger als deine Freunde! Triumph über den anderen, Schadenfreude und Habgier sind die Mittel. Für Stellung und Einkünfte soll man schon leben, wenn man den Mund noch voller Milchzähne hat. Und halte dich dran, es eilt! Bei jedem Examen werden einige ausgeschieden. An den höheren Schulen werden schon im ersten Halbjahr ein paar ausgesiebt. Vergiß deine Freunde, aber denk an dein Examen, denn es sichert dir eine Stellung und Einkünfte. Ihr kämpft ums Leben, ihr alle, die ihr Seite an Seite vor euren Pulten sitzt, ihr rauft euch um die zukünftigen Stellungen und Einkünfte. Ihr seid Todfeinde. Mit deinem letzten Milchzahn sollst du deinen letzten Funken von Gefühl für deinen letzten Freund ausspeien. Beim Examen wird es sich zeigen, wer von euch das Erdreich

besitzen wird. Selig sind die in der Schule Tüchtigen, denn
sie werden Stellungen und Einkünfte erben, sie werden das
meiste Geld, die schönste Wohnung und das beste Essen
/306/ bekommen. Da ist es doch nicht zu verwundern, wenn die
Kinder nach zehn Jahren Schulbesuch nach dem Pensum
rufen!»

«Das ist also das Resultat deiner Arbeit an der höheren Schule?»

«Nein, es ist das Resultat aus dreizehn Jahren Schulbesuch, sechs Jahren Universitätsstudium und drei Jahren Arbeit als Studienrat. Ich habe mein ganzes Leben dafür gebraucht.»

«Wo würdest du anfangen, wenn du das Schulwesen reformieren wolltest?»

«Anfangen? – Ich will überhaupt nicht anfangen. Es wird von selbst verfaulen.»

Sie wurden unterbrochen, weil es an die Tür klopfte und ein älterer Mann eintrat.

«Das ist Back», sagte Marx und stand auf. «Wir haben einen Gast, Back!»

«Ich weiß. Jonas erzählte etwas von einem Jungmann.»

Back ging auf den Jungmann zu und zwang ihn in den Stuhl zurück. Er runzelte die Brauen und sah ihm lange ins Gesicht.

«Haben Sie Dank», sagte er, «daß Sie sich seiner annahmen. Sie waren es doch, der ihn im Rettungsboot fand?»

«Jonas ist ein feiner kleiner Mann.»

«Ja», antwortete Back ernst. «Natürlich ist Jonas ein feiner Kerl, sonst wäre er ja nicht durchgebrannt. In allen, die durchbrennen, steckt ein guter Kern. Es ist nicht das Schlechteste, so in die weite Welt hinauszuziehen, wenn man acht Jahre alt ist.»

Wieder sah er den Jungmann an.

«Sind Sie selbst einmal durchgebrannt?»

«Nur im Kriege. – Ja, und dann von der Schule, aber da war ich inzwischen selbst Studienrat geworden.»

Back wandte sich Marx zu, langsam. Dann lachte er.

«Ja», sagte er kurz, «wir sind alle Flüchtlinge und displaced persons in der Welt.»

Ein starker Branntweinduft hatte sich im Raum verbreitet. Back ging wieder zur Tür. Dann wandte er sich noch einmal /307/ um.

«Sie sind jederzeit willkommen, wenn Sie Lust haben sollten, sich unser Zigeunerlager näher anzusehen. Es ist hier etwas anders als in den meisten Schulen. Sie können ja herkommen, wenn Sie das nächste Mal durchbrennen wollen!»

«Er mochte dich», sagte Marx, als Back gegangen war. «Jetzt schließt er dich in sein Abendgebet ein.»

«Was?»

Der Jungmann witterte dem deutlich wahrnehmbaren Duft nach, den Back hinterlassen hatte. Dann lächelte er. Marx fuhr fort:

«Back schließt alle, die er gern hat, in sein Abendgebet ein. Er weiß schon von dir. – Er ist Spezialist für schwierige Kinder.»

«Er sieht aus, als hätte er es selbst nicht leicht.»

«Natürlich hat er's nicht leicht. Sonst hätte er ja im Lehrberuf nichts zu suchen. Besonders die Kombination von Alkohol und Abendgebet scheint außergewöhnlich anstrengend zu sein. Das geht so, seit er im Kriege Witwer geworden ist.»

«Ist er immer betrunken?»

«Betrunken ist er nie. Ich glaube, das kann er gar nicht mehr werden.»

Der Jungmann saß da, ohne etwas zu sagen.

«Er hat das massivste Schuldgefühl, das mir je bei einem Menschen begegnet ist», sagte Marx. «Er hat tatsächlich einen regelrechten Kain-Komplex, ein Begriff, mit dem die Psychologie operieren sollte. Als die Gestapo ihn im Kriege verhaftete, nahm er das mit einem Aufschrei der Erleichterung hin; endlich war der Gerechtigkeit Genüge geschehen.»

Als der Jungmann ihn weiterhin ansah, ohne etwas zu sagen, setzte auch Marx sein Selbstgespräch mit ihm fort.

«Es ist überhaupt sehr merkwürdig, daß gerade dieser Begriff bisher übersehen wurde; eben der Kain-Komplex charakterisiert eine ganz bestimmte Menschenrasse, nämlich
/308/ einen modernen Temperamentstyp. Wir leiden unter einem völlig unbegreiflichen Schuldgefühl, einem vergessenen Brudermord, der uns mehr und mehr belastet, je tiefer wir das Kain-Gefühl analysieren.»

Der Blick des Jungmanns war ziemlich kühl geworden.

«Man kann ja seine Gründe für ein solches Gefühl haben», antwortete er.

«Verzeih», sagte Marx unglücklich. «Daran habe ich nicht gedacht.»

«Nein», antwortete der Jungmann, «ich verstehe.»

Marx begleitete ihn die Treppe hinunter und auf den Schulhof hinaus.

Als der Jungmann auf seinem Zimmer angekommen war, setzte er sich hin und schrieb. Er blieb bis tief in die Nacht hinein so sitzen, und allmählich wurde der Brief ziemlich lang.

Dann legte er sich schlafen.

Kapitel 10

Am andern Morgen schrieb er weiter, und vor Mittag las er den Brief noch einmal durch. /309/

Georg, Knut und Bernhard!
Es ist spät, um euch zu schreiben, Freunde. Es ist vielleicht sogar sehr spät, und wahrscheinlich hätte ich es früher tun sollen. Aber die Sache ist die, daß da nicht viel zu erzählen gewesen wäre, wenn ich euch früher geschrieben hätte. Jetzt ist dies ein bißchen anders.
Freunde. Das ist ein Wort, das nicht leicht in die Feder fließt. Zum einen: Was *bedeutet* es? – Und zum andern: Man sträubt sich dagegen, es zu verwenden. Heute scheue ich mich davor. Auf eine dritte Person bezogen, mag es noch angehen, aber in der direkten Anrede: «Du, mein Freund!» oder: «Ihr, Freunde!» – das Wort den ganzen Blick ausfüllen lassen, das ist schwierig.
Fast fürchte ich mich vor meiner eigenen Erregung, nun, da ich mich daran gesetzt habe, euch nach so vielen Jahren zu schreiben. Die Zeilen, die ich mit Buchstaben gefüllt habe, das Papier, das vor mir auf dem Tisch liegt, sind in Steilschrift beschrieben – so, wie ich vor vierzehn Jahren schrieb, als ich ein Knabe war. Und die Buchstaben sind locker und langgezogen. Es sind Kinderbuchstaben. Eine hohe und dünne, allzu steile Kinderschrift.
Die Wahrheit ist, daß ich von euch träume.
In dem ewigen Traum, in dem ich wieder ein Gymnasiast bin, seid ihr es stets, die in mir herumgehen. Und wir waren ja auch Gymnasiasten – oder etwa nicht?
Im Traum bin ich fortwährend Kind. *Nachts werde ich niemals älter als siebzehn.* Das ist mein Eigenalter, mein spezifisches Alter.
Mein eigenes Leben hat sich ganz in drei Fäden aufgedröselt; in einen, der mit der Vergangenheit zu tun hat, in einen

gegenwärtigen und in einen, der zweifellos der Zukunft angehört. Der erste Teil ist euer, er gehört ganz und gar euch dreien. Aber welche Rolle kommt ihm für die anderen zu?
/310/ Ich komme nicht weiter, bevor ich das nicht in Erfahrung gebracht habe.

Es ist notwendig, die drei Enden zu verknüpfen; so, wie sie jetzt nämlich sind, dienen sie zu nichts. Und ich will euch bitten, mir bei dieser Arbeit zu helfen.

Ich weiß schon, daß ihr sagen werdet: Mein Lieber, wie stellst du dir das denn vor? Wir selbst sind bloß Vergangenheit. Wir sind bloß halbvergessene Jugendfreunde, die für immer und ewig im Traumland wohnen. Knüpf dir deine Schuhriemen selber zusammen! – Es kam einmal ein langer, langer Krieg, und als er zu Ende war, da waren wir zusammen mit sehr vielen anderen Vergangenheit geworden. Du mußt schon ohne uns auskommen.

Aber diese Antwort nehme ich nicht an.

So leicht lasse ich euch nicht los, ich träume nämlich allzuoft von euch. Und ich weiß, daß ihr in Wirklichkeit an allem teilnehmt, was ich tue. Nicht einen Tag bin ich bis jetzt ohne euch ausgekommen. Schon *bevor* ich euch traf, war es so. Heute habe ich mit einem wildfremden Menschen zusammengesessen und ihm fast alles über euch erzählt. Das habe ich vorher nie getan.

Würde euch jemand aus meinem Leben entfernen, so wäre das, wie wenn man die wichtigsten Züge aus meinem Gesicht entfernte. Die einzigen, die diese Fäden ordnen können, seid ihr. Und ihr *müßt* mir helfen.

Von uns vieren war nicht ich derjenige mit der meisten Lebenskraft. Aber ich war vielleicht der härteste und zäheste. Wenn ich nun mein Gesicht im Spiegel sehe, dann weiß ich, daß das nicht mein richtiges Gesicht ist. Es ist nicht das innerste und verborgene Gesicht. Es ist nicht das Gesicht, das ich im Traum trage, sondern es ist ein Gesicht, von dem ich fühle, daß ich mit ihm noch nicht im reinen bin: ein fremdes, dreißigjähriges Männergesicht, das eigentlich nichts mit mir zu tun hat. Es fängt an, demjenigen meines Vaters zu gleichen.

Auf den innersten, verborgenen Gesichtern stand eine verborgene Schrift geschrieben. Wir können es unseren versie- /311/ gelten Auftrag nennen. Und ich habe es nicht geschafft, ihn zu deuten.

Dieses mein verborgenes Gesicht ist beides, Vergangenheit und Zukunft. Und in beiden Richtungen hängt es mit euch zusammen. Es wird keine Zukunft geben, wenn darin nicht Raum ist für euch. Ihr drei seid nun eine Generation geworden. Und nach euch ist eine neue Generation groß geworden oder zumindest dabei, groß zu werden. Was ist es, das diese beiden Generationen verbindet? Was besaßen wir, das an sie weitergehen soll?

Was für einen versiegelten Auftrag hatten wir?

Ihr seid nun im Traumland, und dort wäre ich eigentlich am liebsten auch. Es ist das kein heftiger, kein leidenschaftlicher Wunsch, dafür ist er beharrlich. Ganz schwach und leise macht er sich jeden Abend vor dem Einschlafen geltend; dieser Wunsch ist sozusagen mein Abendgebet. Neben vielem anderen verdanke ich euch auch ein klein wenig Vertrautheit mit dem Tod. Er ist ein Freund. Soll es jedoch noch eine Weile dauern, bis ich hinüberschlüpfe, so würde ich zuvor äußerst gerne etwas Nützliches getan haben. Dies ist sozusagen der zweite, bedingte Teil des Abendgebets: irgend etwas zu tun, und hätte es auch einen noch so geringen Sinn, einen ganz kleinen nur, einen so winzig kleinen Sinn, daß er in einem Fingerhut Platz fände. – Zum Beispiel, diesen versiegelten Auftrag weiterzubringen. Doch was wäre das für einer?

Zweifellos hat es eine Rolle gespielt oder war zumindest nicht ganz ohne Bedeutung, daß wir keine Erziehung bekamen. Daß wir ohne jede Erziehung blieben, meine ich in dem Sinne, daß wir eine Art Violinen waren, auf denen nie gespielt wurde.

Mein bewußtes Leben hat an einem Sommertag begonnen.

Es wäre sogar möglich, Datum und Uhrzeit anzugeben: Da beginne «ich». Im Laufe einer zweistündigen Lektüre wurde mein ganzes Inneres aus seinem natürlichen Alter heraus-
/312/ gerissen und durch einen Fleischwolf gedreht. Ich war dreizehn Jahre alt, und durch eine jener Hintertüren des Lebens geriet ich an das erste von mir gelesene politische Dokument, das zehn Jahre später selbst die gesamte Erwachsenenwelt auf den Kopf stellte. Ich nahm mir dieses Buch kurz nach dem Mittagessen vor, gegen drei Uhr, und draußen vor dem Fenster des Jungenzimmers war ein wunderschöner Sommertag. Ich war dreizehn.

Während ich las, verfinsterte sich die Sonne. Noch viele Jahre später vermochte ich nicht zu begreifen, daß die Welt immer noch bestand. Ich wußte ja nicht, daß dieser schwarze Sonnenschein in den stillen Nachmittagsstunden meine eigentliche Konfirmation war, und es gab niemand, der es mir hätte erklären können.

Diese Konfirmation habe ich mit euch gemein, und sie wurde bestimmend für mein ganzes späteres Lebensgefühl. Wir sind sozusagen in derselben Kirchengemeinde konfirmiert worden, wir vier, und wir hatten dasselbe Glaubensbekenntnis.

Ich glaube, das hat etwas mit der Sache zu tun.

Selbstverständlich gab es Tausende von Menschen in der ganzen Welt, die dasselbe wußten wie ich, ohne deswegen besonders bekümmert oder gar in den Flügeln getroffen zu sein. Sie waren jedoch älter.

Und Mitte der dreißiger Jahre ein ganz klein bißchen älter zu sein, das war ein nicht gar so geringer Vorteil; das bedeutete nämlich, daß man einen Ort hatte, wo man Zuflucht suchen konnte. Denn die Roten und die nicht ganz so Roten trugen Mitte der dreißiger Jahre Moskau ungefähr so im Herzen wie Solveig Peer Gynt; in ihrem Glauben, in ihrer Hoffnung, in ihrer Liebe waren die linken Bewegungen noch immer das, was sie einst zu sein verheißen hatten. Über den verhärteten, depravierten Zügen des Mannes lag noch immer eine barmherzige Illusion von jünglingshafter Reinheit und Unschuld.

In unserer Altersklasse war dies nicht möglich.

Wir kamen zu spät zum Kuchenbrett, und in den kleb- /313/
rigen Überresten und Krümeln war vom Baumkuchen unserer Väter nichts mehr zu erkennen. Es war unmöglich für uns, etwas anderes zu begreifen außer dem einen: In unseren entscheidenden ersten Jugendjahren ging die Welt unter.

Wir, die wir nach den Moskauer Prozessen erwachsen wurden, bilden eine internationale Bruderschaft von Brüdern, die einander nie zu Gesicht bekamen. Wir fielen im Krieg.

Nein, wir fielen während der Prozesse.

Möglicherweise war es ein Wunder, daß einige von uns einander überhaupt fanden. Das aber taten wir, und es stimmt, was Bernhard sagte: Wir erkannten einander am Blick. Wenn man gezwungen ist, die Jahre von der Pubertät bis zur Reife ohne ein taugliches Ideal zu verbringen, so zeichnet sich das im Blick ab.

Und daran haben wir einander gefunden.

Ja, ich kannte euch, bevor wir uns trafen. Wir waren getroffen von einem gemeinsamen Fluch, und wir taten selbst alles, um ihn zu erfüllen. Wir lebten von nichts als unserem Gefühl zusammenzugehören und brachen bewußt alle anderen Beziehungen ab. Wir wollten nichts Aufgewärmtes zu uns nehmen.

Natürlich war dieses «wir» sehr begrenzt.

«Wir» waren sehr wenige, auch wenn wir selbstverständlich viel mehr gewesen sein *müssen* als bloß wir vier –, und nur einige von uns trafen sich, aber wir waren in die Einöde verstoßen und betrachteten es als unsere verfluchte und heilige Pflicht, dort auszuharren. Wir waren Nihilisten, aber Nihilisten, die den Unterschied kannten zwischen Gut und Böse.

Und daher trennen uns Abgründe von den Nihilisten, die heute heranwachsen. Sie trennen uns von der Verzweiflung

aller kommenden Generationen. Doch wenn das alles ist, was bleibt, dann ist es nicht viel.
Ist dies wirklich alles, was wir an versiegeltem Auftrag
/314/ hatten?
Ich habe das Gefühl, es müsse mehr gewesen sein.

PS.
Georg, Knut und Bernhard!
Wenn es mir gelänge, unsere zehn Gebote fertigzuschreiben, dann hätte ich verstanden, worum es eigentlich ginge.
Bloß, es gelingt mir nicht.
Es fehlen noch fünf Gebote.

Kapitel 11

Es war Jonas eine Freude, daß der Jungmann auch weiterhin /315/ in die Schule kam, obwohl er jetzt meist Marx besuchte. Jonas hätte am liebsten gesehen, daß er zu Back gekommen wäre, so daß er sie beide zugleich gehabt hätte.

Dagegen befriedigte es ihn, daß der Jungmann oft in der Schule umherging und dem Unterricht beiwohnte, bald in der einen Klasse, bald in der anderen, so daß man nie genau wußte, in welcher er gerade war. Am angenehmsten war es natürlich, ihn in der eigenen Klasse zu haben, bei sich selbst und bei Back. Außerdem war es auch heimelig, daß der Jungmann hin und wieder die Arbeitskleider mitbrachte, die er an Bord getragen hatte. Dann ging er umher und sägte und hämmerte an Türen, Wänden und Fenstern; denn der frühere Studienrat war ein geschickter Schreiner. Deshalb half er auch manchmal mit im Keller beim Werkunterricht der höheren Klassen. Wenn er nicht gerade bei Marx war.

Der Jungmann selbst war zufrieden damit, halb Hausmeister und halb Schüler zu sein; und die Kinder ihrerseits hielten viel auf ihn, weil er auf alles, wonach sie fragten, ordentliche Antworten gab und weil er Seemann gewesen war. Als er eines Tages in einer Klasse ein paar Stufen über derjenigen von Jonas war, hörte er eine Erzählung von Back, die dem Jungmann später so in Erinnerung blieb:

«Ihr wißt, daß Adam einen Sohn hatte, der Kain hieß. Der erschlug seinen Bruder und bekam selbst manche Söhne. Diese Söhne hießen Jabal-Kain, Jubal-Kain und Tubal-Kain. Sie lehrten die Menschen Häuser und Tempel, Flöten und Saitenspiel, Werkzeug und Waffen bauen. Tubal-Kain war der erste, der singen konnte, und er machte die erste Harfe. Sie bekamen viele, viele Kinder und breiteten sich aus über die ganze Welt. Kains Söhne ließen sich in allen Ländern nieder.

In einem Land mit dem Namen Wales wohnten elf Kains-

Söhne in einer großen Burg. Sie waren Brüder und ritten auf Pferden und trugen Rüstungen aus Metall. Ihre große Freude war der Kampf mit anderen Rittern, und wenn sie /316/ irgendwo von einem Turnier hörten, zogen sie sogleich dorthin, um zu kämpfen.

Zu jener Zeit war das Land ohne König, und alle kämpften gegeneinander und verwüsteten das Land, so daß Unglück über alle kam. In den Wäldern, in Felshöhlen wohnten schöne Jungfrauen, aber umherstreifende Ritter verscheuchten sie oder nahmen sie gefangen. Zu London aber stand ein großer Stein, und in dem Stein festgewachsen steckte ein Schwert. Jedermann wußte, daß derjenige, dem es gelang, das Schwert herauszuziehen, König würde über das ganze Reich, und alle versuchten es, aber keiner vermochte das Schwert auch nur einen Zollbreit zu bewegen.

Eines Tages kam ein Junge vorbeigeritten; er sollte für seinen älteren Bruder, der schon alt genug war, um an Turnieren teilzunehmen, zu Hause ein Schwert holen. Doch da erblickte er das Schwert, das im Stein steckte, und weil er nicht wußte, was das für ein Schwert war, dachte er, er könne geradesogut dieses nehmen – so würde er sich den Weg nach Hause ersparen. Er nahm das Schwert an sich, ohne etwas zu merken, und so kam es an den Tag, daß er der König über das Land sein mußte. Er hieß Arthur und versammelte um sich hundertundachtundvierzig der besten und edelsten Ritter der Welt und saß mit ihnen um die runde Tafel. Er brachte Ordnung ins Land und in viele andere Länder, und wo etwas schlecht oder ungerecht war oder wenn etwas Böses geschah, zogen einer oder mehrere von Arthurs Rittern dorthin und kämpften für die Gerechtigkeit. Sie ritten in die weite Welt hinaus auf der Suche nach Abenteuern, und der stärkste und mutigste unter ihnen hieß Lancelot. Er konnte im Kampf nicht unterliegen. Um die runde Tafel aber standen hundertundfünfzig Stühle, und der König und die Ritter waren zusammen nur hundertundneunundvierzig, daher stand der Sitz neben Lancelot leer. Er wartete auf seinen Mann, und der war noch nicht geboren. Keiner durfte diesen Platz einnehmen.

Lancelot aber liebte die Königin Ginevra, König Arthurs Gemahlin. Einstmals, während er auf Abenteuer ging, ge- /317/
langte Ritter Lancelot zu einer fernen, fernen Burg, und der König auf jener Burg stammte von Joseph von Arimathia ab, demjenigen, der den Leib Christi vom Kreuz genommen und begraben hatte. Joseph von Arimathia hatte die Blutstropfen aus den Wundmalen des Herrn in einem Kelch aufgefangen, und dieser Kelch hieß der Heilige Gral. Er besaß mächtige Zauberkraft und war heiliger als alles andere. Der Burgherr hütete den Gral, und einmal durfte Lancelot ihn sehen. Das vergaß er nie.

Die Tochter des Burgherrn aber liebte Lancelot und bat ihn, bei ihnen zu bleiben, Lancelot war zu der Zeit nämlich der größte Ritter der Welt. Lancelot aber antwortete:

‹Du zählst vierzehn Jahre, und du gleichst den Blumen, die vor Ostern der Erde entsprießen. Meine Liebe aber wäre wie der dürre und heiße Sommer. Daher mußt du warten und einen anderen finden. Und wenn dein Sommer gekommen ist, dann werde ich nicht mehr der größte Ritter sein. Denn unter den jungen Pagen, unter denjenigen, die uns bei den Turnieren Wein und Wasser und neue Lanzen reichen, unter den ganz jungen Pagen harrt bereits mein Bezwinger. Ihn sollst du wählen.›

Trotzdem bekam Lancelot mit ihr einen Sohn, doch er wuchs weit weg auf, und Lancelot sah ihn nicht. Lancelot zog in die Welt hinaus, und er begegnete keinem Ritter, der ihn zu besiegen und aus dem Sattel zu stoßen vermochte. Er fand keinen Bezwinger. Nach vielen Jahren aber traf er einen fremden Ritter in weißer Rüstung, mit einem roten Kreuz auf dem Schild, und Lancelot kämpfte mit ihm. Da unterlag Lancelot. Der weiße Ritter aber hieß Galahad und war Lancelots Sohn.

Eines Tages saßen sämtliche hundertundachtundvierzig Ritter und König Arthur selbst um die runde Tafel versammelt,

und plötzlich erschien ein mächtiges Licht zwischen ihnen, und der Ritter Galahad stand da. Ein alter Mann führte ihn, und er setzte Galahad auf den leeren Stuhl und sagte:
/318/ ‹Lange, bevor du im Leibe deiner Mutter schliefst und heranwuchsest, hat dieser Platz schon auf dich gewartet.›

Und auf einmal sahen sämtliche Ritter den Heiligen Gral in ihrer Mitte, dann war er wieder verschwunden. Aber sie fühlten, daß jeder, der dem Heiligen Gral nahe gewesen ist, nie mehr an etwas anderes zu denken vermag als an ihn und um nichts in der Welt aufhören kann, ihn zu suchen. So erhoben sich alle gemeinsam und schworen, daß sie bis zu ihrem Tod an nichts anderes mehr denken wollten als daran, den Gral zu suchen.

Den elf Brüdern aber in Wales, den Kains-Söhnen, erging es übel. Sie waren gute und tapfere Ritter, aber sie verloren bei Turnieren einer nach dem anderen ihr Leben. Schließlich blieb nur noch ein einziger übrig, und er war kinderlos. Seine Gattin bat und flehte ihn an, und lange blieb er allen Ritterkämpfen und Abenteuern fern.

Endlich erwarteten sie ein Kind, und kurz bevor die Zeit gekommen war, zog der Ritter hinaus zu einem Turnier. Er brachte es nicht über sich, noch länger zu warten. Das Kind wurde geboren, es war ein kräftiger Junge, und als die Nachricht den Vater erreichte, lag der Ritter hingestreckt auf der Bahre, und aus seiner Rüstung rann Blut.

Damit der Junge niemals einen Ritter, eine Rüstung oder eine Lanze zu Gesicht bekommen und es ihn niemals nach Ritterschaft gelüsten sollte, zog die Mutter mit ihm in einen fernen tiefen Wald und ließ ihn dort aufwachsen. Er lernte weder den Umgang mit Waffen noch ritterliches Benehmen und hatte wenig Verstand. Er kannte nicht einmal seinen eigenen Namen. In Wirklichkeit aber trug er den Namen Parzival, und diesen Namen hatte vor ihm noch niemals ein Mensch verwendet. Parzivals Mutter aber hieß Herzeloyde. So kam es, daß Parzival von Kain abstammte.

Die Ritter der Tafelrunde aber zogen aus, um den Gral zu

suchen, und es war schwieriger und anstrengender und länger als jedes andere Abenteuer. Sie verirrten sich in den Ländern, und ohne es zu wissen, machten sie für sich selbst und für einander die Schwierigkeiten nur noch größer. Viele /319/ Jahre lang streiften sie weit umher, ohne den Gral zu finden, und sie wurden zu Tode verzweifelt und ertrugen einer nicht den Anblick des andern – und wenn sich zwei Gralsritter begegneten, so kämpften sie gegeneinander.

Parzival aber verließ seine Mutter Herzeloyde und kam zu König Arthurs Schloß, wo noch einige Ritter bei ihm geblieben waren. Und Parzival war wie ein wilder Hirsch aus dem Walde, er hatte keinen Verstand und nie zuvor ein Schwert oder eine Rüstung gesehen. Er hielt die Ritter für Gottes heilige Engel. Er kannte keinen Unterschied zwischen Gut und Böse und wußte nichts von den Gesetzen der Ritterschaft oder von den Regeln der Ritterturniere. Trotzdem wurde er ein Ritter, besser als irgendeiner sonst. Er mußte jedoch vieles lernen, und lange streifte er durch die Welt. Dann gelangte er zur Gralsburg, wo der König krank und verwundet war. Dieser König hieß der Fischer-König Amfortas.

Wenn Parzival aber auch viel an Tapferkeit, Mut und Ausdauer gelernt hatte, so vergaß er dennoch, den Fischer-König nach seinen Schmerzen und dem Grund seiner Wunde zu fragen. Denn Parzival hatte noch nicht gelernt, was für denjenigen, der den Gral finden sollte, notwendig war; er hatte nicht gelernt, die Schmerzen anderer genauso stark zu fühlen wie seine eigenen.

Daher mußte er wiederum in die Welt hinaus, um mehr zu lernen und um mehr Verstand zu erwerben.

Viele Jahre zog er umher.

Den anderen Rittern und Lancelot aber erging es so, daß sie nun oftmals für eine Sache kämpften, die nicht gerecht war, daß sie einzig um des Kämpfens oder der Ehre willen kämpften. Ständig kämpften sie gegeneinander, und wo sie gewesen waren, blieben tapfere Männer im Gras zurück. Schließlich legten sich Haß und Finsternis auf sie, so daß sie in

gewaltigen Schlachten gegeneinander kämpften und einander töteten wie Wölfe. Und Arthurs Reich wurde schwach und verkümmerte und war keine zwei Haselnüsse mehr
/320/ wert; das Volk weinte, und niemand war vor den Rittern sicher. Und Lancelot kämpfte gegen den König und tötete alte Freunde, und König Arthur selbst wurde von seinem eigenen Sohn getötet.

Denn wenn die Gralsritter den Gral vergessen, dann töten sie einander. Ritter Galahad zeigte sich niemandem mehr.

Er und Parzival aber begegneten sich, und gemeinsam fanden sie den Heiligen Gral. Aber das ist eine andere und äußerst lange Geschichte.»

Der Schulalltag war nicht so. Er bedeutete vor allem Arbeit; mit der Arbeit wurde förmlich ein Kult getrieben – Arbeit war keine Pflicht, sondern etwas, was man tun durfte.

Der Jungmann nahm an allen möglichen Unterrichtsstunden teil, an Tierkunde, Religion und Pflanzenkunde. Es gefiel ihm, daß an dieser Schule die naturwissenschaftlichen Fächer und Religion beinahe dasselbe waren. Und er war geradezu traurig, als die Sommerferien kamen. Aber ihm blieb die Beziehung zu Marx.

Bedeutend schlimmer war es für Jonas, daß die Schule schloß. Zu Beginn der Ferien sehnte er sich entsetzlich nach der Schule und den Unterrichtsstunden. Sein Onkel, der Taxichauffeur, mußte ihm eines Abends ausrechnen, wie viele Ferientage noch übrig waren, und dann zog er jeden Morgen einen Tag ab und wiederholte die neue Zahl so oft, daß er sie bis zum nächsten Morgen im Gedächtnis behielt. Schlimm war es auch, daß Birger nicht in der Stadt war.

Jeden Tag schlenderte Jonas in den Straßen umher, und seine einzige Sommerfreude war, daß er jetzt viel besser als früher lesen konnte, was auf den Schildern der Straßenbahnen und der Geschäfte stand. Das war ihm schon immer bedeutend leichter gefallen als im Buch zu lesen; aber erst jetzt begann er wirklich sicher zu werden.

Dann kam der große Tag, an dem er die Buchstaben ent-

deckte. Er begriff plötzlich, daß es zwei Sorten von ihnen
gab, zweierlei Buchstaben – daß die kleinen, krausen dassel-
be bedeuteten wie die großen, daß es zweierlei Zeichen für
jeden Laut gab – ein großes, schönes Zeichen und ein klei- /321/
nes, häßliches und krauses. Früher hatte er geglaubt, daß die
kleinen, krausen eine Fortsetzung der anderen seien, daß sie
für neue, unbekannte Laute stünden, die er nicht hörte.

Das war eine große Entdeckung; denn wenn er auch die kleinen Buchstaben noch nicht behalten konnte, so war es doch auf jeden Fall weniger gefährlich, auf diese Art zu lesen.

So drehte das Jahr sich weiter, und im Lauf des Sommers und des seligen Herbstes seines dritten Schuljahres wuchs er noch ein paar Zentimeter.

Jonas war sehr glücklich, und er hatte seit langem das Bett nicht mehr genäßt.

Auch der Jungmann war manchmal in der Schule, nicht so oft wie vor den Sommerferien, aber jedenfalls nicht selten.

Kapitel 12

/322/ Als das Unglück geschah, als die Schule brannte, war es nicht mehr Herbst, sondern Winter. Es war kurz vor Weihnachten, und die Stadt stöhnte unter einem Leichentuch von zwanzig Grad Kälte.

Merkwürdigerweise entdeckten Jonas und Birger das Feuer zuerst. Aber wie das zuging, das ist eine lange Geschichte, und es ist notwendig, sie ganz von Anfang an zu erzählen. Vieles war inzwischen anders geworden.

Werner hatte einen harten Kampf mit sich gekämpft. Er galt den von Jochum hinterlassenen Papieren und unter diesen vor allem den anonymen Briefen. Natürlich stand es sozusagen fest, daß Oberlehrer Strange die Briefe zurückbekommen sollte, doch Werner ließ ihn, um die Wahrheit zu sagen, ein Weilchen darauf warten, so lange, bis Paula meinte, nun müsse er sie wohl abschicken.

An einem schönen Sommertag, gleich nach den Ferien, ergriff Werner seinen noch beinahe neuen Regenschirm und ging auf seinen langen alten Storchenbeinen die Treppe hinab. Seine Nase war in der letzten Zeit noch größer geworden, und wenn er sich im Spiegel sah – was er im allgemeinen sorgfältig vermied –, so fand er, sie gleiche einer schweren und bleichen Riesenbanane. Sein Rücken war noch krummer als früher geworden, auch die Gesichtsfarbe war schlecht, die Runzeln und Säckchen auf den Wangen und unter den Augen waren überwältigender denn je. Nur die Stirnlocke war wie immer, dunkel und obstinat, ohne einen grauen Streifen.

Werner stand erst eine Weile unten auf der Straße und blinzelte in das Sonnenlicht, ehe er sich auf die Wanderung begab. Die Briefe trug er in der Tasche. Der Sonnenschein erinnerte ihn an irgendeinen Sommer mit Jochum vor vielen, vielen Jahren. Er entsann sich nicht mehr, wo es gewesen war, aber irgendwo an der Küste war es gewesen, mit blauen und weißen Farben.

Der Farben entsann er sich sehr genau. – See und Segel – weiße Hosen. Hatte nicht auch einer von ihnen eine blaue Matrosenjacke getragen?

Trotz dieser Erinnerung war er keineswegs guter Laune. /323/

Es war erst ein paar Tage her, daß der unangenehme Artikel in der Zeitung gestanden hatte, natürlich von diesem Oberlehrer – diesem gewissen Strange. Werner wies mit seinem langen knochigen Zeigefinger gerade vor sich hin auf eine imaginäre Person und bewegte ihn mißbilligend auf und nieder, als komme der Oberlehrer ihm leibhaftig auf dem Bürgersteig entgegen. Werner hob die Schultern und schüttelte sich beim Gedanken an den Artikel. Er war von der üblichen Art:

FRISCHE KRÄFTE SETZEN IM NEUEN SCHULJAHR EIN

Oberlehrer Strange hat seine Schule zu einer Musterschule gemacht

Darunter stand, mit einem Strich umzogen:

> «Keine sauren Gesichter mehr!» sagt Oberlehrer Strange. «Hier sind alle Kameraden.» An seiner Schule gibt es keine Problemkinder, und der Unterricht ist Spiel und Lust. Die Zeiten, in denen die Schule den Kindern eine Plage war, sind vorüber. Die Mittagszeitung sucht einen vergötterten Oberlehrer auf und findet ihn in strahlendem Sonnenschein auf dem Schulhof zwischen lachenden Kindergesichtern.

Dann folgten ein Foto des Oberlehrers hinter dem Schreibtisch, so wie er vor zwanzig Jahren ausgesehen hatte, ein paar Fotos mit einer Menge von Kindern, die sich in wildem Chaos vor dem Apparat drängten, und darunter ein dreispaltiger Artikel über alle die neuen Toiletten und Rechtschreibungen, die man den Schulen bewilligt hatte, seit die

Arbeiterpartei vor fünfzehn Jahren Mehrheitspartei geworden war.

/324/ Werner hatte Paula den Artikel gezeigt.
«Da siehst du's», sagte er, «Jochum ist vergessen und erledigt.»
Dann dachte er etwas, was er nicht laut sagte, was Paula ihm aber vom Gesicht ablas.
«Abraham», sagte sie streng, «Strange wird trotzdem die anonymen Briefe zurückbekommen.»
Werner knurrte hoch oben in der Nase und ging in sein Zimmer. Er setzte sich steif und schwerfällig in den Armstuhl vor dem Schreibtisch. Eine ganze Weile saß er so und starrte in das flimmernde Sonnenlicht draußen.
Dann hörte er Paulas Stimme aus dem Nebenzimmer.
«Abraham, wollen wir nicht ein Glas Portwein trinken?»
Sie hatte also den Artikel inzwischen gelesen.
Und Werner stand langsam wieder auf. Er war im letzten Sommer so merkwürdig steif im Bein geworden. Und oft, besonders nachts, hatte er dort geradezu teuflische Schmerzen. Natürlich hätte er zum Arzt gehen sollen, und der alte Doktor Veyle war ein ganz ausgezeichneter Hausarzt, war es zwanzig Jahre lang gewesen. Aber Werner hatte sich mit dessen Frau, diesem giftzüngigen Frauenzimmer, verfeindet, wegen einer Äußerung, die sie über Jochum getan hatte; und zu einem anderen Feldscher zu gehen, war nicht so leicht, so daß er jetzt obendrein noch von jeder ärztlichen Hilfe abgeschnitten war. Er mußte das Bein nachziehen und gut achtgeben, damit Paula nichts merkte.
Er ging ins Eßzimmer und öffnete den alten Schrank aus Paulas Elternhaus – eines der kostbarsten Kleinodien Pfarrer Beniches. Dann nahm er zwei altmodische schwere Kristallgläser und die dunkle Flasche mit dem schwarzen Portwein-Etikett heraus. Er trug alles an den kleinen Tisch am Fenster und schenkte ein; zuerst ein paar Tropfen in sein Glas, dann füllte er das ihre, und schließlich schenkte er sein

eigenes ganz voll. Vom Eßzimmertisch holte er sich einen Stuhl und setzte sich zu ihr. Sie war schöner denn je. Wie konntest du nur einen so häßlichen und langnasigen Mann wie mich heiraten? dachte er. /325/

«Zum Wohl, Paula!»

Er dachte oft an Propst Beniches Kummer darüber, daß seine Tochter sich nur standesamtlich und nicht in der Kirche hatte trauen lassen. Es hatte ihm beinahe stärker zugesetzt als die Tatsache, daß sie drei Jahre lang mit dem Anarchisten und Schriftsteller Raymond Vråbæk in Europa herumgezogen war. Aber jetzt, nach so vielen Jahren, war es wohl zu spät, sich noch kirchlich trauen zu lassen.

In Gedanken noch mit dem Artikel beschäftigt, war Werner jetzt bei der Schule angekommen. Er ging durch das Tor, quer über den Platz zwischen Scharen von Kindern hindurch, die sich auf dem Wege zum Mittagessen verspätet hatten.

Hoffentlich ist er da, dachte Werner, so daß ich den verdammten Briefen ein kräftiges Wort mit auf den Weg geben kann!

Der Zufall wollte es, daß Oberlehrer Strange am Fenster stand. Er stand da und sah auf die Straße hinaus, und über die Straße kam mit hochgezogenen Schultern und langen, dünnen Beinen ein Mann gegangen. Er glich einem alten Storch, der so lange geflogen ist, daß er das letzte Stück Wegs zu Fuß gehen muß.

Wer ist der häßliche alte Mann? dachte der Oberlehrer. Dann erkannte er Werner.

Gleich darauf stand Strange im Vorzimmer, den Hut auf dem Kopf.

Er müsse jetzt gehen, sagte er. «Komme später zurück.»

Schnell wie der Blitz ging er ein paar Schritte über den Korridor und verschwand in einem der seitlich liegenden Klassenzimmer. Dort stellte er sich dicht ans Fenster, so daß er einen guten Ausblick hatte.

Er war in einen Raum der ersten Klasse geraten, und es

ärgerte ihn, die lächerlichen kleinen Pulte zu sehen. Es war ein Erbe des früheren Oberlehrers, daß die ersten Klassen in den Räumen dicht neben dem Zimmer des Oberlehrers /326/ untergebracht waren. Natürlich hätten dort die obersten Klassen sein sollen.

Überhaupt, er mochte diese kleinen Pulte nicht. Er gehörte doch an eine Schule, in der es nur große Pulte gab, an einer höheren Schule hätte er sein müssen – ein Mann wie er, so voller Tatkraft und Schaffenslust! Dann wäre er jetzt Rektor und nicht nur Oberlehrer. Jedenfalls hätte er es sein können. Vielleicht.

Allerdings, wer konnte es wissen? Draußen im Korridor oder im Nebenzimmer, im Sekretariat, stand der Mann, der ihn ganz in der Gewalt hatte, der Mann mit den unglücklichen, unglückseligen anonymen Briefen – er, der sie gebrauchen konnte, wie er wollte. Vielleicht zu seinem Verderben.

Jetzt war dieser Werner natürlich gekommen, um zu hören, wie es mit dem Druck des posthumen Beitrags des früheren Oberlehrers für die Schulzeitung stand. Es wäre angenehm, wenn die Beantwortung der Frage sich noch eine Zeitlang aufschieben ließe. Hoffentlich setzte der Mann sich drinnen nicht erst, um zu warten!

Fräulein Salvesen im Vorzimmer erkannte Werner sofort wieder. Sie hatte sein letztes Gespräch mit dem Oberlehrer noch fast wortgetreu im Gedächtnis, jedenfalls gewisse sehr wesentliche Teile daraus, obwohl es im Zimmer des Oberlehrers geführt worden war. Deshalb fuhr sie etwas auf ihrem Stuhl hoch.

Werner verneigte sich tief, als er, den Panamahut in der Hand, vor ihr stand.

«Würden Sie wohl so freundlich sein, mich dem Herrn Oberlehrer zu melden? Mein Name ist Abraham Werner. Abraham Werner.»

Er sagte den Namen zweimal, damit sie ihn gut im Gedächtnis behalten solle. Aber das wäre nicht nötig gewesen.

«Leider ist der Herr Oberlehrer ausgegangen», sagte sie und

stand auf. «Vor ein paar Minuten. Er müßte Ihnen beinahe auf der Treppe begegnet sein.»

Werner biß sich auf die große, hängende Unterlippe.

Er räusperte sich. /327/

«Verdammt!» sagte er leise.

«Wie bitte?»

«Wenn er eben erst gegangen ist, wird er wohl länger fortbleiben? Falls er überhaupt wiederkommt?»

«Ich fürchte, ja.»

«Wollen Sie so freundlich sein, ihm dieses Päckchen von mir zu geben? Von Abraham Werner?»

Er legte ihr die Briefe auf den Tisch. Dann ging er.

Zwölf unendlich lange Minuten waren vergangen, bis Oberlehrer Strange ihn wieder unten auf der Straße erblickte. Und dann mußte er noch eine ganze Weile bei den idiotischen kleinen Pulten warten, ehe er wieder hineingehen konnte. Es würde zu sehr auffallen, wenn er sofort nach Werners Fortgehen zurückkam.

Geschwind, ohne die Sekretärin zu grüßen, ging er an ihr vorbei durch das Vorzimmer. Sie stand auf.

«Verzeihung!» rief sie ihm nach. «Es war ein Herr hier, der nach Ihnen fragte, Herr Oberlehrer. Ein Mann, der Werner hieß. Abraham Werner.»

Sie kam Strange mit dem Päckchen in der Hand entgegen.

«Und?» sagte er langsam und versuchte, bei den Vokalen mit der Stimme zu knarren. «Wollte er etwas von mir?»

Aber im Augenblick schaffte er es nicht, auf richtige Oberlehrerart zu knarren.

«Er ließ mir dieses Päckchen hier und bat mich, es Ihnen weiterzugeben.»

Strange nahm es und ging damit in sein Zimmer. Es war ein gelber Umschlag, dick und weich anzufühlen. Der Umschlag steckte voller Papiere. Weitere Manuskripte von Jochumsen, dachte er. Dann griff er nach Jochumsens Papiermesser und öffnete den Umschlag.

Zu sagen, daß Strange überrascht war, wäre völlig unzu-

treffend ausgedrückt. Er brach in Stücke. Dies war mehr, als er ertragen konnte. Er beugte sich vor und lachte so laut, wie er nicht mehr gelacht hatte, seit er ein Kind gewesen war. Er
/328/ stampfte auf den Fußboden. Er schluchzte vor Freude. Und er zählte die Briefe immer und immer wieder. Doch, sie waren da, alle zusammen. Fünf Stück. Er wußte genau, wieviele er damals, in der schlimmen Zeit, bevor er Oberlehrer wurde, abgeschickt hatte. Alle waren da.

Oberlehrer Strange war nicht der Ansicht, daß man, wenn man auf die rechte Wange geschlagen wurde, auch die linke hinhalten solle. Ebensowenig fand er, daß Geben seliger sei als Nehmen. (Außer vielleicht, wenn es sich um Ohrfeigen handelte.)

Und als er wieder zu sich kam, war deshalb sein erster Gedanke, daß er nun die gemeinen und schikanösen Angriffe Jochumsens auf seine eigenen Kollegen nicht zu drucken brauchte. Er hatte das Gefühl, ein ganzer Atlantischer Ozean würde von seiner Brust genommen. Er drückte die Briefe an sich und tanzte durch den Raum – Schritte aus einem alten fröhlichen Springtanz, den er in seiner Jugend daheim auf dem Lande gelernt hatte.

Trotzdem war die Freude nicht von langer Dauer.

Plötzlich, wie einen Dolchstoß im Herzen, fühlte er, daß diesem hier etwas zugrunde liegen müsse. Mitten im Zimmer blieb er stehen wie angenagelt.

Natürlich mußte dem etwas zugrunde liegen! Und was war es? Es konnte nur eines sein. Es mußte das Schlimmste von allem sein. Er wußte schon, was es war! Abraham Werner wußte alles! Werner kannte die Sache in Horten!

Er wankte auf den Tisch zu und blieb, sich darauf stützend, stehen. Ja, jetzt verstand er! So mußte es sein! Der Jude Werner gab einen solchen Trumpf nicht weg, ohne einen besseren in der Hinterhand zu haben. Nur eines konnte erklären, daß Abraham Werner ihm die Briefe freiwillig gegeben hatte: Er brauchte sie nicht mehr!

Werner wußte um die Sache in Horten!

Strange schlug die Hände vors Gesicht. In ihm weinte es. Und langsam, einer nach dem anderen, fielen die Briefe wie Tropfen zu Boden und blieben liegen – vor den großen, schwarzen Stiefelspitzen. Die Briefe, die eben noch seines /329/
Herzens Freude und Wonne gewesen waren.

Abraham Werner fühlte sich leer und unglücklich, als er aus dem Schultor ging. Freiwillig wollte er Jochums frühere Räume und Korridore nicht wiedersehen. Es war nun einmal Jochums Schule, und trotzdem war sie nichts anderes als ein großes und totes Grabdenkmal der Ideen und Pläne Jochums. Diese Schule hatte Jochum das Leben gekostet. Dann entsann er sich, wohin er das letzte Mal, als er hier zu tun hatte, gegangen war. Und er legte den Kurs um, in Richtung der Kapelle, wo sie damals den kleinen Jungen begraben hatten, der so schwierig gewesen war. Es war nicht weit dorthin, und er konnte ein Weilchen auf dem Friedhof sitzen, bevor er nach Hause ging. Es waren gewiß Bänke dort, Edeltannen und wilder Wein. So war das bei allen Kapellen, und dann waren da Marmortafeln mit fremden, altmodischen Namen darauf. Er erinnerte sich einer Strophe aus einem Gedicht, das von solch einem Garten hinter einer Kapelle handelte. Wie ging es doch? Es war etwas mit einem Namen, mit einem Mädchennamen, ganz altmodisch – und dann etwas mit Zahlen auf einer Platte – «und die Zahlen umklammern sechzehn Jahr ...» Ja, jetzt hatte er's! Es war auch ein kleines Kind gewesen!

> Emerenze Christence – gelobt sei dein Name –!
> Ich leg eine Blume zwischen jeden Buchstab'!
> Ich kann dir nicht nahen; schon vielhundert Jahre
> schläfst du nun in Frieden im gewöhnlichen Grab.

Schrecklich, wie die kleinen Kinder starben! Den Dichter hatte er auch gekannt. Ein wenig. Er war später geboren als Werner und schon lange tot. Ja, ja – Dichter und kleine Kinder, die sterben.

Dann schwenkte Werner, schwer durch die Nase atmend, durch das eiserne Tor in den Friedhof ein. Das erste, was er drinnen sah, war ein kleiner Junge. Ein kräftiger,
/330/ breitschultriger kleiner Kerl, der neben einer Grabsäule kauerte und mit irgend etwas hantierte. Er wandte Werner den Rücken zu.

Abraham Werner ging ein Stück den Weg entlang und hörte den Kies unter den Schuhen knirschen. Es war auf dem Friedhof wirklich so, wie er sich gedacht hatte – Edeltannen, Ebereschen und wilder Wein. Er setzte sich auf eine grüngestrichene Bank unter eine Art Tanne mit weichen, langen, fransenartigen Nadeln. Jochum würde ihren Namen gewußt haben. Werner saß so, daß er den kleinen Jungen, jedoch nur von hinten, sehen konnte.

Dann nahm er den Hut ab und legte ihn neben sich auf die Bank, über die kleinen, trockenen und weißen Visitenkarten der Vögel, die auf dem Friedhof ihr Wesen trieben. Den Regenschirm hielt er zwischen den Knien und faltete die Hände über dem dicken, knotigen Bambusgriff. Er fühlte, wie ein leichter Windhauch kühl über seine Stirn strich, dort, wo sie von dem Lederstreifen in seinem Hut feucht war.

Trotz allem war ihm jetzt leichter zumute, weil er die unsympathischen Briefe los war. So hatte er nun nichts mehr mit Strange zu tun.

Eigentlich konnte einem der Oberlehrer leid tun; er war dort, wo er stand, fehl am Platze. Es war ihm eine Stellung zugewiesen, in der er mit Menschenschicksalen schalten konnte und schaltete wie ein schlechter Mechaniker mit Schrauben. Während die Aufgabe, von ihm nicht begriffen, ein Amt war mit einer Last von Verantwortung, so schwer wie die – vielleicht eines Oberarztes an einem Krankenhaus. Und Schultern, um so etwas zu tragen, bekam man nur, wenn man selbst wußte, daß man diese Verantwortung nicht bewältigen konnte, wenn man Tag und Nacht mit dem Gedanken lebte, daß man ständig, jede Stunde des Tages, neue Schuld zu all dem Falschen fügte, das man vorher schon getan hatte. Natürlich reichte das noch nicht aus; aber dieser Gedanke konnte vielleicht im Lauf der Jahre zu der richtigen Einstellung führen. Und zu all dem kam noch, daß /331/ jemand, der Macht über Tausende von Kindern haben sollte, von der Kinderseele ebensoviel wissen mußte wie ein erfahrener alter Arzt vom Menschen weiß. Und wie sollte Strange, der Arme, etwas von all dem wissen? In den Lehrbüchern für Salamander wurde gewiß nicht besonders eingehend davon gesprochen. Was wußte Strange wohl vom Leben?

Doch über Werner säuselte ganz leise der Wind in den Baumkronen. Es war ein salziger und warmer Sommerwind vom Fjord herüber.

Lange Zeit saß er so.

Er sah dem kleinen, emsigen Jungen zu, der sich so eifrig an der Grabsäule zu schaffen machte. Der Junge lag auf den Knien, ihm die ganze Zeit den Rücken zuwendend und den Kopf zu etwas niederbeugend, womit er hantierte. Die kleine Gestalt hatte etwas ungestüm Gespanntes; Kopf und Nacken, Rücken, Hinterteil und die kleinen, breiten Schultern gingen ganz in seinem Tun auf. Was er tat, tat er mit dem ganzen Körper. Was mag er nur vorhaben? dachte Werner. Er muß doch meine Schritte gehört haben, aber er hat sich kein einziges Mal umgedreht.

Werner blieb sitzen, und der Junge war weiter ganz mit dem beschäftigt, was er unter den Händen hatte; der Alte fühlte, wie die Spannung in ihm stieg. Schließlich legte er den Regenschirm neben den Hut und stand vorsichtig auf. Ganz langsam ging er zu dem Jungen hinüber, voll Spannung, aber etwas verlegen über seine Neugier.

Plötzlich wandte der Junge sich ihm zu und sah ihn über die Schulter an. Er legte den Finger auf die Lippen.

«Sssst!» machte er.

Der Ausdruck des Jungengesichts war gebieterisch und entschlossen, aber nicht unfreundlich.

Werner gehorchte sofort und blieb mäuschenstill stehen. Er hatte das Gesicht erkannt.

Aber wo hatte er es gesehen? Es dauerte nur einen Augen-
/332/ blick, dann fiel es ihm ein. Es war der Junge, der seinem Kameraden das Gesicht gewaschen hatte, als er im Frühjahr bei der Beisetzung des schwierigen kleinen Jungen so schrie. Woher, zum Satan, hatte der Junge nur so schnell Wasser beschafft? Darüber hatte Werner sich damals den Kopf zerbrochen. Jetzt begriff er, daß sich der Junge hier auf dem Friedhof auskannte und von dem Wasserhahn dicht neben der Tür gewußt hatte.

Der Junge wandte sich ihm wieder zu und sah auf.

«Du kannst gern herkommen», wisperte er, «wenn du leise bist.»

Werner schlich zu ihm hinüber.

«Was machst du da?» flüsterte er und beugte sich tief hinunter, wobei es in seinen Knien knackte.

«Ich baue ein Nest», antwortete der Junge. Er hatte etwas in der Hand, das einem Körbchen glich. Aber es hing nicht fest zusammen. Fortwährend löste sich hier und dort ein Zweig.

«Es ist schwierig», sagte er. «Furchtbar schwierig. Die Vögel können's viel besser.»

Er sprach mit kräftiger und klarer Stimme.

Werner kniete neben ihm nieder.

«Hast du einen Vogel, der darin wohnen soll?»

«Natürlich», flüsterte der Junge und sah ihn mit zusammengepreßtem Munde an, seine Augen waren schmal wie zwei Striche geworden. Dann legte er das Nest auf das Grab und streckte die Hand nach einem Haufen trockenen Laubes aus, das dicht an der Säule lag. Noch einmal wandte er sich Werner zu und legte den linken Zeigefinger vor die runden Lippen.

«Willst du ihn sehen?»

Die Worte fielen nahezu lautlos.

Werner nickte.

Da hob der Junge behutsam die Blätter zur Seite, und

Werner sah zwischen dem Laub in zwei ängstliche schwarze Vogelaugen. Sie gehörten einem Spatz. Der Junge flüsterte noch ein paar Worte:
«Er kann nicht fliegen, und gehen kann er auch nicht.» /333/
Er glättete die Blätter neben dem Vogel, so daß er ganz zu sehen war.
«Ich dachte, er könnte in dem Nest wohnen, bis er wieder gesund ist.»
Die Stimme war wie ein Windhauch.
«Wo soll das Nest liegen?» fragte Werner.
«Hier», sagte der Junge und zeigte in eine Vertiefung zwischen der Tafel mit der Aufschrift und der Säule. Sie war wie ein kleines Haus, weil die Marmortafel wie ein schräges Dach darüber stand.
«Ich glaube, das geht nicht», sagte Werner. «Es könnte ein Hund oder eine Katze kommen.»
Der Junge sah ihn erschrocken an. Daran hatte er offenbar noch nicht gedacht. Er war plötzlich den Tränen nahe.
«Aber was soll ich denn machen?»
Werner dachte nach.
«Ich glaube, du solltest ihn mit nach Hause nehmen.»
Der ganze Junge hellte sich auf.
«Ja», sagte er. Dann erlosch er wieder. «Aber wenn ich unterwegs einem großen Hund begegne?»
Werner sah ihn an. Er war nicht groß. Acht Jahre alt, vielleicht.
«Kannst du nicht mitkommen?»
«Doch», sagte Werner. «Ich bringe dich nach Hause.»
«Kannst du ihn auch tragen? – Damit nichts passiert.»
«Ich kann ihn tragen.»
Werner überlegte einen Augenblick. Aber der Junge nahm den Vogel vorsichtig mit beiden Händen auf und legte ihn in Werners riesige, knochige Hand.
Es war viele Jahre her, daß Werner einen Vogel in der Hand gehalten hatte, und der jagende Herzschlag des kleinen Tieres ging ihm durch und durch.

«Bitte lauf doch zu der Bank dort, und hol meinen Hut!»

Wie der Blitz war der Junge mit Hut und Regenschirm wieder zurück. Werner erhob sich mühsam.

/334/ «Und nun tust du das Nest in den Hut und obendrauf etwas Laub.»

Der Junge legte den Regenschirm neben sich auf den Kies und füllte den Hut mit dem Nest, das sich immer mehr auflöste. Es bestand aus Erde, kleinen Zweigen und Moos. Dann legte er Laub darauf und formte in der Mitte eine Mulde.

«Du bist geschickt», sagte Werner. Er legte den Vogel in die Mulde und nahm den Hut in die linke Hand. Dann streckte er die rechte nach dem Regenschirm aus; aber anstatt ihn hinzureichen, ergriff der Junge seine Hand und trug den Regenschirm selbst. So gingen sie den Kiesweg hinunter.

«Bist du oft hier auf dem Friedhof?» fragte Werner.

«Mein Vater sagt, ich darf ruhig hier sein», antwortete der Junge ernst. «Die meisten von denen, die hier liegen, sind nämlich seine Patienten gewesen.»

Sie gingen durch das Tor und den Bürgersteig entlang, ohne miteinander zu sprechen. Ein ganzes Stück gingen sie so.

«Wie heißt du?»

«Birger. – Wie heißt du?»

«Werner. Abraham Werner.»

Auf der anderen Seite der Straße kam ihnen eine junge Dame entgegen. Sie sah sie mit erhobenem Kopf und zusammengepreßten Lippen an. Birger grüßte sie höflich.

«Wer ist das?» sagte Werner.

«Das ist mein Fräulein», antwortete Birger.

Werner sah sofort, daß sie eine Salamanderin war.

«Ist sie nett?» fragte er.

«Nein», sagte Birger, «sie ist nicht nett. Sie ist ein Drecksfrauenzimmer.»

«Das war nicht schön von dir, Birger», sagte Werner nach einer Weile. Er fühlte, daß sich irgendwo in ihm das Wort ‹Pädagogik› regte.

«Wir nennen sie ‹Krähe›.»

Birger fügte es ordnungshalber hinzu.

«Ich finde, das ist reichlich grob, Birger.»

Der Junge sah ihn etwas erstaunt an. /335/

«Mein Vater sagt, es ist besser zu sagen, was man denkt, als brav zu sein. Weil es sonst so aussieht, als sei man braver, als man ist.»

Werner biß sich auf die Unterlippe.

«Ja», sagte er, «damit hat dein Vater wohl recht.»

Dann gingen sie weiter, und plötzlich fiel Werner ein, was er beim Oberlehrer hatte fragen wollen. Im Vorzimmer.

In den letzten der nachgelassenen Papiere Jochums stand allerlei über einen Jungen, der Jonas hieß. Nach ihm hatte er fragen wollen.

«Birger, kennst du einen Jungen, der Jonas heißt?»

«Jonas Andreassen?»

«Ja, ja, das stimmt!»

«Den kenne ich gut.»

«Gehst du in dieselbe Klasse wie er?»

«Nein, jetzt nicht mehr. Jonas geht jetzt in eine andere Schule. Er hat mich ein paarmal mitgenommen.»

So erfuhr Werner eine ganze Menge von dem, was mit Jonas geschehen war.

Das arme Fräulein Bö bekam einen kleinen Schock, als sie Birger mit dem häßlichen alten Mann vom Friedhof kommen sah. Sie hatte sonst wirklich keine schmutzigen Gedanken, aber es stand jetzt immer so viel von solchen Sachen in den Zeitungen. Deshalb preßte sie unwillkürlich Knie und Lippen fest zusammen, als sie an ihnen vorbeiging. Aber wenn denn schon so etwas passieren sollte, dann war es vielleicht nicht das schlimmste, daß es Birger traf. Er war kein artiges Kind mehr. Sie mußte sehen, daß sie bald einmal mit Oberlehrer Strange über ihn sprach. – Ja, es hatte schon seine Gründe, daß Birger einen Vater hatte, der sich damit befaßte, diese obstinaten Mittel zu verteilen. Nein – obstinat? Obstinat? Wie hießen sie doch nur, diese Mittel?

Werner und Birger gingen noch ein paar Häuserblocks weiter, dann bogen sie um die Ecke.

«Wir sind da», sagte Birger.

/336/ Weiter unten in der Straße stand ein großes schwarzes Auto mit niedergeschlagenem Verdeck und dunkelbraunen Ledersitzen. Vor dem Auto stand ein dunkler, breitschultriger Mann. Er wandte sich zu ihnen um, und Birger ließ Werner los und schoß wie eine Kanonenkugel auf ihn zu. Der Mann fing ihn im Fluge auf und hob ihn ein paarmal hoch über seinen Kopf, ehe er ihn wieder niedersetzte.

Als Werner bei ihnen ankam, hatte Birger seinem Vater schon von dem Vogel erzählt.

«Abraham Werner», sagte Werner und verbeugte sich. Er kannte den Arzt von Zeitungsfotos und ein paar öffentlichen Versammlungen. Er war Spezialist für irgendeine unangenehme Krankheit, über die Werner nicht näher nachdenken wollte; aber er war auch wegen seiner anderen Interessen bekannt.

«Also Professor Doktor med., Birgers Vater», fuhr Werner fort. «Ich ahnte nicht, daß Sie es seien, Herr Doktor Kopfeldt! – Denk einer an!»

«Du mußt Herrn Werner den Hut zurückgeben und mit dem Vogel auf dein Zimmer gehen.»

«Nein», sagte Werner, «er trägt den Vogel im Hut hinauf, und nachher bringt er meinen Panama wieder her. Nicht wahr, Birger?»

Birger verschwand die Treppe hinauf.

«Na?» sagte Werner und lächelte boshaft. «Wie klappt's mit den Kondomen für die Indienhilfe? Hat der Bevölkerungsüberschuß sich verringert?»

Norwegen war wohl das einzige Land der Welt, das dem notleidenden Indien Geschenkpakete in Form von mehreren Tonnen Verhütungsmitteln geschickt hatte. Es war natürlich ein wahnwitziger Einfall, aber er gefiel Werner trotzdem; er zeugte in gewissem Sinn von radikaler Gesinnung. Man wollte das Übel an der Wurzel packen.

«Herrgott, Doktor Kopfeldt, Sie hätten doch eine Anleitung mitschicken müssen!»

«Sie haben gut lachen!» antwortete der Arzt. Aber die Worte verloren etwas von ihrem Gewicht, weil er selbst lachen /337/ mußte.

«Haben Sie gesehen, daß der Oberlehrer Ihres Sprößlings in der Zeitung steht?» sagte Werner ganz oben in der Nase. Solche Augen wie die des Arztes hatte er noch nie gesehen, dachte er; sie waren groß, dunkelbraun und sprühend lebendig. Nein, so etwas Ausdrucksvolles! Der Mann gefiel ihm überhaupt außergewöhnlich gut, mit dem runden lebhaften Gesicht und den breiten Schultern. Es stand ihm gut, im offenen Wagen zu fahren. Ein vitaler Mann, dachte er. Lebte Jochum noch und wir wären jung, da hätten wir drei dies lächerliche kleine Nest total über den Haufen gerannt, wenn wir gewollt hätten!

«Haben Sie gesehen, daß der Oberlehrer Ihres Sprößlings in der Zeitung steht?»

«Nein!» antwortete der Arzt interessiert. «Was für Unsinn hat er denn angestellt?»

«Ach woher! Der Unsinn, den er macht, kommt natürlich nicht in die Zeitung! Haben Sie's denn nicht gelesen? Er ist doch unser Parteigenosse – Sie müssen es wirklich lesen!» Werner war jetzt die Bosheit in Person.

Nein, sagte der Arzt, er habe nichts über Strange gelesen, und übrigens stehe so viel von Parteigenossen in der Zeitung, daß man, wolle man nur die Hälfte davon mitbekommen, den ganzen Tag über den Zeitungen hocken müsse. Außerdem habe er leider so viel mit seinem Krankenhaus zu tun, daß ihm die Zeit fehle, um sich im Geistesleben auf dem laufenden zu halten.

«Geistesleben!» Werners Stimme erhob sich. Sie wurde ganz nasal. «Sagten Sie: Geistesleben! Das ist wahrhaftig ein Geistesleben! Unser Parteigenosse ist Verfasser von Lehrbüchern, Verehrter! Haben Sie nicht einmal seine Lehrbücher gelesen?»

«Nein, daran habe ich bis jetzt nicht gedacht», antwortete der Arzt etwas betroffen. «Sind es nicht ungefähr dieselben, die wir früher in der Schule benutzten?»

/338/ «Nein, das sind sie nicht, das können Sie mir glauben!»

«Ich sehe ein, ich habe da wohl etwas versäumt.»

«Das haben Sie wirklich.»

«Aber ich werde sie mir schleunigst vornehmen. Noch heute werde ich das tun.»

«Das müssen Sie. Es ist Elternpflicht.»

Als das Gespräch an diesem Punkt angekommen war, empfand Werner Gewissensbisse, weil er den anderen in gewisser Beziehung belogen hatte. Solange Jochum lebte, hatte Werner nie viel Interesse für Schulbücher, diese zwielichtige «Literatur», übrig gehabt. Bevor er mit dem literarischen Testament des Freundes dastand, war es ihm nie in den Sinn gekommen, sich mit der Prüfung von Lehrbüchern zu befassen. Einst, vor grauen Zeiten, als er selbst ein Schuljunge gewesen war, hatte er gelernt, daß Norwegens Schulwesen das beste der Welt sei, und das war alles, was er darüber wußte. Stimmte das, so mußte diese Welt wirklich allerliebst sein – und das war sie ja auch! Obwohl, wenn er richtig nachdachte, mußte er zugeben, daß er selbst eine Zeitlang Studienassessor gewesen war, auch wenn er es beinahe geschafft hatte, diese Episode aus seiner Erinnerung zu verdrängen.

«Verzeihen Sie», sagte er zu dem Arzt, «aber ich habe mich lange Zeit desselben Versäumnisses schuldig gemacht. Jetzt habe ich versucht, das in Ordnung zu bringen. Aber Sie dürfen wirklich nicht glauben, daß ich Ihnen einen Vorwurf mache.»

Werners Gewissen war in der letzten Zeit geradezu unausstehlich geworden. Es hatte derart an Empfindlichkeit zugenommen, daß es einfach nicht mehr mit ihm auszuhalten war. Brutal und pedantisch hatte es sich freilich immer gebärdet. Aber er war jetzt zu alt, um auf gespanntem Fuße mit ihm zu leben.

«Ich werde es noch heute tun», sagte der Arzt und sah ihn mit seinem wachen Blick an.

Dann kam Birger mit dem Panama, und Werner sagte den beiden Lebewohl. /339/

So kam Birgers Vater dazu, in den Lehrbüchern seines Sohnes zu blättern. Er hätte es nicht tun sollen.

Doktor Kopfeldt war ein sehr gründlicher Mann, was eine der Ursachen für seine wissenschaftliche Karriere war. Und gleich nach Mittag leerte er die Schultasche seines Sohnes. Das erste, was ihm in die Hände fiel, war ein Geschichtsbuch, doch das gehörte nicht Birger. Eigil Strange, fünfte Klasse, stand auf der ersten Seite. Er öffnete das Buch aufs Geratewohl und las eine Zeile:

Jesus Christus wurde im Lande der Juden geboren, ging umher und tat Gutes, starb am Kreuz.

Er überflog die ganze Seite, doch das war alles, was über den Mann, der am Kreuz starb, gesagt wurde.

Nun war der Doktor nicht besonders religiös; aber dies kränkte ihn. Immerhin hatte der Mann, der umherging und Gutes tat, gewissermaßen zwei Jahrtausenden europäischer Kultur das Gepräge gegeben. Und als Arzt wußte er, daß dieser Mann kranken Menschen oft etwas bedeutete. Hastig griff er zum nächsten Buch. Es war ein kleines Heft, das Birger gehörte. Er öffnete es, kurios – es handelte auch von Religion. Es waren zwei solcher Hefte da. Sie waren voll gedruckter Rubriken, mit Fragen und Platz für die Antwort, mit ganzen Sätzen und oft nur ein oder zwei ausgelassenen Wörtern …

An einzelnen Stellen hatte Birger seine kleinen, mißgestalteten Buchstaben mit Tinte in das Schema gekritzelt. Während Doktor Kopfeldt das Buch durchblätterte, öffnete sich sein Mund, und es war, als lösten seine Gesichtszüge sich geradezu auf. Er sah aus, als habe er einen Patienten aufgeschnitten, um ihm den Blinddarm zu entfernen, und finde statt dessen einen Frosch in seinem Bauch. Er wandte sich plötzlich der Tür zu.

«Elisabeth!» rief er. «Elisabeth!»

Er rief ein paarmal, bis sie ihm antwortete.

«Elisabeth!» schrie er wieder. «Hast du die Steuererklärung
/340/ unseres Sohnes für Religion gesehen?»

Etwas ängstlich blickte sie durch die Tür. Sie war das Temperament ihres Mannes gewohnt; aber sie hatte es nicht gern, wenn es allzu ungestüme Formen annahm.

«Hör zu!» sagte er. «Hier fängt's an:

‹Der Engel sagte zu Maria: Du wirst einen Sohn bekommen und ihn Punkt, Punkt, Punkt nennen. Maria sagte zu dem Engel: Siehe, ich bin des Herrn Punkt, Punkt, Punkt. Und die Engel sagten zu den Hirten: Euch ist heute der Punkt, Punkt, Punkt geboren, welcher ist Punkt, Punkt, Punkt. Und das habt zum Zeichen: Ihr werdet finden das Punkt, Punkt, Punkt in Windeln gewickelt und in einer Punkt, Punkt, Punkt liegend.›»

Doktor Kopfeldt blätterte, dann las er weiter:

«‹Und er stand auf und bedrohte den Wind, und er sprach zu dem Meer: Punkt, Punkt, Punkt. Und er sagte zu ihnen: Warum seid ihr so Punkt, Punkt, Punkt. Wie, daß ihr keinen Punkt, Punkt, Punkt habt.

Jesus erweckt den Jüngling zu Nain.

Und Jesus trat hinzu und rührte die Bahre an und sprach: Du Punkt, Punkt, Punkt Mann, ich sage dir: Punkt, Punkt, Punkt.›»

Er hielt einen Augenblick inne und sah sie an. Sie konnte sich nicht überwinden, etwas zu fragen. Wieder blätterte er weiter und fuhr dann fort:

«‹Für den Lehrer:

Während der ganzen Arbeit sucht man die rechte Andachtsstimmung zu erlangen. Die leeren Seiten des Übungsheftes benutzt man für Zeichnungen religiöser Motive ...›»

Sie unterbrach ihn.

«Fehlt dir was?»

«Nein», antwortete er, «dies ist das Lehrbuch unseres Sohnes für Religion.»

«Du willst mir doch nicht einreden, daß all das, was du vorgelesen hast, tatsächlich in einem Buch gedruckt steht, das für Kinder bestimmt ist!»
Er gab ihr das Buch. /341/

Noch am gleichen Nachmittag nahm er seinen alten Mercedes und fuhr zu der größten Schulbuchhandlung der Stadt.
«Ich möchte alles haben, was es an Lehrbüchern gibt. Für Volksschulen und für höhere Schulen. – Nein, danke! für Handelsschulen nicht.»
Daheim mußte er dreimal die Treppe hinaufgehen, um alles ins Haus zu bekommen. Er arbeitete bis tief in die Nacht hinein an den Lehrbüchern und machte sich dabei auf einer Liste Notizen. Mehrere Tage hindurch benutzte er hierzu seine knapp bemessene Freizeit.
«Hör mal!» sagte er eines Nachmittags zu seiner Frau. «Dein Sohn hat einen kleinen kranken Vogel bei sich im Zimmer. Es geht ihm jetzt etwas besser, und wenn er auch noch nicht fliegen kann, so kann er doch immerhin etwas gehen. Wie würde es dir gefallen, wenn Birger sich darauf verlegte, den Vogel auszuhungern, um zu sehen, wie ihm das bekäme – oder um zu sehen, wie lange er bei zu wenig Essen am Leben bliebe?»
Sie sah ihn entsetzt an.
«Was sagst du da?»
«Wenn du nun erfahren würdest, daß Birger mit dem kleinen Sperling in seinem Zimmer Vivisektion betriebe?»
«Wie kannst du nur so etwas sagen?» Sie sah ihn mit Tränen in den Augen an. «Wie kommst du überhaupt auf so etwas!»
Ohne zu antworten, ging er in sein Arbeitszimmer. Einen Augenblick später kam er mit einem Heft in der Hand zurück.
«Du hast doch in der Schule gelernt, daß Norwegens Schulwesen das beste der Welt sei.» Er schwenkte das Heft.
«Ich habe den Eindruck, daß entweder ich selbst nicht ganz normal bin oder daß es eine ganze Anzahl anderer Verrückter hier im Lande gibt. Hör zu!»

Er öffnete das Heft und las:

«‹Versuche an Tieren sind immer belustigend. Zum Beispiel: Man sät Gras in einen Kasten. Wenn es genügend gewach-
/342/ sen ist, setzt man ganz kleine Küken in den Kasten. Sie fressen das grüne Gras sofort. – Hm.»

Er hielt inne und ließ den Finger die Seite hinuntergleiten.

«Augenblick! Hier – hm. Doch, hier steht es:

‹In einem späteren Stadium ist es unterhaltend, an Tieren die Resultate unzureichender Ernährung zu zeigen. Doch muß man zum Vergleich stets einen Käfig mit Tieren, die man richtig ernährt, daneben haben. Bei acht Tage alten Küken kann man nach kurzer Zeit feststellen, daß sie zusammenklappen, wenn man ihnen keine Milch und grüne Blätter mehr gibt, sondern nur noch grobes Brot und Wasser.› Hm. Hm. Ja, hier: ‹... Derartige Versuche sind mit jungen Ratten noch unterhaltender.›»

Er sah etwas unsicher zu ihr auf.

«Vielleicht finde nur ich dies reichlich irre? Oder wie wirkt es auf dich?»

Sie saß da und sah vor sich hin.

«Ist das auch ein Lehrbuch?» fragte sie leise.

«Nein, es ist aus einer pädagogischen Zeitschrift.»

«Ich finde, es ist nicht ganz leicht, das zu glauben. Kann es wirklich erlaubt sein, auf diese Art Versuche an Tieren anzustellen?»

«Nein», sagte er. «Es ist nur zu streng wissenschaftlichen Zwecken erlaubt.»

«Man kann also die Juristen bitten, unsere Kinder vor solchen Pädagogen zu schützen?»

«Wenn ich erführe, daß irgendein verschrobener Lehrer so etwas mit – zum Beispiel Birger – praktizierte – ich fürchte, daß ich mich dann des Tier- wie des Kinderschutzes höchstpersönlich annehmen würde, ohne mich vorher an einen Juristen zu wenden.»

Sie sah ihn an. Sie wußte, er schlug zu, wenn er zornig wurde. Das letzte Mal war es während des Krieges im

Krankenhaus geschehen; da hatte er einen Polizeibeamten niedergeschlagen, der einen Patienten verhören wollte. Aber jetzt sah er ganz ruhig aus.

«Was willst du tun?» fragte sie. /343/

«Zuerst will ich die Lehrbücher weiter durchsehen. Hast du Lust, noch einiges zu hören, was ich gefunden habe? Es ist natürlich nur ein kleiner Ausschnitt aus dem Ganzen.»

«Lust ist nicht das richtige Wort – aber ich will gern zuhören.»

Er ging wieder in das Arbeitszimmer. Dann kam er mit seinen Notizen zurück, legte sie auf den Tisch und setzte sich.

«Was ich jetzt vorlese», sagte er, «habe ich aus Lehrbüchern entnommen.» Er schwieg wieder und sah sie an.

«Weißt du, dies hier ist natürlich nicht systematisch gemacht, es ist nur einiges, das sich ergab, als ich ein paar Stunden lang die Bücher durchsah, nur Zufälliges.»

Er hielt inne und sah zur Seite.

«Du weißt ja, daß ich immer für eine volkstümliche Sprache gewesen bin, also dafür, daß man, wo es natürlich und am Platze ist, gewisse mündliche und volkstümliche Formen zuläßt. Ich denke an Dialektwörter und dergleichen. Und man kann ja in der Zeitung lesen, daß es mit der Anerkennung einer solchen Sprache vorangeht. – Aber die Sache ist die, daß die Verfasser der Schulbücher etwas ganz anderes daraus gemacht haben. Sie haben ihre eigene Sprache, eine Art Suaheli, oder wie man es nennen will. Ich glaube, du wirst mich verstehen, wenn ich dir etwas vorgelesen habe. Ich habe also zwei verschiedene Arten von Notizen gemacht: bei der einen Art geht es um rein menschliche Dinge und bei der anderen um eben solche sprachlichen Eigentümlichkeiten. Wenn beides sich überhaupt voneinander trennen läßt.»

Er nahm die Papiere auf und sah hinein.

«Hier steht also beides durcheinander. Jetzt sollst du etwas aus einem Geographiebuch der vierten Klasse hören. Birger würde dieses Buch in gut einem Jahr bekommen. Es ist die Rede von Afrika:

‹Die Mutter trägt das Kind den ganzen Tag in einem Beutel auf dem Rücken, und der Mann tanzt wilde Kriegstänze und schlägt auf Blecheimer und leere Flaschen, wenn durchrei-
/344/ sende Europäer ihm ein paar Öre, einen Taschenspiegel oder sonstigen Plunder geben … tam … ra … ram … tat … tat. Der Weiße lehrt die Eingeborenen, für ihn zu arbeiten. Er lehrt sie, Branntwein zu trinken, Börsen, Kleider, Eisenwaren, Kinobilletts und eine Menge Flitterkram zu gebrauchen. Dafür hat der Neger Geld nötig, und so übernimmt er Arbeit bei dem zugezogenen weißen Mann. Natürlich ist es gut für uns alle, wenn wir auf diese Weise auch nützliche Waren aus Afrika bekommen.

Wir begegnen häufig barfüßigen Schwarzen mit blankem Zylinderhut, steifem Kragen und modernem Wintermantel. Sie ähneln aufgeputzten Affen im Zirkus. Aber wenn der Neger Ware kauft, kann der Händler verkaufen, und die Fabrik daheim in Europa kann mehr Ware herstellen …›»

Ohne innezuhalten, fuhr er fort:

«Jetzt eine Zeile aus einem Geschichtsbuch:

‹Das große furchtbare Räubervolk …› Hier ist also von Deutschland die Rede.»

Er ließ das Buch sinken und sah zu ihr hinüber.

«Eine erlesene Friedenspropaganda ist das. Du sollst noch etwas mehr hören …»

«Nein», sagte sie. «Ich will nichts mehr hören.»

«Diese Bücher», sagte er, «müßten nach Indien geschickt werden, als Teil unseres nationalen Beitrags zum Aufbau des Schulwesens in unterentwickelten Gebieten.»

Abraham Werner war nach dem Gespräch mit Birgers Vater zu Paula heimgegangen.

«Abraham», sagte sie und sah ihn betrübt an, «‹Dagsnytt› hat das Interview gebracht, das du dem jungen Mann im Frühjahr gegeben hast.»

Er knurrte und sah sich um. Das verhieß nichts Gutes.

Sie hatten beide gehofft, die Zeitung habe sich längst entschlossen, das Interview nicht zu bringen.

«Das Blatt liegt auf dem Schreibtisch. Aber ich glaube, du solltest es nicht lesen, Abraham.» /345/

Er drehte sich um und stand da, groß und mit krummem Rücken, und sah sie über seine Kneifergläser hinweg an.

«Ist es so schlimm?»

«Ja», sagte sie. «Es ist ganz abscheulich, mein Junge.»

Er tat ihr leid, alles an ihm tat ihr leid, die lange traurige Nase, alle Runzeln und Säckchen in seinem Gesicht, die braunen, schwermütigen Augen hinter dem Kneifer. Sogar die ruchlose Stirnlocke, die nicht ergrauen wollte, tat ihr ein bißchen leid. Obwohl diese natürlich am wenigsten.

«Du bist noch immer ein stattlicher Mann, Abraham.»

«Was schreibt das Wunderkind denn?»

Sie zögerte mit der Antwort.

«Es ist etwas über das Leid als Entwicklungsmöglichkeit.»

«Was?» Die Stimme klang nicht mehr nasal, sondern jammernd. Und er sah sich schwindlig nach der Zeitung um. Dann richtete er den Zeigefinger, grob, schwer und vorwurfsvoll auf sie.

«Schreibt er, ich hätte so etwas gesagt?»

«Stell dir vor, Abraham – ich erinnere mich nicht mehr, wer von euch es gesagt haben soll.»

«An so etwas mußt du dich erinnern!»

Die Sache fing an, ihm ziemlich nahezugehen.

«Ja, entweder schreibt er, daß du das Leid als Entwicklungsmöglichkeit anerkennst, oder er schreibt, daß du das Leid als Entwicklungsmöglichkeit *nicht* anerkennst.»

«Das eine ist so falsch wie das andere», sagte er und schüttelte den Kopf. «Hirnverbrannt falsch.»

Sehnsüchtig sah er sich nach dem Weinschrank um, dem Familienkleinod des seligen Propstes Beniche.

«Du sollst es nicht lesen. – Außerdem schreibt er, daß du ein Christ seist, ohne es selbst zu wissen.»

«Nein?»

«Du kriegst Spaghetti napolitane zu Mittag», sagte sie. «Und ein Glas Rotwein.»
«Eine ganze Flasche will ich haben.»
/346/ «Ich habe einen vorzüglichen Parmesan zu den Spaghetti aufgetrieben. Aber vorher mußt du dich etwas hinlegen.»
Und gehorsam ging Werner ins Schlafzimmer. Ohne die Zeitung anzusehen.

Zwei Tage später traf er Ligård auf der Straße; der Modernist war rund und blond und frischgewaschen über dem kleinen Doppelkinn, wie es sich für einen geistigen Menschen gehört. Das Wunderkind war in der Mitte der Dreißiger.
Verdammt, wie die Jugend heranwächst! dachte Werner. Ich muß mit Paula darüber sprechen. – Und es dämmerte ihm, daß er auch bei einem der letzten Male, die er mit Jochum zusammengewesen war, ehe er ging, mit ihm über die Jugend gesprochen hatte. Dann rief er Ligård mit mächtigem, donnerndem Baß mitten auf der Straße an. Werners Stimme schlug ein wie ein Kanonenschuß und lähmte für einen Augenblick allen Verkehr auf der Hauptstraße.
Ligård ging tief in religiöse Gedanken versunken, und eine Sekunde lang glaubte er, Gott selbst habe ihn gerufen. Eine Weile war es, als bewegten die Straßenbahnen und Autos sich völlig lautlos über den Asphalt. Die Großstadt war nach dem Gebrüll plötzlich stumm wie das Grab. Dann entdeckte er einen storchähnlichen Mann, und er begriff, daß es nur der alte Werner war, der da so geschrien hatte. Der Storch zeigte mit einem langen schwarzen Regenschirm auf ihn.
«Was für einen abgedroschenen Unsinn haben Sie da über mich geschrieben!» rief er über die Straße hinweg.
Ligård fühlte, daß die Leute sie ansahen, und wußte, daß er einen roten Kopf bekam. So eilte er über den Fahrdamm, um nicht noch mehr Aufsehen zu erregen. Werner empfing ihn am Rande des Bürgersteigs.
«Sie dürfen nicht so über das Leid schreiben», sagte er. «Es

ist nicht wahr.» Er schwenkte eine lange, eben angezündete Zigarre in der herbstlichen Sonne. Ligård legte den Kopf in den Nacken und starrte ihn an.

«Sie erkennen den Schmerz nicht als Entwicklungsmöglich- /347/ keit an? Sie geben die verwandelnde Kraft des Leides nicht zu?»

Die Stimme war betrübt und vorwurfsvoll. Werner hatte das Wunderkind wieder einmal enttäuscht. Er putzte den Kneifer, während der Rauch der Zigarre den Bewegungen der Zigarre folgte und am Gesicht hochstieg.

«Erstens», sagte er, «bedarf das Leid keiner Anerkennung meinerseits. Es existiert leider völlig unbeeinflußt von meiner Anerkennung. Ich denke zum Beispiel an Estland, dessen Bevölkerung seit Kriegsbeginn um fünfundsiebzig Prozent vermindert worden ist. Ich glaube nicht, daß ich jemandem helfe, wenn ich den Schmerz als Entwicklungsmöglichkeit anerkenne.» – Ligård fand das Beispiel geschmacklos und schlecht gewählt, weil er ein Gegner des fanatischen Antikommunismus war. Ligård wollte Brücken bauen. Doch Werner fuhr fort:

«Und zweitens habe ich keine Hurerei mit der Ewigkeit getrieben. Und ich will versuchen, das auch weiterhin nach Möglichkeit zu vermeiden. Was diesen Punkt angeht, hoffe ich in Keuschheit zu sterben; ich bin zu alt für so etwas.

Wenn ich mich auf ein Verhältnis mit dem Schmerz einließe, würde mich das über meine Kräfte hinaus verpflichten. Keiner von uns beiden, die wir hier stehen, kann, was das Leid angeht, aus Erfahrung sprechen, folglich würde es primär das Leid *anderer* sein, das wir als nützlich und fruchtbringend anerkennen müßten – oder als Entwicklungsmöglichkeit, um Ihren eigenen Ausdruck zu gebrauchen –, ein Standpunkt, der nach meiner Auffassung eine besonders widerliche Form von Hurerei darstellt.»

Werner sah zur Seite, als er geendet hatte. Er war sich bewußt, daß Ligård nicht begriff, was er gesagt hatte.

«Was verstehen Sie unter Hurerei?» fragte das Wunderkind.

«Das Eingehen von Verhältnissen, die nicht verpflichten.»

Nils Ligård sah ihn an. Die hellblauen Augen in dem runden
/348/ Gesicht waren schmal geworden. Jetzt verstand er ganz genau, was Werner meinte.

«Ich wußte nicht, daß die Intelligenz der Arbeiterpartei so strenge Moralbegriffe hat!» antwortete er.

«Hören Sie!» Werner nahm die Zigarre aus dem Mund. «Kein böses Wort über die Arbeiterpartei! Jedenfalls nicht von *Ihnen*! Die königliche norwegische Arbeiterpartei hat nun schon seit 1936 Abiturzeit, und es mag wohl der Moment gekommen sein, die Examensresultate etwas genauer anzusehen. Natürlich haben wir – ja, ich sage ‹wir›, *ich sage immer noch ‹wir›*! – viel falsch gemacht, und in einer Reihe von Fächern sind wir durchgefallen. In Norwegisch und in allgemeiner Wirtschaftslehre sind wir in Bausch und Bogen durchgefallen. Ebenso in Betragen und Fleiß und Ordnung. Alles nicht bestanden! Und in Hans Jakobsens Käse sind die Ergebnisse geradezu katastrophal. Aber im ganzen sind die Examensresultate trotz allem nicht so schlecht, wie Sie glauben.»

Ligård sah ihn verständnislos an.

«Hans Jakobsens Käse?»

«Kennen Sie Hans Jakobsens Käse nicht? Furchtbar!»

«Nein!»

«Wissen Sie denn nicht, daß der Sozialismus in Norwegen mit Hans Jakobsens Käse angefangen hat?»

«Nein.»

Werner nahm ihn beim Arm und zog ihn vom Gehsteig weg unter die Bäume im Park. Dann beugte er sich herab und sah ihn mit offenem Mund und hängender Unterlippe an.

«Haben Sie nie Wergeland gelesen, wie er am Schwerarbeiter Hans Jakobsen vorbeikam, der im Schnee saß und Sild und trockenes Brot verzehrte? Zuerst aß er den Sild, der das beste war, und danach das trockene Brot.

Karge Mahlzeit heute, Hans? sagte Wergeland.

Was habe ich doch für einen guten Käse auf meinem Brot, sagte Hans Jakobsen.

Wie? sagte Wergeland, ich sehe weder Butter noch Käse auf deinem Brot, nichts als den Schnee, der darauf fällt. /349/

Doch, antwortete Hans Jakobsen und deutete zu den Zwangsarbeitern aus dem Zuchthaus hinüber, die ein Stück weiter weg arbeiteten – ich habe einen ganz ausgezeichneten Käse auf meinem Brot. Ich habe Freiheit.

Kennen Sie diese schöne kleine Geschichte tatsächlich nicht?»

Das Wunderkind rümpfte die hübsche kleine Nase.

«Doch», antwortete er, «ich habe sie bestimmt früher einmal gehört. Wergeland wird in der Literaturgeschichte stark überbewertet. So, wie man im Ausland Ibsen und Hamsun überbewertet.»

Werner fuhr fort:

«Also: in Hans Jakobsens Käse sind wir durchgefallen. Ebenso in Metaphysik und in theoretischer Religion. Da haben Sie vollkommen recht. Ebenso in angewandter Mathematik und allgemeinem Geschäftssinn. Fleiß und Ordnung habe ich wohl schon erwähnt. Aber ...»

Er hob den Zeigefinger drohend in die Luft –

«... in *praktischer Religion* hat die Arbeiterpartei mit einem hervorragenden Resultat überrascht: sie hat sich der Witwen und Vaterlosen angenommen – und damit das Wort erfüllt ‹Alles, was ihr einem meiner Kleinen getan, das habt ihr mir getan›! – Das sollten Sie sich ad notam nehmen, Sie, der Sie so religiös sind! – Die Arbeiterpartei ist eine *religiöse* Partei, im Gegensatz zur Rechten und Linken und besonders zur Christlichen Volkspartei. Wäre die Christliche Volkspartei in praktischer Religion geprüft worden, sie wäre mit Glanz durchgefallen!»

Das Wunderkind hatte sich längst von ihm abgewandt und sah jetzt auf die Uhr an der Universität.

«Nein», sagte Werner, «so leicht entkommen Sie mir nicht! Wissen Sie, wer Hans Jæger war und was er zu sagen

pflegte? ‹Metaphysik!› sagte er, ‹Metaphysik oder Selbst-
mord!› Der norwegische Radikalismus kam unter dem
Schlagwort ‹Metaphysik oder Selbstmord› zur Welt. Und da
/350/ haben wir natürlich Fiasko gemacht.» Sein Finger richtete
sich auf Ligård.

«Jæger war ein guter Freund des Anarchisten und Schriftstellers Raymond Vråbæk, der später in Alaska nach Gold grub, um von dem Ertrag die Revolution der Anarchie zu finanzieren. Es muß ihm drüben etwas passiert sein, dem armen Kerl. – Er war ein feiner Mann.»

Werner sah zu dem Licht auf, das zwischen den goldenen, großen Kronen der Kastanienbäume tanzte. Das Wunderkind versuchte zu entschlüpfen. Werner hatte es vergessen. «Ja, ja», sagte er, «gehen Sie nur. Aber einmal wird der zukünftige Staat sich zu seiner Metaphysik bekennen, und dann können Sie etwas erleben. Verlassen Sie sich darauf!»

Sie schieden ohne Herzlichkeit.

Werner fühlte sich unsäglich arm und unglücklich, als er so zwischen den mächtigen Bäumen stand. Er war jetzt durchaus nicht mehr so fest überzeugt von dem, was er über den Staat und die Metaphysik gesagt hatte. Er war jetzt von gar nichts mehr überzeugt.

Verflucht, dachte er langsam und von Herzen. Verflucht!

Dann nahm er den Kneifer ab und putzte ihn tadellos blank, bevor er ihn wieder aufsetzte. Niemand hatte erfahren, was Vråbæk drüben im Indianerland passiert war. Nein, wie alt Werner sich jetzt fühlte.

Er blieb stehen und tastete in der Tasche nach dem Zettel mit der Adresse. Er hatte ihn während des Gesprächs mit Ligård beinahe vergessen. Und er hatte auch gar keine Lust, irgendwohin zu gehen. Endlich fand er den Zettel und rückte den Kneifer zurecht, bevor er das Papier hochhielt, um zu lesen, was darauf stand. Dann ging er weiter, die Adresse bei sich wiederholend. Es war ein weites Stück zu gehen.

Der Weg war nicht leicht zu finden, er hätte ein Taxi nehmen sollen. Aber dann kam er doch zurecht – wenn auch etwas verspätet.

Eine Weile blieb er stehen und betrachtete das große, dreistöckige Gebäude. Er kannte es gut von früher. War hier /351/ nicht ursprünglich die erste Stewardschule «Zu Reeder Eegs Gedenken» gewesen? Vortreffliches Gebäude, aber alt, sehr alt freilich. Ein kleiner Park gehörte dazu, das war natürlich gut für die Kinder.

Dann trat er ein und trabte fluchend durch den langen Korridor des Erdgeschosses. Warum konnten diese Idioten nicht ein Schild mit «Lehrerzimmer» oder «Sekretariat» spendieren? Er klopfte nacheinander an alle Türen. Endlich antwortete jemand, und Werner trat ein.

Es war tatsächlich das Lehrerzimmer, drinnen saß ein junger Mann mit einer Brille und zurückgestrichenem Haar. Er war ziemlich klein und etwas schmächtig im Wuchs, sein Nasenbein zeigte deutlich einen Knick.

«Satansschule!» sagte Werner. «Können Sie nicht ein Schild draußen anbringen, damit man nicht mit der Nase in Ihr Pissoir gerät!»

«Das ist nicht mehr nötig», antwortete der junge Mann und stand auf. «Wir machen doch bald bankrott, und da würde sowieso niemand mehr hinter dem Schild sitzen.»

Werner sah ihn erschrocken an.

«So etwas dürfen Sie nicht sagen», lenkte er ein. «Es wäre doch außerordentlich traurig, wenn Sie es nicht schafften, die Schule in Gang zu halten.»

Eigentlich gefiel ihm der Junge ausnehmend gut, vor allem des fremden Tonfalls wegen.

«Mein Name ist Werner. Abraham Werner.»

Der junge Mann stellte sich vor.

«Was für ein fataler Name!» sagte Werner.

Er dachte einen Augenblick nach.

«Schrecklich, was Sie da von Ihren Finanzen sagen. Das Schulwesen ist ja jetzt vollständig ausgeartet. Kennen Sie den jungen Ligård? Im Grunde gibt es wohl heute niemanden, der nach absolviertem Schulbesuch noch seine fünf Sinne beisammen hat.»

Der Lehrer bot ihm einen der leichten Holzstühle an, und /352/ Werner setzte sich.

«Ja», sagte er, «ich komme her als Vollstrecker des literarischen Testaments von Oberlehrer Jochumsen. Er war mein Freund und Studienkamerad. In seinen letzten Aufzeichnungen spricht er ständig von einem kleinen Jungen, der Jonas heißt. Es ergab sich von selbst, daß der Junge mich interessierte, und so habe ich seine Spur hierher verfolgt.»

Er sah den Lehrer um Verzeihung bittend an.

«Sie verstehen, Jochumsen schrieb so viel von diesem kleinen Jungen Jonas – er kommt wohl aus ganz einfachen Verhältnissen –, daß ich sozusagen nicht eher richtig Ruhe finde, bis ich nach ihm gesehen habe.»

«Jonas geht es gut. Er ist ein feiner kleiner Kerl. Wir sind froh, daß wir ihn herbekommen haben. Er ist jetzt im Herbst in die dritte Klasse gekommen.»

In diesem Augenblick läutete das Telefon, und der junge Mann nahm den Hörer auf.

Es wird Paula freuen, dachte Werner, daß es Jonas gut geht. Es wurde Zeit für den armen Jungen.

«Ja, hallo!» sagte der junge Mann am Telefon.

...

«Ja, das ist hier.»

...

«Mein Name ist Marx. Ich bin hier Lehrer.»

...

«Aha? – Nein, ich fürchte, das ist unmöglich. Wir haben jetzt kaum Plätze.»

...

«Die Schule ist ziemlich überfüllt.»

...

«Doch, das stimmt.»

...

«Nein, wir verwenden keine Schulbücher.»

…

«Die Kinder machen ihre Bücher selbst.»

… /353/

«Doch, das finde ich gut.»

…

«Ja, ich habe sie gesehen.»

…

«Ja, furchtbar!»

…

«Sie sind entsetzlich!»

…

«Nein, man hält es kaum für möglich.»

…

«Ja. Es ist schade um die Kinder.»

…

«Sie wollen das Kind also unbedingt hier unterbringen?»

…

«Aber Sie wissen doch gar nichts von der Schule. Wir haben zum Beispiel durchaus keine besonders guten Examensresultate.»

…

«Nein, natürlich spielt das keine Rolle.»

…

«Birger heißt er?»

…

«Na gut, ja. In die dritte Klasse geht er?»

…

«Schade, aber diese Klasse platzt schon aus allen Nähten.»

…

«Wollen Sie ihn selbst unterrichten?»

…

«Ich werde das natürlich abklären; ich kann nur überhaupt nichts versprechen. Wir sind überfüllt.»

…

«Nein, ich fürchte, es nützt nichts, das Doppelte zu zahlen.»

…

«Nein, wir haben kein festes Schulgeld.»

/354/ …

«Wir beanspruchen die Eltern natürlich, so gut wir können.»

…

«Selbstverständlich gibt es da Grenzen.»

…

«Nein, ich finde das nicht richtig.»

…

«Nach Vermögen. Einige zahlen gar nichts, einige zahlen ein bißchen, und einige zahlen außerordentlich viel. Außerordentlich viel.»

…

«Ja, das ist nett, daß Sie das sagen, Herr Dr. Kopfeldt, aber ich fürchte, es wird nicht viel helfen.»

…

«Ja – doch. Das stimmt. Wir haben in der Klasse einen Jungen, der Jonas heißt.»

…

«Nein, aber es ist doch immer gut, wenn die Kinder einer Klasse auch außerhalb der Schule zusammen sind. – Der Klassenlehrer heißt Back.»

…

«Wenn Sie einen Augenblick warten wollen, Herr Dr. Kopfeldt, mache ich mir ein paar Notizen.»

…

«Also Birger Kopfeldt. Und Kinderkrankheiten, wie steht es damit?»

…

«Mm-hm. Masern, Röteln und …?»

…

«Ja? Nichts sonst?»

…

«Nein, versprechen kann ich nichts.»

…

«Wie bitte, Herr Dr. Kopfeldt?»

… /355/

«Sie glauben nicht, daß er dafür besonders begabt ist? Nein?»

…

«Etwas unter dem Normalen, sagen Sie?»

…

«Schlägt Ihnen nach?»

…

«Aber Sie haben sich doch hervorragend behauptet.»

…

«Tatsächlich? Was Sie nicht sagen!»

…

«In der Schule, ja!»

…

«Nein, das hat nicht viel zu sagen. Ibsen fiel ja beim Abitur auch in drei Fächern durch.»

…

«So so, er ist recht wild?»

…

«Auf Hochspannungsleitungen?»

…

«Ja, es ist unglaublich, was Kinder alles unbeschadet überstehen!»

…

«Sogar droben auf dem Dach?»

…

«Im vierten Stock? – Ja, das ist ziemlich hoch.»

…

«Großartig, daß er so tüchtig im Schwimmen ist.»

…

«So. Petzt nicht?»

…

«Nein, natürlich bin ich derselben Meinung.»

...

«Stets geradeheraus, was er denkt?»

/356/ ...

«Nein, ich denke schon, daß die Disziplin von innen heraus kommen muß, wenn sie Bestand haben soll.»

...

«Ich werde den Fall unterbreiten und Ihnen Bescheid geben.»

...

«Den Schwächeren helfen. Ja, das klingt gut. Ich werde Sie anrufen, Herr Dr. Kopfeldt.»

...

«Lieb zu den Tieren?»

...

«Ja, den Artikel über die Küken habe ich gesehen. – Sobald ich eindeutigen Bescheid habe, rufe ich Sie an.»

...

«Ah? Er singt sehr gern?»

...

«Ja, wir haben sehr viel Gesang und Musik. – Aber ich rufe Sie an, wenn ein Entscheid gefallen ist. – Aber ich kann leider schwerlich etwas versprechen.»

...

«So, seine Mutter ist musikalisch? – Ein paar Tage noch müssen Sie sich gedulden. Ich werde sofort anrufen.»

...

«Ja, *ganz* bestimmt verwenden wir keine derartigen Schulbücher.»

...

«Nein, bewahre! Gern geschehen!»

...

«Ja, ich rufe an.»

Marx legte den Hörer auf. Werner sah ihn an und räusperte sich. Er wischte den Kneifer mit dem Taschentuch ab.

«Dieser Doktor Kopfeldt ist ein ganz vortrefflicher Mann», sagte er. «Ich glaube, das würde eine sehr erfreuliche Beziehung für Sie sein.»

«Meinen Sie?» /357/

«Ja, unbedingt.»

Die Tür öffnete sich, und Werner erblickte einen Mann in den Sechzigern, mit grauem, buschigem Haar und ohne Kragen. Seine Hosen waren ungebügelt, und die Weste trug er aufgeknöpft über dem schwellenden Bauch. Das Gesicht war rund und rötlich, der Kopf groß, und die Augen waren blau und klar. Er sah aus wie ein riesiger Schüler der ersten Klasse und als schlafe er nachts in den Kleidern.

«Das ist Herr Back», sagte Marx, «Jonas' Klassenlehrer.»

Zu Back sagte er:

«Das ist Herr Abraham Werner. Herr Werner war eng befreundet mit Oberlehrer Jochumsen.»

Ehe Werner aufstehen konnte, war Back bei ihm und warf ihm die Arme um den Hals, ihm ungestüm den Rücken klopfend. Werner verlor den Kneifer, der aber an der Schnur hängen blieb. Er war völlig verwirrt. Dann griff Back nach seiner Hand und schüttelte sie.

«Nein!» brüllte er. «Sind Sie wirklich ein Freund von Oberlehrer Jochumsen! Das war ein großer Mann, ein großartiger Mann. Da sind Sie wirklich willkommen bei uns!»

Er trat zurück und sah Werner an, strahlend wie ein Kind.

«Herrgott, Sie sind wirklich ein Freund Jochumsens! Von seiner Art hätten wir mehr haben sollen. Jochumsen war der beste Mensch, der jemals in einer Schule unterrichtet hat. Im Vergleich mit ihm sind wir anderen alle nur Stümper und Pfuscher! Hätte man ihn gewähren lassen …!»

Das rötliche, große Gesicht über dem viereckigen Körper war beinahe blaß geworden.

Nach allem, was Jochum seit seinem Tode widerfahren war, konnte man verstehen, daß Werner die Lobpreisungen nicht übertrieben fand. Er fühlte, dies war etwas anderes als das übliche Begräbnis- und Jubiläumsgerede. Er wurde noch krummer im Rücken als vorher, und seine Schultern begannen zu zucken. Das runzlige Gesicht verzog sich, und der /358/ große, offene Mund mit der hängenden Lippe bebte. Plötzlich drehte er den beiden den Rücken und wandte sich ab, zog sein Taschentuch hervor und preßte es dorthin, wo der Kneifer gesessen hatte, bevor Back ihn umarmte. Eine Weile stand er so. Dann wandte er sich ihnen wieder zu und steckte das riesige weiße Taschentuch in die Tasche.

Jochum! Jochum! sang es in seinem Innern. Es war, als sei Jochum bei ihnen im Raume und schwebe dicht über seinem Kopf. Jetzt hatte Jochums Werk seine Erfüllung gefunden; jemand hatte begriffen, was er getan hatte und was er hatte tun wollen. Werner sah den jungen Mann an. Jemand würde Jochums Stafette weitertragen! Dieser Junge war klein und schmächtig, aber er wirkte trotzdem kräftig und widerstandsfähig, und in den Schultern war er gerade. Er konnte gewiß einen Puff aushalten. Und dann lag irgend etwas in seinem Blick. Der Teufel mochte wissen, was er erlebt hatte!

Werner richtete den Zeigefinger auf Marx.

«Sie müssen gut auf Ihre Gesundheit achten!» sagte er.

Dann wandte er sich Back zu.

«Haben Sie Jochum gekannt?»

«Nein, nein», antwortete Back unglücklich. «Nicht persönlich. Aber es sind bis zu seinem Tode mehrere Briefe zwischen uns hin- und hergegangen.»

«Was?» schrie Werner.

«Wir korrespondierten in der letzten Zeit miteinander.»

Werner ergriff seine Hände.

«Herrgott! Dann sind Sie also der verrückte Back! Wissen Sie, daß Jochumsen sehr viel von Ihren Briefen hielt? Wenn man ein so großes Wort gebrauchen will: sie waren ungefähr der letzte Trost, den er hatte. Sie wissen doch, daß die Salamander seinen Tod auf dem Gewissen haben?»

Back war überwältigt. Aber Werner starrte ihn noch immer an.

«Nein, nein! Das wird Paula freuen!»

Er ließ Back los.

«Ja, wissen Sie, Paula ist meine Frau. Frau Werner ist das.»

Die ganze Zeit sang in seinem Innern ein fröhliches Kampf- /359/ lied: Jochum, jetzt wird dir Genugtuung zuteil!

Ich brauche, zum Henker, keine Genugtuung! antwortete plötzlich Jochums Stimme.

Doch, sagte Werner, du sollst sie haben, Jochum! Nicht draußen in der Welt – um uns daraus etwas zu machen, sind wir zu alt –, die brauchst du nicht; aber du sollst die Genugtuung haben, daß jemand deine Stafette weiterträgt.

Laut sagte er:

«Aber weshalb, um alles in der Welt, haben Sie nicht Ihre Adresse auf die Briefbogen geschrieben? Jochum hatte die Umschläge weggeworfen, so daß ich nur noch die Eingeweide vorfand. Ja, sehen Sie, ich bin eben dabei, seine Papiere zu ordnen. Und das ist nicht leicht, weil er ein entsetzlicher Wirrkopf war, wissen Sie.»

Sie wurden von Marx unterbrochen.

«Back, du hast ein neues Kind bekommen. Einen Freund von Jonas. Aber du hast wohl bei dir nicht noch ein paar Quadratzentimeter übrig, auf denen er sitzen könnte?»

Werner hob den Finger.

«Es handelt sich um ein ganz vortreffliches kleines Kind. Und Doktor Kopfeldt ist ein vortrefflicher Mann.»

Sie sahen einander an.

«Außerdem steht es finanziell vortrefflich um ihn. Und als alter Sozialist kann ich Ihnen im Vertrauen sagen: das Finanzielle, das soll man nicht verachten. – Und in diesem Fall, wo außergewöhnlich gute finanzielle Verhältnisse als Teil einer ebenso außergewöhnlich guten und radikalen Gesinnung auftreten, da kann sich eine solche Beziehung nur erfreulich auswirken. Wo stände der Sozialismus heute, hätten wir nicht alle auf Familienkapital zurückgreifen können?

Und Doktor Kopfeldt ist ein sehr temperamentvoller Mann,

ein leidenschaftlicher Mann. Der alte Doktor Kopfeldt – sein Vater – war auch ein prächtiger Mensch, ein Mann, auf den man sich verlassen konnte. Freilich, manchmal konnte sein
/360/ heftiges Temperament mit ihm durchgehen.»

Werner nahm Back zum Mittagessen mit nach Hause. Um Paulas willen.

So ging es zu, daß Birger auf die neue Schule und in Jonas' Klasse kam.

Jonas und Birger begriffen beide, daß manches an Back merkwürdig war. Er war an jenem Abend bei Werner schwer betrunken gewesen, und tiefer in den Herbst hinein kam er morgens oft zu spät zum Unterricht, so daß seine Klasse noch auf ihn warten mußte, wenn die anderen Lehrer längst in den Klassenzimmern waren. Er war in vieler Beziehung ganz anders als die meisten Leute, so daß es unmöglich war, das nicht zu bemerken.

Und dann das mit Ulrich. Vor allem das mit Ulrich.

Er war zweifellos das unmöglichste Kind der Welt. Jonas sprach mit Birger darüber.

«Die so ungezogen sind, können einem leid tun», antwortete Birger. «Es macht ihnen ja selbst keinen Spaß mehr.»

Und es machte Ulrich wirklich nur noch sehr wenig Spaß – abgesehen davon, daß er es schaffte, die Verzweiflung der ganzen Schule zu sein, ihr unglückseliger schwacher Punkt, der ständig Katastrophen auszulösen drohte. Man war auf alles gefaßt und sah mit Grauen dem Tage entgegen, an dem Ulrich sich nicht mehr damit begnügen würde, kleineren Kindern die Zähne auszuschlagen, Katzen und Hunde zu quälen oder in Gärten und Parks Feuer zu legen. Kein Lehrer wollte ihn mehr im Unterricht haben, kein Kind war mehr imstande, mit ihm zusammenzusein. Der einzige, den Ulrich nicht störte, war Back selbst. Er hatte den Jungen von Anfang an in seiner Klasse gehabt und schon nach wenigen Tagen die einzig mögliche Form, mit Ulrich umzugehen, herausgefunden: er mußte ihn

mehr oder weniger auf dem Rücken tragen oder ihn an der Hand halten. So kam es, daß Ulrich in Backs nächster Nähe ein Engel war, und Back selbst konnte sich in gewissem Sinne gar nicht mehr vorstellen, daß Ulrich überhaupt et- /361/
was anderes als ein Engel sein könne. Als der Brand ausbrach, hatte er Ulrich zwei und ein halbes Jahr an der Hand gehalten, und er beabsichtigte das auch bis zum Schluß der Schulzeit Ulrichs zu tun. Sie waren ganz miteinander verwachsen.

Jonas und Birger, wie die Klasse überhaupt, waren sich klar über die Veränderung, die mit Ulrich vorging, sobald er in Backs Nähe kam, und niemand fand etwas Unrichtiges in Backs schamloser Bevorzugung eines einzelnen Schülers. Sie ahnten alle dunkel, was Back wußte: daß die Beziehung zu ihm der einzige dünne Faden war, der Ulrich mit der übrigen Menschheit verband – und ihn bis auf weiteres dem Irrenhaus fernhielt.

Mit Birger war es ungefähr das gleiche wie mit Jonas: Als er ein paar Tage in der Schule war, kletterte er ebenso eifrig an Back herum und war morgens ebenso früh auf dem Schulplatz wie Jonas. Und für den Rest des Tages waren sie eigentlich immer zusammen, auf Abenteuer in der Großstadt oder damit beschäftigt, in Birgers reichlich ausgestattetem Jungenzimmer zu spielen.

Der Spatz war längst wieder gesund und davongeflogen.

Der Jungmann kam den Herbst hindurch weiter zu Besuch in die Schule. Im Oktober bat Marx ihn, in einer Geographiestunde in einer der höheren Klassen für ihn einzuspringen.

Marx hatte wieder einen Rückfall – nicht der allerschlimmsten Sorte, jedoch so, daß er in seinem Zimmer lag und sich am Bett festklammerte. Um der Angst entgegenzuwirken, schmarotzte er, wenn ihn diese Zustände überfielen, von Backs Branntwein. Nicht viel, nur so etwa drei, vier Glas holte er sich, wenn es dunkel war und er nicht einschlafen konnte.

«Das ist unmöglich», sagte der Jungmann. «Ich bin Philologe und kein Realist. Geographie ist nicht mein Fach.»

«Aber du *bist* doch in Arabien *gewesen*», sagte Marx /362/ verständnislos und bemühte sich mit aller Kraft, normal auszusehen.

«Gewiß», antwortete der Jungmann, «gewiß bin ich in Arabien gewesen. Aber das hat doch nichts mit der Sache zu tun?»

«Du tätest mir einen großen Gefallen», sagte Marx, «wenn du die Stunde für mich übernehmen würdest. Ich fühle mich nicht ganz wohl.»

Er weinte eigentlich kaum mehr, wenn jemand dabei war. Nur nachts kam es noch vor.

«In ein paar Tagen bin ich wieder obenauf.»

Der Jungmann übernahm die Geographiestunde, nicht in seiner Eigenschaft als ehemaliger Studienrat, sondern als Jungmann, der auf Landurlaub in arabischen Basarstraßen umherspaziert und auf dem Kamel durch die Wüste geritten war. Um zu beweisen, daß er auch wirklich dort gewesen war, brachte er der Klasse eine Wüstenpflanze mit, die seit jener Zeit trocken in seinem Koffer gelegen hatte. Sie war ein kleines, schwarzbraunes Knäuel aus einem Stoff, der halb wie Leder und halb wie welkes Gras aussah. Sie war zusammengeballt wie eine Faust, aber sie war leicht wie Papier. Diese Wüstenpflanze trocknete ein und rollte sich zusammen, wenn der Boden, in dem sie wurzelte, ohne Wasser blieb. Sie wurde rund und leicht wie welkes Gras, und dann reiste sie mit dem Winde davon – rollte Meile auf Meile kreuz und quer durch die arabische oder irgendeine andere Wüste. Sie konnte auf diese Weise Jahrzehnte, ja bis zu fünfzig Jahren ohne Wasser und Nahrung leben. Dem Jungmann fuhr plötzlich der Gedanke durch den Sinn, daß dies eine prächtige Parallele aus dem Pflanzenreich zu ähnlichen Vorgängen in den Bezirken des Menschlichen sei. Denn rollte die Pflanze in eine Oase, so entfaltete sie sich und wurde weich und formte sich zu einer Rosette, sie schlug Wurzeln und wurde wieder grün. Sie war so auf Wüstentemperatur eingestellt, daß es ihr am liebsten war, jedesmal in kochendes Wasser gelegt zu werden, wenn sie von den Toten auferweckt werden sollte. Da blühte sie sofort auf. Der Jungmann goß vor den Augen der /363/ Schüler stark kochendes Wasser auf die Pflanze, und das braune Knäuel reckte sich und richtete sich auf wie eine geballte Faust, die sich öffnet. Er kam in der ersten Geographiestunde nicht viel weiter als bis zu dieser Pflanze und erzählte das Marx nachher.

«Famos», sagte Marx, «so muß man's machen! Es wird also statt einer Geographie- eine Botanikstunde – das ist ja im Grunde das gleiche Fach.»

Der Jungmann übernahm noch ein paar Geographiestunden – oder genauer gesagt: Geographietage in derselben Klasse und erzählte eine ganze Menge von den Kamelen und dem Lande selbst. Er entdeckte sehr bald, daß die Geographie, als Fach betrachtet, eine Sonderstellung hat; sie schließt in zweiter Runde Zoologie, Botanik und Geschichte ein und bildet für einzelne Länder eine natürliche Grundlage für den Sprachunterricht. Er tummelte sich in uneingeschränkter Freiheit, und es machte ihm große Freude, auf diese Art zu unterrichten. Bei solcher Ellbogenfreiheit mußte es leicht sein, die Fächer einander beizuordnen und das eine durch das andere zu beleuchten. Gleichzeitig machte er die Erfahrung, daß es, je intensiver er sich für eine Stunde vorbereitete und folglich etwas Unterhaltendes zu erzählen hatte, um so leichter wurde, Disziplin zu halten, weil die Klasse ihm entgegenkam und sein Interesse für das Erzählte teilte. Doch er mußte sich so vorbereiten, daß er alles in Form einer Erzählung, die eine Handlung enthielt, darstellen konnte und daß der Stoff, den die Kinder lernen sollten, sich ohne weiteres aus dem Gang der Erzählung ergab. Die Kinder behielten alles viel besser im Gedächtnis, wenn jede Tatsache von Bedeutung mit einem bestimmten Ereignis, einer Anekdote oder mit etwas, was spannend für sie war, verknüpft wurde. Er

merkte, daß die Kinder es gewohnt waren, auf diese Art unterrichtet zu werden, und daß sie ziemlich hohe Anforderungen an ihn stellten. Die Methode verlangte eben eine
/364/ selbständige und sehr gründliche Vorbereitung.

Er sprach des öfteren mit Marx hierüber.

«Ja», antwortete Marx, «wir tun im Grunde nichts anderes, als was jeder vernünftige Mensch tut, wenn er mit Kindern zusammen ist, und was die einzig natürliche Art ist, Kinder zu unterrichten. Wir haben keine anderen Grundsätze als die einer gewissen Erfahrung. Aber natürlich sind es Erfahrungen, die man nur an freien Schulen sammeln kann.

Der einzige Unterschied zwischen uns und anderen Schulen besteht darin, daß wir *tun*, woran die anderen denken. Wir tun es ganz radikal. Wir denken zuerst nach, und dann tun wir es.»

Es war kurz vor Weihnachten und ein paar Stunden nach dem Schulfest. Jonas und Birger waren zusammen. Es war halb fünf Uhr nachmittags, und der Himmel stand kohlschwarz und sternenklar über dem weißen Schnee. Es war mehr als zwanzig Grad unter Null.

In einiger Entfernung von ihnen lag die Schule.

Etwas, das einer großen Katze ähnelte, glitt im Schnee an ihnen vorüber.

«Das war Ulrich», sagte Birger. «Er hat sicher irgendwelches Teufelszeug angestellt.» Ulrich war seit kurzem nicht mehr auf der Schule.

Sie gingen zu dem Schulgebäude hinüber, aber die Türen waren verschlossen, und nichts Verdächtiges war zu sehen. So bauten sie weiter an der großen Schneeburg. Etwas später sah Jonas wieder zu der Schule hinüber. Das Dach lag wie ein mächtiger weißer Bergrücken im Sternenlicht.

«Doll, wie das raucht!» sagte er.

Birger blickte auf. Es sah aus, als habe der Rauch aus den Schornsteinen sich gesenkt und am First entlang niedergelassen.

«Ja, es raucht doll.»

Eine Weile später rauchte es noch stärker. Und es war, als leuchte auf dem Rauch etwas. Er war rötlich und schön anzusehen, so wie manchmal der Rauch und Nebel in der Stadt /365/ über den Lichtreklamen.

Plötzlich schrie Birger auf.

«Es brennt!» heulte er.

Blitzschnell waren sie bei dem alten Holzgebäude und klopften an. Sie läuteten, und sie schlugen mit geballten Fäusten an die Tür. Aber niemand antwortete. Und niemand kam heraus.

«Sie sind nicht zu Hause.»

Eine Weile waren sie ratlos. Und es war deutlich zu sehen, daß der Rauch die ganze Zeit zunahm. Beinahe gleichzeitig dachten beide an den Jungmann. Sie wußten, wo er wohnte; aber sie einigten sich, daß einer von ihnen dableiben müsse. So rannte Birger, und Jonas blieb zurück.

Als Birger ein Stück weit gelaufen war, hielt er an und machte einen Umweg. Dann rannte er weiter, um den Jungmann aufzutreiben.

Jonas stand allein im Schnee. Der Rauch rötete sich mehr und mehr.

Davor war einiges geschehen, das erwähnt werden muß.

Ein paar Tage früher war Ulrich aus der Schule geworfen worden. Er hatte einen außergewöhnlich rohen Überfall auf ein kleines Mädchen aus der Klasse unter der seinen verübt, und Marx fiel die unangenehme Aufgabe zu, Back mitzuteilen, daß die übrigen Lehrer sich weigerten, Ulrich noch länger im Unterricht zu haben.

Er stand in Backs Zimmer im Dachgeschoß.

«Hast du unter deinen Büchern etwas über die Gesetze der Ritterschaft?» fragte Marx.

«So, nimmst du Parzival durch?»

«Nein, ich bin beim Mittelalter.»

«Ja, ich habe ein paar alte deutsche Bücher darüber.»

Er holte sie aus dem Bücherregal und gab sie Marx. Das

ganze Zimmer war mit Büchern gepolstert. Marx war noch stehengeblieben.

«Ja, ist sonst noch etwas?» fragte Back.

/366/ «Ulrich ist unzurechnungsfähig. Und lebensgefährlich. Wir können ihn unmöglich länger hier lassen. Jedenfalls können wir nicht die Verantwortung für das, was er tut, übernehmen.»

«Wir *haben* die Verantwortung. Wir können sie nicht weggeben wie einen Sack Kartoffeln.»

«Ulrich bringt noch jemand um, wenn er bleibt. Es endet mit einem Mord.»

«Nein», sagte Back. «Er bringt jemanden um, wenn wir ihn wegschicken.»

«Wir können die Verantwortung nicht tragen.»

«Wer soll sie denn tragen? Auch wenn wir ihn fortschicken, haben wir weiter die Verantwortung für das, was er tut.»

Marx wischte seine Brille ab.

«Ja», sagte er, «aber dann ...»

«... dann weiß es niemand, meinst du. – Wir haben trotzdem die Verantwortung. Wir haben ihn aufgenommen.»

«Wir haben vieles falsch gemacht», fuhr Marx fort, «und mit das Falscheste war, daß wir uns Ulrichs annahmen. Er hätte längst unter die Obhut eines Arztes gehört, aber auf Grund deiner Spezialbehandlung sah es ja zuerst so aus, als ob wir mit ihm fertig würden.»

«Er hat sich gebessert.»

«Aber er ist auch größer und gefährlicher geworden.»

«Wenn wir Ulrich wegschicken, wird er verrückt. Da ist es richtiger, er schlägt manchmal einem dieser frischen, gesunden Gören, von denen es nur so wimmelt, einen Zahn aus.»

«Ulrich *ist* verrückt.»

«Ulrich ist ein Genie. Er ist das begabteste Kind, das mir je vorgekommen ist, und das sind nicht wenige.»

«Wenn du ihn auch außer der Schulzeit an der Hand halten könntest, würden wir mit ihm fertig werden. Aber wir haben keine Anstalt für lebensgefährliche Ulriche. Wir betreiben

eine verhältnismäßig normale Schule für verhältnismäßig normale Kinder – mit verhältnismäßig normalen Lehrern.»
«Ja», sagte Back. «Was das Normalsein anbelangt, gehst du selbst an der Spitze.» /367/
«Wir müssen Ulrich fortgeben.»
«Wie geht's Ingrid?» fragte Back plötzlich. «Hast du sie kürzlich gesehen?»
Marx wand sich, als er den Namen hörte.
«Ich habe sie seit einer Woche nicht mehr gesehen», antwortete er und sah an Back vorbei. «Aber ich treffe sie wohl in den nächsten Tagen.»
«Ich ziehe den Hut vor einer unglücklichen Liebe, die nun sechs Jahre währt.»
«Sie heiratet einen anderen», sagte Marx.
«Ja, und ihre Kinder bringt sie in deine Klasse.»
Marx sah ihn an.
«Ist es unbedingt notwendig, daß du so eklig bist?»
«Ich bin nicht eklig. Das Leben ist es.»
«Hör zu!» sagte Marx. «Wir sprachen von Ulrich.»
«Ja, wir sprachen von Ulrich. Und ich bin nicht damit einverstanden, daß wir ihn hinauswerfen. Einfach deshalb nicht, weil er dann ein Unglück anrichtet.»
«Ein Unglück richtet er auf jeden Fall an. Früher oder später. Und es wäre gut, wenn er es anderswo täte als ausgerechnet hier.»
«Du batest vorhin um die Gesetze der Ritterschaft. Aber du brauchst sie wirklich nicht. Du kannst sie auswendig.»
«Es unterminiert die Existenz der ganzen Schule, wenn wir auf solch eine Katastrophe warten sollen.»
«Unsinn! Was uns unterminiert, ist etwas ganz anderes. Wenn diese Schule anfinge, anderen Schulen ähnlich zu werden, das würde uns unterminieren – und zwar höchst effektiv! Das Leben hat seine eigenen Formen der Ökonomie.»

Gleich nachdem Ulrich fortgeschickt worden war, fand das große Weihnachtsfest statt, mit dem Weihnachtsspiel, das

von Eva und Adam handelt. Der große Saal im Erdgeschoß war voller Menschen, meist Eltern, und unter den übrigen Besuchern waren auch Abraham Werner und Paula. Der
/368/ Jungmann saß ganz vorn, neben Marx.

Er hatte in der letzten Zeit auch Back mehrere Male vertreten müssen. Back war ein paar Tage nicht arbeitsfähig gewesen. Er sollte das Fest eröffnen und die einleitende Rede halten. Er saß ganz oben an der Bühne, und seine Kleider waren noch ungebügelter, sein graues Haar noch struppiger und sein Gesicht noch röter als sonst.

Werner neigte sich zu Paula hinüber.

«Back scheint etwas angesäuselt zum Fest gekommen zu sein. Merkst du es auch?»

Sie sah ihn bekümmert an.

«Ja», sagte sie, «leider.»

Werner war indigniert über Backs Aufzug zu dieser Stunde, und er wühlte die Uhr unter dem Wintermantel hervor. Es war erst kurz nach zwölf.

Dann stand Back auf und ging ruhig und festen Schrittes die schmale Treppe zur Bühne hinauf. Es wurde sehr still im Saal.

Hinter dem Vorhang konnten Jonas und Birger jedes Wort, das er sagte, hören:

«Die meisten von euch, die hier sitzen, haben davon gehört, wie Thor eines Tages zu Utgardloki zog. Ihr wißt, daß Thor und seine Männer, als sie an die Burg Utgardlokis kamen, hineingebeten wurden, um sich in den Kampfspielen zu erproben, die ein jeder am besten verstand. Und daß sie verloren. Alles, worin sie sich versuchten, ging ihnen schlecht aus, so daß die Leute Utgardlokis laut über sie lachten. Nichts gelang ihnen, alles machten sie falsch. Selbst Thor, der doch der stärkste der Götter war, kam schlecht davon; und als sie von der Utgard-Burg fortzogen, glaubten sie, die Männer Lokis nie besiegen zu können.

Erst später erfuhren sie, daß die Kampfspiele in Wirklichkeit ganz anders ausgefallen waren, als es auf der Burg ausgesehen hatte. Daß Thor es nicht fertiggebracht hatte, das Trinkhorn Utgardlokis zu leeren, kam daher, daß das Horn bis hinunter ins Meer reichte und daß Thor aus dem großen Weltmeer getrunken hatte; beim dritten Schluck hatte er /369/ so kräftig getrunken, daß auf der ganzen Welt das Meer um mehrere Zoll sank und die Utgard-Leute vor Schreck erblaßten.

Als es Thor im Ringkampf mit dem alten Weib Elde nur gelungen war, sie auf ein Knie niederzuzwingen, da war es das Alter selbst gewesen, mit dem er kämpfte.

Und als Thor die Katze Utgardlokis nur so hoch hatte heben können, daß sie eben den einen Fuß vom Boden lüpfte, da hatte er in Wirklichkeit die Midgardschlange selbst hochgehoben – und zwar so, daß sie beinahe die Erde losgelassen hätte, die sie umklammert hält. Die Midgardschlange ist der erste und letzte und fürchterlichste aller Drachen. Und das Gelächter, das Thor und seine Männer von den Utgard-Leuten gehört hatten, war kein Gelächter gewesen, sondern ein Geschrei, das die Leute Lokis vor Angst ausstießen.

So ging es zu, daß Thor und seine Männer jedesmal einen gewaltigen Sieg errangen, wenn sie glaubten, sie hätten verloren.

Nun ist es ebenso mit den Menschen, wenn sie versuchen, etwas zu tun, was gut und richtig ist; Utgardloki, der König der Utgard-Burg, gebraucht seine Zauberkünste und macht uns glauben, daß wir verloren haben oder doch meinen, daß alles, was ein Mensch vermag, so wenig sei, daß es nichts nütze, es zu tun. Denn Utgardloki weiß, er siegt, wenn die Menschen nur den Mut verlieren.

In Wirklichkeit jedoch ist es anders. Wenn die Menschen verlieren, ohne mutlos zu werden, dann schreien die Leute Utgardlokis laut vor Angst.

Ihr mögt wohl denken, dies sei eine seltsame Rede zum Advent. Doch erstens werdet ihr bald das Paradiesspiel sehen, wo die Schlange kommt und sich mit Eva und Adam gut Freund macht, und diese Schlange ist eine nahe

Verwandte der Midgardschlange. Und zweitens ist es so: Wenn man alt genug geworden ist, so handeln alle Erzählungen vom Advent.»

/370/ Hier schloß Backs Rede etwas plötzlich, und das Spiel begann. Jonas spielte Adam, die Hauptrolle, und Back hatte sie ihm gegeben, weil Adam auch so schlecht gelesen hatte, bevor er in den Apfel biß. Es paßte also ausgezeichnet, obwohl es gerade jetzt nicht mehr ganz so gut paßte wie damals, als die Proben begannen. Jonas hatte nämlich, während er die Rolle mit Hilfe Backs und Birgers einübte, plötzlich von selbst angefangen zu lesen, so daß er jetzt bestimmt viel tüchtiger darin war als Adam im Paradiese. So war also der Apfel, in den Jonas auf der Bühne biß, auch für ihn zu einem richtigen Apfel vom Baum der Erkenntnis geworden.

Er spielte den Adam mit großem Erfolg. Doch die Schlange war nicht so gut, weil der Junge, der sie eigentlich hatte spielen sollen und sich schon darauf gefreut hatte, seit ein paar Tagen nicht mehr zur Schule gekommen war, so daß ein anderer sie hatte übernehmen müssen.

Back ging gleich nach der Aufführung in sein Zimmer, und Jonas sah, daß es ihm schwer wurde, die Treppe hinaufzusteigen.

Erst als Jonas am Nachmittag unter dem großen Sternenhimmel und dem leuchtend roten Rauch stand, ging ihm plötzlich auf, daß Back nach dem Fest hinaufgegangen war, um zu schlafen. Eine Weile stand er da und rief in den Schnee hinaus. Er rief nach Back und nach dem Jungmann und nach Marx, doch niemand hörte ihn. Und es wurde ihm immer gewisser, daß Back oben in seinem Zimmer lag und schlief. Dann lief er um das Gebäude herum und versuchte, die verschlossene Hintertür mit Fußtritten aufzustoßen, aber das gelang nicht. So stand er in einer Schneewehe und weinte, weil Birger fort war und weil er selbst gar nichts tun konnte. Trotzdem glückte es ihm gleich darauf, ins Haus zu kommen. Er stieß die Lüftungsklappe in seiner Klasse aus, die im Erdgeschoß lag, und setzte einen Fuß in das Loch. Da die

Fenster nicht mit Kreide oder weißer Farbe gestrichen waren, konnte er jetzt die Bänke drinnen sehen. Dann mußte er wieder hinunter, um etwas zu suchen, womit er die Scheibe einschlagen konnte. Der Schnee war locker, und es war zu /371/ kalt, um einen ordentlichen Schneeball machen zu können. Erst nachdem er eine ganze Weile gesucht hatte, fand er einen Stock, mit dem er das Glas herausschlagen konnte. Dann kroch er hinein.

Die Tür des Klassenzimmers nach dem Korridor zu war unverschlossen, und er rannte, so schnell er konnte, über den Korridor und die Treppe hinauf. Schon im Erdgeschoß roch es furchtbar nach Rauch, und im ersten Stockwerk war die Luft so schwer, daß es sich nicht gut darin atmen ließ. Als er ins zweite Stockwerk kam, wurde er ängstlich. Die Angst kroch durch die Füße und Beine in ihm hoch, und es war, als klebten seine Fußsohlen am Boden.

Auf der Treppe zum Dachgeschoß sah er das Feuer, das schwelte und stank und in seinem eigenen Rauch ersticken wollte. Der Rauch stand dort dicht wie eine Wand, und nur hin und wieder flammte es darin auf, leckte eine schmale Stichflamme daraus hervor, so daß der Rauch rot wurde wie glühende Kohlen. Jonas blieb unterhalb des letzten Treppenabsatzes stehen; ihm war, als sei das Feuer ein großes und gefährliches Tier, das sich hinter dem Rauchteppich verberge. Er hatte wohl noch nie solche Angst gehabt wie jetzt. Plötzlich fühlte er, daß Back in der Nähe war, und wie ein Pfeil flog er die Treppe hinauf.

An Backs Tür war der Rauch etwas leichter, und obgleich seine Augen schrecklich brannten, wandte Jonas sich um und sah zurück. Die Flammen waren auf dieser Seite größer, und er begriff nicht mehr, daß er den Mut gehabt hatte, an ihnen vorbeizulaufen. Sie schienen noch größer zu werden, während er sie ansah.

Die Tür war nicht verschlossen, und das Zimmer war dunkel. Drinnen war kein Rauch, und er schlug die Tür hinter sich zu und wischte sich die Augen. Er fühlte sich jetzt viel sicherer.

Dann drehte er sich um und ging in den Raum hinein. Er war oft hier gewesen, und er ging sofort auf die Couch zu. Das große, dunkle Bündel, das dort lag, war Back, und Jonas fühlte /372/ sich ungeheuer erleichtert und froh, weil Back ihn nun auf dem Rücken die Treppe hinuntertragen konnte.

«Herr Back», sagte er laut. Aber der Schlafende rührte sich nicht.

«Herr Back!»

Er rief ihn mehrere Male, aber als das nicht half, faßte er ihn an den Schultern.

«Herr Back!»

Er rüttelte ihn aus Leibeskräften; trotzdem erwachte Back nicht. Eine Weile stand Jonas ratlos, dann griff er in das struppige Haar und zog daran. Er zog und zauste und riß aus Leibeskräften, und während er das tat, füllte sich das Zimmer immer stärker mit Rauch, obwohl die Tür geschlossen war. Er hätte nie gedacht, daß es möglich sei, jemanden so an den Haaren zu reißen, oder daß es möglich sei, so fest zu schlafen. Aber es war also möglich. Er tat mit Back alles, was ihm einfiel, um ihn zu wecken, und schließlich biß er ihn in die Hand. Er biß ihn mehrere Male kräftig in die Hand; aber es half nichts.

Jonas weinte jetzt bitterlich, des Rauches wegen und weil Back nicht aufwachte. Doch vor allem weinte er, weil er begriff, daß er wieder an dem Feuer vorbei- und allein die Treppe hinuntergehen mußte. Er biß Back in den Finger, weil er wußte, wie weh das tat; aber Back schlief weiter, ohne es zu spüren.

Als Jonas wieder auf den Boden kam, war es dort glühend heiß und dicht voller Rauch. Wo die Treppe sein mußte, glühte das Feuer aus dem Rauch hervor. Dicht über den Dielen war die Luft etwas freier, deshalb kroch er auf allen vieren der Treppe zu. Trotzdem konnte er sie nicht ganz erreichen, weil auf der obersten Stufe jetzt alles voller Feuer war. Es kam näher und näher, und er wurde mit dem Rauch und der Hitze nicht mehr fertig. Seine Angst wurde so übermächtig, daß er beinahe auf der Stelle liegengeblieben wäre, bis er endlich schwach und wie gelähmt zu Backs Zimmer zurückzukommen versuchte. Ein paarmal lag er ganz still auf dem Bauch, das Gesicht auf dem Boden. Dann kroch er durch die Tür, die er offengelassen hatte, und auf die Couch /373/ zu, wo Back lag. Der Rauch war jetzt im Zimmer ebenso dicht wie auf dem Boden, aber es war nicht so heiß. Jonas schaffte es, zu Back hinaufzukriechen, so daß er wenigstens nicht allein war, und dort setzte er sich nieder und sah den Rauch in dem schwachen Sternenlicht, das von draußen hereinschien. Er begriff nicht, warum hier so viel Rauch und so wenig Feuer war, aber seine Hustenanfälle wurden immer heftiger, und er bekam kaum mehr Luft. Etwas leichter wurde das Atmen, wenn er Gesicht und Mund dicht an die Couchdecke hielt. So lag er eine Weile lang ausgestreckt neben Back. Und er merkte, daß er sich besser fühlte. Er hatte kein Bedürfnis, sich zu rühren, nur liegen wollte er, und es tat wohl, so zu liegen. Es tat sehr wohl.

Als er endlich aufsah, war der Rauch weiter fort. Er war gleichsam kleiner geworden und lag tief unter ihm. Jonas sah genauer hin, und verwundert setzte er sich auf und betrachtete ihn. Er selbst war jetzt viel größer als vorher und hatte vergessen, daß er noch vor wenigen Augenblicken solche Angst gehabt hatte. Langsam verschwand der Rauch unter ihm, und plötzlich war statt dessen die See da. Eine große blaue und salzige See mit viel, viel frischem Wind darüber. Der Himmel war blau, und die See war blau, blau, blau. Plötzlich kannte Jonas sich aus und wußte, wo er war; er war auf dem Deck der «Teneriffa», und etwas weiter drüben stand der Jungmann und hantierte an einem der Rettungsboote, ohne ihn zu sehen. Der Jungmann sang bei der Arbeit, und er war barfüßig und im dünnen Hemd, an dem der Wind zog und zerrte. Und das Haar des Jungmanns hob sich und tanzte im Winde. Mit einem lauten Ruf stand Jonas auf und rannte über das Deck auf den Jungmann zu, der sich umdrehte und lachte und ihn einen Schlingel nannte, während er ihn in die Luft, hoch über seinen Kopf hob. Dann

stellte der Jungmann ihn wieder hin, dicht an die Reling. Er lehnte sich hinaus und sah auf das Wasser, das an der Schiffsseite schäumte und brodelte. Es war weiß und dun-
/374/ kelblau und sah aus, als sei es hart wie Zement. Nur einzelne Wogen spülten herauf und sprühten Schaum in die Luft. Die Spritzer glitzerten so in der Sonne, daß sie ihn beinahe blendeten, und hin und wieder bekam er eine feine Dusche Salzwasser ins Gesicht und mußte vor Freude laut lachen.
Paß auf, sagte der Jungmann, sonst holt dich der Rasmus!
Und Jonas begriff sofort, Rasmus, das war das Meer. Aber weit, weit fort sah er jetzt plötzlich seine Eltern, sie lachten und winkten ihm aus einem kleinen Boot zu, in dem sie saßen, und der Bootsmann hatte seine Jacke ausgezogen, die ihn am Rudern hinderte. Die Ärmel waren über die mächtigen Unterarme hinaufgekrempelt, und Jonas hüpfte und sprang und tanzte auf dem Deck umher, damit sie ihn besser sehen könnten, wenn er zurückwinkte.
Dann war er nicht mehr an Bord, sondern ging mit dem alten Oberlehrer, der Jochumsen geheißen hatte, über eine Wiese mit hohem Gras. Jochumsen pflückte ihm Blumen, und er aß sie, und sie schmeckten ihm besser im Munde als Kuchen, und Jonas schwebte vor dem großen Gesicht mit dem grauen Haar empor. Er stieg höher, schwebte höher und immer höher, und dann segelte er in den großen Ring hinein und wieder aus ihm heraus, und er war ein Luftkind, das über der Stadt schwebte, und war viel größer als die Stadt und reichte weiter als von ihrem einen Ende bis zum anderen.
Er hörte, wie sehr weit fort der Jungmann nach ihm rief.

Birger war fast den ganzen Weg zum Jungmann gelaufen, und er fand ihn zu Hause, als er ankam. Er konnte kaum sprechen, so atemlos war er – und der Jungmann brachte nur mit Mühe und Not einen Sinn in die Worte, die er hervorkeuchte. Aber dafür ging, als er begriffen hatte, alles so schnell, wie es Birger sein Lebtag noch nicht vorgekommen war.

«Ich … ich habe am … Pfahl im Park … Alarm … Alarm … ge … geschlagen!» brachte Birger außer Atem hervor, und der andere begriff sofort, was er meinte, wie der Jungmann überhaupt unglaublich schnell verstand, was die Leute meinten, noch ehe sie es richtig ausgesprochen hatten.

Ein Taxi erwischten sie sozusagen im ersten Augenblick. Trotzdem war die Feuerwehr eher bei der Schule angekommen als sie. Sie hatte keine Schwierigkeit gehabt, die Brandstätte zu finden. Die Flammen schlugen jetzt durch das Dach, und nun bekam das Feuer Luft und freien Durchzug, so daß es die Dachbalken richtig packen konnte, statt im eigenen Rauch zu ersticken. Die eine Seite des Firstes brannte über und über mit großen prasselnden Flammen vor dem schwarzen Sternenhimmel, so daß rote Lichter über den Schnee tanzten. Die Laute des Feuers waren stark und deutlich und böse.

Wie der Blitz war der Jungmann bei den Männern am Feuerwehrauto.

«Ich glaube, oben im Dachgeschoß liegt ein Mann und schläft!»

Die Feuerwehr handelte rasch und ohne unnötiges Geräusch, eingearbeitet und so sicher, als sei sie ein Mann. Birger rannte ums Haus und suchte Jonas, ohne ihn zu finden. Er ist wohl seiner Wege gegangen, dachte Birger. Mit jedem Augenblick wurden die Flammen größer und gefährlicher und glichen immer weniger einem gewöhnlichen Feuer.

Hin und wieder schoß eine Feuersäule aus dem Dach empor, ein sprühender, brüllender Strahl einer Masse, die aussah wie geschmolzenes, glühendes Eisen. Dann verschwand sie wieder, doch nicht lange, dann war sie aufs neue da, stärker und höher und noch leuchtender als zuvor.

Mit heulenden Sirenen kamen zwei weitere Feuerwehrautos auf den Schulplatz gefahren, und lange schwarze Schlangen wurden durch den Schnee gezogen. Feuerwehr und Polizei mußten die Schaulustigen in Abstand halten; denn schon war auch das Unglückspublikum zur Stelle.

Birger lief noch einmal ums Haus, um Jonas zu suchen, aber er kehrte ohne ihn zum Jungmann zurück.

Ungefähr zu gleicher Zeit trafen die Krankenwagen ein.

/376/ Das Feuer bekam immer besseren Zug und erhob sich mit Geprassel über das Dach wie ein gewaltiges wildes Tier, wie ein riesiger flatternder Vogel, der sich in das Haus festgekrallt hatte. Die Schwingen schlugen hoch und rot in das Dunkel hinauf.

Dann hörten sie das Klirren der Balkontür, die eingeschlagen wurde.

Die Feuerwehrleute waren überrascht, dort oben zwei Menschen statt des einen vorzufinden, aber sie verloren kein Wort darüber. Der Jungmann nahm Jonas am Fuß der Treppe in Empfang und rief ihm, als er ihn zum Krankenwagen trug, ein paarmal seinen Namen ins Ohr, und ein schwaches Zucken der Augenwimpern war die Antwort. Birger kam mit an den Krankenwagen und weinte zum Steinerweichen, als Back und Jonas hineingelegt wurden. Dann fuhr das Auto ab. Das Dach begann jetzt zusammenzufallen, und an dem einen Ende des Firstes zeichneten sich die Tragebalken deutlich und schwarz vor den Flammen ab. Plötzlich stand Marx neben ihnen im Schnee. Er war barhäuptig.

Sie standen alle drei und sahen auf das Skelett des Daches, das immer mehr aus den Flammen hervortrat.

Zwei Stunden später war das Dach niedergebrannt, doch das Feuer war gelöscht, und das erste Stockwerk war mit dem Erdgeschoß beinahe unberührt geblieben. Alle Lehrer waren jetzt zur Stelle.

«Ja», sagte Marx, «ich glaube, die Weihnachtsferien werden dies Jahr ziemlich lang werden.»

Aber da Back nicht zugegen war, fand sich niemand, der im rechten Geist hätte fortfahren können.

In diesem Augenblick hielt ein großes schwarzes Auto dicht neben ihnen, und Birger kam herausgestürmt.

«Es geht ihnen gut!» schrie er. «Darf ich mit auf den Boden und aufräumen?»

«Ja», sagte Marx, «du darfst aufräumen, bis du grün und blau wirst.» Er sah zu dem Mann auf, der Birger folgte.

«Wie sieht es aus?»

«Ziemlich starke Rauchvergiftung», antwortete er. «Aber es /377/
geht sicher gut aus. Sie bekommen beide Sauerstoff.»

Er sah zu dem Schulgebäude auf.

«Schön ist es nicht», sagte er.

Marx stimmte ihm bei, und der Arzt blinzelte zu ihm hinüber.

«Wissen Sie», sagte er, «ich habe ein paar scheußliche Botanikbücher entdeckt. Wären sie zu dem Zweck geschrieben, jegliches Interesse an Pflanzen zu ersticken, so würden es bahnbrechende, epochemachende Arbeiten sein. Sie benutzen wohl nie Lehrbücher in der Botanikstunde?»

Marx sah ihn verwundert an, als habe er die Frage gar nicht gehört.

Doktor Kopfeldt nahm ihn am Arm und wandte ihn vom Hause ab.

«Verzeihung, daß ich Sie gerade jetzt damit quäle; aber ich habe immer so großes Interesse an der Naturwissenschaft gehabt – und es kommt mir so vor, als bestehe die Aufgabe der Schule, soweit es um solche Fächer geht, durchaus nicht darin, die Schüler soundso viel lernen zu lassen, sondern weit mehr darin, ihr Interesse für die Wirklichkeit zu wekken. Ja, ich möchte so weit gehen zu behaupten, das, worauf es ankommt, ist überhaupt erst einmal die Fähigkeit zu wekken, sich für etwas zu interessieren.»

Er hielt inne und sah Marx ins Gesicht.

«Einverstanden?»

«Ja», sagte Marx geistesabwesend.

«Und Lehrbücher und Zeugnisse töten das Interesse oder die Fähigkeit, sich zu interessieren, weil sie Konkurrenz- und Pflichtgefühle in etwas hineintragen, was eine reine Freude sein sollte. So wie der Religionsunterricht der Schule uns alle zu Atheisten gemacht hat, machten die naturwissenschaftlichen Fächer uns zu Naturhassern. – Ich selbst

hatte als kleines Kind Blumen furchtbar gern, aber später habe ich über zwanzig Jahre gebraucht, um die in der Schule entstandene Antipathie gegen die Pflanzen zu überwinden.
/378/ So geht es den meisten von uns.»

Marx erwachte nicht.

«Ich verstehe – Sie denken an den Brand», sagte Doktor Kopfeldt und sah ihn mit seinen lebendigen braunen Augen an. «Aber das Käppchen da oben können wir wohl wieder aufbauen. Dann richten wir dort einen Raum für naturwissenschaftliche Fächer ein. Sie bekommen allerlei hübsche alte Sachen von mir. Spezialitäten, die ich im Lauf der Jahre gesammelt habe. Eine Zeitlang sammelte ich zum Beispiel Kristalle.»

Marx ging mit dem Jungmann nach Hause; es war billiger, bei ihm zu wohnen, als in eine Pension zu ziehen. Sie waren beide ziemlich erschöpft.

«Jetzt besitzt du genau das, was du auf dem Leibe trägst», sagte der Jungmann.

«Nein, ich habe Glück gehabt. Ich habe gerade einen Anzug zum Reinigen gegeben. Die Hälfte des Vermögens ist also gerettet.»

«Da siehst du's!» sagte der Jungmann. «Gott verläßt die Seinen nicht.»

«Wir müssen sehen, daß Ulrich wieder in die Schule kommt», antwortete Marx.

Der Jungmann sah ihn aufmerksam an.

«Meinst du?»

«Ja, natürlich. Es hat sich herausgestellt, daß es falsch war, ihn wegzuschicken.»

Eine Weile später saßen sie sich im Zimmer des Jungmanns gegenüber.

«Habt ihr vom Herbst ab Verwendung für einen weiteren Lehrer?» fragte der Jungmann. Marx starrte ihn mit offenem Munde an.

«Ich weiß nicht, wie wir vom Herbst ab ohne einen weiteren

Mann fertig werden sollen. Wenn sich nicht irgendein nichtsahnender und furchtloser Mensch findet, sterben wir aus.»

«Eben das dachte ich auch.» /379/

«Hast du denn jemanden aufgetrieben?»

«Ich bin zwar Studienrat gewesen, aber vielleicht könnt ihr mich trotzdem brauchen.»

«Dich?»

«Ja.»

«Warum sollten wir für dich keine Verwendung haben?»

«Tja. Ich bin doch selbst ein Schulwrack – so wie Jonas. Ich habe die Schulneurose, wie du es nennst.»

«Das ist Backs Ausdruck.»

«Na schön.»

«Aber du wolltest ja nie wieder Lehrer werden?»

«Man kann sich's doch anders überlegen.»

Sie aßen zu Abend, der Jungmann hatte ein paar Spiegeleier gebraten und Tee gekocht.

«Hör zu!» sagte Marx. «Du mußt dir das etwas durch den Kopf gehen lassen. Wir können dir nicht viel mehr bieten, als im Winter Schnee zu schippen und im Sommer Türen zusammenzunageln. Du bist ja ein geschickter Schreiner, soweit würde es also großartig gehen. Dazu bekommst du deine eigene Klasse und hast volle Freiheit, viele Jahre hindurch mit ihr zu arbeiten, wie du es für richtig hältst. Dann mußt du morgens den Ofen heizen und nach der Schulzeit die Fußböden aufwischen. Du bekommst praktisch so gut wie kein Gehalt. Alle freien Tage und Ferien mußt du dazu verwenden, dich vorzubereiten oder etwas am Schulgebäude zu reparieren. Du hast bei uns keine heroischen Aussichten, keine großartigen Möglichkeiten. Ich kann dir versprechen, daß du weder Pension noch irgendwelche Orden oder sonstige Anerkennungen bekommst. Wir haben zu wenig Toiletten und nicht genug Geld für Kreide. Im Sommer müssen die Schulräume gestrichen werden, und das machen wir selbst. Früher oder später schaffen wir es nicht mehr.

Eines Tages, ob nun in einem Jahr oder in zehn oder fünfzehn Jahren, werden wir einsehen, daß alle Arbeit, die wir getan haben, versickert wie ein Glas Wasser, das man auf die
/380/ Erde gießt.»

«Davon bin ich nicht ganz überzeugt», sagte der Jungmann.

«Du mußt es dir trotzdem vorher gründlich überlegen.»

Aber der Jungmann hatte es sich schon überlegt.

«Das Problem», sagte Marx, «das Problem liegt darin, daß man imstande sein muß, für eine Sache zu arbeiten, ohne zu glauben, daß man damit die Welt erlösen könne. Man muß für etwas arbeiten können, ohne zu glauben, daß es das einzig Wahre, daß es *die* Sache sei.»

«Ja», sagte der Jungmann, «für dich liegt sicher darin das Problem.»

«Für mich?»

«Ja, für dich. Für mich ist es etwas anders.»

«Ja, aber es kommt doch darauf an, etwas für eine Sache einsetzen zu können, die man nicht für vollkommen hält? Sich an einen Guru zu halten, der nicht allwissend ist?»

«Für mich ist es anders.»

«Wie denn?»

«Wenn man erst einmal ausgetreten ist, dann ist es nicht so einfach, wieder einzutreten. Man wird etwas ängstlich.»

«Dann soll man es wohl besser lassen.»

«Für mich ist das wichtigste, daß es eben *keine* Sache ist. Ich will keine Revolution, und ich will das Schulwesen nicht reformieren. Es handelt sich für mich um nichts anderes als darum, daß es hier vielleicht möglich ist, etwas Vernünftiges zu tun, etwas, was einen winzig kleinen Sinn hat. Das ist alles.»

«Ich verstehe, was du meinst», sagte Marx.

«Nein», sagte der Jungmann, «das tust du nicht.»

«Ja», sagte Marx, «eigentlich hast du recht.»

«Ich verabscheue *Sachen*. Aber was mir an diesem Zigeunerlager, wie Back es nennt, zusagt, das ist, daß man vielleicht noch dem einen oder anderen Jonas helfen kann. Es ist kein Mangel an solchen Kindern.

Aber ich habe keine Neigung, die Menschheit zu erlösen.»
«Wir gehen tatsächlich von entgegengesetzten Standpunkten aus», sagte Marx.
«Ja, wir kommen von ganz entgegengesetzten Seiten. Wir /381/ sind von genau diametral entgegengesetzten Ausgangspunkten gestartet. Und nach den allgemein üblichen Regeln für soziales Leben müßten wir uns eigentlich an die Kehle gesprungen sein.»
Es entstand eine Pause.
«Und trotzdem wird also in Zukunft unser Hauptinteresse der gleichen Aufgabe gelten.»
«Es sieht so aus.»
«Merkwürdig.»
Der Jungmann sah ihn an, mit vollem Blick und aufrichtig erstaunt.
«Ja», sagte er, «es ist wirklich sehr merkwürdig.»

Die Kohlendioxid-Vergiftung, während deren er über der Stadt schwebte, hatte Jonas ziemlich mitgenommen. Die Kopfschmerzen waren das erste, was er spürte. Er fühlte sie wie einen langen, spitzen Eisenstachel hinter der Stirn, lange bevor er die Augen aufschlug oder ahnte, wo er war. Dann träumte er einen langen bösen Traum von Fräulein Bö und Oberlehrer Strange und dem gelben Hund. Sie wollten etwas mit seinem Kopf machen. Als er erwachte, war ihm übel und schwindlig, und er schrie laut über die Schmerzen in der Stirn. Aber glücklicherweise saßen die Eltern an seinem Bett, und schon am nächsten Tag kam der Jungmann und besuchte ihn. Und nur wenige Tage später konnte er in eine andere Abteilung hinübergehen und Back begrüßen.
Und hier endet die Geschichte von einem Jungen, der nicht lesen konnte, obwohl er schon über acht Jahre alt war, und der dennoch draußen in der Welt vieles in Gang zu setzen vermochte.

Als ich *Jonas* schrieb

Als ich *Jonas* schrieb, war ich mir dessen bewußt, daß das /383/ Buch Unmut erregen und wohl auch einige verärgerte Lehrer zu Zeitungsartikeln veranlassen würde. Ich rechnete mit einem möglichen Dementi von seiten der Oberlehrer und den üblichen Versicherungen, daß das heutige Schulwesen praktisch vollkommen sei und etwaige Unzulänglichkeiten durch die Sozialdemokratie in ein paar Jahren behoben sein würden. Ich hatte der Rahmenerzählung des Buchs, der Schulgeschichte, Material über fünf, sechs Kinder zugrunde gelegt – ich wußte, es war alles einwandfrei, so daß ich im Falle eines Gerichtsverfahrens in der Lage gewesen wäre, die Behauptungen zu dokumentieren; unklar war mir hingegen, inwieweit die Jonas-Geschichte repräsentativ war. Was sich damals meiner Kenntnis über das Schulwesen entzog, habe ich inzwischen durch Eltern in Erfahrung bringen können, die sich schriftlich oder mündlich an mich wandten, weil sie selbst ähnliches mit ihren Kindern durchgemacht haben. Die in *Jonas* wiedergegebenen Zitate aus Schulbüchern sind ebensowenig erfunden wie der Grundgedanke, daß ein Kind, das nicht die übliche Entwicklung des Lese- und Abstraktionsvermögens durchläuft, äußerst rasch als minderbegabt eingestuft und in eine Schule für ernsthafter behinderte Kinder geschickt wird. Die Lehrbuchzitate sind wortwörtlich norwegischen Schulbüchern entnommen und unverändert in *Jonas* eingefügt worden.

Jonas entfachte nun aber eine derartige Wut, wie man sie nicht für möglich gehalten hätte in einer Zeit, die doch von weitaus schrecklicheren Ereignissen heimgesucht wird als von norwegischen Romanen. Und es ist seltsam, daran zu denken, daß die eigentliche Schulgeschichte, die polemische Seite der Sache, die ganze Zeit über und bis heute für mich persönlich eine völlig untergeordnete Rolle gespielt hat. Selbst die allgemeineren kulturkritischen Angriffe in *Jonas*

sind für mich nicht das Zentrale. Darauf will ich noch zurückkommen. Dessen ungeachtet sind die gewaltige Debatte und die äußerst heftigen Leidenschaften, die sie zum Vor-
/384/ schein brachte, in Wirklichkeit wohl mehr auf diese kulturpolitische Bedeutung zurückzuführen, die das Buch erlangte, als auf die in ihm dargelegten rein pädagogischen Gesichtspunkte.

In einem modernen Staat mit all dem Machtwillen, der von ihm ausstrahlt, wird das Schulwesen, das Teil des Geisteslebens ist, äußerst leicht umgeformt zu einem Machtmittel im politischen Kampf. Das Schulwesen wird zum Ausdruck für die Kulturpolitik und das Menschenbild der herrschenden Kreise. Nicht der Mensch, der Schüler, bildet das Maß für den Unterricht, sondern das Bestreben, den Schüler zur Ideologie des Staates zu erziehen. Daher geschah das Merkwürdige, daß die ganze *Jonas*-Diskussion, trotz ihres selbst für norwegische Verhältnisse außerordentlich niedrigen Niveaus, zugleich über die Köpfe eines großen Teils der Teilnehmer hinweg geführt wurde. Diese Teilnehmer waren der Meinung, es handle sich um eine pädagogische Debatte, während in Wirklichkeit ein politischer Vernebelungskrieg geführt wurde.

Es ist zu erwähnen, daß ich mich selber kein einziges Mal schriftlich an der Polemik beteiligte.

Die Debatte um *Jonas* begann vor einem Jahr und kam wohl erst vor einigen Wochen zum Erliegen. Zumindest ist mir nicht bekannt, daß im letzten Monat etwas geschrieben worden wäre. An Umfang, Dauer und Leidenschaftlichkeit übertraf sie nach Aussage erfahrener Leute jede literarische Debatte, die nach der Jahrhundertwende in Norwegen stattgefunden hat. Sie wurde in einer Reihe von Zeitungen gleichzeitig geführt, praktisch in der gesamten Provinzpresse, in mehreren Zeitschriften, im norwegischen Radio, und rief sogar in solch fernen Ländern wie der Schweiz oder den USA ein Echo hervor. Noch ein weiterer Rekord wurde aufgestellt: Selbst in Norwegen hat man schwerlich jemals zuvor ein ähnliches Niveau erlebt. Zum Beispiel deutete eines der repräsentativsten Lehrerblätter die Möglichkeit eines Boykotts gegen meinen Verlag an; kauft keine Schulbücher /385/ aus dem Verlag, der *Jonas* herausgegeben hat! Die Osloer Zeitung *Dagbladet* druckte einen Artikel meiner beiden ruhmgekrönten Kollegen Axel Kielland und Johan Borgen, in dem sie schrieben, Jens Bjørneboe habe «sich einen Vorspann von Kritikern verschafft». Der Präsident des Norwegischen Kritikerverbands wiederholte die Korruptionsbeschuldigung und dehnte sie auf die gesamte skandinavische Presse aus; auch von Leuten wie Solveig von Schoultz oder Jens Kruse wurde behauptet, sie stünden in meinem Sold. Ausdrücke wie «pathologisch» und dergleichen schwirrten dem Verfasser um die Ohren. Die Zeitschrift *Farmand*, die über einen enormen Leserkreis verfügt, schrieb, das Buch «*fließe von Judenpropaganda über*» und der Autor verdiene *körperliche Bestrafung*. Neu, selbst für norwegische Verhältnisse, war die Tatsache, daß sich die Angriffe nicht nur gegen die Person des Schriftstellers, sondern auch gegen seine nächsten Freunde richteten. Man nahm Geiseln.

Das Eigentümliche trat ein, daß Kommunisten, «Radikale», Linke, Christliche und Konservative Bruderküsse tauschten und wie auf ein verabredetes Signal hin zum Angriff übergingen. Komisch war, daß einige der heftigsten Angriffe aus höchst konservativen Kreisen kamen, beispielsweise der Angriff in *Farmand* – was sich nur damit erklären läßt, daß die Konservativen in Norwegen in ihrer Stumpfheit derart auf die Verteidigung des Bestehenden eingeschworen sind, daß sie instinktiv auch die sozialistische Ideologie und die sozialistische Schule verteidigen.

Natürlich kann es für einen Schriftsteller geradezu ein Wunschtraum sein, zum Zentrum eines solchen Papierorkans zu werden. Um so mehr, da ich selbst keinen Finger zu rühren brauchte, sondern das Ganze sich selbst überlassen

konnte, während ich in Ruhe meiner täglichen Arbeit nachging. Die gewaltigen Verleumdungen in der Presse wurden durch die Verteidigung, die das Buch erhielt, mehr als auf-
/386/ gewogen. Das Bewegendste, was ich erlebte, war eine fremde Kinderstimme, die sich eines Tages am Telefon meldete:
«Ist dort Bjørneboe?»
«Ja?»
«Jens Bjørneboe?»
«Ja, ich bin es.»
«Hier ist Jonas. Mach's gut!»
Höchst ermutigend war auch, daß einige Kritiker entdeckten, daß das Buch eigentlich von etwas anderem handelt als dem, worum sich die Diskussion drehte. Diese Unterstützung kam von seiten der Universität: allen voran von dem dänischen Literaturwissenschaftler Erling Nielsen und dem norwegischen Platon-Spezialisten Egil Wyller. Ihrer Besprechung des Buches ist es zu verdanken, daß die Diskussion auf mehreren Ebenen zugleich in Gang kam.

Die Schulhandlung in *Jonas* ist eine rein äußere Rahmenhandlung. Das Geschehen hätte ebensogut in eine Zeitungsredaktion, ein Krankenhaus oder sonstwohin verlegt werden können. Das Zentrum des Romans bildet die Nacherzählung der Gralssage und die vorausgehende Schilderung der Gymnasiasten. Das Hauptthema wird in dem Satz angeschlagen: «Denn wenn die Gralsritter den Gral vergessen, dann töten sie einander.» Und: «Parzival hatte noch nicht gelernt, was für denjenigen, der den Gral finden sollte, notwendig war; er hatte nicht gelernt, die Schmerzen anderer genauso stark zu fühlen wie seine eigenen. Daher mußte er wiederum in die Welt hinaus, um mehr zu lernen und um mehr Verstand zu erwerben.»
Einige Kritiker haben bemängelt, diese langen Mythen würden das Buch mit Abschweifungen überfrachten; in Wirklichkeit bilden gerade *sie* die eigentliche Erzählung. Wenn das Buch den Titel *Jonas* trägt, so nicht deshalb, weil der

Schüler Jonas die Hauptfigur ist, sondern weil er durch seine Wortblindheit wie Parzival der «reine Tor» ist; Jonas ist unempfänglich für unsere Verderbtheit und das Abstrakt-Menschliche unserer gegenwärtigen Kultur. Parzival war /387/
«wie ein Hirsch aus dem Walde». Und die Einleitung, die das Traumleben von Jonas schildert, deutet seine besondere Art, seine «Rasse» an. Dadurch, daß er in seiner Kindheit abgesondert und beschützt gewesen ist wie Parzival auch, wird er sich eines Tages als ein Gralsritter erweisen, der über gewaltige Reserven verfügt. Jene Unschuld und Harmlosigkeit in der Kindheit haben ihm jedoch Leiden verursacht, und dies wird ihn mit jener Erkenntnis befähigen, deren Parzival bedarf.

Jede wichtige Person im Buch ist eine Variante der Jonas-Rasse: Jochumsen, der stirbt, ist Jonas; Werner ist der alte Jonas, von anderem Jahrgang und aus einem Stoff, der überlebt; Marx ist Jonas; der Jungmann ist Jonas; der Priester ist Jonas; und nicht zuletzt Bobbi, der kleine Deutsche, ist Jonas. «Unters Rad, Freunde, unters Rad, wo solche Lieblingsseelen hingehören!» – Nicht der Straßenbahnfahrer tötet Bobbi, persönlich gesehen ist er unschuldig, aber er dient der anonymen mechanischen Macht, dem Schienenfahrzeug, dem Gleisgebundenen – so wie das mechanische Selektionssystem in der Schule, das Punkte- und Notensystem, den Jungen Jonas töten will. Die Idee war: Nicht die Menschen, sondern das Anonyme, Gesichtslose ist im Buch das Böse, Satanas; es ist das «System» – das große Vakuum. Die Dämonie der heutigen Zeit ist der «Mensch» ohne Blick und Ausdruck. Man hat eingewendet, die «Salamander», Oberlehrer Strange und so weiter, seien nicht gemäß den Regeln der Kunst und des «Tendenzromans» geschildert. Sie würden vielmehr zweidimensional, nicht als Menschen mit guten und schlechten Seiten, sondern als Pappfiguren dargestellt.

Sie sind exakt so dargestellt, wie es meiner Absicht entsprach, das Problem aufzuzeigen; sie *sind* keine Menschen.

Strange ist ein reines Symbol für dieselbe Macht, die Bobbi durch die Straßenbahn tötet, dieselbe Dämonie, ohne Blick, ohne Ausdruck. Wir sind heute dabei, unsere Menschlich-
/388/ keit einzubüßen, wir werden zu Teilen des «Systems» – des großen Vakuums. Strange ist nicht als Mensch gezeichnet, er ist niemals ein Mensch gewesen. Er ist Satanas aus dem Dreikönigsspiel, der moderne Herodes, der Kindermörder, der andauernd «radikale», «humanistische», «fortschrittsfreundliche» Phrasen im Munde führt, während er die Formulare ausfüllt, die uns allen das Leben absprechen. Nein, er ist niemals ein Mensch gewesen. Warum er in diesem Roman ausgerechnet ein *Lehrer* ist, ein Oberlehrer? Er hätte genausogut jener «radikale» Zeitungsredakteur sein können, der die Zeitung mit Aufrufen zur Hilfe für unterdrückte Nationen füllt, entrüstet über die Verfolgung der Schwarzen in den USA schreibt, während er selbst in seinem Blatt die Einführung der Todesstrafe für norwegische Nationalsozialisten und, aus «allgemein-präventiven» Erwägungen, die Verlängerung der Gefängnisstrafen verlangt. Auch die Juden beschützt der Redakteur – die Juden sind im Ausland! –, während er gleichzeitig zwecks Auflagensteigerung einen Mann in den Selbstmord treibt und dessen Kinder auf der Straße Schikanen preisgibt. Dies ist der *Redakteur* Strange. – Und selbstverständlich wäre es ebenso ungerecht zu sagen, die Journalisten *seien* so, wie es ungerecht wäre zu behaupten, die Lehrer *seien* so wie Oberlehrer Strange. Und das habe ich denn auch nie gesagt.

Die Verallgemeinerung ging durchwegs von einer bestimmten Gruppe aufgebrachter Leser aus. Nicht ich habe den Lehrerstand verleumdet, der Lehrerstand hat sich leider selbst in Verleumdung gebracht, indem er nicht genug darauf pochen konnte, er sei in Strange porträtiert. Es ist allerdings bedrückend, daran zu denken, was für einen Norwegisch- und Literaturunterricht solche Lehrer in unbewachten Augenblicken von ihren Kathedern herab betreiben. In den vielen unbewachten Augenblicken.

Nein, Strange war nie als Mensch gedacht; er ist etwas weit Geringeres und zugleich weitaus Mächtigeres als ein Mensch. Er verkörpert den bösen Geist der Zeit. Er ist der Zeitdämon. Der Salamander. /389/
Und ein Tendenzroman ist *Jonas* niemals gewesen, er *ist* es nicht und *wird* es niemals sein.

Einen ganz anderen Aspekt des Buches bildet all dasjenige, was mit dem *Namen* Jonas, dem Propheten im Bauche des Leviathan, verknüpft ist. Er ging nach Ninive, in die große Stadt, drei Tagesreisen zu durchwandern, wo Zehntausende wohnten, die kannten nicht den Unterschied zwischen rechts und links, und dazu eine Menge Vieh. Schlachtvieh und Stimmvieh sind bekannte Wörter, und nicht ich bin in meiner Bosheit darauf verfallen, sie zu erfinden. Die Parallelen zwischen der Jonas-Geschichte und dem alttestamentlichen Mythos sind ziemlich genau: Auf den Aufenthalt im Bau-che des Leviathan folgt das Ausruhen unter dem Rizinusstrauch; und auf den Aufenthalt in der Finsternis des Rettungsbootes folgt die Speisung mit Früchten in der Krankenkabine und die Begegnung mit dem Jungmann. Als Jonas widerstrebend in die große Stadt zurückkehrt, ist er nicht mehr allein. Den Schluß der Jonas-Geschichte kann jeder selbst im Alten Testament nachlesen.

Es ist auffallend, daß kaum ein Kritiker in diesen Entsprechungen etwas Besonderes gesehen hat, obwohl das Muster dem ursprünglichen Mythos derart getreu nachgezeichnet ist. Natürlich ist nicht gemeint, daß sich der Leser dessen beim Lesen bewußt sein soll; wenn der Mythos einbezogen wird, dann vor allem als Resonanzboden und im Vertrauen darauf, daß ein jeder Mythos «archetypisch» ist, eine Art Urbild darstellt, das gar nicht anders kann, als beim Lesen in das Unbewußte des Lesers einzugreifen.
Weit sonderbarer ist die Tatsache, daß kein *Lehrer* darauf aufmerksam geworden ist. Die ganze Entrüstung auf seiten

der Schule beruht im Gegenteil darauf, daß man das Buch auf der alleroberflächlichsten Ebene zur Kenntnis genommen hat. Die Lehrer sollten ja mehr als andere mit den Ur-
/390/ quellen unserer Kultur vertraut sein, darunter gerade mit dem Alten Testament; das Natürliche wäre denn auch gewesen, daß besonders die Lehrer das Buch bewußt, also ohne allzu starke emotionelle Reaktionen, zu lesen verstanden hätten. Nun muß man allerdings berücksichtigen, daß die heftigsten Reaktionen seitens der Schule nicht von den eigentlichen Pädagogen, nicht von Lehrerinnen und Lehrern erfolgten, sondern von Oberlehrern, Halb-Schreiberlingen, Kleinpolitikern, Herausgebern von Schulblättchen und so weiter; das heißt von Leuten in leitender Stellung, halboffiziellen Personen, die im Grunde bereits dabei sind, vom Lehrerberuf in die *Politik* überzuwechseln, Leuten, die auf die sozialistische Schulpolitik und ihre Zukunft darin setzen. Manche der angenehmsten Handreichungen während des Radaus habe ich, sowohl öffentlich wie privat, von Lehrerinnen und Lehrern erfahren, und unter ihnen natürlich vor allem von den jüngeren, die nicht am Aufbau von Schematismus und Bürokratismus in der Schule beteiligt sind.

Noch etwas wurde in der Hitze des Gefechts vergessen: daß *Jonas* ein heiteres Buch ist; ich habe von Leuten gehört, die lachen mußten beim Lesen. Doch genug damit.

Was ich in bezug auf die innere Struktur des Romans ausgeführt habe, betrifft Dinge, die mir während der Arbeit klar vor Augen standen, aber auch solche, die nur halbbewußt gegenwärtig waren – dies letzte gilt vor allem für die Einzelheiten. Ein sorgfältig durchdachtes Buch gleicht insofern einem Eisberg, als bloß ein Neuntel davon sichtbar aus dem Wasser ragt. Wenn jedoch die übrigen acht Neuntel nicht vorhanden wären und trügen, dann würde überhaupt nichts sichtbar. Es sind dies zum größten Teil Dinge, über die die Schriftsteller in der Regel schweigen; in diesem Fall jedoch, in dem der Eisberg tatsächlich in einem Meer von Mißverständnissen umhertreibt, müssen solche Hinweise berechtigt sein. Zudem gilt es, mildernd in Betracht zu ziehen, daß ich hier zum ersten Mal im Zusammenhang mit dem Buch das Wort ergreife, seit es erschienen ist. /391/

Zum Schluß muß auf noch *etwas* hingewiesen werden, was für die ganze Debatte charakteristisch ist: Kurz nachdem das Buch erschienen war, gab die dänische Schulinspektorin und Schulpsychologin Anne Marie Nørvig – ohne es gelesen zu haben – der norwegischen Presse gegenüber eine Erklärung ab, worin es heißt, *Jonas* vermittle ein vollkommen unwahres Bild vom norwegischen Schulwesen. Sie hielt sich damals zu einem Besuch in Norwegen auf. Nun ist dies eine ziemlich ernsthafte Beschuldigung, da ein Roman auch auf der alleräußersten Ebene wahrhaftig sein muß, wenn diese äußere Ebene auch für das Innere des Buches Bedeutung hat.

Später reiste nicht die *Lehrerin* Anne Marie Nørvig, sondern die *Schulinspektorin* und nicht zuletzt auch *Schulpsychologin* nach Dänemark zurück, wo sie vermutlich das Buch las. Nach vermutlicher Lektüre schrieb sie einen Artikel in *Verdens Gang*, in dem sie ihren Standpunkt wiederholte. Die Schulpsychologin verstieg sich sogar zu der raffinierten, geistreichen Bemerkung, das Buch sei möglicherweise *historisch* gemeint, heute sehe alles anders aus; die Lehrer würden in Wirklichkeit bei den Kindern *vorschnell* eine Dyslexie annehmen und die Diagnose «Leseverzögerung» oder «Wortblindheit» statt der richtigen (nämlich *mangelnde geistige Fähigkeiten*) stellen.

Einen Tag, nachdem dies in *Verdens Gang* gestanden hatte, konnte der aufmerksame Leser einen weiteren Artikel in diesem Blatt finden: den Bericht von einer Sitzung des Osloer Schulaufsichtsrats vom Vortag. Darin war eine Interpellation des Oberarztes Per Anchersen wiedergegeben: «In welchem Umfang und auf welche Weise wird in den Osloer Schulen dafür gesorgt, daß Kindern mit Leseschwierigkeiten eine gewissenhafte Untersuchung, zweckmäßige

Behandlung und ein entsprechender Unterricht zuteil werden?» In seiner Antwort führte Schulinspektor Jørgensen aus: «Wenn man in den Osloer Volksschulen mit 40.000
/392/ Schülern und davon mit 2 Prozent leseschwachen Kindern rechnet, kommt man auf 800 Schüler, die eine Sonderklasse für Lesen und Sprechen nötig haben. Das heißt, man brauchte 50 solche Klassen.» – Gleichzeitig führte der Inspektor aus, daß man gegenwärtig in Oslo *nicht 50*, sondern *nur 5* solche Klassen für Kinder mit Leseschwierigkeiten habe.

Wie es sich nun damit auch immer verhalten mag – die Ausführungen von Inspektor Jørgensen rücken jedenfalls den Artikel der Psychologin in ein merkwürdiges Licht. Es beschleicht einen das leise Gefühl, daß es tatsächlich eine Reihe von Pädagogen in leitenden Stellungen gibt, die das Ansehen ihrer Kollegen und das Ansehen der Schule und ihr eigenes Ansehen höher bewerten als die Aufgabe, für die man sie eingesetzt hat: sich um die Kinder zu kümmern. Und somit ist die Zeichnung von Oberlehrer Strange seltsamerweise naturalistischer ausgefallen, als ich eigentlich beabsichtigt habe.

Ich habe bei meiner Darstellung in *Jonas* nie danach gestrebt, die äußere Handlung naturalistisch exakt zu gestalten; die Idee war, Strange und vieles andere dazu als reine zweidimensionale Kulissen zu verwenden. Sie sollten eigentlich eine alptraumartige Szenerie für die Handlung abgeben, gewissermaßen den Dschungel des Lebens, in den Jonas und wir andern alle hinausgeschickt werden. Meine Schilderungen waren gedeckt durch fünf, sechs mir bekannte Fälle von Schul-Jonassen, doch ich betrachtete derartige Verhängnisse als Einzelfälle, als etwas, was nicht häufig vorkam, aber eben doch *vorkam*. Und ich sah darin eine Tendenz – etwas, was auf eine zukünftige Entwicklung hindeutete. Von den Zahlen, die Schulinspektor Jørgensen nannte, hatte ich keine Kenntnis. Es war meine bewußte Absicht,

über das Ziel hinauszuschießen, und wenn ich zu tief gehal-
ten habe, so geschah es gegen meinen Willen. Dies führte
dazu, daß man das Buch als einen naturalistischen Ten-
denzroman auffaßte, der sich gegen die norwegischen /393/
Schulverhältnisse richte.

Träfe dies zu, so hätte *Jonas* im Ausland gewiß nie Interesse wecken können, wo die konkreten Verhältnisse ganz anders sind, wo nur der Zeitdämon derselbe ist. Er ist bis jetzt noch überall erkannt worden, wo man das Buch gelesen hat.

(1956)

Nachwort

Sieben Jahre, von seinem dreißigsten bis zu seinem siebenunddreißigsten Lebensjahr, war Jens Bjørneboe Lehrer /395/ an der Rudolf Steiner-Schule in Oslo. Diese Zeit erschien ihm später als die schönste seines Lebens. Noch 1973, drei Jahre vor seinem Tode, schrieb er: «Dies ist übrigens ein immer wiederkehrender Traum: daß ich erneut Lehrer geworden bin und in der Schule mit einer ersten Klasse beginne. Der Traum macht mich jedesmal sehr glücklich.»

Ein echtes Kind dieser Waldorflehrerzeit ist der Roman *Jonas*. Er zeigt, zu welch liebevollem Einfühlungsvermögen in die Kindesseele Bjørneboe fähig war.

Man kann das Buch durchaus lesen als psychologischen Roman von dem kleinen Träumer Jonas, der, zunächst preisgegeben dem Unverständnis seiner Lehrer und der Grausamkeit seiner Mitschüler, wodurch seine normale Entwicklung in Frage gestellt ist, schließlich doch noch eine Schule findet, auf der er lernen und sich geborgen fühlen kann.

Der psychologische Aspekt muß aber notwendig ergänzt werden durch den mythischen. Es ist naheliegend, daß man durch den Namen wie durch den Handlungsverlauf an den alttestamentlichen Jonas im Bauche des Walfisches erinnert wird. Dieses und andere mythische Motive gehören essentiell zur Aussage des Werkes hinzu.

Zugleich ist das Buch auch das erste in einer Reihe von Werken des Autors, in denen er durch scharfe Provokation Probleme zur Diskussion stellte. In diesem Fall handelt es sich um eine Kriegserklärung an das norwegische Schulsystem, und sie wurde auch als solche genommen. Es kann erstaunen, daß, obwohl aus dieser ganz bestimmten Zeitsituation heraus entstanden, das Buch immer noch aktuell ist – leider.

Ich denke an die Stelle, wo ausgeführt wird, wie nur die Zeugnisse Zugang zu Stellung und Einkünften geben, wie

die Schüler dazu erzogen werden, Stellung und Einkünfte als das höchste Ziel des Lebens zu betrachten, wie ein Lehrer, auch wenn er noch so spannend vom Leben bedeutender
/396/ Menschen erzählt, kein Interesse findet, wenn der Stoff nicht zum Prüfungspensum gehört. Ich denke auch an das mehrfach angesprochene Problem der Jugendkriminalität. Nur mit tiefer Betroffenheit kann man die vor fast vierzig Jahren geschriebenen Sätze lesen:

«Durch den trockenen, verstandesmäßigen Schultyp erzieht man die Nazisten der Zukunft (das Gesetz der Pendelbewegung!). Wenn man die Menschlichkeit im Gefühl der Kinder vernachlässigt, fordert man statt dessen das Tierische heraus.»

Bjørneboe nennt die trockenen, pedantischen Schulbürokraten «Salamander», nach Karel Čapeks unheimlicher Zukunftsvision *Der Krieg mit den Molchen* (norwegisch: *Salamanderkrigen*).

Ihr Prototyp im Roman ist der Lehrer Strange. Im Zusammenhang mit dieser Figur nimmt Bjørneboe Stellung im sogenannten «Sprachenstreit», einem Problem, das nun wirklich zeit- und ortsgebunden ist. Norwegen war ja über 400 Jahre unter der Oberherrschaft der Dänen, die das Land 1814 an die Schweden abtraten. Erst 1905 erlangten die Norweger die Unabhängigkeit. In der Zeit der Union mit den Dänen war die dänische Amtssprache die einzige Schriftsprache. Nach 1814 entwickelte sich daraus eine norwegische Schriftsprache, *Riksmål*, seit 1929 *Bokmål* genannt. Doch als es darum ging, eine Nationalsprache zu schaffen, erwuchs diesem «dänischen Norwegisch» Opposition. Es wurde ihm eine, vor allem aus westnorwegischen Dialekten geschaffene «ursprünglichere» Sprache entgegengestellt, *Landsmål* (seit 1929 *Nynorsk*) genannt. Der Kampf zwischen den Sprachgruppen wurde 1885 dadurch zu lösen versucht, daß man beide Sprachen als Unterrichts- und Verwaltungssprachen gleichstellte. Die in den dreißiger Jahren dieses Jahrhunderts entstandene *Samnorsk-Bewegung*

(«Gemeinnorwegisch-Bewegung») entfachte jedoch den Sprachenstreit erneut, da sie eine gewaltsame Vereinheitlichung, eine Art künstliche Sprache propagierte. Damit verbunden waren dann die entsprechenden Nationalgefühle: /397/
«Aber das Schlimmste ist, daß die Kinder kein Stilgefühl haben; sie schreiben unnatürlich, weil sie glauben, das sei vornehmer. Sie haben dänische Bücher gelesen oder Bücher in alter Rechtschreibung. Sie fühlen eben nicht norwegisch, die Kinder.»

Gegen die kleinliche Wortklauberei solcher politischer Ehrgeizlinge, denen ihre Theorien wichtiger sind als das Erziehen von Menschen, stellt Bjørneboe den wahren Erzieher, der seinen Stoff dem kindlichen Bewußtsein gemäß gestaltet und weiß, daß das Erwachsenendenken erst nach der Pubertät anfängt, eine Rolle zu spielen. «Vor dieser Zeit denken die Kinder auf eine andere Art, mit ganz anderen Organen als die Erwachsenen, mit Brust und Bauch, mit Füßen und Fingern. Aber sie denken deshalb nicht weniger richtig.» Nur durch eine bildhafte Sprache kann man sie wirklich in der Tiefe ergreifen.

Ein weiteres Motiv, das Bjørneboe in das Buch eingefügt hat, weil es ihm besonders am Herzen lag, ist die spezielle Situation der Kriegsjugend. Er schiebt, nicht gerade zugunsten der Geschlossenheit des Gesamtwerkes, zwei ausführliche Jugendbiographien ein: die des deutschen Juden Marx und die des «Jungmanns», die er am Schluß als Lehrer in Jonas' neuer Schule zusammenführt.

Zu dieser durch die Zeitereignisse besonders geschädigten Generation gehörte auch Bjørneboe selbst. Er wurde am 9. Oktober 1920 in gutbürgerlichen Verhältnissen als Sohn eines Konsuls in Kristiansand in Norwegen geboren. In der Schule war er sehr aufsässig, der Widerstand gegen jegliche Art von Autorität war der Keim für seinen lebenslangen erbitterten Kampf gegen die Ungerechtigkeiten im staatlichen «Rechtsleben». Schon als Schüler hatte er Probleme mit dem

Alkohol. Mit dreizehn Jahren unternahm er seinen ersten Selbstmordversuch. Später erkannte er, daß er damals schon an der Krankheit litt, die ihn als Fünfundfünfzigjährigen /398/ wirklich in den Tod trieb: einer endogenen Depression. Er war hervorragend begabt, wurde aber von mehreren Schulen verwiesen. Schließlich machte er doch das Abitur. Es war im Frühjahr 1940. Im Sommer davor war er auf einer Ferienreise mit seiner Mutter in Deutschland mitten in den Ausbruch des Krieges und die Mobilmachung geraten. Am 9. April 1940 wurde Norwegen von den Deutschen besetzt. Der König Håkon VII. ging ins Exil nach London. Von 1942 an gab es eine mit Deutschland kollaborierende Regierung und auch eine norwegische nationalsozialistische Arbeiterpartei.

Bjørneboe studierte Malerei in Oslo. Als er 1943 von den Deutschen zum Arbeitsdienst eingezogen werden sollte, floh er nach Schweden. In Stockholm setzte er sein Studium fort. Hier lernte er die Anthroposophie kennen, die sein Leben und Denken bleibend beeinflußte, auch wenn er sich später wieder von ihr abwandte. Die Idee der Freiheit, wie Rudolf Steiner sie in seiner «Philosophie der Freiheit» entwickelt hat, und der Gedanke der wiederholten Erdenleben behielten für ihn immer Gültigkeit. Auch der Christengemeinschaft, der von Friedrich Rittelmeyer mit Rudolf Steiners Hilfe begründeten Bewegung für religiöse Erneuerung, schloß er sich an. In diesen Kreisen traf er seine erste Frau, eine deutsche Jüdin. Ihr verdankte er den Zugang zum deutschen Kulturkreis. Er las Rilke, Novalis, Hölderlin, Schiller, C. F. Meyer und viele andere deutschsprachige Dichter, auch die religiösen Mystiker.

Andererseits fühlte er sich stark alarmiert durch das, was an gegenwärtigen Nachrichten aus diesem «Kulturkreis» zu ihm drang. Das war mehr als das, was in den Zeitungen stand. Durch seine zukünftige Frau begegneten ihm viele jüdische Emigranten. Während er weiterhin Landschaften und Stilleben malte, stauten sich diese Informationen in seinem Inneren bis zur Unerträglichkeit an. Immer weniger erschien ihm die Leinwand als das geeignete Ausdrucksmittel für das, was innerlich in ihm in Bewegung gesetzt wurde. Zwar malte er zunächst auch weiter, als er nach dem Kriege /399/ nach Oslo zurückkehrte, entschloß sich aber bald danach (1947) zu dem für ihn entscheidenden Schritt vom Malen zum Schreiben. Hier wird deutlich, daß der Impuls, der hinter seiner künstlerischen Tätigkeit stand, stark vom Inhaltlichen bestimmt war. Er hatte eine Botschaft, die er vermitteln wollte. Die Dichtung hatte für ihn ihren Sinn in der Auseinandersetzung mit den Problemen der Zeit:

«Die Dichtung ist unmittelbare Wirklichkeit. Durch sie gelangst du zur Klarheit über die Zeit, in der du lebst, zur Klarheit über ihre Probleme. Durch die Dichtung nimmst du die Wirklichkeit ganz in dich auf und lebst in ihr. Die Dichtung ist keine Flucht. Nicht für mich.»

Zunächst schrieb er Essays, 1948 den ersten Roman, für den er aber keinen Verleger fand und der erst 1972 veröffentlicht wurde. Sein Durchbruch als Dichter erfolgte 1951, interessanterweise mit einem Gedichtband, der im gleichen Herbst, als er erschienen war, noch drei Auflagen erlebte. Leider gibt es bisher keine deutschen Übersetzungen seiner Poesie.

Um die gleiche Zeit, 1950, wurde Bjørneboe Klassenlehrer an der Rudolf Steiner-Schule in Oslo, wo er vorher schon den Werklehrer vertreten hatte. Er war ein geborener Lehrer, warmherzig und temperamentvoll – die Kinder liebten ihn. Er hatte ein tiefes Verständnis für das, was in einem Kindergemüt vorgeht, eine blühende Phantasie und die Begabung, spannend zu erzählen. Ein Musterbeispiel dafür ist die prachtvolle Erzählung des Lehrers Back vom Sturz Luzifers und dem Kampf Michaels mit dem Drachen.

Die Schule befand sich im Aufbau, staatliche Mittel gab es nicht. Lehrer und Eltern übernahmen eigenhändig viele Handwerkerarbeiten. Das Gespräch im sechsten Kapitel zwischen Back und Marx über die Lehrergehälter und die Möglichkeit, etwas zu sparen, indem die Lehrer selber das

Schulhaus putzen, ist wahrscheinlich nicht oder nur wenig übertrieben. Für Bjørneboe kam hinzu, daß er die soeben ergriffene schriftstellerische Tätigkeit mit voller Intensität /400/ weiterführte. Er schrieb eine Menge Zeitungsartikel, redigierte die Zeitschrift der Schule und schrieb auch Theaterstücke für seine Klasse, zum Beispiel dramatisierte er für sie Selma Lagerlöfs Erzählung *Die Lichtflamme.* Für all dies konnte er nur die Nacht zu Hilfe nehmen, was zu einer gewaltigen Überanstrengung und schließlich zu Krankheit und Zusammenbruch führte. Es war, nach seiner eigenen Aussage, eine «echte klinische Depression».

Hinzufügen muß man, daß nicht nur das Ausmaß, sondern auch der Inhalt seiner Arbeit als Schriftsteller zu dieser Depression beitrug. 1952 erschien der Roman *Ehe der Hahn kräht.* Bjørneboe verarbeitete hier das Material, das er über den KZ-Arzt Dr. Rascher, der «wissenschaftliche Versuche» an Häftlingen machte, durch dessen Verwandte und Bekannte bekommen hatte. Die Veröffentlichung war eine grausige Sensation. Im nächsten Werk, 1957 erschienen mit dem Titel *Unter einem härteren Himmel,* ging es um das Problem der Kollaboration, auch ein Thema, das immer wieder aufs neue aktuell wird. Nach dem Kriege, in der Zeit, als man sich in Deutschland mit der «Entnazifizierung» beschäftigte, begann in Norwegen die Verfolgung der Kollaborateure mit Denunziationen und Prozessen. In diesem Zusammenhang kamen Bjørneboe erstmals Zweifel am norwegischen «Rechtsstaat». In seinem Roman jedenfalls gibt es sympathische Kollaborateure und unsympathische Widerstandskämpfer, was einen Sturm der Entrüstung entfesselte und dazu führte, daß der Verfasser zu gewissen Zeiten täglich etwa zwölf bis vierzehn Schmäh- und Drohbriefe bekam. Mit knapper Not entging er dem Schicksal, als Nationalsozialist verurteilt zu werden. Erleichterung in Angst, Einsamkeit und Erschöpfung bot der Alkohol, bei dem er immer häufiger Zuflucht suchte.

Dies steigerte sich so lange, bis an eine geregelte Schultätig-

keit nicht mehr zu denken war. Fluchtartig verließ Bjørneboe Norwegen und reiste zwei Jahre lang durch Mitteleuropa. Die längste Zeit davon lebte er in Italien. Interessant ist, daß auch Goethe das gleiche Lebensalter, vom siebenund- /401/ dreißigsten bis zum neununddreißigsten Jahr, in Italien verbrachte, ebenfalls auf der Flucht vor ihn bedrängenden Lebensumständen, nur hatte dies alles bei ihm klassischere, maßvollere Formen. Auch Bjørneboe fühlte sich stark hingezogen zu den Stätten klassischer Vergangenheit, aber er liebte in Italien vor allem auch das Ungeordnete, Chaotische. Mit ihm reiste, treibend und hetzend, sein Dämon, die Krankheit. Wenn er sein Aufsteigen spürte – und er spürte ihn wie ein zweites Wesen im Raum – versetzte er sich durch Alkohol und Tabletten in tagelange Bewußtlosigkeit. «Ein solcher Zustand ist, als begegnete einem etwas von außen, ein Raubtier, ein wildes Tier, das einem das Fleisch von den Knochen reißt, Dantes Bild – der Leopard – bewahrheitet sich vollkommen.»
Aus dieser Zeit stammt das Gedicht *Das fremde Gesicht:*

Ein fremdes Gesicht bewacht mich vom Spiegel aus.
Als bittere, einsame Gabe wurde mir bei der Geburt
die Angst vor meinem eigenen Blick in die Wiege gelegt.
Und viele Jahre lang war er sorgfältig versiegelt.

Aber der Mann in mir wurde dunkel und riesig
und ich erkannte: womit *ich* schwanger gehe,
darf kein lebendes Wesen erblicken!
Dann sperrte ich ihn ein wie einen Tiger.

Aber schließlich ist der Gefangene zu stark geworden.
Er bricht heraus aus dem Gefängniskäfig,
heraus aus Muskeln, Pfoten, Knochen, Augenhöhlen.

Und bald gibt es nichts mehr,
was den neuen, unbeschreiblichen Zug verbirgt.
Aber die Angst vor ihm! Die Angst ist verschwunden!

Jens Bjørneboe erlebte existentiell die Ankoppelung des Menschen an die Mächte des Bösen. Er empfand sie wesenhaft in sich wie einen Doppelgänger. Die Auseinander-
/402/ setzung mit diesem Problem lebt in seinem gesamten schriftstellerischen Werk:

«Das ist nun einmal *mein* Thema – das ist kein Thema, das ich mir ausgesucht habe; es ist zur absoluten Notwendigkeit geworden, es gab nie eine Wahl ... Das, was ich geschrieben habe, nennt man heute ‹engagierte Dichtung›. Aber es ist nie ein *gewolltes* Engagement gewesen – es wäre angenehmer gewesen, über Idyllen zu schreiben, über Blumen und über harmlose Dinge, über die kleinen Sorgen und Ärgernisse im Wohlfahrtsstaat. Dazu war ich nie fähig, ich bin gegen meinen Willen ein ‹engagierter Dichter› geworden – meinem Engagement konnte ich nie entkommen – ich konnte nie davor fliehen.»

Die Auseinandersetzung mit dem Bösen ist nicht damit getan, daß man einmal auf der Schwelle eines Spielsalons gestanden und hineingeblickt hat oder vom Fenster aus einen Betrunkenen von oben sah. Sie geht an den Lebensnerv und findet nur dann wirklich statt, wenn auch die Wände des gesicherten seelischen Innenraums ins Wanken geraten durch die Feststellung, wie unlösbar im Irdischen die Verflochtenheit von Gut und Böse ist.

In sich selbst diese Doppelnatur des Menschen zu erleben bedeutet hellste Bewußtheit und zugleich schärfsten Schmerz. Bjørneboe floh vor der Unerträglichkeit dieses Schmerzes in die Bewußtlosigkeit des Rausches beziehungsweise des dadurch herbeigeholten Schlafes. «Bruder Alkohol» war ihm auf diese Art ein Helfer. Zu spät erkannte er, daß er seine Kraft überschätzt hatte. Er hatte eine fremde Wesenheit in die Behausung seines Leibes eingelassen, die sich letztendlich als stärker denn seine Willenskraft erwies.

Nach Norwegen zurückgekehrt, mußte er wegen Trunkenheit am Steuer eine Gefängnisstrafe absitzen, was ihm hautnahen Einblick in das Gefängniswesen verschaffte und damit genug Stoff gab, um für neues Aufsehen zu sorgen. Die Zeitungsartikel, in denen er die Mißstände in den Gefängnissen und in der norwegischen Justiz überhaupt aufdeckte, wurden eine Sensation. Er verarbeitete das Thema /403/ weiter zu dem Roman *Der böse Hirte* und dem Theaterstück *Alles Gute zum Geburtstag.*

Der neue Anfang führte auch zu einer neuen Ehe und in der Folge zu einem echten Familienleben mit drei kleinen Töchtern. Bjørneboe erwarb in der Nähe von Oslo in ländlicher Umgebung eine «Bruchbude», die er mit der ihm eigenen Energie in wohnlichen Zustand versetzte. Endlich hatte er einen festen Wohnort, geordnete Verhältnisse, Harmonie und Stille zum Arbeiten, nunmehr als freiberuflicher Schriftsteller.

Er arbeitete intensiv. Alle ein bis zwei Jahre brachte er einen neuen Roman heraus. Jeder war in irgendeiner Weise eine Provokation, jeder auch ein Zeugnis für seinen nie erlahmenden Idealismus. Wenn er schrieb, tat er es immer mit totalem Einsatz aller seiner Kräfte, physisch und psychisch. Vom Finanziellen her war allerdings seine dichterische Tätigkeit eine ständige Überlebensübung. Dabei sah er, was für lukrative Geschäfte die Autoren billigster Unterhaltungsliteratur machten. Das brachte ihn 1966 auf eine Idee, die, wie alles bei ihm, skandalös war. Er schrieb innerhalb weniger Tage den pornographischen Roman *Nackt im Hemd* und gab ihn unter einem Pseudonym heraus. Drei Tage nach Erscheinen wurde das Buch beschlagnahmt. Er bekam einen Prozeß. Die öffentlichen Verhandlungen müssen ihm, witzig und schlagfertig wie er war, Spaß gemacht haben, wenn ihm auch sein neues Image als sexuelles Ungeheuer keineswegs gefiel. Er schrieb später:

«Das Gerücht über meine außergewöhnliche Unsittlichkeit ist wirklich in höchstem Grad ein Mythos, eine Erfindung. Und zwar nicht wegen tugendhafter Gesinnung; ich hatte einfach immer zu viel zu tun; habe nie die Zeit gehabt, in diesem Bereich wirklich unanständig zu sein.»

Er verlor den Prozeß. Das Buch aber, ebenso wie ein Folgeband, erschien in Dänemark und fand eine außerordentliche Verbreitung, von Holland bis in die USA, von Japan bis
/404/ Island, und natürlich auch in Norwegen. 1968 bedankte der Verfasser sich beim höchsten Gericht für die Reklame, die man für ihn gemacht habe. Er hätte jetzt 150.000 Exemplare seines Buches verkauft. Geradezu erschrocken mußte er feststellen, daß er erstmals nicht nur keine Schulden hatte, sondern sogar ein kleines Vermögen sein eigen nannte. Er konnte mit der Familie in ein neues, besseres Haus umziehen.

Die Schaffenszeit der zweiten Lebenshälfte dauerte etwa zwölf Jahre. Seine Engagiertheit kam nicht immer seinem Schreibstil zugute. Vor allem die späteren Werke sind sehr stark Schwarzweißmalerei, übertreibend bis hin zur Karikatur. Man wünschte ihnen auch eine straffere Gestaltung. Bjørneboes Stärke ist die bildhafte Darstellung, bei fast allem schwingt ein symbolischer Hintergrund mit. Mythen und Märchen haben ihn stark beschäftigt, besonders als er Lehrer war.

Das Hauptwerk dieser Zeit ist die *Geschichte der Bestialität*. Er wollte dasjenige im Geschichtsverlauf aufdecken, was die Geschichtsbücher meistens weglassen: daß die Menschen sich immer wieder gegenseitig auf die fürchterlichste Art gequält und zu Tode gebracht haben. So war es seit Jahrtausenden, und so ist es noch in der unmittelbaren Gegenwart. Bjørneboe hat dazu umfangreiche Recherchen durchgeführt. Über seinem Schreibtisch hing das Bild eines jugoslawischen Partisanen kurz vor seiner Exekution am Galgen. «Warum hast du so schreckliche Bilder an der Wand, Papa?» fragte ihn eines Tages seine kleine Tochter. «Damit ich es niemals vergesse», antwortete der Vater, »niemals das Unrecht vergesse. Niemals vergesse, es wieder gutzumachen.»

Die *Geschichte der Bestialität* hat drei Bände: *Der Augenblick der Freiheit*, *Der Pulverturm* und *Die Stille*. Nach dieser Trilogie wollte sich Bjørneboe dem positiven Gegenstück zuwenden, der *Geschichte der Freiheit*. Aber dazu kam es nicht mehr.

Bemerkenswert ist der späte Roman *Haie*. Dort wird die Welt dargestellt als ein Schiff im Ozean, unter dem als /405/ Repräsentanten des Bösen die Haie leben, ständig darauf lauernd, alles Menschliche zu zerreißen. In der Mannschaft, in der es alle Facetten des Menschlichen gibt, bricht der Kampf aller gegen alle aus. Das Ende des Buches ist positiv. Die Not zwingt die Besatzung, letztendlich doch zusammenzuhalten.

Bjørneboes letzten drei Lebensjahre stehen unter der Tragik seines unaufhaltsamen Untergangs. Er trennte sich von der Familie, zog zunächst nach Oslo, dann auf die einsame Insel Veierland, wo er ein Haus kaufte, das er allein bewohnte. Er erlebte die Beschämung, daß er nicht mehr beurteilen konnte, wer wirklich seiner großzügig gespendeten Hilfe wert war. Er wurde betrogen und ausgenommen. Das sehr gute Honorar für *Haie* zerfloß unter seinen Händen.

Seine eigentlich stabile körperliche Gesundheit brach zusammen. Immer wieder wurde er in Kliniken eingeliefert, immer wieder verließ er sie, zum Teil heimlich. Ein halbes Jahr vor seinem Tode raffte er sich zu einem letzten heroischen Kampf gegen den Alkohol auf, aus eigener Kraft trank er mehrere Wochen keinen Tropfen.

Der Biograph Fredrik Wandrup berichtet: «Oft sahen ihn die Inselbewohner, wie er in Meditation versunken dasaß im Wald oder am Wegesrand, stundenlang, bewegungslos. Er wird von massiven Angstanfällen heimgesucht. Er hört Stimmen. Er bekommt Halluzinationen, rennt verzweifelt aus dem Haus und hinüber zu einem Nachbarn, weg von diesen wispernden Stimmen, die aus der Dunkelheit kommen! Weg von den Gestalten, die ihn umkreisen.»

Der Gedanke, all dieser Quälerei ein Ende zu setzen, wurde immer verführerischer und schließlich unwiderstehlich. Am 9. Mai 1976 fanden sie ihn tot in seinem Haus.

Sein letztes Werk, mit dem er sich außerordentlich schwer

tat, ist unvollendet geblieben. Es wäre wahrscheinlich sein interessantestes geworden: seine Selbstbiographie! Denn mehr noch als sein Werk ist sein Leben ein Fanal unseres /406/ Jahrhunderts. Er durchlitt das für unsere Zeit charakteristische Schicksal des Süchtigen. Er setzte sich intensiv mit allen Fragen der Gegenwart auseinander. Sein tiefster Antrieb, sich immer wieder in seinem Werk zu exponieren, war der Einsatz für andere, das Mitgefühl. Er selbst drückt es so aus: «Das Problem ist nicht nur, daß die Welt grausam, daß sie böse ist – individuell betrachtet kommt hinzu: Was soll ein Mensch tun, der nicht nur den eigenen Schmerz, sondern auch den der anderen fühlt?»
Hier zieht sich durch sein Leben ein tief christlicher Impuls. Er wollte die Verantwortung für die schuldhafte Verstrickung der Menschheit auf sich nehmen, um die Last für die anderen leichter zu machen.

Frage mich nach der *Schuld*! Das ist ein grausames Wort.
Jeder ist schuld an allem, was auf dieser Erde geschieht!
Voll Scham sollst du dein Antlitz abwenden:
Was *einer* gesündigt hat, haben wir *alle* getan!

Almut Bockemühl

Anmerkungen

Zum Roman «Jonas»:

Seite 11
Hønseringer, «Hühnerringe»: farbige, an Hühnermarkierungsringe erinnernde Plastikspiralen, die sich zu Ketten zusammensetzen ließen und bei den Kindern sehr beliebt waren.

Seite 42
Sie haben dänische Bücher gelesen oder Bücher in alter Rechtschreibung:
Durch die Vereinigung Norwegens mit Dänemark (1380 – 1814) setzte sich Dänisch in Norwegen (vor allem im Südosten) als *Schrift*sprache durch und gewann auch nach der Auflösung der Union starken Einfluß als Unterrichts- und Verwaltungssprache. Ab 1850 begann durch die Schaffung einer zweiten Schriftsprache aus norwegischen Mundarten der zu Zeiten überaus heftige Sprachenstreit. Heute sind beide Sprachen, *bokmål* (das Dänisch-Norwegische) und *nynorsk* (das neugeschaffene Norwegisch), in Unterricht und Verwaltung gleichgestellt.

Seite 43
«havde» und *«siger»:* dänische Schreibweise von «hadde» («hatte») und «sier» (Präsens von «sagen»); «å» (Infinitivkonjunktion) und «og» («und») werden gleich ausgesprochen (entsprechend unserem o).

Seite 90
Falada war ein Pferd bei Grimm: Aus dem Märchen die Gänsemagd. *Hans Fallada,* Schriftstellername von Rudolf Ditzen, geboren am 21.7.1893, gestorben am 6.2.1947 in Berlin. Zu seinen bekanntesten Romanen gehören *Kleiner Mann – was nun?* (1932); *Wer einmal aus dem Blechnapf frißt* (1934); *Wolf unter Wölfen* (1937); *Der Trinker* (1950).

Seite 91
Aus dem Leben der Insekten: Komödie von Josef und Karel Čapek.
Krakatit: Roman von Karel Čapek (1924).
Der Krieg mit den Salamandern: Karel Čapeks Roman *Válka s mloky* (1936), deutsch: *Der Krieg mit den Molchen.* Bjørneboe spricht, aus-

gehend von dem Titel der norwegischen Übersetzung *Salamanderkrigen*, von Salamandern anstatt von Molchen. Auf die charakteristische Vokalfolge in diesem Wort ist Abraham Werners Wortsuche aufgebaut. Daher wird in der vorliegenden Übersetzung durchgängig /408/ das Wort Salamander gebraucht, und der Titel von Čapeks Roman erscheint dementsprechend in einer abweichenden Fassung.

Seite 107
Henrik Wergeland, geboren am 17.6.1808 in Kristiansand, gestorben am 12.7.1845 in Christiania (Oslo). Mit seinen religiösen und kämpferischen Weltanschauungsepen, seinen Stücken und Volkserziehungsschriften übte der Dichter auf die Entstehung der neueren norwegischen Literatur einen bedeutenden Einfluß aus. Er war zugleich Romantiker und leidenschaftlicher Verfechter der geistigen und politischen Freiheit und bewirkte unter anderem die Aufhebung des Aufenthaltsverbots für Juden in Norwegen.

Seite 183
Snorres Saga: Snorri Sturluson, geboren um 1178 in West-Island, ermordet am 22.9.1241. Historiker und Politiker, schrieb 1222–30 die *Snorra Edda,* die sogenannte Prosa- oder Jüngere Edda, ein Lehrbuch der Skalden-Dichtung, das unter anderem eine systematische Darstellung der nordischen Mythologie vom Anfang der Welt bis zu ihrem Untergehen und Neuerstehen enthält; ebenso wichtig ist seine in großen Schicksalsepen geschilderte Geschichte der norwegischen Könige, *Heimskringla.*

Seite 199
Olaf Bull: geboren am 10.11.1883 in Christiania (Oslo), daselbst am 23.6.1933 gestorben. Einer der bedeutendsten norwegischen Dichter des 20. Jahrhunderts; gehörte keiner bestimmten Richtung an; bildhafte, streng geformte Gedichte von eindringlicher Kraft.

Seite 274
Riksmål: «Reichssprache», ältere Bezeichnung für die norwegische Variante der ursprünglich dänischen Schriftsprache; seit 1929 wird ihre weiter entwickelte Form offiziell *bokmål* («Buchsprache») genannt, im Gegensatz zu *nynorsk* («Neunorwegisch»), der aus alten (west-)norwegischen Dialekten seit Mitte des letzten Jahrhunderts mehr oder weniger künstlich geschaffenen neuen Sprache. Diese ist seit 1885 dem *riksmål/bokmål* gleichgestellt, wird aber nur von einer Minderheit gesprochen. Vor 1929 hieß sie *landsmål* («Landessprache»).

Seite 349
Hans Jæger, geboren am 2.9.1854 in Drammen, gestorben in Oslo am 8.2.1910. Schriftsteller und einflußreichster Vertreter der sogenannten Christiania-Boheme, zu deren Kreis Ende des 19. Jahrhunderts unter anderen auch die Maler Christian Krogh und Edvard Munch gehörten. Mit radikalen neuen Lebensformen forderten sie die ihrer Ansicht nach verrottete Gesellschaft heraus. Eines ihrer zehn Gebote lautete: «Du sollst dein Leben schreiben.» In einem Essay über Jæger, der in Armut und Verlassenheit starb, zählt Bjørneboe ihn zu denjenigen Gestalten, die das Schicksal des unterliegenden Gralsritters in ihrem Leben am ergreifendsten verwirklicht hätten. Hauptwerke: *Aus der Christiania-Boheme* (1885) und *Kranke Liebe* (1883). Beide wurden verboten und trugen ihm Gefängnisstrafen ein.

Zum Aufsatz «Als ich Jonas schrieb»:

Erstveröffentlichung unter dem Titel *När jeg skrev Jonas* in der schwedischen Zeitschrift *Bokvännen* 1959.

Seite 385
Axel Kielland: 1907 – 1963, norwegischer Journalist und Dramatiker. Sein bekanntestes Theaterstück ist *Herren og hans tjenere, Der Herr und seine Diener* (1955). Seit 1927 Mitarbeiter der Osloer Tageszeitung «Dagbladet».
Johan Borgen: geboren am 28.4.1902 in Oslo, gestorben in Hvaler am 16.10.1979; Dramatiker, Erzähler und einer der einflußreichsten Literaturkritiker Norwegens. Bekannt wurde er auch im deutschen Sprachraum durch die Übersetzung seiner autobiographischen Trilogie: *Lillelord, Die dunklen Quellen* und *Wir haben ihn nun.*
Solveig von Schoultz: geboren am 5.8.1907, finnlandschwedische Schriftstellerin und Lyrikerin; schrieb auch Kinderbücher, Theaterstücke und Schulbücher.
Jens Kruse: dänischer Journalist, Redakteur der Zeitung «Jyllandsposten» und bekannte literarische Größe.
Farmand («Reisender, Kaufmann»): wirtschaftliches Wochenblatt.

Seite 389
Rizinusstrauch: in der norwegischen Fassung ein «Kürbisbaum» *(gresskartre)* – dadurch die Parallele zur «Frucht-Speisung», wie es wörtlich heißt, noch stärker betont.

Seite 391
Verdens Gang («Lauf der Welt»), eine der größten norwegischen Tageszeitungen.

/410/

Zum Nachwort

Zitate aus bislang nicht ins Deutsche übersetzten Werken Jens Bjørneboes sind wiedergegeben nach Fredrik Wandrup: *Jens Bjørneboe. Der Mann, der Mythos und die Kunst. Eine Biographie.* Deutsch von Lothar Schneider. Gifkendorf: Merlin Verlag, 1990.